Georges et la clé secrète de l'Univers

Des mêmes auteurs :

Georges et le Big bang

Georges et le code secret

Georges et la lune bleue

Lucy & Stephen
HAWKING

Georges et la clé secrète de l'Univers

POCKET JEUNESSE
PKJ·

Titres originaux :
George's Secret Key to the Universe
George's Cosmic Treasure Hunt

Publiés pour la première fois en 2007 et 2009
par Doubleday, un département
de Random House Children's Books UK,
un éditeur de Penguin Random House group of companies.

Loi n° 49 956 du 16 juillet 1949 sur les publications
destinées à la jeunesse : octobre 2018

ISBN : 978-2-266-29024-1
Dépôt légal : octobre 2018

Lucy & Stephen
HAWKING
avec Christophe Galfard

Georges et les secrets de l'Univers

Illustrations de Garry Parsons

Traduit de l'anglais par Frédérique Fraisse

Pour William et George,
avec tout notre amour.

Chapitre premier

« Les cochons ne disparaissent pas comme ça », pensa Georges, à l'entrée de la cabane vide. Était-il victime d'une illusion d'optique ? Il ferma les yeux, les rouvrit aussitôt. Non, les grosses fesses boueuses de son cochon rose n'avaient pas réapparu. En y regardant de près, Georges se dit que le pire restait à venir. La porte du fond était entrouverte : quelqu'un avait oublié de la fermer. Et ce quelqu'un… c'était lui.

— Georges ! Le dîner sera prêt dans une heure ! Tu as fait tes devoirs ?

— J'arrive, maman, répondit-il, d'une voix faussement enjouée.

— Ton cochon va bien ? lança-t-elle depuis la cuisine.

— Oui, oui ! mentit Georges qui manqua s'étrangler. Il improvisa aussitôt quelques grognements, *grouik grouik*, pour lui faire croire que la vie suivait son cours dans le jardin, où s'épanouissaient des quantités incroyables de légumes, et surtout dans le cabanon, où vivait (avant sa mystérieuse disparition) un énorme cochon. Georges grogna encore pour la forme : il devait tenir sa mère à l'écart du jardin, jusqu'à ce qu'il

retrouve son cochon, le ramène sous le bras et verrouille les deux portes du cabanon. Après seulement, il pourrait rentrer dîner.

Comment allait-il s'y prendre ? Il n'en avait pas la moindre idée.

Georges savait bien que ses parents n'appréciaient pas son cochon. Jamais ils n'auraient voulu d'un tel animal chez eux. Son père en particulier grinçait des dents chaque fois qu'il pensait à l'intrus qui résidait non loin de son précieux jardin potager. Georges avait reçu ce cochon en cadeau quelques années plus tôt. La veille de Noël, un livreur leur avait remis un carton qui couinait et reniflait. En l'ouvrant, il était tombé nez à nez avec un porcelet rose assez mécontent. Il l'avait sorti avec douceur de sa

boîte et avait observé d'un œil enchanté son nouvel ami trottiner autour du sapin. Un mot accompagnait le carton :

Chers tous,

Joyeux Noël ! Pouvez-vous héberger ce petit bonhomme qui n'a pas de toit ?

Avec tout mon amour,

Mamie.

Inutile de préciser que le père de Georges n'avait pas accueilli avec joie ce nouveau membre de la famille. On peut être végétarien et ne pas adorer les animaux pour autant. Non, son père préférait les plantes. Il est plus facile de s'en occuper : elles n'entrent pas à l'improviste dans la cuisine, ne laissent pas des traces de boue sur le carrelage et ne dévorent pas les biscuits oubliés sur la table. Quant à Georges, ravi d'avoir un cochon bien à lui, il remercia chaleureusement sa bienveillante grand-mère.

Comme chaque année, les cadeaux déposés sous le sapin par ses parents étaient atroces : les manches du pull-over à rayures mauves et orange tricoté par sa mère touchaient le sol ; la flûte de Pan ne figurait pas sur sa liste au père Noël ; enfin, il eut beaucoup de mal à exprimer de l'enthousiasme devant le kit « La ferme aux asticots ». Dans ses rêves les plus fous, Georges recevait un... ordinateur ! Seulement voilà ! Il était hors de question que ses parents lui en achètent un. Ces derniers n'aimaient pas beaucoup les inventions modernes ; ils essayaient autant que possible de se passer d'appareils ménagers. Désireux de vivre une vie simple et saine, ils lavaient leurs vêtements à la main, n'avaient pas de voiture et, à la nuit tombée, allumaient des bougies pour ne pas avoir à utiliser l'électricité.

Leur but: donner la meilleure éducation à Georges, une alimentation naturelle – sans toxines ni conservateurs – loin des radiations et autres phénomènes maléfiques. Il n'y avait qu'un problème: en se débarrassant de tout ce qui pourrait nuire à leur fils, ils le privaient aussi de nombreux plaisirs. Les parents de Georges aimaient les danses folkloriques, les marches contestataires en faveur de l'environnement et le pain maison fait avec de la farine moulue par leurs soins. Georges, non. Il rêvait de Disneyland, de montagnes russes, voulait jouer à la console, prendre l'avion et visiter des pays lointains. Pour l'instant, il n'avait obtenu qu'un cochon.

Un cochon très sympathique au demeurant. Georges, qui l'avait baptisé Fred, aimait passer du temps en sa compagnie. Assis sur la barrière devant la porcherie construite par son père dans le jardin, il regardait Fred s'ébattre sur la paille fraîche ou renifler le sol poussiéreux. Au fil des saisons, le porcelet avait grossi à tel point que dans la pénombre on aurait pu le confondre avec un éléphanteau. Plus Fred grandissait, plus il était à l'étroit dans son cabanon. Aussi, chaque fois que l'occasion se présentait, il s'évadait et partait saccager le jardin potager. Il piétinait les carottes, grignotait les choux, mâchonnait les fleurs que Rosemarie, la maman de Georges, avait patiemment semées. Même si elle répétait souvent qu'il faut aimer tous les animaux de la création, Georges la soupçonnait de détester Fred les jours où le cochon mettait à sac ses plantations. Elle était végétarienne, comme son mari. Pourtant, Georges aurait juré l'avoir entendue une fois marmonner le mot « saucisse », alors qu'elle nettoyait la cuisine après le passage de l'ouragan Fred.

Aujourd'hui, Fred n'avait pas touché un seul légume. Au lieu de se déchaîner dans le potager, l'animal semblait être passé à l'étape supérieure. Dans la clôture qui séparait leur terrain de celui du voisin, Georges remarqua soudain un drôle de trou, de la taille d'un cochon. La veille, il n'y était pas, puisque Fred était enfermé à double tour dans sa porcherie. Le garçon devait se rendre à l'évidence : Fred, cet animal obstiné, risque-tout, imprudent et rose bonbon, avait préféré l'aventure à la sécurité du jardin.

Il flottait autour de la maison voisine une aura de mystère. Georges ne se souvenait pas l'avoir vue habitée. Alors que tous les propriétaires de la rue entretenaient leur jardin, allumaient leurs lampes le soir, entraient et sortaient en claquant les portes, cette maison restait silencieuse, triste et sombre. Aucun bébé n'y gazouillait au petit matin, aucune mère ne criait « À table ! ». Le week-end, aucun bruit de marteau, aucune odeur de peinture. Personne ne venait réparer les fenêtres cassées ni nettoyer les gouttières. Des années d'abandon avaient permis à la nature de reprendre le dessus et de transformer le jardin en forêt amazonienne. Chez Georges, tout était net, propre et

très ennuyeux. Les plants de haricots étaient solidement attachés à leurs tuteurs, les grosses laitues alignées à la perfection, comme les fanes vert foncé des carottes ou les rangées de pommes de terre. Georges ne pouvait pas jouer au foot de peur que le ballon ne tombe au milieu des framboisiers taillés avec soin. Ses parents lui avaient d'ailleurs délimité une minuscule parcelle, dans l'espoir qu'il se passionne pour le jardinage et envisage de devenir un jour fermier bio. Plus intéressé par le ciel que par la terre, Georges laissa donc son bout de planète à la merci des cailloux, des mauvaises herbes et des bestioles, et se consacra aux étoiles avec la ferme intention de les compter toutes.

LE CIEL ÉTOILÉ

La journée, une seule étoile est visible dans le ciel. Cette étoile, la plus proche de nous, affecte tout particulièrement notre vie de tous les jours. Elle se nomme le Soleil.

La Lune et les planètes n'émettent pas de lumière. Elles semblent lumineuses la nuit parce que le Soleil les eclaire.

Tous les autres points lumineux que nous apercevons dans le ciel nocturne sont des étoiles semblables à notre Soleil. Certaines sont plus grosses, d'autres plus petites. À l'œil nu, par une nuit sans nuages, loin des sources de lumière émanant des villes, il est possible d'en voir des centaines.

La nuit, le ciel comporte quelques objets visibles autres que des étoiles. Ce sont la Lune et les planètes, comme Vénus, Mars, Jupiter ou Saturne.

À côté, tout était différent. Georges grimpait souvent sur le toit de la porcherie pour contempler la merveilleuse forêt vierge. Les buissons, les troncs noueux, les branches enchevêtrées représentaient un terrain de jeu idéal pour un jeune aventurier. Les ronces serpentaient bizarrement, s'entrecroisant, telles des voies de chemin de fer dans une gare. En été, le liseron enfermait le moindre arbuste dans une toile d'araignée verte. Les pissenlits s'étalaient, les orties déployaient leurs maudites feuilles, comme des envahisseurs extraterrestres prêts à en découdre, et, parmi les herbes folles, les minuscules myosotis semblaient faire des clins d'œil au jeune garçon.

NON. Georges avait essuyé un refus catégorique quand il avait suggéré d'agrandir son aire de récréation. Ce n'était pas un « non » normal, qui pouvait gentiment se transformer en « oui », mais un « non » qui signifiait : « Nous avons peur que tu te blesses si tu joues là-bas. » Un vrai « NON », en majuscules, qu'on ne discute pas, le même « NON » prononcé quand il avait mentionné le fait que ses camarades de classe possédaient tous la télévision – certains la regardaient même dans leur chambre ! – et que peut-être ses parents pourraient envisager d'en acheter une. Aussitôt, son père lui avait servi une tirade sur la pollution du cerveau par des émissions plus débiles les unes que les autres. Au sujet du jardin d'à côté, Georges n'avait même pas eu droit à un sermon, juste à un « NON » ferme. Fin de la conversation.

Mais Georges était un garçon qui aimait bien connaître le pourquoi du comment. Devinant qu'il n'obtiendrait aucune réponse de la part de son père, il s'était tourné vers sa mère.

— Oh, Georges ! Tu poses trop de questions, avait soupiré Rosemarie qui hachait des choux de Bruxelles et des navets pour les ajouter à la pâte à gâteau.

Sa mère avait une fâcheuse tendance à cuisiner tout ce qui lui tombait sous la main, au lieu de choisir des ingrédients susceptibles de constituer un plat comestible *et* bon.

— Je veux juste savoir pourquoi je n'ai pas le droit d'aller à côté, avait insisté Georges. Si tu me le dis, je ne poserai plus de questions de la journée. Promis.

Rosemarie s'était essuyé les mains sur son tablier à fleurs et servi une tisane d'ortie.

— D'accord, Georges. Je te raconterai une histoire si tu m'aides à préparer les muffins.

Elle lui avait passé un grand saladier en terre cuite et une cuillère en bois avant de s'asseoir. Georges s'était mis à touiller l'épaisse mixture jaune constellée de morceaux de légumes verts et blancs.

— Il y a plusieurs années de cela, avait commencé sa mère, quand nous avons emménagé ici, avant ta naissance, un vieil homme vivait dans cette maison. On le voyait rarement, mais je me souviens très bien de lui. Il avait la plus longue barbe que j'aie jamais vue – elle lui descendait jusqu'aux genoux !

Il était sans âge et semblait avoir toujours vécu dans le coin.

— Que lui est-il arrivé ? avait demandé Georges, qui avait déjà oublié sa promesse de ne plus poser de questions.

— Nul ne le sait. Du jour au lendemain il a disparu.

— Il est peut-être parti en vacances ? avait suggéré Georges, la cuillère à la main.

— Dans ce cas, il n'est jamais revenu. La maison a été fouillée de fond en comble, sans qu'on retrouve aucune trace. Et personne n'a jamais revu l'homme à la longue barbe.

— Non !

— Il y a quatre ou cinq ans, avait enchaîné sa mère tout en soufflant sur sa tasse, nous avons entendu des bruits, comme des coups de marteau au milieu de la nuit, et des voix. Nous avons vu des lumières. Des squatteurs s'y étaient installés et la police a dû les chasser. La semaine dernière, ton père et moi avons cru entendre à nouveau du bruit. Nous ignorons qui peut vivre dans cette maison, voilà pourquoi Papa ne veut pas que tu traînes là-bas, Georges.

Posté devant le grand trou noir dans la clôture, Georges se souvint de cette conversation avec sa mère. L'histoire qu'elle lui avait racontée ne l'avait pas détourné de son projet, bien au contraire. La maison continuait de l'attirer irrésistiblement. Cependant, c'était une chose de vouloir aller de l'autre côté en sachant que c'était interdit, et une autre d'être obligé de s'y rendre. Soudain, la bâtisse lui sembla sombre, effrayante ; une partie de lui-même désira retrouver la flamme vacillante des bougies, l'odeur bizarre des plats cuisinés par sa mère, la sécurité d'une porte qu'on ferme à clé. Cela signifiait aussi abandonner Fred, en danger. Georges ne pouvait pas non plus demander de l'aide à ses parents – autant signer tout de suite l'arrêt de mort de son cochon ; il lui reviendrait sous forme de grosses tranches de jambon. Georges inspira un bon coup : il devait le faire, il devait franchir la clôture. Les yeux fermés, il plongea dans le trou.

Quand il rouvrit les yeux, il se trouvait au cœur de la jungle. Au-dessus de sa tête, le feuillage était si dense qu'on voyait à peine le ciel. La nuit tombait. Dans l'épaisse forêt déjà sombre, Georges remarqua que les herbes piétinées formaient comme un sentier. Il le suivit en espérant qu'il le mènerait à Fred. Des plantes collantes s'accrochaient à son pantalon et des ronces lui griffaient les bras. Le sol spongieux s'enfonçait sous ses pieds, des orties géantes lui piquaient les bras. Au fur et à mesure qu'il

avançait, le vent poussait de longs soupirs dans le sous-bois et semblait répéter: «Fais attention. Fais attention.»

Le sentier mena enfin Georges à l'arrière de la maison abandonnée. Jusque-là, il n'avait ni vu ni entendu le fuyard. Mais, sur les dalles brisées devant la porte, Georges découvrit des traces de boue que seul un cochon pouvait laisser. En observant les empreintes, il n'eut aucun doute sur la destination de Fred. L'animal avait profité de la porte entrouverte pour se faufiler à l'intérieur. Et, pire, alors que personne ne vivait là depuis des années, Georges aperçut de la lumière.

La vieille baraque était habitée.

Chapitre 2

Georges se retourna. Il devait rebrousser chemin, alerter ses parents. Mieux valait avouer à son père qu'il avait désobéi et traversé la clôture, que rester seul sur ce perron. Il décida néanmoins de jeter un coup d'œil par la fenêtre, au cas où il découvrirait Fred, avant de revenir plus tard en compagnie de son père.

Le rayon de lumière qui provenait de la maison vide attirait Georges. Sa couleur dorée ne ressemblait pas à la lueur des bougies chez lui ni à l'éclat bleuté des néons du collège. Bien que terrifié et claquant des dents, il s'approcha à pas de loup, jusqu'à coller son nez contre la vitre. Sous les lamelles du store baissé, il distingua une table de cuisine où traînaient une théière, des tasses et de vieux sachets de thé. Soudain, un mouvement le surprit. Il plissa les yeux. Oui, là, sur le carrelage, c'était bien Fred, son cochon, aussi entier, énorme et sale qu'à son habitude ! Le groin plongé dans un bol, il lapait à grand bruit un mystérieux breuvage violet !

Le sang de Georges ne fit qu'un tour. Fred était tombé dans un piège !

— Nooon ! s'écria Georges. C'est du poison. Ne bois pas ! lui ordonna-t-il en tapant sur la vitre.

Le plus gourmand des cochons ignora la voix de son maître et continua de laper goulûment le contenu du bol. Sans réfléchir davantage, Georges se rua dans la cuisine, s'empara du récipient et le vida dans l'évier. Tandis que le liquide violet s'écoulait par la bonde, il entendit une petite voix derrière lui.

— Qui… es-tu ?

Georges fit volte-face et se trouva nez à nez avec une fillette vêtue d'un costume extraordinaire. Elle avait superposé plusieurs couches de tissus multicolores, comme si elle s'était enroulée dans des ailes de papillon.

Georges bredouilla quelques mots. Cette enfant

étrange, avec ses longs cheveux blonds emmêlés et son serre-tête orné de plumes bleues et vertes, n'avait pas du tout peur de lui.

— Et toi ? Qui es-tu ? rétorqua-t-il sur un ton indigné.

— J'ai demandé la première. Et de toute façon, ici c'est ma maison. Je n'ai pas à te répondre si je n'en ai pas envie !

— Je m'appelle Georges, répondit l'intéressé qui tendit le menton, comme chaque fois qu'on le contrariait.

Il désigna Fred.

— Lui, c'est mon cochon. Et tu l'as kidnappé.

— Je n'ai pas kidnappé ton cochon, s'énerva la fillette. Quelle drôle d'idée ! Pourquoi je voudrais d'une bête pareille ? Je suis ballerine, et il n'y a pas de cochons dans le ballet.

— Ballet… marmonna Georges.

Ses parents l'avaient inscrit plus jeune à un cours de danse et jamais il n'oublierait ce supplice.

— Peu importe, abrégea-t-il, tu n'es pas assez âgée pour être ballerine. Tu n'es qu'une gamine.

— Pour tout te dire, je suis dans le corps de ballet, rétorqua la petite arrogante. Ça se voit que tu n'y connais rien.

— OK. Si tu le prends sur ce ton… Pourquoi

Madame essayait-elle d'empoisonner mon cochon, hein ?

— Ce n'est pas du poison, renifla-t-elle, mais du jus de cassis. Je croyais que tout le monde le savait.

Étant donné que ses parents ne lui autorisaient que du jus de pomme maison, Georges se sentit soudain très bête.

— Hum... Ce n'est pas vraiment chez toi, ici, répliqua-t-il, bien décidé à avoir le dernier mot. Cet endroit appartient au vieil homme à la longue barbe qui a disparu depuis des années.

— C'est ma maison ! s'exclama la fillette dont les yeux bleus lançaient des éclairs. J'habite ici sauf quand je danse sur scène.

— Où sont tes parents alors ?

— Je n'ai pas de parents, déclara-t-elle avec une moue boudeuse. Je suis orpheline. Quand on m'a trouvée dans les coulisses, j'étais enveloppée dans un tutu. Le ballet m'a adoptée, et voilà pourquoi je suis une danseuse aussi douée.

Elle renifla très fort.

— Annie ! résonna une voix masculine dans le couloir.

La fillette se figea.

— Annie ! Où es-tu ?

La voix se rapprochait.

— Qui est-ce ? demanda Georges sur un ton soupçonneux.

— C'est... Euh... Ben, euh...

Soudain, ses chaussons de danse captivèrent toute son attention.

Un homme grand, aux cheveux noirs en bataille et

aux lunettes épaisses en équilibre précaire sur son nez, entra dans la pièce.

— Ah ! Te voilà enfin, Annie ! Qu'est-ce que tu fabriques ?

— Moi ?

Elle arbora un sourire étincelant.

— J'offrais à boire au cochon.

L'homme parut contrarié.

— Annie... Nous en avons déjà parlé. Cesse de raconter des histoires pour...

Il s'interrompit en apercevant Georges et... Fred. Son groin et sa bouche violets donnaient l'impression qu'il souriait.

— Un cochon... Dans la cuisine... Je vois... bafouilla l'homme. Excuse-moi, Annie. Je croyais qu'il s'agissait encore d'un de tes mensonges. Eh bien, bonjour !

L'homme traversa la pièce et tendit la main à Georges. Puis il tapota doucement la tête de Fred entre les deux oreilles.

— Salut !

Comme il semblait à court de mots, Georges se présenta.

— Je m'appelle Georges. Et voici Fred, mon cochon.

— Ton cochon, répéta l'homme avant de se tourner vers Annie.

Celle-ci haussa les épaules et lui lança un regard qui voulait dire : « Tu vois ! »

— J'habite la maison d'à côté, expliqua Georges. Mon cochon s'est enfui par un trou dans la clôture, alors je suis venu le chercher.

— Ah, d'accord ! s'exclama l'homme. Je me demandais comment vous étiez arrivés ici. Moi, c'est Éric. Je suis le père d'Annie.

— Le père d'Annie ? s'étonna Georges qui sourit à la fillette blonde.

Celle-ci leva les yeux au ciel, refusant de croiser son regard.

— Nous sommes tes nouveaux voisins, continua Éric.

D'un grand geste de la main, il montra le papier peint décollé, les vieux sachets de thé moisis, les robinets qui fuyaient à grosses gouttes et le lino déchiré.

— C'est encore un peu le bazar. Nous ne sommes pas là depuis longtemps. Voilà pourquoi nous n'avons pas encore eu l'occasion de nous rencontrer. Tu veux…

Éric s'ébouriffa les cheveux et fronça les sourcils.

— Tu veux boire quelque chose ? Je vois qu'Annie s'est occupée de ton cochon.

— J'aimerais bien du jus de cassis, s'empressa de demander Georges.

Annie secoua la tête.

— Y en a plus.

Georges ne put cacher sa déception. Pour une fois qu'il pouvait goûter une boisson sympa, son cochon l'avait devancé.

Éric ouvrit plusieurs placards, mais tous étaient vides. Il prit un air désolé.

— Un verre d'eau ? lui proposa-t-il en lui indiquant le robinet.

Georges hocha la tête. Il n'était pas pressé de rentrer. D'habitude, quand il jouait chez des amis, cela

le déprimait de constater à quel point ses parents menaient une vie différente. Mais là, cette situation insolite le rendait joyeux. Il avait enfin trouvé une famille plus bizarre que la sienne ! Alors que ces pensées lui réchauffaient le cœur, Éric gâcha cet instant magique.

— La nuit tombe. Tes parents savent que tu es là, Georges ?

Il s'empara du téléphone posé sur la table de la cuisine.

— Si je leur passais un petit coup de fil, histoire de les rassurer ?

— Euh… marmonna Georges.

— Tu me donnes ton numéro ? insista Éric qui le regardait par-dessus ses lunettes. Peut-être seront-ils plus faciles à joindre sur leur portable ?

— Ils… Euh…

Georges qui ne voyait pas d'autre issue lâcha dans un souffle :

— … ils n'ont pas le téléphone.

— Pourquoi ? interrogea Annie, les yeux écarquillés de stupéfaction.

— Ils…

Annie, visiblement horrifiée à l'idée qu'on puisse vivre sans portable, et Éric le dévisageaient. Georges se sentit obligé d'expliquer.

— Mes parents pensent que la technologie a tout envahi mais qu'on peut s'en passer. Ils disent que les gens polluent la planète à cause des découvertes scientifiques et des inventions modernes.

— Vraiment ?

Les yeux d'Éric pétillaient derrière ses verres épais.

— Comme c'est intéressant.

À cet instant, le téléphone dans sa main émit un tintement musical.

— Je peux répondre ? S'il te plaît, s'il te plaît, s'il te plaît… réclama Annie qui s'empara de l'appareil. Maman !

Et dans un frou-frou multicolore, la fillette se précipita hors de la cuisine. Sa voix aiguë et ses petits pas pressés résonnaient dans le couloir.

— Devine quoi, maman ! Un drôle de garçon est venu à la maison !

Georges rougit jusqu'aux oreilles.

— … Et il a un cochon !!

Sans quitter Georges des yeux, Éric poussa doucement la porte de la cuisine avec son pied.

— ... Et il n'a jamais bu de jus de cassis ! ajouta la voix perçante.

Éric remplit un verre au robinet.

— ... Et ses parents n'ont même pas le téléphone !

Bien que la conversation d'Annie fût assourdie, ils percevaient encore chacune de ses phrases assassines. Éric alluma la radio et tourna le volume à fond.

— Bien, Georges ! s'exclama-t-il. Où en étions-nous ?

— Je ne sais pas, répondit Georges, qui eut du mal à se faire entendre dans ce vacarme.

Éric lui lança un regard compatissant.

— Tiens, je vais te montrer quelque chose de drôle, cria-t-il.

Il sortit une règle de sa poche et la brandit sous le nez de Georges.

— Connais-tu cet objet ? hurla Éric.

— C'est une règle, répondit Georges, même si la réponse était plutôt évidente.

— Exact ! s'écria Éric, qui se frottait à présent le crâne avec. Maintenant regarde !

Il approcha la règle du robinet ouvert. Aussitôt, le mince filet d'eau s'incurva et coula de travers. Éric éloigna la règle et l'eau reprit son cours normal. Il donna la règle à Georges qui la passa à son tour dans ses cheveux avant de l'approcher à nouveau du filet d'eau. Le même phénomène se reproduisit.

— C'est de la magie ! hurla Georges, pris d'une soudaine excitation. Vous êtes magicien ?

— Pas le moins du monde !

Éric rangea la règle dans sa poche, ferma le robinet et éteignit la radio. Ils n'entendaient plus la voix d'Annie.

— On appelle cela de la science, Georges, expliqua Éric dont le visage rayonnait. De la science ! La règle vole les charges électriques de tes cheveux pendant le frottement. Nous ne les voyons pas, mais le filet d'eau, lui, les ressent.

— C'est dingue...

— Eh oui ! La science est un sujet extraordinaire et fascinant, qui nous aide à comprendre le monde autour de nous et toutes ses merveilles.

— Vous êtes un scientifique ? demanda Georges, soudain perplexe.

— Oui, Georges.

— Ce n'était pas de la science... rétorqua le garçon, en montrant le robinet. La science tue la planète et ses habitants. Je ne comprends pas.

— Bravo ! s'enhardit Éric. Tu vas droit au but, toi ! Je répondrai à ta remarque, mais avant, je dois t'expliquer ce qu'est la science avec un grand S. Elle permet de comprendre le monde qui nous entoure, grâce à nos sens, à notre intelligence et à nos capacités d'observation.

— C'est vrai ? fit Georges, dubitatif.

— Absolument. Il existe différents types de sciences naturelles avec des applications variées. Celle que je pratique parle du Comment et du Pourquoi. Comment tout a commencé – l'Univers, le Système solaire, notre planète, la vie sur Terre. Qu'y avait-il avant le commencement ? D'où tout cela vient-il ? Comment cela fonctionne-t-il ? Et pourquoi ? C'est la physique, Georges ! Une discipline passionnante et incroyable !

— Ça a l'air super ! s'exclama Georges.

Il faut dire qu'il harcelait précisément ses parents avec ce genre de questions, et il n'obtenait jamais de réponses ! Ses professeurs, eux, lui répétaient chaque fois qu'il découvrirait cela en classe, l'année suivante.

— Je continue ? s'enquit Éric, les sourcils levés.

« Oh oui ! S'il vous plaît ! » s'apprêtait à répondre Georges, quand Fred, qui s'était tenu tranquille jusque-là, sembla percevoir son excitation. Il se redressa sur ses pattes et, à une vitesse inconcevable pour un animal de sa taille, se précipita, oreilles baissées, vers la porte du couloir avant de disparaître.

— Noooooon ! cria Éric qui s'élança à sa suite.

— Stoooooop ! hurla Georges, qui leur courut après.

— *Grouik grouik grouik grouik grouik !* grogna Fred, décidé à profiter au maximum de son escapade.

Chapitre 3

Si Georges avait trouvé la cuisine en désordre, la pagaille qui régnait au salon dépassait l'entendement. Des dizaines et des dizaines d'ouvrages s'y entassaient ; des piles chancelantes atteignaient le plafond. Quand Fred traversa la pièce, pages, carnets, livres, volumes reliés de cuir et feuilles de classeur volèrent dans toutes les directions.

— Attrape-le ! hurla Éric tout en s'efforçant de rabattre le cochon vers la cuisine.

— J'essaie, répondit Georges avant de recevoir un livre en pleine figure.

— Vite ! Il faut le faire sortir.

À cet instant, le père d'Annie bondit, atterrit à califourchon sur le dos de Fred et l'attrapa par les oreilles. S'en servant comme d'un volant, il fit virer le cochon de bord et le guida vers la cuisine.

Resté seul au salon, Georges ne savait plus où donner de la tête. Il n'était jamais entré dans un tel endroit auparavant. Les livres qui se refermaient avec douceur, les feuilles qui retombaient sur le sol donnaient curieusement à la pièce une allure majestueuse.

Accroché au mur, un immense tableau noir couvert de symboles et de gribouillis multicolores attira son attention. On aurait dit un long poème. Georges ne prit pas le temps de le lire : il y avait trop de choses à voir. Dans un coin, une vieille horloge faisait entendre son tic-tac, son balancier oscillait au même rythme qu'une rangée de boules argentées suspendues à un fil.

Elles semblaient en mouvement perpétuel. Sur un trépied en bois, un gros tube de laiton était pointé vers la fenêtre. Georges ne put résister à la tentation de toucher cette magnifique antiquité, douce et froide sous ses doigts.

Quand Éric revint au salon, sa chemise sortait de son pantalon, il avait les cheveux dressés sur la tête, les lunettes de travers et un large sourire aux lèvres. Il brandissait un livre qu'il avait rattrapé au vol alors qu'il conduisait Fred hors de la pièce.

— Georges ! Quel bonheur ! s'exclama Éric. Je croyais avoir perdu ce livre pendant le déménagement. J'avais vidé tous mes cartons sans pouvoir mettre la main dessus et voilà que ton cochon me l'a retrouvé ! Beau résultat !

Les yeux écarquillés, Georges resta bouche bée. Il s'attendait tellement à recevoir le sermon de sa vie pour avoir laissé Fred saccager le salon. Éric ne paraissait même pas en colère. Décidément, il ne ressemblait à personne de son entourage: peu importait ce qui arrivait chez lui, cet homme-là ne se fâchait jamais. Voilà qui était pour le moins déconcertant.

— Je dois te remercier pour l'aide que tu m'as apportée aujourd'hui, continua le surprenant voisin en déposant le livre sur un carton.

— Mon aide ? marmonna Georges qui n'en croyait pas ses oreilles.

— Oui, ton aide ! Et comme tu sembles intéressé par la science, peut-être pourrais-je t'en apprendre davantage, histoire de te remercier ? Qu'aimerais-tu savoir ?

Le cerveau de Georges fourmillait tellement de questions qu'il avait du mal à se décider.

Il désigna le tube métallique.

— Qu'est-ce que c'est ? demanda-t-il.

— Très bonne question, Georges ! s'emballa Éric. Il s'agit de mon télescope. Il est très vieux. Vois-tu, il y a quatre cents ans, il appartenait à un homme nommé Galilée. Ce savant vivait en Italie et aimait beaucoup observer le ciel la nuit. À son époque, les gens croyaient que toutes les planètes du Système solaire tournaient autour de la Terre – selon eux, même le Soleil effectuait une rotation autour d'elle.

— Je sais que c'est faux, intervint Georges qui colla son œil à la lunette. La Terre tourne autour du Soleil.

— Exactement ! La science consiste aussi à acquérir des connaissances grâce à l'expérience. Tu sais que la Terre et les autres planètes du Système solaire tournent autour du Soleil grâce à Galilée qui l'a découvert, voilà plusieurs siècles. Il l'a compris en regardant par ce télescope. Tu vois quelque chose ?

LA LUNE

Une lune est un satellite naturel d'une planète.

Un « satellite » est un objet en orbite autour d'une planète, comme la Terre tourne autour du Soleil, et « naturel » signifie que l'homme n'est pas intervenu dans sa création.

Distance moyenne à la Terre : 384 399 kilomètres.

Diamètre : 3 476 kilomètres, soit 27,3 % du diamètre de la Terre. **Surface :** 0,074 fois celle de la Terre. **Volume :** 0,020 fois celui de la Terre. **Masse :** 0,0123 fois celle de la Terre. **Gravité à l'équateur :** 16,54 % de la gravité de la Terre à son propre équateur.

L'effet le plus flagrant de la gravité de la Lune sur la Terre se manifeste par les marées. Les mers de notre planète situées face à la Lune sont plus fortement attirées par cette dernière en raison de sa proximité, ce qui provoque un renflement des mers de ce côté. De même, les mers du côté opposé à la Lune sont moins attirées que la Terre vu qu'elles sont plus éloignées. Ce qui crée un autre renflement de ce côté de la Terre.

Bien que l'attraction gravitationnelle du Soleil soit plus forte que celle de la Lune, son effet sur les marées est environ deux fois moindre que celui de la Lune, en raison de l'extrême éloignement du Soleil. Quand la Lune est à peu près alignée avec la Terre et le Soleil, les marées provoquées par la Lune et le Soleil s'ajoutent, ce qui produit des marées plus importantes (appelées « marées de vive-eau ») deux fois par mois.

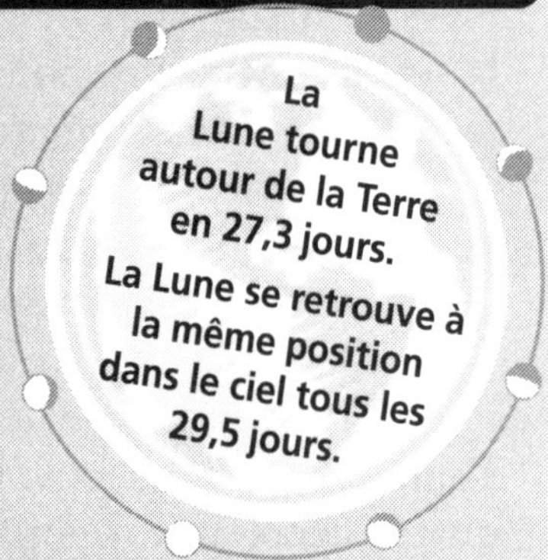

Il n'y a aucune atmosphère sur la Lune, donc le ciel reste noir, même pendant le jour. Aucun tremblement de terre ou éruption volcanique ne s'est produit sur la Lune depuis que la vie est apparue sur Terre. Ainsi, vue de la Terre, la Lune, avec ses taches, montagnes et cratères, est restée exactement la même depuis l'apparition des premiers organismes vivants.

Depuis la Terre, nous observons toujours la même face de la Lune. Les premières photos de la face cachée de la Lune ont été prises par une sonde en 1959.

LUMIÈRE ET ÉTOILES

- Tout ce qui circule dans notre Univers met du temps à voyager, même la lumière.
- Dans l'espace, la lumière circule toujours à la plus grande vitesse qui soit : 299 792,458 kilomètres par seconde – il s'agit de « la vitesse de la lumière ».
- Il ne faut environ que 1,3 seconde à la lumière pour aller de la Terre à la Lune.
- Comme le Soleil se trouve plus loin de la Terre que la Lune, il faut environ 8 minutes et 30 secondes à sa lumière pour nous atteindre.

- Toutes les autres étoiles dans le ciel sont beaucoup plus éloignées de la Terre que le Soleil. La plus proche du Soleil se nomme Proxima Centauri et sa lumière met 4,22 ans pour rejoindre la Terre.
- La lumière de la plupart des étoiles que nous admirons la nuit a voyagé des centaines, des milliers, voire des dizaines de milliers d'années avant de nous parvenir. Alors que nous pouvons les observer, il est possible que certaines d'entre elles n'existent plus, parce que la lumière de leur explosion lorsqu'elles meurent ne nous est pas encore parvenue.
- Les distances dans l'espace se mesurent en années-lumière – soit la distance parcourue en une année par la lumière. Elle vaut environ 9 500 milliards de kilomètres.

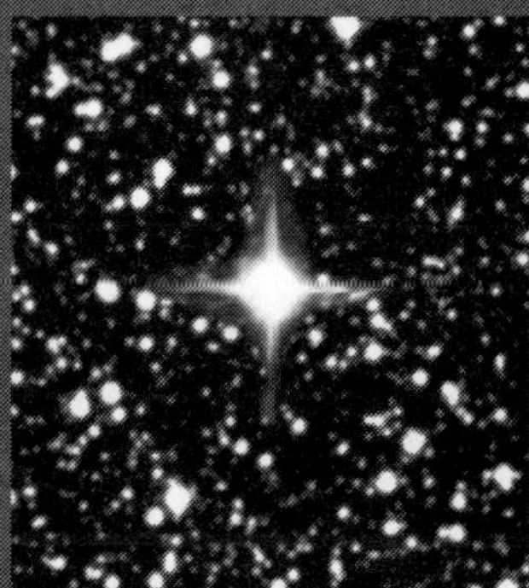
©ANGLO-AUSTRALIAN OBSERVATORY/DSS/DAVID MALIN IMAGE

Proxima Centauri, l'étoile la plus proche de la Terre après le Soleil.

— La Lune, répondit Georges, les yeux plissés. On dirait qu'elle sourit.

— Ce sont les cicatrices d'un passé mouvementé et violent : l'impact des météorites qui se sont écrasées à sa surface, expliqua Éric. Tu ne verras pas grand-chose avec le télescope de Galilée. Si tu te rendais dans un observatoire et t'installais devant un gros télescope, tu apercevrais des étoiles situées à des milliards de kilomètres de nous. Tu sais quoi ? Le temps que leur lumière atteigne notre planète, elles sont peut-être déjà mortes.

— Une étoile peut mourir ? Vous êtes sûr ?

— La fin des choses semble beaucoup t'intéresser, remarqua Éric. J'aimerais te montrer la naissance d'une étoile avant que nous observions comment elle meurt. Je crois que ça va te plaire…

Chapitre 4

— Annie ! cria Éric par la porte du salon en direction de l'escalier.

— Ouiiiiii ? retentit une petite voix au loin.

— Tu viens voir *Naissance et mort d'une étoile* avec nous ?

— Je l'ai déjà vu plein de fois, répliqua-t-elle.

Ils entendirent des pas pressés descendre les marches et, une seconde plus tard, Annie passa la tête par la porte.

— Je peux avoir des chips ?

— S'il y en a, rétorqua Éric. Et dans ce cas, tu les apportes ici et tu les partages avec Georges, d'accord ?

Un léger sourire aux lèvres, Annie disparut vers la cuisine. Peu après, les portes des placards claquaient à tout-va.

— Ne fais pas attention à elle, déclara gentiment

Éric sans regarder Georges. Elle n'est pas méchante. Elle est juste…

Il s'interrompit et se dirigea vers l'autre bout de la pièce où il alluma un ordinateur que Georges n'avait pas remarqué. Tellement fasciné par les autres objets du salon, il n'avait pas vu l'écran plat argenté et son clavier. Ça ne lui ressemblait pourtant pas, lui qui adorait les ordinateurs et mourait d'envie d'en posséder un ! Malheureusement, ils étaient numéro un sur la liste noire de ses parents. Sans espoir. S'il économisait sur son argent de poche pour s'en acheter un, à raison de un euro par semaine, Georges avait calculé qu'il lui faudrait environ huit ans pour s'offrir un PC d'occasion pourri. En attendant, il devait se contenter des vieilles bécanes bruyantes du collège, aux écrans couverts d'empreintes de doigts graisseux, et qui plantaient toutes les cinq minutes.

Brillant et compact, le portable d'Éric semblait assez puissant pour équiper un vaisseau spatial. Il tapa deux fois sur le clavier, l'ordinateur émit un très léger ronronnement tandis que des éclairs colorés zébraient l'écran. Éric appuya sur les touches d'un air satisfait.

— Tu as oublié quelque chose, déclara une voix mécanique.

Georges eut la peur de sa vie.

— Vraiment ? lança Éric, perplexe.
— Oui, continua la voix. Tu ne m'as pas présenté.
— Oh ! Excuse-moi ! Georges, je te présente Cosmos, mon ordinateur.
Georges déglutit. Qu'était-il censé répondre ?
— Tu dois dire bonjour à Cosmos, lui chuchota Éric à l'oreille. Sinon, il va se vexer.
— Bonjour, Cosmos, bredouilla Georges, un peu nerveux.
Il n'avait jamais parlé à un ordinateur et ne savait comment le regarder.
— Bonjour, Georges, répliqua Cosmos. Éric, tu as oublié autre chose.
— Quoi, encore ?
— Tu n'as pas dit à Georges que j'étais l'ordinateur le plus puissant du monde.

Éric leva les yeux au ciel.

— Georges, continua-t-il patiemment, Cosmos est l'ordinateur le plus puissant du monde.

— Exact, renchérit Cosmos. Dans l'avenir, des ordinateurs me surpasseront. Mais à ce jour, je demeure inégalé.

— Je suis désolé, murmura Éric. Ces machines sont un peu susceptibles parfois.

— Je suis plus intelligent qu'Éric, se vanta Cosmos.

— Selon qui ? s'enquit Éric qui foudroya l'écran du regard.

— Selon moi. Je suis capable d'additionner des milliards de nombres en une nanoseconde. En moins de temps qu'il ne te faut pour dire : « Cosmos est génial », je peux calculer la durée de vie des planètes, des comètes, des étoiles, des galaxies. Avant que tu n'aies fini de prononcer : « Cosmos est l'ordinateur le plus impressionnant que j'aie jamais vu, il est vraiment incroyable », j'aurai…

— Très bien, merci ! l'interrompit Éric. Cosmos, tu es l'ordinateur le plus impressionnant que nous ayons jamais vu. On peut changer de sujet ? Je voudrais montrer à Georges comment naît une étoile.

— Non, trancha Cosmos.

— Non ? Qu'entends-tu par « non », espèce de machine ridicule ?

— Je m'y refuse, décréta Cosmos. Et je ne suis pas ridicule. Je suis l'ordinateur le plus puissant qui…

— Oooohh ! S'il te plaît, le supplia soudain Georges. S'il te plaît, Cosmos ! J'aimerais beaucoup assister à la naissance d'une étoile, s'il te plaît, peux-tu me montrer ?

Cosmos resta silencieux.

— Allez, Cosmos, supplia Éric. Montre à Georges quelques merveilles de l'Univers.

— Peut-être, rétorqua Cosmos sur un ton boudeur.

— Georges n'a pas une très haute opinion de la science. C'est notre unique chance de lui présenter notre vision des choses.

— Il doit prêter serment.

— Un bon point pour toi, mon brave Cosmos, s'écria Éric qui bondit vers le tableau noir. Georges ? Aimerais-tu percer les secrets de l'Univers ?

— Oh oui !

— Es-tu prêt à prononcer un serment ? À promettre que tu utiliseras tes connaissances pour faire le bien et non le mal ?

Éric fixait Georges, derrière ses épaisses lunettes. Sa voix avait changé, il semblait extrêmement sérieux.

— C'est très important, Georges. La science peut être une force bénéfique, mais comme tu me l'as signalé tout à l'heure, elle peut aussi causer des dégâts effroyables.

Georges se redressa et regarda Éric droit dans les yeux.

— Je suis prêt.

— Bien. Lis en silence ce qui est écrit au tableau. Il s'agit du Serment du Scientifique. Si tu es d'accord avec ces lignes, alors lis-les à voix haute.

Georges réfléchit un instant. Ce Serment ne l'effrayait

pas le moins du monde. Au contraire, il lui donnait des frissons d'enthousiasme jusque dans les orteils. Il lut le Serment à voix haute, comme Éric le lui avait demandé.

— *Je jure d'utiliser mes connaissances scientifiques pour le bien de l'humanité. Je promets de ne jamais faire de mal à un être humain ou à un animal dans ma quête de savoir.*

La porte du salon s'entrouvrit. Annie entra, un énorme sac rempli de minipaquets de chips dans les bras.

— Continue, l'encouragea Éric. Tu te débrouilles très bien.

Georges lut la suite.

— *Je devrai me montrer courageux et prudent dans mes recherches sur les mystères qui nous entourent. Je ne devrai pas utiliser mes connaissances scientifiques pour mon profit personnel ni les transmettre à ceux qui cherchent à détruire la merveilleuse planète sur laquelle nous vivons. Si je trahis ce Serment, que la beauté et les prodiges de l'Univers me soient à jamais cachés.*

Éric applaudit. Annie éclata un paquet de chips vide. Cosmos fit apparaître un arc-en-ciel étincelant sur son écran.

— Parfait, Georges ! le félicita Éric. Tu es désormais le deuxième benjamin de l'Ordre de la quête scientifique pour le bien de l'humanité.

— Je te salue ! déclara Cosmos. À partir d'aujourd'hui, je reconnaîtrai ta voix.

— Et je te laisserai des chips ! compléta Annie.

— Annie, tais-toi ! intervint Éric. Nous arrivons à l'instant le plus intéressant. Georges, tu peux à présent avoir accès à la touche secrète qui t'ouvrira les portes de l'Univers.

— Je peux ? l'interrogea Georges. Où se trouve-t-elle ?

— Approche-toi de Cosmos et examine son clavier. Devines-tu sur quelle touche tu dois appuyer ? Laquelle te donnera accès aux portes de l'Univers ? Annie, ne dis rien !

Georges obéit. Cosmos était peut-être l'ordinateur le plus puissant du monde… son clavier semblait des plus courants ; les lettres et les symboles étaient rangés dans le même ordre que sur les claviers déglingués du collège. Georges se creusa les méninges. Quelle touche lui ouvrirait les portes de l'Univers ?… Et soudain, il sut.

— C'est celle-ci, pas vrai ? demanda-t-il à Éric, l'index tremblant.

Éric hocha la tête.

— Oui. Pour commencer.

Georges appuya sur la touche ENTRÉE.

Les lumières de la pièce baissèrent.

Cosmos joua alors une petite fanfare électronique.

— Bienvenue… dans l'Univers !

Chapitre 5

Le salon fut soudain plongé dans l'obscurité.

— Viens t'asseoir, Georges, lança Annie, confortablement installée dans l'immense canapé.

Georges la rejoignit. Au bout de quelques secondes un rai de lumière blanche très lumineux jaillit au milieu de la pièce. Il provenait de l'écran de Cosmos. Le rai de lumière se déplaça de gauche à droite, de façon rectiligne, avant de redescendre vers le sol. Tout en laissant un sillon brillant derrière lui, il traça une perpendiculaire pour achever les trois côtés d'un rectangle. Enfin, après un angle droit, le rayon revint à son point de départ. Georges crut voir alors une forme plane flotter dans le vide quand soudain, elle passa du virtuel à une réalité drôlement familière.

— On dirait… murmura-t-il.

— Une fenêtre, déclara Éric fièrement. Cosmos a créé une fenêtre qui ouvre sur l'Univers. Regarde bien…

Le rayon lumineux disparut, laissant suspendue dans le vide la fenêtre qu'il avait dessinée. Même si ses contours étincelaient encore, elle ressemblait à une vraie fenêtre, avec une grande vitre et un encadrement de métal. Cependant, elle ne donnait ni sur le jardin et

la maison de Georges, ni sur la rue, mais sur un endroit qu'il n'avait jamais vu.

Par la fenêtre, Georges découvrit un espace infini, plongé dans la pénombre et parsemé de minuscules étoiles scintillantes. Il se mit à les compter.

— Georges, intervint la voix mécanique de Cosmos, l'Univers contient des milliards et des milliards d'étoiles. À moins que tu ne sois aussi intelligent que moi, tu ne seras pas capable de les compter toutes.

— Cosmos, pourquoi y en a-t-il autant ? demanda Georges, émerveillé.

— Parce qu'il en naît sans cesse de nouvelles dans d'immenses nuages de gaz et de poussière. Laisse-moi te montrer comment cela se passe.

— Combien de temps faut-il à une étoile pour naître ?

— Des dizaines de millions d'années, répondit Cosmos. J'espère que tu n'es pas pressé !

— Cosmos ! le gronda Éric, assis par terre en tailleur.

Repliées ainsi, ses grandes jambes minces lui donnaient l'allure d'une araignée géante mais amicale, qui se serait posée près des enfants.

— Ne t'inquiète pas, Georges. J'ai un peu accéléré le processus. Tu seras à l'heure pour le dîner. Annie, tu nous donnes des chips ? Je ne sais pas, pour toi, Georges, mais l'Univers m'a toujours ouvert l'appétit.

Ils entendirent un bruit de papier froissé quand Annie plongea la main dans le grand sac vide.

— Oh oh !… s'exclama-t-elle sur un ton embarrassé, je vais en chercher d'autres…

Elle bondit du canapé et courut à la cuisine.

En son absence, Georges remarqua quelque chose

par la fenêtre ouverte sur l'espace : il n'y avait pas que des étoiles. Dans un coin, il aperçut une zone complètement noire, où pas un astre ne brillait.

— Que se passe-t-il ici ? s'enquit-il.

— Et si on jetait un coup d'œil ? proposa Éric.

Il prit la télécommande de Cosmos et zooma. De plus près, Georges se rendit compte qu'un nuage planait à cet endroit. La fenêtre poursuivit son approche et, une fois à l'intérieur du nuage, Georges constata qu'il était bien fait de gaz et de poussière, comme l'avait dit Cosmos.

— Qu'est-ce que c'est ? demanda-t-il. Et où est-ce ?

— Il s'agit d'un immense nuage situé dans l'espace extra-atmosphérique, bien plus gros que ceux qui

PARTICULES

- Les particules élémentaires sont les plus petits composants qui existent ; elles ne peuvent être divisées en particules plus petites. Parmi elles, on trouve l'électron, qui transporte l'électricité, et le photon, qui véhicule la lumière.
- Un atome n'est pas une particule élémentaire, puisqu'il est composé d'électrons qui tournent autour d'un noyau en son centre, comme les planètes tournent autour du Soleil. Le noyau est constitué de protons et de neutrons extrêmement serrés.
- Aujourd'hui, nous savons que protons et neutrons ne sont pas des particules élémentaires. Ils sont composés de petites particules appelées « quarks », maintenues ensemble par les « gluons », qui sont eux-mêmes les particules d'une « force forte » agissant sur les quarks, mais pas sur les électrons ou les photons.

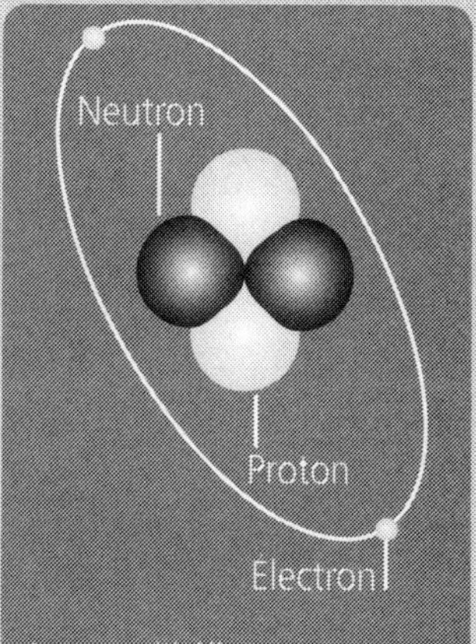

Atome d'hélium : un noyau comportant 2 neutrons et 2 protons, et 2 electrons periphériques.

gravitent dans le ciel, lui expliqua Éric. Il est composé de particules microscopiques qui flottent. Ces particules sont tellement nombreuses que le nuage atteint une taille incroyable. Tu sais quoi ? il pourrait contenir des millions et des millions de planètes comme la nôtre ; il donne naissance à beaucoup d'étoiles.

Au cœur du nuage, Georges observa les particules en mouvement : certaines s'aggloméraient pour former des morceaux de matière, qui tournoyaient et accrochaient d'autres particules au passage. À sa grande surprise, les morceaux virevoltant ne grossissaient pas au fur et à mesure. Au contraire, ils rapetissaient, comme si quelque chose les comprimait. On aurait dit qu'une main invisible pétrissait d'énormes boules de pâte à pain. L'une d'elles était si proche que Georges la vit tourbillonner et rétrécir en même temps. Quelques secondes après, la température s'éleva, au point que Georges pouvait sentir cette chaleur torride depuis le canapé. Soudain, la boule émit une lumière faible mais inquiétante.

— Pourquoi brille-t-elle ? demanda-t-il.

— Plus elle se contracte, plus elle se réchauffe,

commenta Éric. Plus elle se réchauffe, plus elle brille. Bientôt, elle deviendra trop chaude.

Éric s'empara de deux paires de lunettes bizarres, posées par terre, au milieu d'objets hétéroclites.

— Mets-les, ordonna-t-il à Georges, tout en faisant de même. Sous peu, la lumière sera trop étincelante et dangereuse pour que tu la regardes à l'œil nu.

Au moment où Georges mettait les lunettes noires, la boule implosa et ses couches externes de gaz incandescent furent projetées dans toutes les directions. Après l'explosion, elle brillait autant que le Soleil.

— Waouh ! s'écria Georges. C'est le Soleil ?

— Cela se pourrait, répliqua Éric. Tu as assisté à la naissance d'une étoile, et le Soleil en est une. Quand, dans l'espace, une grande masse de gaz et de poussière se contracte au point de devenir dense et ardente, comme tu viens de l'observer, les particules au centre de la boule fusionnent et dégagent une quantité impressionnante d'énergie. Cela s'appelle une « réaction de fusion nucléaire ». Elle est tellement puissante

MATIÈRE

- La matière est composée de divers atomes. Ce qui caractérise un atome (ou élément) est le nombre de protons dans son noyau. Il peut y en avoir jusqu'à 118, plus un nombre de neutrons supérieur ou égal.
- L'atome le plus simple est l'hydrogène, dont le noyau ne contient qu'un seul proton et zéro neutron.
- À l'opposé, le noyau de l'uranium contient 92 protons et 146 neutrons.

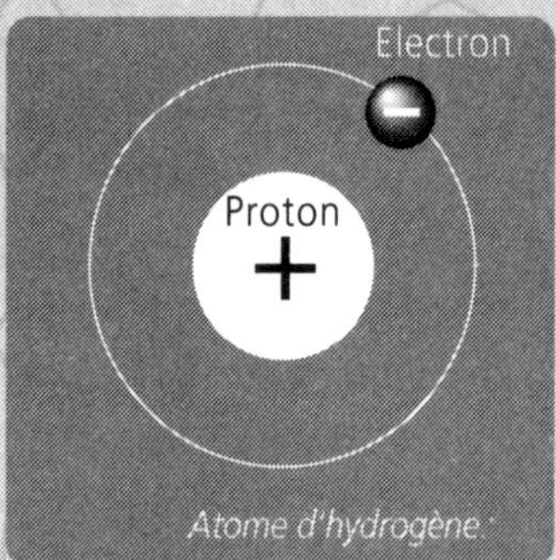

Atome d'hydrogène

- Les scientifiques estiment que 90 % des atomes de l'Univers sont des atomes d'hydrogène.

que les couches externes de la boule éclatent et ce qui reste se transforme en étoile.

À présent, l'étoile brillait tranquillement au loin.

— Quel spectacle magnifique ! murmura Georges. Sans leurs lunettes spéciales, ils n'auraient pas vu grand-chose tellement elle étincelait.

Hypnotisé par son éclat, Georges fixait l'étoile. De temps à autre, de grands jets de gaz éblouissants s'élançaient à des centaines de milliers de kilomètres de sa surface, à une vitesse extraordinaire.

— L'étoile continuera à briller jusqu'à la fin des temps ? demanda-t-il.

— Rien n'est éternel, Georges, répliqua Éric. Si les étoiles brillaient à jamais, nous ne serions pas là. Dans leur ventre, elles transforment de petites particules en particules plus grandes, et c'est cette énergie dégagée par cette réaction de fusion nucléaire qui rend l'étoile lumineuse. La plupart des éléments qui nous composent,

- Les 10 % restants représentent les 117 autres atomes dans des proportions variables. Certains sont extrêmement rares.
- Quand les atomes s'assemblent en chaînes, l'édifice résultant est appelé « molécule ». Ces dernières sont innombrables et de tailles différentes ; de nouvelles sont créées tous les jours dans les laboratoires.
- Avant la naissance des étoiles, seuls les atomes et les molécules les plus simples existaient dans l'espace. La molécule la plus fréquente à l'intérieur des immenses nuages de gaz où naissent les étoiles est la plus simple qui soit : la molécule d'hydrogène, faite de 2 atomes d'hydrogène combinés.

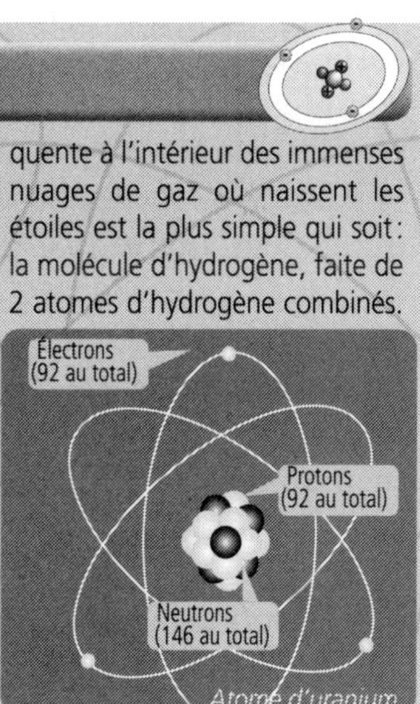

Atome d'uranium.

toi et moi, ont été façonnés à l'intérieur d'étoiles qui ont existé il y a bien longtemps, avant la création de la Terre. Nous pourrions même dire que nous sommes tous les enfants des étoiles ! Lorsqu'elles ont explosé il y a des milliards d'années, elles ont envoyé dans l'espace une multitude d'éléments. Celle que tu vois par la fenêtre subira le même sort. À la fin de sa vie, quand il n'y aura plus de petites particules à transformer en grosses, elle éclatera et expédiera dans l'espace les gros morceaux fabriqués dans son ventre.

De l'autre côté de la fenêtre, l'étoile semblait en colère. D'un jaune flamboyant, elle devenait rougeâtre à mesure qu'elle grossissait. Pour finir, sa taille énorme leur boucha la vue. Georges eut l'impression qu'elle allait exploser d'un instant à l'autre. Éric appuya sur la télécommande et aussitôt, la fenêtre s'éloigna de l'étoile, qui rougissait et se développait encore.

— N'est-ce pas stupéfiant ? s'exclama Éric. Au début, la boule se contracte et donne naissance à une étoile, et maintenant, l'étoile grossit jusqu'à éclater complètement. Quoi qu'il se passe, Georges, n'enlève pas tes lunettes.

Fasciné, Georges observait toujours l'étoile. Après qu'elle eut atteint une taille inimaginable, une explosion plus spectaculaire encore se produisit sous ses yeux. L'étoile expédia dans l'espace une quantité incroyable de lumière et de gaz incandescents. Les nouveaux atomes créés furent eux aussi éparpillés, si bien qu'il ne resta plus qu'un magnifique nuage, rempli de couleurs extraordinaires et de nouvelles matières.

— Ooooh ! Aaaah ! s'écriait Georges, comme s'il admirait le plus impressionnant des feux d'artifice.

— Tu vois, enchaîna Éric, avec le temps, ce nuage coloré se mêlera à d'autres nuages provenant d'étoiles lointaines ayant elles aussi explosé. Pendant qu'elles refroidiront, les gaz se mélangeront pour former une sorte de brume, où naîtront d'autres étoiles. À l'extérieur, tous les éléments se rassembleront en boules trop petites pour devenir des étoiles. Peu à peu, ces boules deviendront des planètes. Dans la vraie vie, il faut très longtemps pour que ce phénomène se produise, des dizaines de millions d'années !

— C'est dingue ! s'exclama Georges.

— Mais nous n'avons pas tout ce temps devant nous, il faut que tu rentres dîner, poursuivit Éric, qui s'approcha de Cosmos pour l'activer. Laisse-moi accélérer les choses… Nous y voilà !

En un clin d'œil, les milliards d'années dont parlait

Éric s'écoulèrent. Le gaz produit par l'explosion de dizaines d'étoiles s'accumula. À l'intérieur, de nouvelles étoiles surgissaient de toutes parts, jusqu'à ce que l'une d'entre elles se forme pile dans l'axe de la fenêtre. Son éclat était aveuglant. À quelque distance de cette nouvelle étoile, le gaz refroidissait et se métamorphosait en minuscules glaçons. Georges en vit un se diriger droit vers eux. Il ouvrit la bouche pour prévenir Éric, mais le glaçon voyageait trop vite. Avant que Georges ne puisse intervenir, le rocher glacé s'écrasa contre la fenêtre dans un fracas effroyable. Georges eut l'impression que le choc ébranlait la maison.

Dans un sursaut de peur, il tomba du canapé.

— C'était quoi ? hurla-t-il.

— Oups ! lâcha Éric. Désolé, je ne m'attendais pas à ce qu'elle nous heurte de plein fouet.

— Tu devrais te montrer plus prudent, le réprimanda Cosmos. Ce n'est pas la première fois que nous avons un accident.

— C'était quoi ? répéta Georges, agrippé à un ours en peluche qu'Annie avait dû oublier sur le canapé.

La tête lui tournait.

— Nous avons été heurtés par une petite comète, avoua Éric, penaud. Désolé, tout le monde. Je ne l'ai pas fait exprès.

— Une petite quoi ? bredouilla Georges, persuadé que le salon bougeait autour de lui.

Éric pianota sur le clavier de Cosmos.

— Je pense que cela suffit pour aujourd'hui. Ça va, Georges ?

Le scientifique ôta ses lunettes afin de mieux examiner son jeune invité.

— Tu as le teint légèrement vert, s'inquiéta-t-il.

Oh, oh ! Moi qui pensais que l'on s'amuserait... Annie !! Tu es dans la cuisine ? Tu peux apporter un verre d'eau à Georges, s'il te plaît ? Hé ! Oh !...

Marchant sur la pointe des pieds, la fillette entra dans le salon. Dans ses petites mains délicates, elle tenait un verre rempli à ras bord. Scotchée à elle, Fred le cochon lui lançait des regards pleins d'adoration. Elle tendit le verre à Georges.

— Ne t'inquiète pas, murmura-t-elle. Moi aussi, j'ai été malade la première fois. Papa !

Son cri ressemblait étrangement à un ordre.

— Il est temps que Georges rentre chez lui. Il en a assez vu pour aujourd'hui.

— Oui, oui. Je pense que tu as raison, répondit Éric, encore inquiet.

— Mais c'est tellement intéressant, protesta Georges. Je ne peux pas rester encore un peu ?

— Non, Georges. Cela suffit pour aujourd'hui, s'empressa d'ajouter Éric en enfilant un manteau. Je te raccompagne chez toi. Cosmos, tu surveilles Annie cinq minutes. Viens, Georges ! Et emmène ton cochon.

— Je pourrai revenir ? lança Georges timidement.

Éric cessa de se battre avec son manteau, ses clés et ses chaussures, et sourit.

— Bien entendu !

— Mais tu dois promettre de ne parler à personne de Cosmos, insista Annie.

— C'est un secret ? demanda Georges, tout excité.

— Oui, affirma Annie. Un secret énorme, gigantesque, colossal, un trillion de gazillions de fois plus gros que tous les secrets du monde.

— Annie, grommela Éric, je t'ai déjà dit que « gazillion » n'était pas un nombre. Dis au revoir à Georges et à son cochon.

Un petit sourire aux lèvres, Annie lui fit signe de la main.

— Au revoir, Georges, retentit la voix de Cosmos. Merci d'avoir utilisé mes capacités ultrapuissantes.

— Merci Cosmos, répondit poliment Georges.

Sur ce, Éric les poussa, Fred et lui, dans le couloir, puis sur le perron. Destination : la vraie vie sur la planète Terre.

Chapitre 6

Le lendemain, au collège, Georges ne pouvait s'empêcher de penser aux merveilles qu'il avait vues chez Éric. Les explosions d'étoiles, l'espace, la comète ! Et Cosmos, l'ordinateur le plus puissant du monde ! Dire que ses nouveaux amis vivaient juste à côté de chez lui et que ses parents refusaient d'acheter un ordinateur tout simple… Georges était si excité qu'il ne pouvait se contrôler, surtout en cette heure de cours particulièrement ennuyeuse. Armé de crayons de couleur, il tâchait de dessiner Cosmos et l'étonnant spectacle auquel il avait assisté. Et alors qu'il se le représentait parfaitement dans son esprit, il ne cessait de raturer sa page et de crayonner par-dessus, si bien qu'à la fin la fenêtre créée par l'ordinateur ressemblait plus à un gribouillis géant qu'à autre chose.

— Eh ! s'écria-t-il, quand un missile – une boule de papier froissé – le frappa à la nuque.

— Ah ! Georges ! s'exclama le professeur Rex qui leur enseignait les mathématiques. Te voilà de retour parmi nous ! Comme c'est gentil de ta part !

Surpris, Georges leva les yeux. Rex se tenait juste devant lui et le toisait, derrière ses lunettes sales. La grosse tache d'encre bleue sur sa veste rappela à Georges l'explosion d'une étoile.

— As-tu quelque chose à dire à la classe ? demanda le professeur.

Il eut le temps de lorgner sur le cahier de Georges avant que celui-ci ne le dissimule.

— Autre chose que « Eh ! », le seul son qui soit sorti de ta bouche aujourd'hui.

— Euh, non… pas vraiment, bredouilla Georges.

— Tu pourrais me dire : « Cher professeur Rex, voici les devoirs sur lesquels j'ai planché tout le week-end. »

— Euh, eh bien… bafouilla Georges.

— Ou : « Professeur Rex, j'ai écouté avec attention

chaque mot que vous avez prononcé en cours, j'ai noté chaque phrase, ajouté mes propres commentaires, et voici un résumé qui vous satisfera pleinement. »

— Mmm, marmonna Georges qui se demandait comment il s'en sortirait cette fois-ci.

— Mais je rêve ! soupira Rex. Après tout, je ne suis qu'un professeur, je passe mes journées dans cette salle à parler aux murs pour mon plaisir personnel, sans le moindre espoir que l'un de vous tire un bénéfice quelconque de mon existence ou de mes enseignements !

— J'écoutais ! protesta Georges qui commençait à se sentir coupable.

— La flatterie ne marche pas avec moi, jeune homme ! s'emporta Rex. Toi, là-bas, donne-moi ça !

Il traversa la salle telle une fusée et arracha son téléphone portable à un garçon assis au fond. Rex portait peut-être des costumes étriqués et s'exprimait comme au XIXe siècle… N'empêche que tous les élèves le craignaient et n'osaient jamais le chahuter.

Rex n'enseignait pas dans ce collège depuis longtemps mais, contrairement aux professeurs assez stupides pour chercher à établir une complicité avec leurs élèves, dès le premier jour, et d'un seul regard, il avait réduit une salle entière au silence. Chez lui, l'absence de modernité, de susceptibilité et de toute forme de favoritisme avait pour conséquences des classes disciplinées, des devoirs rendus à l'heure et de vagues élèves rebelles, qui se redressaient sur leur siège et se taisaient quand il entrait dans la salle.

Tout le monde le surnommait T-Rex, à cause de la plaque sur la porte de son bureau qui disait : Professeur Tiburce Rex. Ou « T-Rex le prédateur », car il avait l'étrange habitude de surgir sans prévenir et d'attaquer là où on ne l'attendait pas. Un grincement léger de semelles sur le carrelage, une imperceptible odeur de tabac froid et… sans crier gare, T-Rex punissait la bêtise avant même qu'elle ne soit commise, et se frottait les mains avec un sourire narquois. Nul ne savait pourquoi il avait les mains couvertes d'horribles marques de brûlures. Et nul n'aurait osé le lui demander.

— Georges ? reprit T-Rex, alors qu'il fourrait dans sa poche le portable confisqué. Peut-être aimerais-tu expliquer à la classe ce que représente ce chef-d'œuvre qui retient toute ton attention ?

— Eh bien… c'est… marmonna Georges dont les oreilles chauffaient et rougissaient.

— Allons, plus fort ! ordonna T-Rex. Nous mourons tous d'impatience de savoir ce que tu as dessiné ce matin, n'est-ce pas ?

Il brandit le portrait de Cosmos afin que tout le monde en profite.

Les élèves ricanèrent, trop contents que T-Rex s'acharne sur un autre qu'eux.

À cet instant, Georges détesta T-Rex de tout son cœur. Il le détesta au point d'oublier sa peur d'être humilié en public. Malheureusement, il oublia aussi sa promesse à Éric.

— Voilà ! Il s'agit d'un ordinateur très spécial, expliqua Georges d'une voix assez forte. Il est capable de vous montrer ce qui se passe dans l'Univers. Il appartient à mon ami Éric.

Georges fixait T-Rex de ses grands yeux bleus emplis de détermination sous sa frange irrégulière.

— Il flotte dans l'espace des choses étonnantes, comme des planètes, des étoiles, de l'or…

L'or était une invention de Georges – Éric n'avait jamais rien mentionné de tel.

Pour la première fois depuis que Georges assistait à ses cours, T-Rex restait sans voix. Il demeura immobile, le cahier de Georges entre les mains, la mâchoire entrouverte, tout en observant son élève avec un étonnement croissant.

— Il existe bel et bien, fit-il à Georges à voix basse. Et tu l'as vu. Stupéfiant !

Deux secondes après, comme s'il se réveillait d'un rêve, T-Rex ferma le cahier de Georges, le lui rendit et regagna le tableau.

— Bien ! tonitrua-t-il. Étant donné votre comportement, je vous donne à tous cent lignes à copier ! Je veux que vous écriviez dans vos cahiers : « Je n'envoie pas de texto pendant les cours du professeur Rex parce que je suis trop occupé à écouter les choses passionnantes qu'il nous enseigne. » Cent fois, s'il vous plaît, et celui qui n'aura pas fini avant la sonnerie restera ici avec moi. Allez-y !

Des protestations s'élevèrent dans la salle. Tous avaient attendu avec impatience que Georges soit réduit en miettes par leur professeur. Au lieu de cela, ils avaient été punis pour une raison tout à fait différente, et Georges s'en tirait bien.

— C'est pas juste, marmonna un garçon au fond.

— La vie n'est pas juste, rétorqua T-Rex d'un ton enjoué. Comme il s'agit là d'une des leçons les plus utiles que je puisse vous enseigner, je suis fier que vous l'ayez déjà assimilée. Continuez d'écrire !

Sur ce, il s'assit à son bureau, sortit un livre bourré d'équations complexes et se mit à le feuilleter en hochant la tête, tel un grand savant.

Georges sentit une règle s'enfoncer dans son dos.

— Tout ça, c'est ta faute, siffla Ringo, le caïd de la classe qui était assis derrière lui.

— Silence ! gronda T-Rex sans lever les yeux de son

livre. Le prochain qui parle récolte cent lignes supplémentaires !

D'une main appliquée, Georges finit sa punition au moment où la cloche sonnait. Avec soin, il déchira la page du cahier sur laquelle était dessiné Cosmos, la plia en quatre et la glissa dans la poche de sa veste, avant de déposer son cahier sur le bureau de T-Rex. Il n'avait pas fait deux pas dans le couloir que son professeur le rattrapait et lui barrait la route.

— Georges, l'interpella T-Rex. Cet ordinateur existe vraiment ? Tu l'as vu ?

Effrayé par son regard, Georges regretta amèrement d'avoir eu la langue si bien pendue.

— J'ai… euh… J'ai tout inventé, bafouilla-t-il, pressé d'en finir.

— Où se trouve-t-il, Georges ? demanda son professeur sur un ton mielleux. Il est très important que tu me dises où se trouve cet incroyable ordinateur.

— Il n'y a pas d'ordinateur, lâcha Georges qui parvint à se faufiler. Il n'existe pas, je l'ai inventé, c'est tout.

T-Rex recula et examina Georges d'un air pensif.

— Sois prudent, Georges, ajouta-t-il d'une voix d'un calme à glacer le sang. Sois très prudent…

Puis T-Rex s'éloigna à grands pas.

Chapitre 7

Son retour du collège fut long et éprouvant. La chaleur inattendue de ce début d'automne ramollissait l'asphalte qui collait sous ses semelles. Il traînait des pieds sur le trottoir tandis que de grosses voitures le dépassaient, laissant une fumée nauséabonde derrière elles. Sur la banquette arrière de ces monstres brillants, des élèves bienheureux regardaient des DVD, pendant que leurs parents les ramenaient chez eux. Certains faisaient des grimaces à Georges en passant, pour le narguer. D'autres le saluaient joyeusement, comme s'ils le croyaient content de les voir s'éloigner dans leurs énormes gouffres à gasoil. Aucun ne s'arrêtait jamais pour lui proposer de le déposer.

Aujourd'hui, Georges s'en moquait. Il avait tant à penser sur le chemin de la maison qu'il préférait être seul. Son esprit fourmillait de nuages spatiaux, de formidables explosions, de formation d'étoiles sur des millions et des millions d'années. Ces pensées le transportèrent loin de sa ville, de l'autre côté de l'Univers, si loin qu'il en oublia un fait marquant de sa vie sur Terre.

— Hé ! là-bas ! entendit-il derrière lui.

Ce cri le ramena brutalement à la réalité. Peut-être

était-ce un enfant plus loin dans la rue, un bruit qui n'avait rien à voir avec lui. Il pressa le pas, son cartable serré contre sa poitrine.

— Hé ! là-bas ! entendit-il à nouveau, un peu plus près cette fois-ci.

Sans se retourner, il accéléra. Il se trouvait entre la route principale assez fréquentée, et le parc dont les arbres maigrelets n'offraient aucune cachette. Quant aux buissons, mieux valait ne pas y penser. Il ne tenait pas à ce que la bande qu'il redoutait tant le jette dans l'un d'entre eux. Il continua donc à marcher d'un pas de plus en plus rapide ; son cœur battait dans sa poitrine, tel un djembé.

— Georges !

Son sang se figea dans ses veines. Ses pires craintes se vérifiaient. D'habitude, quand la dernière sonnerie retentissait, il franchissait les portes du collège comme un lévrier et était quasiment chez lui, alors que les élèves plus gros et plus lents se battaient encore avec des élastiques dans les toilettes. Il avait entendu d'horribles histoires sur les supplices que Ringo et sa bande faisaient subir à ceux qu'ils croisaient dans la rue – ils leur rasaient les sourcils, les suspendaient la tête en bas, les couvraient de boue, les laissaient en slip au sommet d'un arbre, les badigeonnaient d'encre indélébile, les abandonnaient devant des vitres brisées pour qu'ils soient accusés… Les rumeurs allaient bon train sur le règne de terreur instauré par Ringo.

Mais en cet après-midi ensoleillé propice à la sieste, Georges avait commis une erreur fatale. Il rentrait chez lui trop lentement pile le jour où il avait donné à Ringo et sa bande une bonne raison de le poursuivre. Furieux d'avoir récolté du travail supplémentaire par sa faute pendant le cours de T-Rex, ils s'étaient lancés à ses trousses, assoiffés de vengeance.

Georges examina les alentours. Devant lui, des mamans avec des poussettes approchaient d'un croisement. Au milieu de la chaussée, une employée municipale arrêtait les véhicules pour faire passer les piétons. En quatrième vitesse, Georges rejoignit le groupe de femmes, réussit à s'insérer au milieu d'elles et se retrouva en sécurité entre les landaus. Tandis que l'agent brandissait son panneau jaune fluo et obligeait les voitures à piler de chaque côté, Georges prit un air détaché comme s'il appartenait à la petite troupe. Bien sûr, il savait qu'il ne trompait personne. Quand il passa devant la dame, elle lui fit un clin d'œil et chuchota :

— Ne t'inquiète pas, mon lapin, je les retiens. Dépêche-toi de rentrer chez toi ! Ne laisse pas ces sales morveux t'attraper.

Quand il atteignit le trottoir opposé, il fut surpris de la voir poser son panneau contre un arbre et foudroyer du regard

Ringo et ses copains. Le rugissement des voitures reprit de plus belle. Tandis qu'il s'éloignait à toutes jambes, Georges entendit Ringo crier.

— Hé! Nous aussi on traverse... lança le garçon. On doit rentrer... faire nos devoirs... Si vous ne nous laissez pas traverser, je le dis à ma mère et elle vous réglera votre compte... Elle vous... elle vous...

— Surveille ton langage, Richard Bright! grommela l'agent qui s'avança lentement au milieu de la chaussée et brandit à nouveau son panneau rond.

Quand Georges quitta la rue principale, des bruits de pas lourds lui indiquèrent qu'il n'en avait pas terminé avec eux. Il descendit en vitesse une ruelle bordée d'arbres qui longeait l'arrière de belles villas. Manque de chance, il ne croisa aucun adulte qui aurait pu le sauver.

Il essaya d'ouvrir quelques portillons... tous verrouillés. Paniqué, il examinait les alentours quand il eut une idée lumineuse. Il empoigna la branche d'un pommier, mit les pieds sur la palissade et sauta dans un jardin. Il atterrit dans un gros buisson épineux qui l'égratigna et déchira son uniforme du collège. Tandis qu'il se plaignait à voix basse dans le massif, il entendit Ringo et ses copains passer dans la ruelle. Leurs commentaires sur le sort qu'ils lui réservaient s'ils lui mettaient la main dessus lui donnèrent froid dans le dos.

Georges demeura immobile, le temps qu'ils disparaissent.

Il se contorsionna pour ôter son pull accroché au buisson épineux. Comme les poches de son pantalon s'étaient vidées de leur contenu, il tâtonna sur le sol et en ramassa le plus gros. Quand il émergea enfin de sous le massif et avança sur la pelouse, il surprit une dame allongée dans un transat. Elle souleva ses lunettes noires et le fixa.

— Ciao ! s'exclama-t-elle avec une jolie voix.

Elle lui indiqua la direction de la maison.

— Par ici ! Le portail n'est pas fermé ! continua-t-elle avec un fort accent italien.

— Oh ! *Grazie*, répondit Georges du tac au tac. Et, euh... Désolé, ajouta-t-il avant de prendre la fuite.

Il contourna la maison, sortit par le portail et se rendit chez lui en boitant, car il s'était tordu la cheville gauche. Les rues endormies respiraient le calme. Ce silence ne dura pas longtemps.

— Le voilà ! Georges ! Ça va être ta fête !

Georges rassembla toutes ses forces et ordonna à ses jambes de courir plus vite, mais il avait l'impression de patauger dans des sables mouvants. Il apercevait le début de sa rue, Ringo et sa bande gagnaient du terrain...

Vaillamment, il accéléra le pas et atteignit le croisement. « Ne pas s'effondrer sur le trottoir. Ne pas s'effondrer sur le trottoir », se répétait-il.

— Tu es mort ! hurla Ringo dans son dos.

Épuisé, Georges tituba le long de la rue ; il ne savait plus comment l'on respirait. L'air entrait et sortait de ses poumons par grandes bouffées saccadées, les griffures, les bleus et les coups récoltés pendant sa fuite le ralentissaient, sa gorge le brûlait. Impossible qu'il aille plus loin. Par chance, il était arrivé. Il parvint à la porte d'entrée verte sans avoir été transformé en pâtée pour chien (ou pire) par Ringo et ses horribles amis. Sauvé ! Il n'avait plus qu'à glisser la main dans sa poche et trouver la clé…

Disparue.

Il retourna ses poches, inspecta tous ses trésors – un marron, une pièce étrangère, un bout de ficelle, des pastilles de Patafix, une voiture de sport rouge. Mais pas de clé. Elle avait dû tomber dans les buissons quand il avait escaladé la palissade. Il sonna dans le maigre espoir que sa mère soit rentrée plus tôt. Drinn ! Drinn ! Drinn ! Deuxième essai. Pas de réponse.

Voyant son camarade planté sur le perron, Ringo comprit qu'il le tenait à sa merci. Un sourire hideux se plaqua sur son visage tandis qu'il se dirigeait d'un pas décidé vers Georges. Sur le trottoir, impatients d'en découdre, ses trois amis, regard sournois et poings fermés, jubilaient.

Georges ferma les yeux. Il était fait comme un rat. Le dos collé à la porte, l'estomac faisant des loopings, il se prépara à affronter son destin. Il avait beau chercher une menace qui les ferait déguerpir, rien d'intelligent ne venait. À quoi bon user sa salive à mettre Ringo en garde ? Ce dernier savait qu'il aurait des ennuis et cela ne l'avait jamais freiné auparavant. Soudain, les pas s'arrêtèrent. Georges risqua un œil... À mi-chemin dans la rue, Ringo et ses amis discutaient à propos du châtiment qu'ils lui réservaient.

— Non ! s'écria Ringo. Pas question. On l'écrase contre un mur jusqu'à ce qu'il nous supplie de le lâcher.

À cet instant, un événement se produisit. Si étrange que, par la suite, Ringo et ses amis se demandèrent s'ils n'avaient pas rêvé. La porte de la maison voisine s'ouvrit en grand et, d'un bond, un petit astronaute en sortit. Surpris, les quatre garçons reculèrent quand la silhouette blanche en costume spatial et casque intégral muni d'une antenne sauta au milieu de la route et, l'air menaçant, prit une pose de karaté.

— Du balai ! tonitrua une drôle de voix métallique. Ou j'appelle sur vous la malédiction extraterrestre ! Vous deviendrez verts, votre cerveau bouillonnera au point de vous sortir par les oreilles et par le nez, vos os se transformeront en caoutchouc et votre corps se couvrira de pustules. Vous ne mangerez plus que des épinards et des brocolis, vos yeux tomberont dès que vous regarderez la télé ! Du balai !

L'astronaute effectua quelques mouvements de bras et de jambes qui parurent familiers à Georges.

Blêmes, la bouche béante, Ringo et ses amis terrifiés piétinaient sur place.

— Entre ! ordonna l'astronaute à Georges.

Celui-ci obéit, absolument pas effrayé par le petit être. En effet, il avait entraperçu une mèche blonde derrière la visière du casque. Annie, semblait-il, était venue à sa rescousse.

Chapitre 8

— Pffou !…

Le cosmonaute avait suivi Georges à l'intérieur et refermé la porte derrière lui, d'un coup de botte blanche.

— Qu'est-ce qu'il fait chaud, là-dedans ! ajouta-t-il en enlevant son casque.

Une longue queue-de-cheval blonde apparut. C'était bien Annie. Elle avait les joues un peu roses d'avoir bondi au milieu de la rue dans son scaphandre.

— Tu as vu ça ? Ils ont eu la peur de leur vie ! s'exclama-t-elle, rayonnante.

Elle s'essuya le front avec le revers de sa manche, puis s'engagea dans le couloir. Ses pas faisaient un bruit sourd quand elle marchait.

— Tu viens ?

— Euh… Oui. Merci, bredouilla Georges qui l'accompagna dans le salon où il avait regardé *Naissance et mort d'une étoile* avec Éric.

Il n'avait pas dormi de la nuit tellement il était excité à l'idée de revenir dans cette maison, mais là, il se sentait minable. Il avait accidentellement parlé de Cosmos à l'horrible professeur Rex, alors qu'il avait promis à Éric de garder le secret. Il avait été harcelé sur le chemin du retour par des brutes épaisses et, pour couronner le tout, il avait été sauvé par une fillette en combinaison spatiale. Quelle journée pourrie !

De son côté, Annie semblait s'amuser comme une folle.

— Qu'est-ce que tu en penses ? demanda-t-elle à Georges en lissant les plis brillants de sa combinaison blanche. Elle est arrivée par la poste aujourd'hui.

Sur le plancher, il aperçut un carton éventré couvert de timbres, avec le logo du magasin AVENTURES SPATIALES JUNIOR. Et à côté, gisait un costume rose à paillettes beaucoup plus petit, agrémenté de badges et de rubans. Sale et usé, il était un peu rapiécé.

— C'est ma vieille tenue spatiale, expliqua Annie. On me l'a offerte quand j'étais petite, continua-t-elle sur un ton assez dédaigneux. Je trouvais ça cool de coudre des tonnes de trucs dessus, mais maintenant je préfère celle-ci, toute simple.

— Pourquoi as-tu commandé une combinaison pareille ? s'enquit Georges. Tu es invitée à une soirée déguisée ?

— N'importe quoi !

Annie roula des yeux.

— Cosmos !

— Oui, Annie, répondit Cosmos avec douceur.

— Mon merveilleux adorable magnifique ordinateur.

— Oh ! Annie ! soupira Cosmos dont l'écran rougeoyait.

— Georges me demande pourquoi j'ai une combinaison spatiale.

— Annie a une combinaison spatiale, expliqua Cosmos, pour voyager dans l'espace. Il fait très froid là-bas, environ moins deux cent soixante-dix degrés Celsius. Elle finirait par geler si elle ne la portait pas.

— Oui, mais… protesta Georges, sans achever sa phrase.

— Je voyage autour du Système solaire avec papa, fanfaronna Annie. Maman vient aussi de temps en temps mais elle ne se sent pas à l'aise dans l'espace.

Georges commençait à en avoir assez. Il n'était pas d'humeur à supporter les affabulations de la fillette.

— Ça suffit, maintenant, grogna-t-il. Tu ne te promènes pas dans l'espace. Pour cela, il faut une navette spatiale et on ne te laissera jamais monter à bord parce que tu ne dis jamais la vérité.

Annie n'en croyait pas ses oreilles.

— Tu racontes des histoires stupides sur ta vie de ballerine ou d'astronaute. Ton père et Cosmos font semblant de te croire… continua Georges qui était en sueur, fatigué et aurait bien aimé goûter.

Annie fronça les sourcils. Ses yeux bleus s'emplirent de larmes.

— Je dis la vérité ! rétorqua-t-elle, furieuse, ses joues rondes rougissant à vue d'œil. Tu… Tu… Je ne raconte pas d'histoires. Je suis une ballerine, je navigue dans l'espace et je vais te le prouver.

Elle se rua sur Cosmos.

TEMPÉRATURES

- Température moyenne à la surface de la Terre : 15 °C.
- Température la plus basse jamais enregistrée sur Terre : −89 °C à Vostok, en Antarctique, le 21 juillet 1983.
- Température la plus haute jamais enregistrée sur Terre : 58 °C à Al'Aziziyah, en Libye, le 13 septembre 1922.
- Température moyenne à la surface de la Lune :
  Le jour : 110 °C.
  La nuit : −150 °C.
- Température moyenne à la surface du Soleil : 5 500 °C.
- Température moyenne au cœur du Soleil : 15 millions de degrés Celsius.
- Température moyenne de l'espace : −270,4 °C.

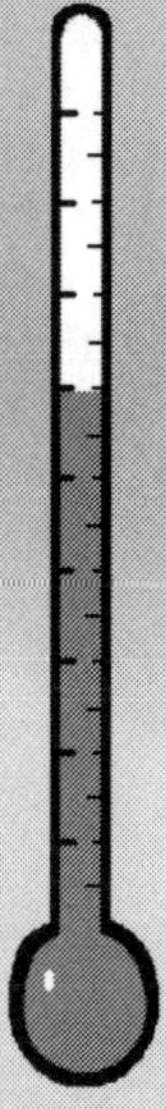

— Et tu m'accompagnes ! s'énerva-t-elle. Comme ça, tu me croiras.

Elle fouilla dans une boîte et sortit une autre combinaison qu'elle lui jeta au visage.

— Enfile-moi ça, ordonna-t-elle.

— Ho, ho ! commenta Cosmos.

Debout devant l'écran, Annie pianota sur le clavier.

— Je ne crois pas que ce soit une bonne idée, la prévint Cosmos. Que va dire ton père ?

— Il ne le saura pas, décréta-t-elle. On fait juste l'aller-retour. Dans deux minutes, on est là. S'il te plaît, Cosmos ! le supplia-t-elle, les yeux brillants de larmes. Tout le monde pense que je raconte des histoires mais c'est faux. Je dis la vérité sur le Système solaire et je veux le montrer à Georges.

— D'accord, d'accord, s'empressa de répondre Cosmos. Je t'en prie, ne verse pas d'eau salée sur mon clavier, ça rouille mes circuits. Mais, juste un coup d'œil : ce petit voyage ne me dit rien qui vaille.

L'air décidé malgré les larmes qui coulaient sur ses joues, Annie fit face à Georges.

— Que veux-tu voir ? Qu'est-ce qui t'intéresse le plus dans l'Univers ?

Georges prit le temps de réfléchir. Il ignorait ce qui se tramait. En tout cas, il n'avait pas eu l'intention de mettre Annie dans cet état. Il n'aimait pas la voir pleurer et maintenant, il se sentait encore plus coupable vis-à-vis d'Éric. La veille, celui-ci lui avait confié qu'Annie ne pensait pas à mal et voilà que lui, Georges, se montrait désagréable envers elle. Peut-être valait-il mieux jouer le jeu ?

— Les comètes ! répondit-il, se souvenant de la fin de *Naissance et mort d'une étoile* et du rocher qui avait percuté la fenêtre. Je pense que les comètes sont les choses les plus intéressantes de l'Univers.

Annie tapa le mot « Comète » sur le clavier de Cosmos.

— Vite, Georges ! Enfile ta combinaison, lui ordonna-t-elle. Il va bientôt faire froid.

Puis elle appuya sur ENTRÉE…

Chapitre 9

Une nouvelle fois, le salon fut plongé dans l'obscurité. Le rai brillant de lumière jaillit de l'écran et plana une seconde au milieu de la pièce avant de dessiner une forme. Contrairement à la veille, il ne créa pas une fenêtre, mais traça une ligne qui s'éleva du sol, tourna à gauche, s'étira à l'horizontale, puis repartit vers le bas.

— Oh ! Regarde ! s'exclama Georges. Cosmos a dessiné une porte.

— Je ne me suis pas contenté de la dessiner, grommela Cosmos, froissé. Je suis plus intelligent que cela, tu sais. Je vous ai fabriqué un passage, un portail ! Il conduit à…

— Chut, Cosmos ! l'interrompit Annie qui avait enfilé son casque et parlait dans le micro intégré.

Il lui donnait cette drôle de voix qui avait tellement effrayé Ringo et sa bande.

— Laissons Georges l'ouvrir tout seul.

Pendant ce temps, Georges bataillait avec la lourde combinaison blanche et le casque en verre qu'Annie lui avait lancés. Dans son dos était attaché un petit réservoir relié au casque par un tube afin qu'il puisse

respirer correctement. Il chaussa les grosses bottes spatiales, ajusta les gants et fit un pas en avant. Timidement, il poussa la porte qui s'ouvrit sur une surface époustouflante, emplie de centaines de petites lumières – des étoiles. Une en particulier était bien plus grosse et plus brillante que les autres.

— Waouh ! s'écria Georges dans son micro.

Il avait regardé *Naissance et mort d'une étoile* derrière une vitre. Là, il ne semblait rien y avoir entre l'espace cosmique et lui, comme si un petit pas les séparait. Et ensuite ? Que se passerait-il s'il franchissait le portail ?

— Où... ? Quoi... ? Comment... ? bégaya-t-il, émerveillé.

— Tu vois cette étoile lumineuse là-bas, la plus étincelante d'entre toutes ?

La réponse venait de Cosmos.

— C'est le Soleil. Notre Soleil. Il paraît plus petit vu d'ici parce que le portail donne sur un coin du Système solaire bien plus éloigné du Soleil que la planète Terre. Une grosse comète arrive – voilà pourquoi je vous ai choisi cet endroit. Vous la verrez dans quelques minutes. S'il vous plaît, reculez un peu.

Georges fit un pas en arrière, mais Annie, qui se trouvait pile à côté de lui, le prit par la manche et le tira en avant.

— S'il vous plaît, écartez-vous de la porte, une comète approche, répéta Cosmos empruntant la voix qui annonce l'arrivée des trains en gare. S'il vous plaît, ne vous approchez pas du bord, la comète fonce à pleine vitesse.

Annie poussa Georges du coude et lui montra le portail avec le pied.

PLUTON

Avant août 2006, neuf planètes tournaient autour du Soleil : Mercure, Vénus, la Terre, Mars, Jupiter, Saturne, Uranus, Neptune et Pluton. Évidemment, ces neuf corps célestes existent toujours et possèdent les mêmes caractéristiques qu'auparavant, mais, en août 2006, l'Union astronomique internationale a décidé que Pluton n'était plus une planète à part entière, mais une planète naine.

Cela est dû à un changement de définition du mot « planète ». Voici désormais les trois règles qui font d'un objet céleste une planète :
1) Être en orbite autour du Soleil.
2) Avoir une gravité suffisante pour garder une forme presque ronde.
3) Sa gravité doit avoir attiré tout ce qui se déplaçait à proximité dans l'espace pendant sa rotation autour du Soleil, afin que sa route soit dégagée.

Selon cette nouvelle définition, Pluton n'est plus une planète. Est-elle en orbite autour du Soleil ? Oui. Est-elle presque ronde et le restera-t-elle ? Oui. Son orbite autour du Soleil est-elle libre de tout obstacle ? Non : il existe beaucoup d'objets autour d'elle dans son chemin orbital. Puisqu'elle ne respecte pas cette troisième règle, Pluton a été rétrogradée de planète à planète naine.

Comme les huit autres planètes remplissent ces critères, elles conservent leur titre.
Quant à celles qui tournent autour d'autres étoiles que le Soleil, l'Union astronomique internationale a convenu d'une clause supplémentaire : l'objet céleste ne doit pas avoir une taille telle qu'il deviendra une étoile plus tard.

On appelle « exoplanètes » les planètes qui tournent autour d'autres étoiles que le Soleil. Pour l'instant, plus de 240 exoplanètes ont été observées. La plupart d'entre elles sont énormes, bien plus grosses que la Terre.

En décembre 2006, le satellite *Corot* a été lancé dans l'espace. La qualité de ses détecteurs devrait permettre la découverte d'exoplanètes bien plus petites mesurant environ deux fois la taille de la Terre. En 2007, une planète de ce type, Gliese 581 c, a été détectée en utilisant d'autres moyens.

— S'il vous plaît, éloignez-vous de la porte, insista Cosmos.

— Je compte jusqu'à trois... enchaîna Annie qui leva trois doigts.

Au-delà de la porte, une roche bien plus grosse que celle qui avait heurté la fenêtre la veille approchait.

— Cette comète ne s'arrêtera pas, poursuivit Cosmos. Elle traverse notre Système solaire.

Annie plia le majeur.

— Deux.

La roche grisâtre n'était plus très loin.

— La durée de ce voyage est d'environ cent quatre-vingt-quatre ans, leur apprit Cosmos. Arrêt sur Saturne, Jupiter, Mars, la Terre et le Soleil. Sur le chemin du retour, arrêt sur Neptune et Pluton qui a récemment perdu son statut de planète.

— S'il te plaît, mon Cosmos adoré, quand nous serons à bord de la comète, peux-tu accélérer le voyage ? Sinon, il nous faudra des mois pour voir toutes les planètes.

Sans attendre la réponse de l'ordinateur, Annie hurla :

— Un !

Elle prit Georges par la main et l'entraîna de l'autre côté de la porte.

La dernière chose que le garçon entendit fut la voix de Cosmos qui leur criait, comme à des millions et des millions de kilomètres de distance :

— Ne sautez pas ! C'est dangereux ! Revenez...

Puis ce fut le silence.

Chapitre 10

Comme scotchés au trottoir par une force invisible, Ringo et sa bande n'avaient pas quitté la rue.

— C'était quoi ? demanda le petit maigrelet surnommé Crevette.

— J'sais pas, répondit Tank, le grand gaillard qui se grattait la tête.

— Moi, je n'ai pas eu peur, se vanta Ringo.

— Moi non plus, répliquèrent en chœur ses camarades.

— J'allais répondre à ce cinglé déguisé en cosmonaute quand il a eu la trouille et est parti.

— Ouais, ouais, ouais, acquiescèrent les autres. Bien sûr, Ringo, bien sûr.

— Toi !

Ringo désigna le dernier arrivé dans la bande.

— Va sonner à la porte.

— Moi ? bredouilla le garçon.

— Tu as dit que tu n'avais pas peur.

— Je n'ai pas peur ! couina-t-il.

— Alors cours sonner à la porte !

— Pourquoi tu n'y vas pas, toi ? se rebella le nouveau.

— Parce que je te l'ai demandé le premier. Magne-toi !

Ringo le foudroya du regard.

— Tu veux faire partie de notre bande, oui ou non ?

— Oui ! répondit le garçon.

Valait-il mieux affronter un astronaute qui vous menaçait de la malédiction extraterrestre ou mettre Ringo en colère ? Le nouveau choisit l'astronaute – au moins, lui, il ne le croiserait pas tous les jours au collège. D'un pas hésitant, il se dirigea vers la porte d'entrée d'Éric.

— Appuie sur cette sonnette, Machin ! lui ordonna Ringo. Ou tu seras bientôt un ex-membre de notre bande.

— OK, marmonna Machin qui n'aimait décidément pas le surnom qui lui avait été attribué.

Les autres firent quelques pas en arrière.

Le doigt du nouveau effleura la sonnette.

— Ringo… intervint soudain Tank. On fait quoi s'il ouvre la porte ?

— On fait quoi s'il ouvre la porte ? répéta Ringo en réfléchissant à la réponse.

Il leva les yeux au ciel à la recherche d'une idée.

— On…

Le caïd semblait soudain moins sûr de lui. Mais avant qu'il ne leur ponde une réponse, il poussa un cri de douleur : « aaaarrrrggggghhhh !!! » Une main le tenait par l'oreille et la tordait.

— Qu'est-ce que vous complotez ? demanda une voix sévère… celle du professeur Rex.

À en juger par son regard furieux, il n'avait pas l'intention de lâcher l'oreille de Ringo. Les garçons étaient très surpris de voir leur enseignant en dehors du collège – ils n'avaient jamais imaginé qu'un prof puisse vivre et évoluer ailleurs que dans une salle de classe.

— On fait rien de mal ! gémit Ringo.

— On *ne* fait rien de mal, corrigea Rex avec un ton de maître d'école. Ce qui est faux. Vous mijotez un sale coup et si j'apprends que vous terrorisez un plus petit que vous… Georges, par exemple…

Le professeur les dévisageait pour voir si l'un d'eux tressaillait à la mention du prénom de Georges.

— Non, monsieur, répéta dix fois Ringo, terrifié à l'idée de perdre son oreille. Nous ne l'avons pas touché. Je vous jure. Nous lui courions après parce que…

— Il a oublié sa trousse au collège, enchaîna Crevette à toute allure.

— Et on a décidé de la lui rendre avant qu'il rentre chez lui, ajouta Machin, le nouveau.

— Y êtes-vous parvenus ? demanda le professeur Rex, un méchant sourire aux lèvres.

Il relâcha à peine l'oreille de Ringo.

— On s'apprêtait à la lui donner, improvisa ce dernier, quand il est entré dans cette maison.

Il désigna la porte d'Éric.

— On sonnait pour la lui rendre.

Le professeur Rex lâcha l'oreille de Ringo si soudainement que celui-ci tomba à la renverse.

— Il est entré là ? les interrogea-t-il pendant que Ringo se relevait en titubant.

— Ouaip, s'exclamèrent-ils à l'unisson.

— Et si vous me confiiez la trousse de Georges ? Je pourrais la lui remettre en main propre... proposa Rex, la voix mielleuse.

Il plongea la main dans sa poche et en sortit un billet froissé qu'il agita sous leur nez.

— Qui a la trousse ? s'enquit Ringo.

— Pas moi, répondit aussitôt Crevette.

— Ni moi, marmonna Tank.

— Ce doit être toi, lança Ringo à Machin.

— Ringo, je n'ai pas... je ne suis pas... je n'étais pas... paniqua celui-ci.

— Très bien, enchaîna Rex, les yeux exorbités.

Il remit le billet dans sa poche.

— Dans ce cas, je vous conseille de décamper. Vous m'entendez ? Disparaissez !

Il n'eut pas besoin de le leur répéter deux fois. Dès qu'ils furent partis, le professeur Rex resta un moment sur le trottoir. Il souriait tout seul, et le spectacle n'était pas beau à voir. Vérifiant que personne n'était dans les parages, il s'approcha de la maison d'Éric et regarda par la fenêtre. Comme les rideaux étaient tirés, il entraperçut juste deux étranges silhouettes qui se tenaient près d'une sorte de porte au beau milieu de la pièce.

— Intéressant, marmonna-t-il. Très, très intéressant.

Soudain, la température de la rue chuta de manière spectaculaire. Pendant une seconde, il eut l'impression qu'un vent venu du pôle Nord soufflait sur la ville. Étrangement, cet air glacial semblait provenir de la maison d'Éric, mais quand le professeur Rex se baissa afin de regarder sous la porte d'entrée, la vie reprit son cours normal. Il retourna à la fenêtre pour découvrir que les deux silhouettes et le portail s'étaient volatilisés.

Il secoua la tête.

— Ah ! La fraîcheur de l'espace… Comme elle m'a manqué ! murmura-t-il.

Il se frotta les mains.

— Je t'ai enfin retrouvé, Éric ! Je savais que tu reviendrais un jour.

Chapitre 11

Quand il franchit le seuil du portail, Georges découvrit qu'il flottait – il ne montait ni ne descendait, il se contentait de dériver dans l'immensité noire de l'espace. Il se retourna, mais l'ouverture par laquelle il avait traversé s'était refermée, comme si elle n'avait jamais existé. Impossible de faire demi-tour et le rocher gigantesque continuait d'approcher.

— Ne me lâche pas la main ! lui cria Annie.

Tandis qu'il serrait fort son gant spatial dans le sien, il eut l'impression de tomber en direction de la comète. Se déplaçant de plus en plus vite, comme s'ils glissaient le long d'un toboggan géant, Georges et Annie tourbillonnèrent jusqu'au gros rocher. En dessous d'eux, le flanc de la comète qui faisait face au Soleil brillait de mille feux. L'autre flanc, que les rayons du Soleil ne frappaient pas, était plongé dans l'obscurité. Ils finirent par se poser lourdement sur une couche épaisse de gravillons moelleux et givrés. Par chance, ils atterrirent sur la face éclairée de la comète et purent voir où ils mettaient les pieds.

— Ha, ha, ha, ha ! s'esclaffa Annie dès qu'elle se releva. Elle aida Georges à se mettre debout et brossa les particules de glace et de gravier sur sa combinaison.

— Alors ? Tu me crois, maintenant ?

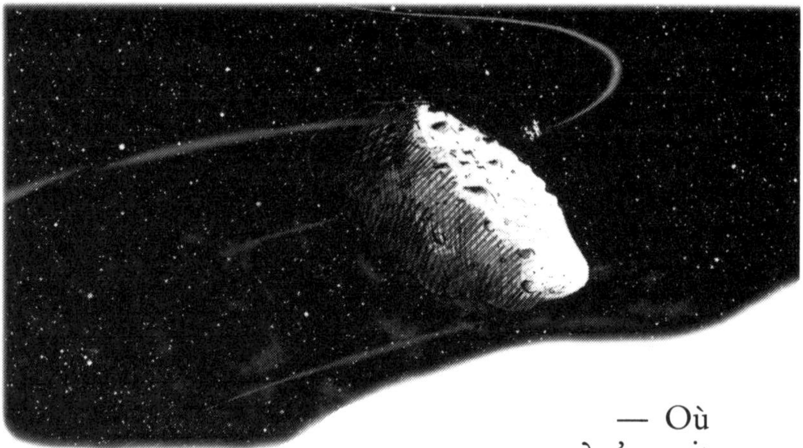

— Où sommes-nous ? s'enquit Georges, tellement surpris qu'il en oubliait d'avoir peur.

Il se sentait extrêmement léger. Il examina les alentours, le paysage de roche, de glace, de neige et d'obscurité. Il avait l'impression de se tenir sur une immense boule de neige sale que quelqu'un aurait envoyée dans l'espace. Les étoiles brillaient de toutes parts.

— Nous vivons une aventure spatiale, répondit Annie, sur une comète. Et c'est la vérité. Je n'ai rien inventé.

— En effet, admit Georges.

D'un geste maladroit, il tapota la combinaison d'Annie.

— Je suis désolé de ne pas t'avoir crue.

— Ce n'est pas grave, déclara-t-elle. Personne ne me croit jamais. Voilà pourquoi il fallait que je te montre. Regarde, Georges !

Elle balaya le ciel avec le bras.

— Je t'emmène voir les planètes du Système solaire.

Elle sortit un morceau de corde de sa combinaison spatiale. Au bout de la corde se trouvait une pointe, semblable à un piquet de tente. À l'aide de sa botte blanche, elle l'enfonça dans la glace.

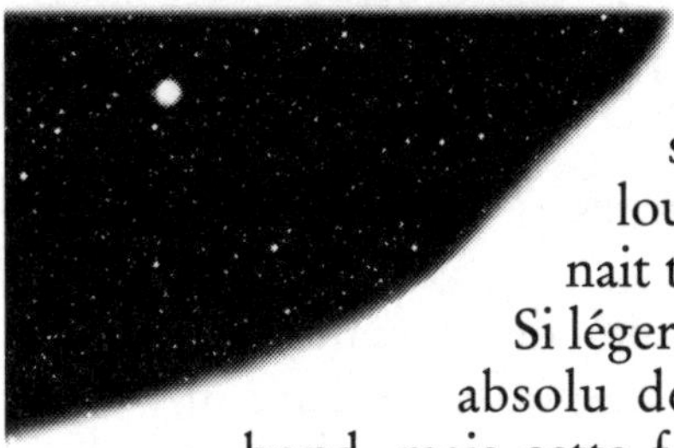

De son côté, Georges fit un petit saut de joie. Même si sa combinaison semblait aussi lourde que sur Terre, il n'en revenait toujours pas de se sentir si léger. Si léger qu'il aurait pu vaincre le record absolu de saut en hauteur. Il refit un bond, mais cette fois, il s'éleva et ne redescendit pas, comme s'il avait effectué un pas de géant d'au moins cent mètres ! Jamais il ne serait capable de retrouver Annie…

— Au secours ! Au secours ! cria-t-il dans le micro de son casque tandis qu'il battait en vain des bras pour amorcer une improbable descente.

Une certaine distance le séparait d'Annie à présent – il fallait qu'il se retourne pour la voir. La comète passait rapidement sous lui, avec ses trous et ses petites collines, mais rien à quoi il puisse s'accrocher. Par chance, le sol avait tendance à se rapprocher si bien qu'il se posa à la limite de la zone éclairée et de la zone sombre. Au loin, il aperçut Annie qui courait vers lui sur la glace.

— Si tu m'entends, ne saute plus ! criait-elle, affolée. Si tu m'entends…

— Reçu cinq sur cinq ! la coupa Georges.

— Ne recommence jamais ça ! le réprimanda Annie. Tu aurais pu atterrir sur la face sombre de la comète et je n'aurais peut-être pas pu te retrouver. Allez, viens ! Et n'oublie pas que les semelles de tes bottes sont équipées de petites pointes.

Annie semblait soudain plus mature, très éloignée de la fillette malicieuse qu'il avait rencontrée dans la maison voisine.

— Une comète est différente de la Terre. Nous pesons beaucoup moins lourd ici et quand nous bondissons, nous risquons d'être transportés très loin. Il s'agit d'un monde à part. Oh ! Regarde ! changea-t-elle de sujet. Pile à l'heure.

— Pour quoi ? demanda Georges.

— Pour ça !

Annie désigna l'autre extrémité de la comète où apparut une traînée de glace et de poussière qui s'allongeait lentement. Plus elle grandissait, plus elle capturait la lumière du Soleil lointain et brillait dans le sillon de la comète. On aurait dit que des milliers de diamants étincelaient dans l'espace.

— C'est magnifique, chuchota Georges.

Pendant un instant, ils se turent. Tandis que Georges admirait la traînée lumineuse, il se rendit compte qu'elle était composée des morceaux de sa face éclairée.

— La roche fond ! paniqua-t-il, agrippé au bras d'Annie. Que se passera-t-il quand il ne restera plus rien ?

MASSE

- La masse d'un corps se mesure à la force nécessaire pour le mettre en mouvement ou changer sa direction. Attention à ne pas confondre masse et poids. Le poids d'un objet correspond à la force qui l'attire vers un autre objet comme la Terre ou la Lune, et il dépend de la masse d'autres objets et de la distance qui les sépare. On pèse un peu moins lourd en haut d'une montagne qu'au bord de la mer, parce qu'on s'éloigne du centre de la Terre.

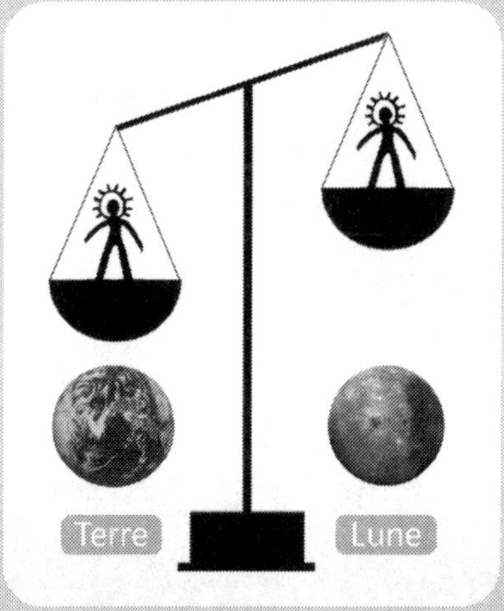

Comme la masse de la Lune est très inférieure à la masse de la Terre, un astronaute pesant 90 kilogrammes sur Terre pèsera seulement 15 kilogrammes sur la Lune. Avec un entraînement sérieux, il battra facilement sur la Lune le record du monde de saut en longueur.

- Né en 1879, le physicien allemand Albert Einstein a découvert qu'énergie et masse sont équivalentes, selon sa célèbre équation $E = mc^2$, où le E représente l'énergie, le m la masse et le c la vitesse de la lumière. Vu que la vitesse de la lumière est très importante, Einstein et d'autres se sont aperçus que cette équation pouvait mener à la fabrication de la bombe atomique, puisqu'une quantité infime de masse était convertie en une très grande énergie lors d'une explosion.

- Einstein a aussi découvert que masse et énergie incurvent l'espace et créent la gravité.

Annie secoua la tête.

— Ne t'inquiète pas. Nous nous approchons simplement du Soleil. Il réchauffe tout doucement la face éclairée si bien que la glace se transforme en gaz. Nous ne risquons rien car il y a assez de glace ici pour passer devant le Soleil des dizaines de fois. De toute façon, la roche en dessous ne fondra pas, elle, et nous ne tomberons pas dans le vide, si c'est ce qui te fait peur.

— Je n'ai pas peur ! protesta Georges, qui lâcha soudain son bras. Je demandais juste.

— Alors pose des questions plus intéressantes !

— Comme quoi ?

— Comme : que se passerait-il si un rocher se détachait de la queue de la comète et tombait sur Terre ?

Georges donna un coup de pied dans les gravillons et répéta à contrecœur :

— OK. Que se passerait-il ?

— Voilà une bonne question ! s'exclama Annie, apparemment satisfaite. Les roches s'embrasent quand elles

entrent dans l'atmosphère terrestre et nous, quand nous scrutons le ciel depuis la Terre, nous voyons des étoiles filantes.

Ils observèrent la queue de la comète jusqu'à ce qu'elle soit trop longue pour qu'ils en perçoivent l'extrémité. Soudain, elle sembla changer de direction : au loin, toutes les étoiles bougeaient.

— Annie ? s'inquiéta Georges.

— Vite ! répliqua-t-elle. Nous n'avons que quelques secondes devant nous. Assieds-toi, Georges.

Elle déblaya deux petites places sur la glace du bout de son gant. Puis elle le plongea dans une autre poche de sa combinaison et en sortit des espèces de grappins.

— Assis ! lui ordonna-t-elle à nouveau.

Elle enfonça les crochets dans la glace avant de les attacher à une assez longue corde fixée à un mousqueton sur la tenue spatiale de Georges.

— Au cas où un objet te heurterait, ajouta-t-elle.

— Un objet ? répéta Georges.

— Euh… Tu sais, d'habitude, c'est mon père qui s'en charge, répliqua-t-elle.

Ensuite, elle s'assit à côté de lui et recommença l'opération.

— Tu aimes les montagnes russes ? lui demanda-t-elle.

— Je ne sais pas, répondit Georges qui n'était jamais monté sur un manège.

— Ah, ah ! Tu vas vite le découvrir ! s'esclaffa Annie.

La comète tombait bel et bien – du moins, elle changeait de direction et donnait à Georges l'impression de se diriger vers le « bas ». À la manière dont les étoiles se déplaçaient autour de lui, Georges comprit que la comète chutait à toute vitesse. Cependant, il ne ressentait rien : aucune nœud ne lui serrait le ventre, aucun courant d'air ne lui ébouriffait les cheveux. Déçu, il s'attendait à ce qu'un tour de grand huit lui fasse un autre effet. Et puis, il se dit que les sensations vécues dans l'espace et sur Terre ne méritaient pas d'être comparées.

Georges ferma les yeux quelques instants, histoire d'éprouver quelque chose. Mais non, rien de rien. Soudain, les paupières toujours baissées, il réalisa qu'une force spatiale devait les attirer, la comète et eux, pour qu'elle modifie ainsi sa trajectoire. Instinctivement, Georges sut que la taille de cet aimant dépassait de beaucoup celle de la comète sur laquelle Annie et lui effectuaient leur périple cosmique.

COMÈTES

- Les comètes sont de grosses boules de neige sales et pas très rondes qui voyagent autour du Soleil. Elles sont composées d'éléments créés dans des étoiles ayant explosé bien longtemps avant la naissance de notre Soleil. On pense qu'il en existe plus de 100 milliards. Très éloignées du Soleil, elles s'approchent de nous les unes après les autres. En général, nous apercevons leur queue scintillante quand elles sont à proximité du Soleil. Pour l'instant, nous n'en avons observé que 1 000.
- Les plus larges que nous connaissons possèdent un noyau central de plus de 32 kilomètres de diamètre.
- Près du Soleil, la glace se transforme en gaz et libère de la poussière qui était emprisonnée en elle. Cette poussière est probablement la plus vieille qui existe dans le Système solaire. Elle contient des informations sur notre voisinage cosmique lors de la naissance des planètes, il y a plus de six milliards d'années.

La plupart du temps, l'orbite des comètes autour du Soleil est très éloignée (bien plus éloignée que celle de la Terre). De temps à autre, l'une d'elles se dirige vers le Soleil. À ce moment-là, deux cas de figure se présentent :

1. Certaines, comme la comète de Halley, sont piégées par la gravité du Soleil. Elles continuent de tourner autour de lui jusqu'à ce qu'elles fondent complètement ou heurtent une planète. Le noyau de Halley mesure environ 16 kilomètres de long. La comète s'approche assez du Soleil pour fondre un peu et laisser une traînée que nous admirons tous les 76 ans environ. Elle était visible depuis la Terre en 1986 et reviendra en 2061. Certaines comètes piégées par la gravité du Soleil s'en approchent plus rarement. La comète Hyakutake, par exemple, voyagera 110 000 ans avant de revenir.

2. Parce qu'elles vont trop vite ou ne s'approchent pas assez du Soleil, d'autres comètes, comme Swan, ne reviennent jamais. Elles passent non loin de la Terre avant de partir pour un long périple à travers l'espace en direction d'une autre étoile. Ces comètes sont des vagabondes cosmiques. Leur odyssée interstellaire peut durer des centaines de milliers d'années, parfois moins, parfois plus.

Chapitre 12

Quand Georges rouvrit les yeux, une énorme planète jaune pâle entourée d'anneaux s'élevait dans le ciel noir devant eux. Les deux apprentis cosmonautes coururent le long de la comète en direction d'un point situé juste au-dessus des anneaux. De loin, ils ressemblaient à des rubans soyeux, aussi jaunes que la planète pour certains, plus sombres pour d'autres.

— Voici Saturne, déclara Annie. Et je l'ai vue la première.

— Merci, mais je l'ai reconnue, rétorqua Georges. Comment

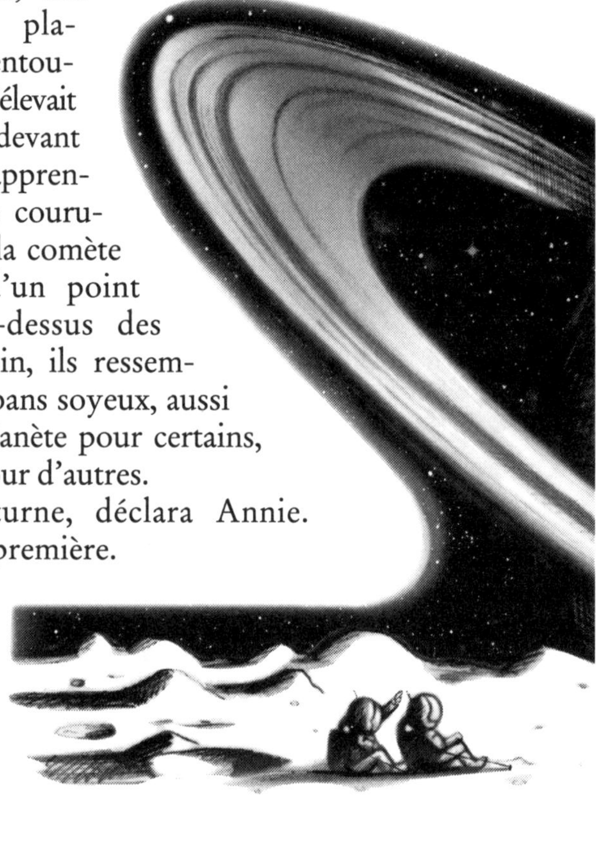

ça, tu l'as vue la première ? Je suis devant toi, c'est moi qui l'ai vue le premier.

— Menteur, tu ne regardais pas, tu avais trop peur ! Tu fermais les yeux.

La voix d'Annie résonnait dans son casque.

— Na na na na nère !

— Je n'ai pas peur, protesta Georges.

— Chut ! l'interrompit Annie. Tu savais que Saturne était la seconde plus grosse planète en orbite autour du Soleil ?

— Bien sûr que je le savais, mentit Georges.

— Vraiment ? répliqua Annie. Alors dis-moi quelle est la plus grosse d'entre toutes ?

— Eh bien... Euh... bredouilla Georges qui n'en avait aucune idée. La Terre ?

— Faux ! claironna Annie. La Terre est minuscule, tout comme ton petit cerveau. La Terre arrive en cinquième position.

— Comment le sais-tu ?

— Que tu as un petit cerveau ? plaisanta Annie.

— Non, imbécile ! s'énerva Georges. Comment sais-tu pour les planètes ?

— Parce que j'ai fait ce voyage plusieurs fois, répondit Annie qui secoua la tête, comme si elle rejetait en arrière sa queue-de-cheval. Je t'explique... Et écoute-moi attentivement ! lui ordonna-t-elle. Huit planètes gravitent autour du Soleil. Quatre sont énormes – Jupiter, Saturne, Neptune et Uranus –, quatre sont petites. Comme les deux plus grosses le sont bien plus que les autres, on les appelle les géantes. Saturne vient après Jupiter, la plus énorme d'entre toutes. Les quatre petites sont Mars, la Terre, Vénus et Mercure, continua-t-elle en s'aidant de ses doigts. La Terre est la plus grosse des petites, mais si tu les pétrissais toutes les quatre ensemble, tu obtiendrais une boule quarante-cinq fois plus petite que Saturne !

Annie adorait jouer les professeurs d'astronomie. Même si son ton solennel l'agaçait, Georges était secrètement impressionné. Ramasser les pommes de terre et courir après son cochon dans le potager ne tenaient pas la comparaison avec une balade autour du Système solaire à bord d'une comète.

Tandis qu'Annie dissertait, la comète se rapprochait de Saturne. Quand ils la frôlèrent, Georges s'aperçut

que ses anneaux n'étaient pas faits de rubans mais de glace, de roches et de pierres. Si les unes avaient la taille d'un grain de poussière, d'autres mesuraient plus de quatre mètres de long. La plupart se déplaçaient trop vite pour que Georges en attrape une. Soudain, il repéra un petit bout de roche qui flottait calmement à côté de lui. Un rapide coup d'œil en arrière lui apprit qu'Annie ne regardait pas... Hop ! il attrapa la roche dans son gant spatial. Un authentique trésor de l'espace ! Son cœur battait si fort à ses oreilles qu'il eut peur qu'Annie ne l'entende dans le transmetteur de son casque. Se doutant que son geste n'était pas autorisé, il espéra qu'elle n'avait rien remarqué.

— Ça va, Georges ? demanda Annie. Pourquoi gigotes-tu ainsi ?

Il réfléchit très vite à un mensonge pour détourner son attention de la roche qu'il essayait de fourrer dans sa poche.

— Pourquoi avons-nous changé de direction ? Pourquoi notre comète s'approche de Saturne ? Pourquoi ne continuons-nous pas sur notre lancée ? baragouina-t-il.

— Oh, mon Dieu ! Tu n'y connais vraiment rien ! soupira Annie. Tu as de la chance que je sois un tel puits de connaissances scientifiques utiles, ajouta-t-elle

SYSTÈME SOLAIRE

- **Le Système solaire représente la famille cosmique de notre Soleil. Il comprend tous les objets piégés par sa gravité : planètes, planètes naines, lunes, comètes, astéroïdes et d'autres petits objets encore à découvrir. On dit qu'un objet capturé par la gravité du Soleil est en orbite autour de celui-ci.**
- Planète la plus proche du Soleil : Mercure.
- Mercure est en moyenne à 57,9 millions de kilomètres du Soleil.
- Planète la plus éloignée du Soleil : Neptune.
  Neptune est en moyenne à 4,5 milliards de kilomètres du Soleil.

> Distance moyenne de la Terre au Soleil :
> 149,6 millions de kilomètres.

- Nombre de planètes : 8.
- En commençant par la plus proche du Soleil, les planètes sont : Mercure, Vénus, la Terre, Mars, Jupiter, Saturne, Uranus et Neptune.

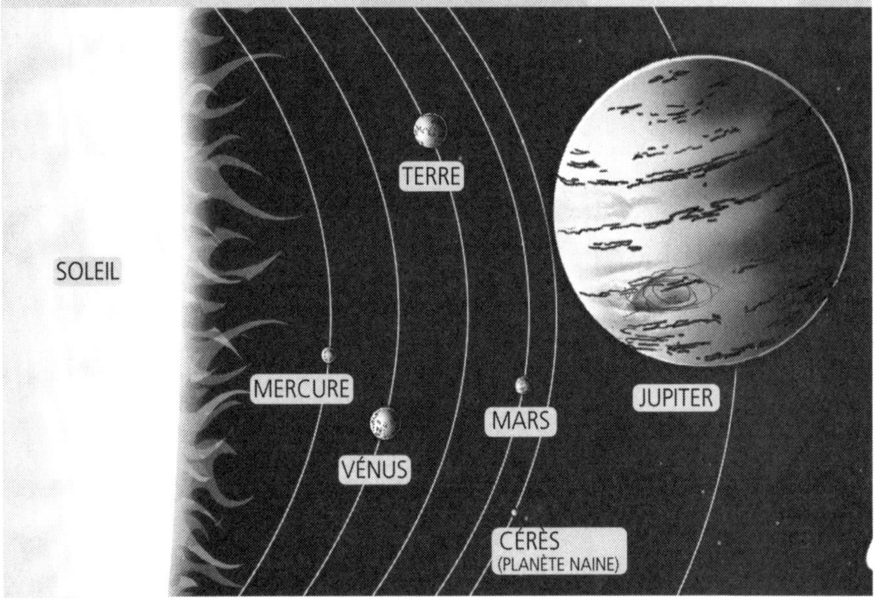

- Nombre de planètes naines : 3.
- De la plus proche à la plus éloignée du Soleil, les planètes naines sont : Cérès, Pluton et Éris.
- Nombre de lunes planétaires connues : 165.
Mercure : 0 ; Vénus : 0 ; Terre : 1 ; Mars : 2 ; Jupiter : 63 ; Saturne : 59 ; Uranus : 27 ; Neptune : 13.
- Nombre de comètes connues : 1 000 (nombre réel estimé : 1 000 000 000 000 000).

Distance la plus grande parcourue par un objet fabriqué par l'homme : 14,96 milliards de kilomètres. Ce record est détenu par *Voyager 1*, le 15 août 2006 à 10 h 13 G.M.T.
Ce chiffre correspond à exactement 100 fois la distance Terre-Soleil. *Voyager 1* poursuit sa course à ce jour.

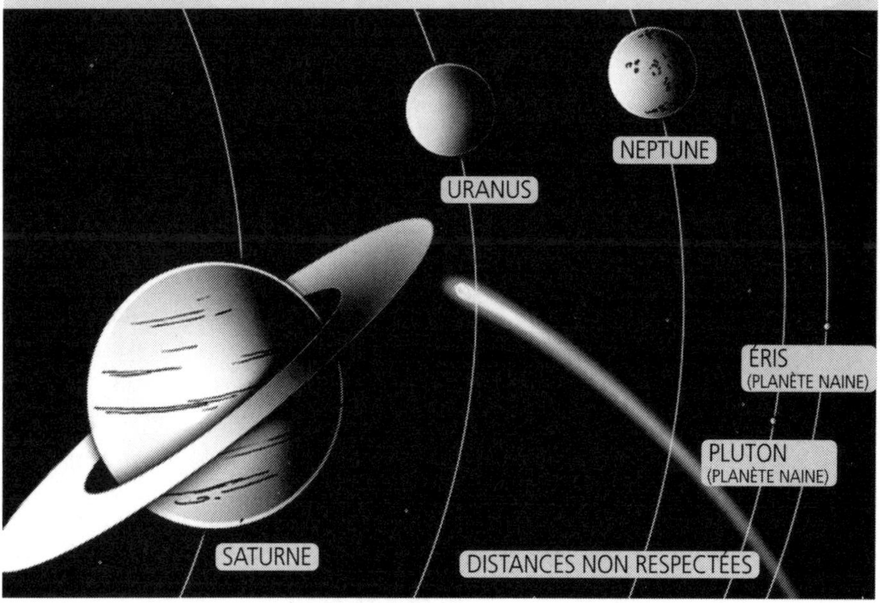

sur un ton important. Nous nous approchons de Saturne parce que nous tombons vers elle. Comme une pomme tombe sur Terre, comme nous sommes tombés sur la comète quand elle est arrivée, comme les particules des nuages spatiaux tombent les unes sur les autres et deviennent des boules qui deviennent des étoiles. Tout tombe sur quelque chose dans l'Univers. Et tu sais comment s'appelle ce phénomène ?

Georges donna sa langue au chat.

— La gravité.

— C'est à cause de la gravité que nous allons nous écraser sur Saturne ?

— Non, idiot ! Nous nous déplaçons trop vite pour

SATURNE

- Saturne est la sixième planète en partant du Soleil.
- Distance moyenne au Soleil : 1 430 millions de kilomètres.
- Diamètre à l'équateur : 120 536 kilomètres, soit 9, 449 fois celui de la Terre.
- Surface : 83,7 fois celle de la Terre.
- Volume : 763,59 fois celui de la Terre.
- Masse : 95 fois celle de la Terre.
- Gravité à l'équateur : 91,4 % de la gravité de la Terre à son équateur.

Période de révolution :
29,46 années terrestres.

- Structure : noyau rocheux ardent entouré d'une couche métallique liquide, elle-même entourée d'une couche d'hydrogène liquide et d'hélium. Enfin, une atmosphère recouvre le tout.
- Des vents ont été enregistrés à plus de 1 795 kilomètres à l'heure dans l'atmosphère de Saturne. En comparaison, le vent le plus fort jamais répertorié sur Terre est de 371,68 kilomètres à l'heure au mont Washington, dans le New Hampshire, aux États-Unis, le 12 avril 1934. On suppose que le vent peut atteindre une vitesse de 480 kilomètres à l'heure au cœur des tornades. Bien que dévastateurs, ils ne soufflent pas fort en comparaison de ceux qui balaient Saturne.

Pour l'instant, on dénombre 59 lunes confirmées, dont sept rondes. À notre connaissance, Titan, la plus grosse, est la seule lune du Système solaire à avoir une atmosphère conséquente. Le volume de Titan est trois fois celui de notre Lune.

nous écraser. Nous passons tout près, histoire de dire bonjour.

Annie agita la main et cria : « Bonjour, Saturne ! » si fort que, par réflexe, Georges voulut se couvrir les oreilles avec les mains – ce qu'il ne parvint pas à faire à cause de son casque, bien entendu.

— Ne crie pas ! hurla-t-il à son tour.

— Oh ! Je suis désolée, Georges. Excuse-moi.

Tandis qu'ils rasaient Saturne, Georges constata qu'Annie avait raison : la comète ne chuta pas sur la planète géante, mais la dépassa. Un peu plus loin, il découvrit que non seulement Saturne possédait des anneaux, mais aussi une lune, comme la Terre. Tout à coup, il n'en crut pas ses yeux ! Une autre lune, et une autre, et une autre... Au total, il en compta cinq grosses et plusieurs petites. Saturne était à présent trop loin pour qu'il continue à les dénombrer. « Saturne a cinq lunes ! » pensa-t-il. Il ignorait que la Terre n'était pas la seule à posséder une lune, alors cinq ! Il observa Saturne avec respect pendant que la planète géante rapetissait derrière eux, jusqu'à ce qu'elle ne fût plus qu'un point lumineux dans le ciel parsemé d'étoiles.

Chapitre 13

La comète poursuivait sa course. Devant eux, le Soleil était plus gros et plus luisant que jamais. Néanmoins, il demeurait petit par rapport à la taille qu'il avait, vu de la Terre. Georges aperçut un autre point lumineux qu'il n'avait pas remarqué auparavant, un point qui grossissait à toute allure au fur et à mesure qu'ils avançaient.

— C'est quoi, là-bas ? demanda-t-il en tendant le bras vers la droite. Une autre planète ?

Comme il n'obtenait pas de réponse, il se retourna. Annie avait disparu. Aussitôt, Georges se détacha de la comète et suivit les empreintes qu'elle avait laissées dans la poudre givrée. Il contrôla avec soin la longueur de ses pas afin de ne pas décoller à nouveau.

Après avoir gravi avec précaution une petite colline de glace, il la vit. Elle scrutait le fond d'un trou, autour duquel gisaient des roches de toutes

tailles que la comète semblait avoir recrachées. Georges se pencha à son tour au-dessus du trou. Avec un mètre de profondeur environ, la cavité ne présentait rien de très intéressant.

— Qu'est-ce que c'est ? demanda-t-il. Tu as trouvé quelque chose ?

— Tu vois, je suis allée me promener… commença à lui expliquer Annie.

— Pourquoi ne m'as-tu pas prévenu ? l'interrompit Georges.

— Tu me criais de ne pas crier ! Alors j'ai décidé d'aller faire un tour toute seule. Parce que comme ça, personne ne sera en colère contre moi.

— Je ne suis pas en colère contre toi !

— Si ! Tu es toujours fâché contre moi. Cela ne fait aucune différence si je suis gentille ou pas.

— Je ne suis pas fâché, hurla Georges.

— Si, tu l'es ! hurla Annie en le menaçant de son poing ganté.

Soudain, il se passa quelque chose d'extraordinaire. Une petite fontaine de gaz et de poussière mêlés jaillit du sol juste à côté de la fillette.

— Regarde ce que tu as fait ! se plaignit Georges.

Il fut interrompu par une autre petite fontaine qui entra en éruption près de lui. Elle forma un nuage de poussière qui se dissipa lentement.

— Annie, que se passe-t-il ?

— Euh… Ce n'est rien, répondit Annie, assez mal à l'aise. Tout va bien, ne t'inquiète pas. Et si nous retournions nous asseoir ? suggéra-t-elle. La vue est plus belle là-bas.

Mais en chemin, le nombre de petits geysers qui jaillissaient à côté d'eux augmentait. La fumée s'épaississait.

Ni l'un ni l'autre ne se sentait en sécurité, mais aucun n'aurait voulu l'admettre. Ils continuaient donc à se diriger d'un pas rapide vers leur emplacement premier. Sans dire un mot, ils s'amarrèrent à la comète.

Dans le ciel, le point lumineux de Georges avait encore grossi. Il ressemblait à une planète rayée de rouge et de bleu.

— Voici Jupiter, déclara Annie qui brisa le silence.

Loin de faire étalage de ses connaissances avec assurance, elle murmurait, à présent.

— La plus grosse des planètes. Environ deux fois le volume de Saturne, soit plus de mille fois celui de la Terre.

— Jupiter a-t-elle des lunes, elle aussi ?

— Oui, répondit Annie, mais je ne sais pas combien. Je ne les ai pas comptées la dernière fois que je suis venue. Je pense…

— Es-tu vraiment venue ici avant ? demanda Georges sur un ton soupçonneux.

— Bien sûr que oui ! s'indigna Annie.

Le garçon hésitait à la croire.

À nouveau, la comète et ses passagers entamèrent une descente. Georges prit alors le temps d'admirer l'immense Jupiter. En comparaison de Saturne, elle était gigantesque.

Au bout de quelques instants, Annie désigna une grosse tache rouge à la surface de la planète.

— Ceci… est une tempête géante. Elle dure depuis des centaines et des centaines d'années. Peut-être plus, je ne sais pas. Elle fait plus de deux fois la taille de la Terre !

Tandis qu'ils s'éloignaient, Georges compta les lunes.

— Quatre grosses, affirma-t-il.

— Quatre grosses quoi ?

— Lunes. Jupiter en possède aussi plein de petites. Plus que Saturne à mon avis.

— OK, OK, marmonna Annie qui paraissait un peu nerveuse. Si tu le dis.

Georges éprouva soudain de l'inquiétude : ce n'était pas dans les habitudes d'Annie d'être d'accord avec lui. Il remarqua qu'elle s'était blottie contre lui et avait glissé sa main gantée dans la sienne. Autour d'eux, de nouveaux jets de gaz et de poussière s'accompagnaient de petits nuages. Une brume légère enveloppait la comète.

JUPITER

- Jupiter est la cinquième planète en partant du Soleil.
- Distance moyenne au Soleil : 778,3 millions de kilomètres.
- Diamètre à l'équateur : 142 984 kilomètres, soit 11,209 fois celui de la Terre.
- Surface : 120,5 fois celle de la Terre.
- Volume : 1 321,3 fois celui de la Terre.
- Masse : 317,8 fois celle de la Terre.
- Gravité à l'équateur : 236 % de la gravité de la Terre à son équateur.
- Structure : petit noyau rocheux (comparé à la taille totale de la planète) entouré d'une couche métallique liquide qui se transforme en hydrogène liquide, la distance augmentant. Ce liquide devient ensuite une atmosphère composée d'hydrogène gazeux qui l'enveloppe. Bien qu'elle soit plus grosse que Saturne, la composition générale de Jupiter est semblable à la sienne.

- La Grande Tache Rouge à la surface de Jupiter est une tempête de type ouragan qui dure depuis plus de trois siècles (Cassini a été le premier à l'observer en 1655), mais elle pourrait exister depuis bien plus longtemps. Cet ouragan géant mesure plus de deux fois la taille de la Terre. Sur Jupiter, il n'est pas rare que les vents atteignent les 1 000 kilomètres à l'heure.
- Période de révolution : 11,86 années terrestres.
- Pour l'instant, on dénombre 63 lunes confirmées. Quatre d'entre elles, assez grosses pour être rondes, ont été observées par le scientifique italien Galilée en 1610. Elles portent d'ailleurs le nom de lunes galiléennes. Baptisées Io, Europa, Ganymède et Callisto, elles font à peu près la taille de notre Lune.

— Ça va ? demanda-t-il à Annie.

Comme elle ne se vantait plus et ne le rembarrait plus, il craignait le pire.

— Georges, je...

Tout à coup, un énorme rocher percuta la comète derrière eux, déclencha une sorte de séisme et expédia davantage de roches et de glace dans la brume.

Les deux apprentis cosmonautes levèrent les yeux – des centaines et des centaines de rochers dégringolaient à une vitesse fulgurante. Et ils n'avaient nulle part où s'abriter.

— Des astéroïdes, cria Annie. Nous sommes pris dans une tempête d'astéroïdes !

Chapitre 14

— On fait quoi ? hurla Georges.

— Rien, cria Annie à tue-tête. Il n'y a rien à faire. Prends garde à toi ! J'appelle Cosmos au secours.

La comète traversait la pluie d'astéroïdes à une vitesse prodigieuse. Un autre gros rocher s'écrasa devant eux et lança de petits projectiles sur leurs combinaisons et leurs casques. Dans le transmetteur, Georges entendait les cris d'Annie. Soudain, plus un bruit, comme si la radio avait été coupée.

Georges tenta de communiquer avec Annie par

micro mais elle ne l'entendait pas non plus. Il se retourna et vit qu'elle essayait de lui parler derrière la visière de son casque. Comme il ne captait pas un seul mot, il hurla à pleins poumons :

— Annie ! Ramène-nous à la maison ! Ramène-nous à la maison !

En vain. L'antenne de son casque était brisée en deux. Voilà pourquoi ils ne pouvaient pas se comprendre. Devait-il en conclure qu'elle ne pouvait pas communiquer avec Cosmos ?

Accrochée à Georges, Annie hochait désespérément la tête. Elle essayait de toutes ses forces d'appeler Cosmos, mais l'ordinateur ne répondait pas. Comme Georges le craignait, le système qui la reliait à lui et à Cosmos avait été endommagé par l'averse rocheuse. Coincés sur une comète, ils essuyaient une tempête céleste sans entrevoir d'issue de secours. Georges tenta d'appeler Cosmos à son tour, mais le pauvre ignorait comment s'y prendre. D'ailleurs, était-il équipé pour ? Il ne reçut aucune réponse. Les yeux

CEINTURE D'ASTÉROÏDES

Les astéroïdes sont des corps célestes en orbite autour du Soleil qui ne sont pas assez gros pour être ronds et s'appeler « planètes » ou « planètes naines ». Il en existe des millions autour du Soleil : 5 000 nouveaux astéroïdes sont découverts chaque mois. Leur taille varie, du petit caillou à l'objet de plusieurs centaines de kilomètres de diamètre.

Un anneau rempli d'astéroïdes gravite autour du Soleil. Situé entre Mars et Jupiter, on l'appelle la « ceinture d'astéroïdes ». Elle est si grande et si étendue que la plupart des astéroïdes la composant voyagent en solo. Toutefois, certaines zones sont moins vides que d'autres.

fermés, Annie et Georges se serrèrent l'un contre l'autre.

Puis aussi soudainement qu'elle avait commencé, la pluie d'astéroïdes cessa. Une minute plus tôt, les roches s'abattaient sur eux, la suivante, la comète s'éloignait du danger. Lorsqu'ils examinèrent les alentours, Georges et Annie comprirent qu'ils avaient eu beaucoup de chance d'en réchapper. Les rochers formaient une large ligne qui s'étirait à perte de vue. Plutôt grosses en général et assez éparpillées, les roches paraissaient plus petites et plus rapprochées le long du sillage creusé par la comète.

Cependant, ils étaient loin, très loin d'être sortis d'affaire. Des gaz jaillissaient tout autour. Bientôt, un jet apparut pile sous eux. L'épaisse brume créée par les explosions consécutives les empêchait presque de voir le ciel. Seuls le Soleil et un vague petit point bleu grossissaient au loin.

Georges se tourna vers Annie pour lui montrer le point bleu. Elle hocha la tête puis essaya d'épeler un mot à l'aide de son index ganté. Georges ne comprit que la première lettre : T. Alors qu'ils s'approchaient, la comète bascula légèrement en avant et Georges comprit tout à coup le mot d'Annie. T comme Terre ! Le petit point bleu devant lui était la planète Terre ! Elle lui parut si petite à côté des autres, et si belle. Sa planète, sa maison. Il mourait d'envie de rentrer, à présent. Il écrivit COSMOS dans les airs, mais Annie secoua la tête et lui fit non de la main.

Autour d'eux, les conditions atmosphériques empiraient à chaque seconde. Par centaines, les gerbes de gaz et de poussière retombaient. Ils se cramponnèrent l'un à l'autre, deux naufragés de l'espace ignorant totalement comment sortir du mauvais pas dans lequel ils s'étaient fourrés.

« Au moins, pensa Georges, rêveur, j'ai vu la Terre depuis l'espace. » Il aurait aimé pouvoir raconter à ses proches combien elle semblait minuscule et fragile en comparaison des autres planètes. Malheureusement, il leur était impossible de rentrer chez eux. Le brouillard épais leur masquait la vue. Comment Cosmos avait-il pu les abandonner ainsi ?

Georges se demandait si ce serait là sa dernière pensée quand soudain, un portail lumineux apparut à côté d'eux. Un homme en combinaison spatiale le franchit, les décrocha de la comète et, l'un après l'autre, les souleva et les lança par la porte. Une microseconde plus tard, Annie puis Georges atterrirent brutalement au milieu du salon d'Éric. Leur sauveur surgit à son tour, juste avant que la porte ne se ferme en claquant derrière lui. Dès qu'il eut ôté son casque et foudroyé du regard les deux voyageurs affalés sur le parquet, Éric hurla :

— Par les lunes de Saturne, vous avez perdu la raison !?

Chapitre 15

— Par les lunes de Saturne, vous avez perdu la raison !?

La colère d'Éric était telle qu'un instant Georges regretta de ne plus chevaucher la comète folle qui se dirigeait droit sur le Soleil.

— Justement, on n'en était pas loin, murmura Annie qui s'extrayait de sa combinaison.

— Ça, je sais !

Éric la contourna. Georges ne pensait pas qu'il puisse se mettre en colère au point… d'exploser. Il s'attendait presque à voir de grands jets de vapeur sortir des oreilles d'Éric, comme sur la comète.

— Monte dans ta chambre, Annie, lui ordonna Éric. Nous parlerons plus tard.

— Mais, pa… pa… gémit Annie, qui se tut au premier coup d'œil de son père.

Elle enleva ses lourdes bottes, se tortilla pour s'extirper de son scaphandre et fila dans le couloir, tel un éclair blond.

— Au revoir, Georges, marmonna-t-elle au passage.

— Quant à toi… poursuivit Éric d'un ton si menaçant que le sang de Georges se glaça.

Puis il se rendit compte qu'Éric ne s'adressait pas à lui, mais à Cosmos, lui laissant présager un sale quart d'heure.

— Maître, déclara une voix mécanique, je ne suis qu'une pauvre machine. J'obéis simplement aux ordres que l'on me donne.

— Tissu de mensonges ! hurla Éric. Tu es l'ordinateur le plus puissant du monde. Tu as laissé deux enfants se promener dans l'espace tout seuls. Si je n'étais pas rentré plus tôt, qui sait ce qu'il leur serait arrivé ? Tu aurais pu… Tu aurais dû les en empêcher !

— Oh, zut, je crois que je vais planter, répliqua Cosmos dont l'écran s'éteignit d'un coup.

La tête entre les mains, Éric fit les cent pas dans le salon pendant une minute.

— Je n'y crois pas, répétait-il. Terrible, terrible. Quel désastre ! grogna-t-il.

— Je suis absolument désolé, murmura Georges.

Éric fit volte-face et le dévisagea.

— Je te faisais confiance, Georges. Jamais je ne t'aurais montré Cosmos si j'avais cru qu'à la seconde où j'aurais le dos tourné, tu passerais en douce par la porte pour visiter l'espace. Et emmener une fillette avec toi... Tu n'as pas idée à quel point c'est dangereux là-haut.

Georges aurait aimé crier à l'injustice. Ce n'était pas sa faute, mais celle d'Annie qui avait décidé de l'embarquer dans cette aventure. Il préféra se taire : Annie, imagina-t-il, avait assez de problèmes pour le moment sans qu'il en rajoute.

— Il y a des choses dans l'espace que tu ne peux même pas imaginer, continua Éric. Des choses extraordinaires, fascinantes, énormes, stupéfiantes. Mais aussi dangereuses. Très dangereuses. J'allais t'en parler, mais maintenant...

Il secoua la tête.

— Je dois te ramener chez toi.

Et là, Éric eut ces paroles terrifiantes :

— Il faut que j'en touche un mot à tes parents.

Comme Georges l'apprit un peu plus tard, Éric en toucha plus qu'un mot à ses parents. Il en raconta assez pour qu'ils se sentent très déçus, voire blessés par l'attitude de leur fils, car malgré toutes leurs

bonnes intentions, malgré leur désir que Georges aime la nature et déteste la technologie, celui-ci avait été pris la main dans le sac chez les voisins en train de jouer à l'ordinateur. Une machine fragile et coûteuse, que les enfants avaient interdiction d'approcher. Pire ! Georges avait inventé un jeu (Éric ne s'était pas étendu sur le sujet) et persuadé Annie de se joindre à lui – un jeu à la fois dangereux et stupide. Comme punition, les deux enfants n'avaient plus le droit de se voir pendant un mois.

— Super ! s'exclama Georges quand son père lui annonça la sentence.

Sur le moment, il ne voulait plus jamais entendre parler d'Annie. Il avait déjà eu assez d'ennuis par sa faute.

— Et, ajouta le père de Georges dont la grosse barbe broussailleuse lui donnait un air sévère et mal luné ce jour-là, Éric m'a promis de mettre l'ordinateur sous clé afin qu'aucun de vous d'eux ne puisse l'approcher.

— Nooooon, s'écria Georges. Il ne peut pas faire ça !

— Oh, que si ! gronda son père. Et il le fera.

— Mais Cosmos va s'ennuyer tout seul ! protesta Georges, tellement contrarié qu'il ne réfléchit pas à ce qu'il dit.

— Georges, s'inquiéta son père, nous parlons d'un ordinateur et non d'un être humain… Les ordinateurs ne s'ennuient pas, ils n'éprouvent pas de sentiments.

— Celui-là, si ! hurla Georges.

— Oh, mon Dieu ! soupira son père. Si la technologie a cet effet-là sur toi, tu comprends que j'aie raison de vouloir t'en éloigner.

Frustré, Georges grinça des dents – pourquoi les adultes tournaient-ils toujours les choses à leur avantage ? Il monta dans sa chambre en traînant des pieds. Le monde lui sembla soudain beaucoup plus ennuyeux qu'avant.

Georges savait que Cosmos allait lui manquer, mais il ne se doutait pas qu'il s'ennuierait aussi d'Annie. Au début, il fut content de ne plus la voir – quelle chance de récolter pareille punition ! Mais au bout de quelques jours, il cherchait du regard ses mèches blondes de l'autre côté de la clôture. Il mit cela sur le compte de l'ennui. Comme il était consigné à la maison, il n'avait le droit de voir aucun de ses amis, et les activités que lui proposaient ses parents le barbaient : sa mère voulait qu'il tisse un tapis pour sa chambre et son père essaya de lui expliquer le fonctionnement du groupe électrogène qu'il avait fabriqué. Malgré l'enthousiasme de ce dernier, Georges s'en fichait éperdument.

La seule étoile venue illuminer sa vie se présenta sous la forme d'une affiche au collège, qui annonçait un concours scientifique, avec pour premier prix un… ordinateur ! Georges mourait d'envie de gagner. Il passa des heures à rédiger un superbe exposé sur les merveilles de l'Univers et à dessiner les planètes qu'il avait croisées pendant son voyage intersidéral. Pourtant malgré ses efforts redoublés, il ne parvenait pas à trouver les mots justes. Tout sonnait tellement faux qu'il abandonna; dépité, il se résigna à vivre dans l'ennui jusqu'à la fin des temps.

Quand enfin, il se passa un événement intéressant. Un après-midi gris d'automne, fin octobre – le mois le plus sinistre qu'il ait jamais vécu – Georges traînait dans le jardin lorsqu'il remarqua quelque chose d'inhabituel. Un petit trou dans la clôture avait pris une teinte bleue… Il jeta un œil, quand un couinement se fit entendre.

— Georges ! s'exclama une voix familière.

Il se trouva nez à nez avec Annie !

— On n'a pas le droit de se parler, chuchota-t-il.

— Je sais ! Mais je m'ennuie...

— Tu t'ennuies ? Avec Cosmos ?

— Papa l'a mis sous clé, renifla-t-elle. Je ne peux plus jouer avec lui. Je n'ai même pas la permission d'aller sonner aux portes ce soir pour Halloween.

— Moi non plus, avoua Georges.

— Dire que j'ai un magnifique costume de sorcière...

— Ma mère prépare une tarte à la citrouille, se plaignit Georges. Je te parie qu'elle sera infecte. Quand elle aura fini, je serai obligé d'aller en goûter un morceau à la cuisine.

— De la tarte à la citrouille ? Ça m'a l'air bon. Je peux avoir ta part si tu n'en veux pas ?

— Oui, mais tu n'as pas le droit d'entrer chez moi, si je me souviens bien. Après ce qu'il s'est passé... la dernière fois que nous nous sommes vus.

— Je suis vraiment désolée, s'excusa Annie. Pour le voyage sur la comète, les astéroïdes, les jets de gaz, mon père qui t'en veut. Et tout. Je ne pensais pas à mal.

Georges ne lui répondit pas. Alors qu'il avait longuement réfléchi aux paroles blessantes qu'il lui dirait, il ne s'en sentait plus le courage en face d'elle.

— Oh là là ! soupira Annie.

Georges crut entendre des pleurs de l'autre côté de la clôture.

— Annie ? l'appela-t-il doucement à plusieurs reprises.

Pppreeeeewwwhhhh !

« Voilà ce qu'on appelle se moucher », se dit Georges.

Il courut le long de la palissade. Son père avait commencé à réparer le trou percé par Fred, mais distrait par autre chose, il avait laissé tombé à mi-parcours. Il restait une étroite ouverture, assez large pour permettre à une personne menue de se faufiler.

— Annie !

Georges passa la tête. À présent, il la voyait de l'autre côté, elle s'essuyait le nez sur sa manche et se frottait les yeux. Habillée de vêtements normaux, elle ne ressemblait plus à l'enfant étrange et féerique ou au mystérieux visiteur de l'espace. Elle n'était plus qu'une petite fille esseulée. Soudain, Georges eut vraiment de la peine pour elle.

— Viens ! lui cria-t-il. Traverse. On ira se cacher dans le cabanon de Fred.

— Je croyais que tu me détestais ! murmura Annie qui se glissait dans le trou. À cause de…

— Ah, ça ! l'interrompit Georges, l'air de rien, comme si l'idée lui en venait seulement à l'esprit. Plus petit, j'aurais été furieux, expliqua-t-il, beau joueur. Mais aujourd'hui…

— Oh ! s'exclama Annie dont le visage ruisselait. On peut être amis, alors ?

— Seulement si tu traverses la clôture, la taquina Georges.

— Et ton père ? Il ne sera pas fâché ?

— Il est sorti. Il ne revient pas avant plusieurs heures.

En fait, ce matin-là, Georges était plutôt content d'être consigné dans sa chambre. Quelquefois le samedi, son père l'emmenait avec lui, lorsqu'il participait à des marches contre le réchauffement de la planète. Plus jeune, Georges adorait ces manifestations – cela l'amusait beaucoup d'arpenter le centre-ville en brandissant des pancartes et en braillant des slogans. Ces militants écologistes défilaient dans la bonne humeur, le hissaient parfois sur leurs épaules, lui offraient des soupes bio. Par la suite, Georges s'était senti gêné au milieu d'eux. Quand, ce matin-là, son père lui avait déclaré gravement qu'il resterait à la maison, Georges avait feint d'être triste pour ne pas blesser les sentiments paternels. En secret, il avait poussé un énorme soupir de soulagement.

— Viens, Annie !

Loin d'être chaleureux et confortable, le cabanon de Fred représentait cependant la cachette idéale pour des enfants souhaitant éviter des adultes en colère. Georges aurait parié qu'Annie se plaindrait de l'odeur de cochon – qui n'était pas aussi forte que les gens le croyaient – mais elle se contenta de froncer le nez et de se blottir sur la paille dans un coin. Fred dormait, son haleine chaude s'exhalait en petits ronflements, sa grosse tête reposait sur ses pattes avant.

— Alors, terminé les aventures ? demanda Georges à Annie après s'être assis à côté d'elle.

— On dirait, répondit Annie qui frottait ses baskets contre le mur en bois. Selon papa, je retournerai dans l'espace quand je serai très vieille, vers mes vingt-trois ans.

— Vingt-trois ? C'est loin, ça !

— Je sais, soupira Annie. Dans plusieurs siècles. Mais au moins, il n'en a pas parlé à maman. Elle, elle aurait été vraiment fâchée. Je lui ai promis que je prendrais soin de papa et que je l'empêcherais de faire des bêtises.

— Tiens, parle-moi un peu de ta maman !

— Maman ?

Annie pencha la tête, Georges commençait à reconnaître ses petites manies.

— Elle danse le *Lac des cygnes* avec le ballet du Bolchoï à Moscou.

Dans son sommeil, Fred renifla très fort.

— C'est faux, répliqua Georges. Même Fred sait que tu mens.

— D'accord… Elle s'occupe de ma grand-mère qui ne va pas très bien.

— Pourquoi ne l'as-tu pas dit tout de suite ?

— Parce que la vérité n'est pas toujours intéressante. Par contre, je ne mentais pas pour l'espace !

— C'est vrai, admit Georges, mais…

— Quoi ? demanda Annie qui tressait trois brins de paille.

— Pourquoi ton père se rend-il dans l'espace ? Pourquoi possède-t-il Cosmos ? À quoi sert cet ordinateur ?

— Papa essaie de découvrir une nouvelle planète dans l'Univers.

— Quelle sorte de planète ?

— Une spéciale. Où les gens pourraient vivre. Tu sais, au cas où la Terre se réchaufferait trop.

— Waouh ! Et il en a trouvé une ?

— Pas encore. Mais il cherche. Il voyage à travers les galaxies. Il ne s'arrêtera pas tant qu'il n'aura pas réussi.

— Génial ! Moi aussi, j'aimerais avoir un ordinateur qui m'expédie aux quatre coins de l'Univers. En fait, j'aimerais juste avoir un ordinateur.

— Tu n'en as pas ? s'étonna Annie. Pourquoi ?

— J'économise pour m'en acheter un, mais ça risque de me prendre des années et des années.

— Tu es mal parti, on dirait…

— Tu ne sais pas tout ! Je me suis inscrit à un concours de sciences et le premier prix est un ordinateur ! Un vrai !

— Ça consiste en quoi ?

— Il s'agit de faire un exposé scientifique, une sorte de conférence. La personne qui prononce le meilleur discours a gagné. Plusieurs collèges y participent.

— Georges ! s'exclama Annie, tout excitée. J'y vais avec ma classe ! C'est dans huit jours, non ?

Je passe la semaine prochaine chez ma grand-mère. On se verra pendant le concours !

— Tu t'es inscrite ? demanda Georges, soudain inquiet.

À côté de l'exposé d'Annie, avec sa vie passionnante, ses connaissances scientifiques et son imagination débordante, le sien serait aussi appétissant qu'un riz au lait préparé par sa mère.

— Bien sûr que non ! Je n'ai pas envie de gagner un stupide ordinateur. S'ils offraient des ballerines, ce serait différent, mais là… De quoi comptes-tu parler ?

— Eh bien… bafouilla Georges. J'aimerais parler du Système solaire, mais je n'écris rien de bon. En fait, je n'y connais pas grand-chose.

— Au contraire ! s'écria Annie. Tu en sais plus que n'importe qui d'autre au collège. Tu en as observé une bonne partie depuis l'espace, comme Saturne, Jupiter, les astéroïdes et même la Terre !

— Et si je racontais tout de travers ?

— Pourquoi ne demanderais-tu pas à mon père de relire ton texte ?

— Il est vraiment fâché contre moi… Jamais il ne voudra m'aider.

— Je lui en parlerai ce soir, décréta Annie. Tu viendras après le collège lundi et tu en discuteras avec lui, d'accord ?

À ce moment-là, ils entendirent quelqu'un frapper un petit coup sur le toit. Les deux enfants se figèrent quand la porte de la porcherie s'ouvrit en grand.

— Bonjour ! chantonna une voix féminine.

— Ma mère, expliqua silencieusement Georges.

— Oh non ! articula Annie à son tour.

— Un bonbon ou un mauvais sort ? demanda la maman de Georges en imitant la voix d'une sorcière.

— Un bonbon ? avança Georges avec espoir.

Annie hocha la tête.

— Un bonbon pour deux ?

— Oui, s'il te plaît, répondit Georges. Pour moi et… pour Fred, bien sûr.

— Fred est un drôle de prénom pour une fille.

— Oh, s'il vous plaît, la maman de Georges ! intervint Annie, incapable de se taire plus longtemps. Ne le punissez pas davantage. Ce n'est pas sa faute.

— Ne vous inquiétez pas, mes enfants, répliqua-t-elle.

Au ton de sa voix ils savaient qu'elle souriait.

— Je trouve ça idiot de vous interdire de vous voir. Je vous ai apporté votre quatre-heures – de délicieux muffins aux brocolis et une part de tarte à la citrouille !

Avec un cri de joie, Annie se rua sur le plateau plein de petits pains aux formes étranges.

— Merci, madame, marmonna-t-elle, la bouche pleine. Ils sont excellents.

Chapitre 16

Pendant ce temps, à l'autre bout de la ville, le père de Georges était en pleine activité. Munis de pancartes et criant des slogans, les militants écologistes avaient envahi la rue commerçante.

— La planète se meurt, criaient-ils aux passants surpris. Recyclons les sacs en plastique !

Bannissons les voitures ! Arrêtons de gaspiller les ressources de la Terre !

Arrivés sur la place du Marché, le père de Georges grimpa sur le socle d'une statue et prit la parole.

— L'heure est venue de nous mobiliser ! Demain il sera trop tard !

Comme personne ne lui prêtait attention, un de ses amis lui tendit un mégaphone.

— Il nous reste peu de temps pour sauver la planète, répéta-t-il si fort que sa voix résonna sur la place. Si la température de la Terre continue à augmenter d'ici la fin du siècle, inondations et sécheresse tueront des milliers de personnes et en obligeront deux cents millions d'autres à fuir leurs pays. Une grande partie du monde sera inhabitable. La nourriture viendra à manquer et les gens mourront de faim. La technologie ne sera pas capable de nous sauver. Parce qu'il sera trop tard !

À la grande surprise du père de Georges, quelques spectateurs applaudirent et hochèrent la tête. Il participait à ces marches depuis des années, distribuait des

tracts, haranguait les foules. Il avait pris l'habitude qu'on l'ignore, ou qu'on le traite de fou parce qu'il affirmait que les gens n'avaient pas besoin de plusieurs voitures, polluaient trop, dépendaient trop de machines gloutonnes en énergie. Et voilà que soudain, on écoutait le scénario dramatique qu'il martelait depuis si longtemps.

— Les calottes glaciaires fondent, le niveau de la mer monte, le climat se réchauffe, poursuivit-il. Les avancées technologiques et scientifiques nous ont donné le pouvoir de détruire la planète. À présent, nous devons œuvrer pour la sauver !

Parmi les quelques clients du marché qui s'étaient arrêtés pour l'écouter, une timide acclamation s'éleva.

— Il est temps de sauver la planète ! cria le père de Georges.

— Sauvons la planète ! s'exclamèrent les manifestants ainsi que deux ou trois passants. Sauvons la planète ! Sauvons la planète !

Sous les applaudissements, le père de Georges leva les bras en l'air en signe de victoire. Il était surexcité ! Enfin, les gens s'intéressaient un peu à l'état dégradé de la Terre. Et soudain, il se rendit compte que toutes ces années passées à éveiller les consciences avaient servi à quelque chose. Ses efforts commençaient à porter leurs fruits. Les groupes écologistes n'avaient pas protesté en vain. Soudain, les encouragements diminuèrent. Le père de Georges s'apprêtait à reprendre la parole quand, surgie de nulle part, une grosse tarte à la crème vola au-dessus de la foule et s'écrasa sur son visage.

Après une seconde de silence stupéfait, tout le monde éclata de rire en voyant le pauvre père de Georges avec sa barbe dégoulinante de crème. Jouant

des coudes parmi les spectateurs, un groupe de garçons en costume d'Halloween s'éloignèrent de la place du Marché en courant.

— Attrapez-les ! cria quelqu'un, en montrant du doigt la bande d'individus masqués qui se sauvaient à toutes jambes en riant comme des baleines.

Le père de Georges ne s'offusqua pas – cela faisait des années que les gens lui jetaient toutes sortes de choses au visage pendant ses discours ; il avait été si souvent arrêté, bousculé, insulté et chassé de tellement d'endroits tandis qu'il s'efforçait de faire comprendre à la population le danger que la planète courait, qu'une tarte à la crème de plus ne lui faisait ni chaud ni froid. Il se contenta de s'essuyer les yeux et de poursuivre son speech.

Quelques manifestants coururent après le groupe de démons, diables et zombies, mais ils furent vite semés. Hors d'haleine, ils firent donc demi-tour.

Quand les garçons s'aperçurent que les adultes avaient abandonné la partie, ils stoppèrent.

— Ah ah ah ah ah ! ricana le zombie qui ôta son masque pour laisser apparaître les traits de Ringo.

Son vrai visage n'était guère plus charmant que le masque en caoutchouc.

— La classe ! haleta Crevette qui enleva son masque noir et blanc de *Scream*. Bien jeté, la tarte, Ringo !

— Ouais ! renchérit un énorme diable qui remuait sa queue fourchue et balançait son trident. En plein dans la figure !

À en juger par sa taille, il devait s'agir de Tank, le garçon qui n'arrêtait pas de grandir.

— J'adore Halloween ! clama Ringo. Personne ne pensera que c'est nous.

— Et maintenant, on fait quoi ? couina Machin, déguisé en Dracula.

— Comme le veut la tradition, lui répondit Ringo, allons jouer quelques mauvais tours ! Voilà ce que je vous propose...

Cet après-midi-là, les garçons s'en donnèrent à cœur joie et fichèrent la frousse à une partie de la petite ville. À l'aide d'un pistolet à eau, ils arrosèrent une vieille dame de grenadine puis ils jetèrent de la farine violette sur un groupe de petits, allumèrent des pétards sous une voiture en stationnement si bien que son propriétaire crut qu'elle explosait. Chaque fois, ils provoquaient le plus de dégâts possible et déguerpissaient avant que quelqu'un ne les attrape.

Ils atteignirent la sortie de la ville, là où les habitations se faisaient plus rares. Les petites maisons coquettes qui se serraient dans les rues étroites cédaient la place à des demeures plus vastes et distantes les unes des autres. Toutes avaient de grandes pelouses vertes, de larges haies et des allées en gravillons. La nuit tombait et les fenêtres noires, les colonnades et les portes d'entrée majestueuses donnaient à certaines un air sinistre dans la pénombre. La plupart étaient silencieuses et plongées dans l'obscurité La bande ne prit pas la peine de sonner aux portes. Ils s'apprêtaient à rentrer chez eux quand ils arrivèrent devant la toute dernière maison de la ville, immense et construite sans plan précis, agrémentée de tourelles, de statues effritées, d'un vieux portail en fer forgé dégondé. Au rez-de-chaussée, chaque fenêtre brillait d'un vif éclat.

— Une dernière pour la route ! s'écria Ringo. On met le paquet.

La bande vérifia sa réserve d'armes et se précipita à sa suite le long de l'allée envahie par les mauvaises herbes. À proximité de la maison, ils remarquèrent une étrange odeur d'œuf pourri, de plus en plus forte au fur et à mesure qu'ils approchaient.

— La vache ! s'exclama le grand diable en se pinçant le nez. C'est qui ?

— Pas moi, piailla Machin.

L'odeur était si puissante à présent que les garçons avaient du mal à respirer. Devant la porte – la peinture se détachait du bois par bandes entières – l'air devint épais et gris. La main sur la bouche et le nez, Ringo appuya sur la sonnette géante. Elle émit un triste bruit métallique, comme si elle ne servait pas souvent. À la surprise de la bande, la porte s'entrouvrit et des doigts jaunis par le tabac apparurent dans l'entrebâillement.

— Oui ? demanda une voix désagréable mais familière.

— Un bonbon ou un mauvais sort ? coassa Ringo, au bord de l'asphyxie.

— Un mauvais sort !

La porte s'ouvrit en grand sur un homme portant un vieux masque à gaz. De grands nuages jaunes et nauséabonds accompagnés d'une fumée grise assaillirent les garçons et leur masquèrent la vue.

— Courez ! hurla Ringo.

Mais ses copains avaient déjà tourné les talons et fuyaient l'épais brouillard. Le souffle coupé, reniflant tant et plus, ils titubèrent le long de l'allée, passèrent le portail et s'arrêtèrent sur le trottoir. Ils arrachèrent leurs masques d'Halloween afin de respirer un peu d'air frais. Seul Ringo ne se trouvait pas avec eux – il avait trébuché dans l'allée et était tombé sur les gravillons. Il se tenait la jambe.

— Au secours, au secours ! gémit-il.

Les autres se dévisagèrent. Aucun ne voulait retourner le chercher. À travers le voile de fumée, ils virent l'homme sortir de chez lui et s'avancer vers l'allée.

— Vite ! s'exclama Machin. Il faut sauver Ringo.

Les deux autres marmonnèrent, sans bouger. L'individu ne portait plus son masque et la fumée qui se dissipait dévoilait son visage. Ringo s'était relevé et l'homme semblait lui parler, même si les garçons n'entendaient pas leur conversation.

Au bout de quelques minutes, Ringo se retourna et leur fit signe d'approcher.

— Hé ! cria-t-il. Les gars, venez par ici !

À contrecœur, les trois autres le rejoignirent. Étrangement, Ringo paraissait assez content de lui. À sa gauche, dans son costume étriqué, limite sinistre, se tenait… le professeur Rex.

Chapitre 17

— Bonjour, les garçons, lança T-Rex.

Il les examina tour à tour dans leurs tenues d'Halloween, avec leurs masques à la main.

— Comme c'est gentil d'inclure votre pauvre vieux professeur dans vos joyeuses festivités !

— Nous ne savions pas… protesta Machin, tandis que les deux autres étaient encore trop choqués pour parler. Nous n'aurions pas sonné si nous avions su que vous habitiez ici.

— Ne vous inquiétez pas ! s'exclama T-Rex qui éclata d'un rire forcé. J'aime voir les jeunes gens s'amuser !

Il secoua la main pour chasser le reste de fumée nauséabonde.

— J'ai peur que vous ne m'ayez interrompu au milieu de mes activités. Cela explique le brouillard.

— Berk ! Vous prépariez à manger ? s'enquit Crevette. Ça pue !

— Non, je ne cuisinais pas. Pas de la nourriture, en tout cas. Je faisais une expérience et il faut que j'y retourne. Je ne vous retiens pas plus longtemps. Je suis sûr que vous avez déjà prévu d'amuser d'autres personnes du quartier avec vos tours.

— Et notre…

Ringo ne finit pas sa phrase délibérément.

— Ah oui ! enchaîna le professeur. Et si vous m'attendiez tous les quatre sur le seuil pendant que je vais chercher quelque chose ? Je ne serai pas long.

Les garçons le suivirent jusqu'à la porte d'entrée, où ils patientèrent.

— Que se passe-t-il ? chuchota Crevette à l'oreille de Ringo.

— OK, les mecs, commença Ringo, l'air important. Approchez. T-Rex va nous charger d'une mission… contre de l'argent !

— Ah ouais ? Et laquelle ? demanda Tank.

— Hé, cool ! rétorqua Ringo. Trois fois rien. Il veut simplement que nous remettions une lettre à la maison du cinglé en tenue de cosmonaute.

— Et il nous paiera pour ça ? couina Machin. Pourquoi ?

— J'en sais rien, admit Ringo. Et je m'en fiche. Pour une fois qu'on peut gagner un peu de fric sans se fatiguer.

Ils attendirent. Les minutes s'écoulaient sans que T-Rex réapparaisse. Ringo jeta un œil par la porte.

— On entre, décida-t-il.

— Ça va pas ? s'égosilla la bande.

— Au contraire !

Les yeux de Ringo pétillaient de malice.

— Écoutez, au collège, on pourra dire à tout le

monde qu'on est entrés chez T-Rex ! Voyons voir si on ne peut pas lui voler quelque chose. Venez !

Il entra à pas de loup, s'arrêta et, avec des gestes frénétiques, fit signe aux autres de le suivre. Un par un, ils passèrent le seuil.

Du hall partait un long couloir doté de plusieurs portes. Tout était couvert de poussière, comme si personne n'avait nettoyé depuis une centaine d'années.

— Par ici, ordonna Ringo qui pouffait de rire.

Il s'engagea dans le couloir et stoppa devant une porte.

— Je me demande ce que ce vieux fou dissimule là, derrière…

Il ouvrit.

— Voyons, voyons…

Un grand sourire illumina soudain son visage.

— Notre bon vieux professeur cache bien son jeu !

Les yeux écarquillés, les garçons s'agglutinèrent derrière lui pour contempler l'étrange spectacle qui s'offrait à eux.

— Waouh ! s'écria Machin. Qu'est-ce que c'est ?

Avant qu'il ne reçoive une réponse, le professeur Rex surgit dans le couloir.

— Je vous avais demandé d'attendre dehors, gronda-t-il de la voix la plus effrayante qui soit.

— Désolés, monsieur, désolés, monsieur…

— Vous ai-je invités chez moi ? Je ne pense pas. Peut-être pourriez-vous m'expliquer ce comportement inadmissible ? Ou vais-je être obligé de vous infliger des heures de colle pour avoir désobéi ?

— Monsieur, monsieur, intervint Ringo, nous attendions dehors mais nous étions intéressés par… cette expérience dont vous avez parlé tout à l'heure… on est juste entrés pour voir.

— Vraiment ? s'étonna T-Rex.

— Oui, monsieur ! s'enthousiasmèrent les garçons.

— J'ignorais que la science vous intéressait à ce point ! remarqua T-Rex, la mine un peu moins renfrognée.

— Nous adorons la science, monsieur ! lui assura Ringo avec ferveur. Tank aimerait devenir scientifique. Quand il sera grand.

Déconcerté, Tank arbora une expression qu'il croyait intelligente.

— Ah bon ? lança T-Rex, à présent revigoré. Mais c'est une merveilleuse nouvelle ! Accompagnez-moi dans mon laboratoire – je meurs d'envie de montrer mon travail à quelqu'un et vous me semblez parfaits, les garçons. Venez, venez ! Je vais tout vous raconter.

— Dans quelle galère tu nous as entraînés ? marmonna Crevette à l'oreille de Ringo, tandis qu'ils suivaient le professeur.

— La ferme, répliqua Ringo, les dents serrées. Tu préfères être collé ? Maintenant, prends un air moins bête, OK ? Je nous sors de là dès que je peux.

Chapitre 18

Le laboratoire du professeur Rex était divisé en deux parties bien distinctes. Dans l'une se déroulait une étrange expérience de chimie. De nombreux ballons de verre étaient reliés entre eux par des tubes de verre et raccordés à une sorte de volcan miniature. Pour la plupart, les émanations du volcan montaient dans le circuit, mais de temps à autre, quelques volutes s'échappaient. Des gaz se déversaient d'un ballon à l'autre avant de finir dans le plus gros au centre. Ce dernier contenait un nuage d'où jaillissaient parfois des étincelles.

— Qui veut poser la première question ? s'enquit T-Rex, heureux d'avoir un public.

Ringo soupira.

— Monsieur, c'est quoi ? demanda-t-il, le doigt pointé vers l'expérience en cours.

— Ah ah ! s'exclama T-Rex.

Un grand sourire aux lèvres, il se frotta les mains.

— Je suis sûr que vous vous souvenez de cette merveilleuse odeur d'œuf pourri qui vous a accueillis tout à l'heure. Savez-vous ce que c'est ?

— Des œufs pourris, répondit Tank, content de connaître la réponse.

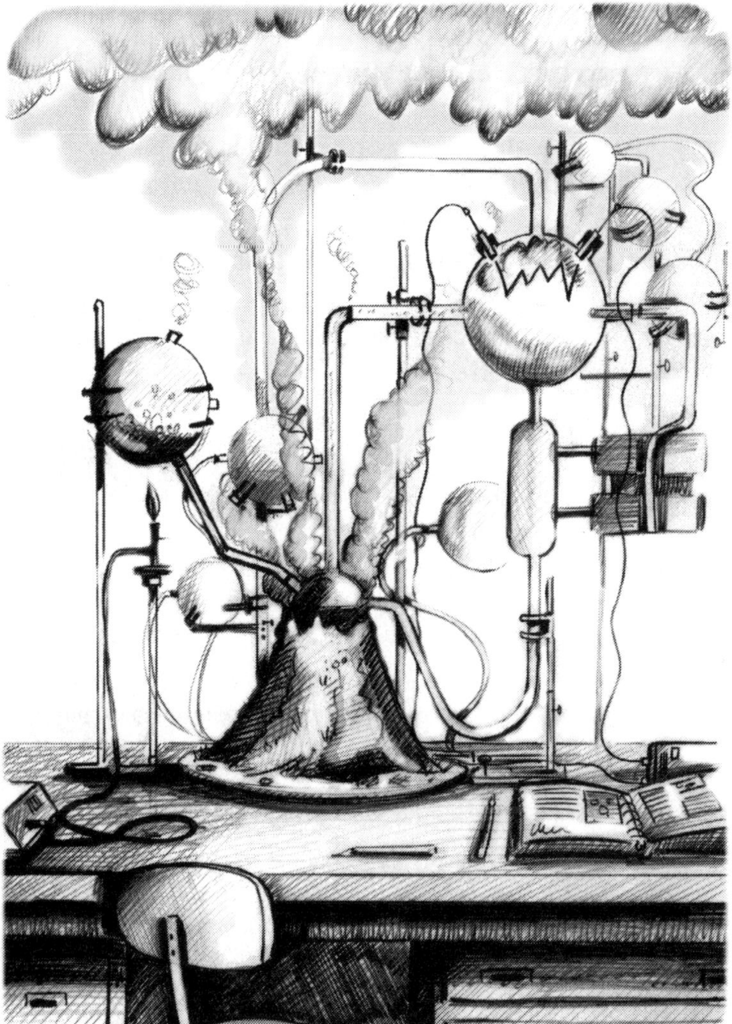

— Imbécile, gronda T-Rex. Il va falloir te creuser le cerveau plus que cela si tu veux devenir scientifique. Réfléchis bien. Qu'est-ce que ça peut être ? La réponse est évidente.

Les garçons se dévisagèrent puis haussèrent les épaules.

— Aucune idée, marmonnèrent-ils.

— Mon Dieu ! soupira T-Rex. Les enfants de nos jours… ne savent vraiment rien de rien. Il s'agit de l'odeur de la Terre – il y a des milliards d'années de là, quand il n'y avait pas de vie.

— Ah oui ? Et comment on aurait pu le savoir ? marmonna Crevette.

ATMOSPHÈRE PRIMAIRE

- L'atmosphère de la Terre n'a pas toujours été celle que nous connaissons aujourd'hui. Si nous devions remonter 3,5 milliards d'années en arrière (la Terre aurait alors 1 milliard d'années), nous ne pourrions pas respirer.
- À ce jour, notre atmosphère est composée approximativement de 78 % d'azote, 21 % d'oxygène et 0,93 % d'argon. Les 0,07 % restant sont le dioxyde de carbone (0,04 %) et un mélange de néon, hélium, méthane, krypton et hydrogène.
- Il y a 3,5 milliards d'années, l'atmosphère ne contenait pas d'oxygène. Elle était en partie composée d'azote, d'hydrogène, de gaz carbonique et de méthane, bien que la composition exacte ne soit pas connue. On sait cependant que d'immenses éruptions volcaniques survenaient à cette période, relâchant vapeur, gaz carbonique, ammoniac, dioxyde de soufre et sulfure d'hydrogène dans l'atmosphère. Le sulfure d'hydrogène sent l'œuf pourri et est toxique quand il est utilisé en grandes quantités.

Le professeur Rex ne releva pas.

— Évidemment, ce n'est pas un vrai volcan, poursuivit-il en désignant le cratère qui crachait de la fumée.

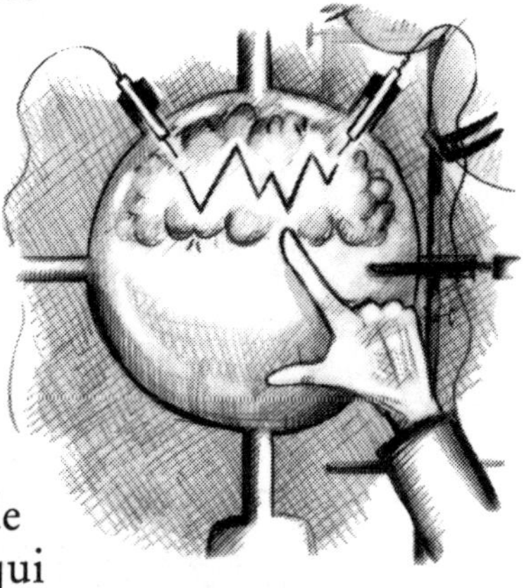

— Évidemment, répéta Ringo dans un murmure. Comme si on ne l'avait pas remarqué.

— C'est juste une petite réaction chimique qui émet le même genre de fumée, s'emballa T-Rex qui n'avait apparemment pas entendu la réflexion insolente de Ringo. Je lui ai juste donné l'allure d'un volcan grâce à un peu de boue. J'aime assez.

Les fumées du volcan montaient dans un ballon de verre où elles se mêlaient à de la vapeur d'eau. Celle-ci provenait d'un autre ballon dans lequel de l'eau était chauffée par un réchaud. Une fois mélangées, fumée et vapeur formaient un petit nuage dans le gros ballon. À l'intérieur, le professeur Rex avait installé un système qui produisait des étincelles électriques.

Alors que le minivolcan envoyait des bouffées noires, un petit éclair transperça le nuage. Le professeur Rex tapota doucement le verre.

— Vous voyez, quand l'éclair frappe les nuages de gaz, il se produit d'étranges réactions. Les scientifiques ont découvert que ces dernières conduisent parfois à la formation des ingrédients de base nécessaires à la vie sur Terre. Ces ingrédients s'appellent des acides aminés.

— Mais pourquoi ? demanda Crevette. À quoi cela vous sert ?

EXPÉRIENCE D'UREY-MILLER

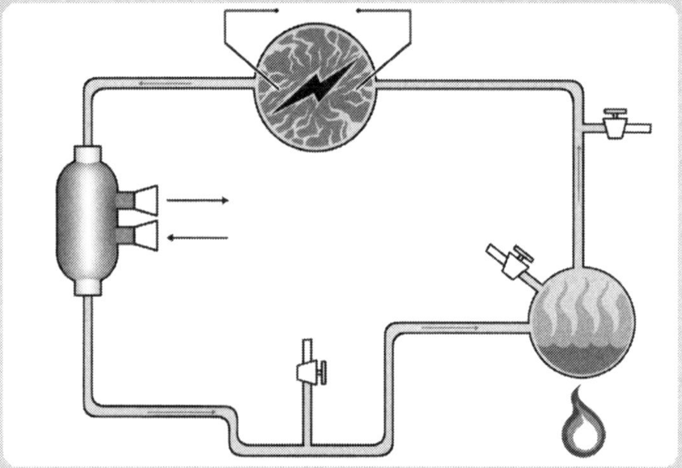

En 1953, deux scientifiques américains, Stanley Miller et Harold Urey, effectuaient des recherches sur les origines de la vie sur Terre. Ils croyaient que les ingrédients nécessaires à la vie provenaient de phénomènes complètement naturels dans l'atmosphère primaire terrestre.

À cette époque, dans les années 1950, les scientifiques avaient leur idée sur le genre de composés chimiques que contenait l'atmosphère primaire. Ils savaient aussi que les éclairs étaient fréquents. Miller et Urey ont donc effectué l'expérience suivante : ils ont soumis ces composés chimiques à des décharges électriques (pour imiter les éclairs). Chose étonnante, ils ont découvert qu'ils avaient créé des composés organiques spéciaux.

Les composés organiques sont des molécules qui contiennent du carbone et de l'hydrogène. Certaines de ces molécules (comme celles que l'on appelle acides aminés) sont nécessaires à la vie. L'expérience d'Urey-Miller a produit des acides aminés et montré à la communauté scientifique qu'il était peut-être possible de créer la vie dans un laboratoire.

Aujourd'hui, plus de cinquante ans après Miller et Urey, une telle création reste à achever et nous ignorons encore comment la vie est apparue sur Terre. Cependant, nous avons été capables de fabriquer, dans des circonstances particulières, qui imitent les conditions atmosphériques terrestres d'il y a très longtemps, davantage d'unités chimiques de base de la vie.

— J'essaie…
Une lueur sinistre passa sur le visage du professeur Rex.
— J'essaie de créer la VIE.
— N'importe quoi, grommela Ringo.
De son côté, Machin semblait plus intrigué que son chef.
— Monsieur ? dit-il pensivement. Il y en a déjà beaucoup autour de nous. Pourquoi en fabriquer plus ?
— Exact, la vie existe sur cette planète, expliqua T-Rex en lui lançant un regard approbateur. Mais sur une autre planète ? Là où la vie n'a pas encore émergé ? Que se passerait-il si nous nous y rendions et emmenions la vie avec nous ?
— C'est absurde ! intervint Ringo. Si on va sur une nouvelle planète, il n'y aura rien sur place et on s'ennuiera à mourir.
— Quel manque d'imagination ! Nous en serons les maîtres. Elle sera tout à nous.
— Une minute ! s'écria Crevette, l'air soupçonneux. Où se trouve cette planète ? Comment comptez-vous vous y rendre ?
— Enfin des questions pertinentes ! Venez voir par ici.
Le professeur Rex se dirigea vers le mur dans l'autre partie de la pièce où était placardé un grand poster représentant l'espace et les étoiles. Dans un coin, un cercle rouge entourait deux petits points blancs désignés par une nuée de flèches. Près du cercle rouge, un autre cercle était tracé en vert, mais celui-là semblait vide. À côté de la carte, se dressaient des tableaux blancs couverts de diagrammes et de gribouillages

insensés. Carte des étoiles et griffonnages devaient être liés d'une manière ou d'une autre.

Le professeur Rex se racla la gorge pendant que les garçons se regroupaient autour de lui.

— Mes enfants, voici l'avenir !

Il tendit les bras vers les tableaux barbouillés.

— Notre avenir ! Je l'espère. Vous ne vous êtes jamais demandé ce que je faisais en dehors du collège, pas vrai ?

Le groupe secoua la tête. Non, en effet.

— Inutile de vous creuser les méninges. Moi, professeur Rex...

Il bomba le torse si bien qu'il toisait les garçons.

— ...Je suis expert en planètes. Toute ma vie, j'ai travaillé sur ce sujet et essayé d'en découvrir de nouvelles.

— Et alors ? demanda Crevette.

— J'en ai trouvé beaucoup, répondit-il avec fierté.

— Mais on ne les connaît pas toutes ? Il y a Mars, Saturne, Jupiter… intervint Crevette.

Les autres se poussèrent du coude.

— Eh, eh ! chuchota Tank. Le fayot…

— Non ! s'énerva Crevette. Ça m'intéresse, c'est tout.

— Ah, ah ! s'écria T-Rex. Tu as raison ! Nous connaissons toutes les planètes qui gravitent autour de l'étoile la plus proche de la Terre, une étoile que nous appelons le Soleil. Moi, j'en cherche d'autres ! Je cherche des planètes en orbite autour d'autres étoiles, des planètes très lointaines. Vous voyez… poursuivit-il, très content que sa classe – du moins une partie – l'écoute avec attention pour changer. Il n'est pas évident de trouver une planète. J'ai passé des années à recueillir des données à partir de télescopes et j'ai examiné des centaines de planètes dans l'espace. Malheureusement, la plupart de celles que nous avons découvertes pour l'instant sont trop proches de leurs soleils. Ils les réchauffent trop pour y installer la vie.

— Ça ne nous avance pas, en conclut Crevette, déçu.

Le professeur Rex désigna sa carte des étoiles.

— Attendez ! Je ne vous ai pas tout dit. Au fin fond de l'espace, il existe des choses fantastiques et extraordinaires, des choses dont l'homme se contentait de rêver jusqu'à présent. Mes enfants, l'heure du changement est venue ! Bientôt, les humains traverseront le cosmos et peupleront l'Univers tout entier. Imaginez un peu que nous soyons les premiers à découvrir une planète habitable !

EXOPLANÈTE

- Une exoplanète est une planète en orbite autour d'une autre étoile que le Soleil.
- Pour l'instant, plus de 240 exoplanètes ont été recensées dans l'espace – on en découvre de nouvelles tous les mois ! Cela semble peu comparé aux centaines de milliards d'étoiles dont nous connaissons l'existence dans la Voie lactée, mais ce petit nombre est en partie dû à la difficulté de les détecter. Une étoile est facile à repérer parce qu'elle est large et émet de la lumière, alors qu'une planète est bien plus petite et reflète uniquement la lumière de son étoile.
- La plupart des techniques utilisées pour détecter des exoplanètes sont indirectes : l'exoplanète n'est pas vue directement. Par exemple, une grosse exoplanète attirera son étoile *via* la gravité et la fera bouger quelque peu. Ce mouvement de l'étoile peut être détecté depuis la Terre. 169 exoplanètes ont été découvertes de cette manière et

— On se croirait dans un film à la télé, s'enthousiasma Machin. Tout les acteurs montent dans un vaisseau spatial et se rendent sur une nouvelle planète où ils se font dévorer par des petits hommes verts.

— Pas du tout ! s'emporta T-Rex. Apprenez à faire la différence entre la science-fiction et la vérité scientifique, nom d'un chien !

Il posa le doigt sur le cercle rouge dessiné dans le coin de la carte.

— La planète que j'ai découverte pourrait être la nouvelle planète Terre !

— Elle m'a l'air un peu loin, votre planète, fit remarquer Machin.

— En effet, mon garçon, en effet. Elle est extrêmement loin. Si loin que si j'avais une conversation téléphonique avec un de ses habitants, il faudrait attendre plusieurs années pour que ma question lui parvienne et qu'il me réponde.

elles sont bien plus énormes que Jupiter, la plus grosse des planètes géantes de notre Système solaire.

- Le satellite *Corot* lancé en décembre 2006 est capable de détecter des microvariations dans l'intensité lumineuse d'une étoile. De tels changements surviennent quand une exoplanète (même petite) passe devant une étoile. La qualité des détecteurs dont est équipé *Corot* devrait permettre la découverte d'exoplanètes bien plus petites qu'avant, d'à peu près 2 fois la taille de la Terre.
- Nous n'avons encore jamais détecté d'exoplanète de la taille de la Terre.

Seules quatre exoplanètes ont été détectées par imagerie directe (en prenant des photos) pour l'instant. Elles aussi sont gigantesques.

— Vous leur avez téléphoné ? demandèrent les garçons en chœur.

— Non, non, non, tempêta T-Rex. C'est une supposition. Vous ne comprenez donc rien ?

— Bon, il y a quelqu'un là-bas, oui ou non ? insista Machin qui dansait d'un pied sur l'autre, tellement il était excité.

— Difficile à dire, répondit T-Rex. Il faut que j'aille y jeter un coup d'œil.

— Comment allez-vous vous y prendre ? s'enquit Ringo qui s'intéressait malgré lui à la conversation.

Le regard du professeur Rex se perdit dans le vide.

— Toute ma vie, j'ai essayé de me rendre dans l'espace. Un jour, j'y suis presque parvenu, mais quelqu'un m'en a empêché et je n'ai jamais pu lui pardonner. Il s'agit de la plus grande déception de mon existence. Depuis, je cherche un moyen. Aujourd'hui, j'ai enfin une nouvelle chance. C'est là que vous intervenez, les garçons.

Le professeur Rex sortit une lettre de sa poche.

— Il s'agit de la lettre dont je t'ai parlé dans l'allée, Ringo. Elle est pour l'ami de Georges. Il s'appelle Éric. Déposez-la dans sa boîte et assurez-vous de ne pas être vus.

Il tendit la lettre à Ringo.

— Qu'est-ce qu'elle contient ? demanda ce dernier.

— Des informations, répondit T-Rex. L'information, c'est le pouvoir, mes garçons. Souvenez-vous-en !

Face à sa carte des étoiles, ses mains brûlées désignant le cercle rouge, il ajouta :

— Le contenu de ma lettre indique l'emplacement de cette fabuleuse planète Terre numéro deux.

Crevette ouvrit la bouche pour parler mais T-Rex l'en empêcha.

— Portez-la *ce soir*, ordonna-t-il, de manière à couper court à toute question supplémentaire. Il est temps que vous partiez, conclut-il en les poussant dans le couloir.

— Et l'argent ? s'exclama Ringo. Quand aurons-nous notre argent ?

— Venez me voir lundi au collège. Si vous avez remis la lettre à son destinataire, je vous paierai grassement. Allez, fichez le camp !

Chapitre 19

À midi le lundi suivant, Georges, tranquillement assis dans la cantine du collège, s'occupait de son déjeuner. Il ouvrit son panier-repas, avec l'espoir d'y découvrir des paquets de chips colorés, des barres chocolatées, du soda comme ses camarades. À la place, il trouva un sandwich aux épinards, un œuf dur, des muffins aux brocolis et un jus de pomme préparé par sa mère. Il mordit dans son sandwich et soupira. Si seulement ses parents pouvaient comprendre que lui aussi voulait sauver la planète, mais à sa façon. Tant mieux si leur mode de vie alternatif leur convenait. Après tout, ils ne fréquentaient que des amis qui leur ressemblaient. Eux n'étaient pas obligés de se rendre tous les jours au collège, de subir les moqueries de tyrans comme Ringo et sa bande, parce qu'il portait de drôles de vêtements,

mangeait différemment, ignorait le programme télé de la veille. Chaque fois qu'il essayait de l'expliquer à son père, il obtenait une seule et unique réponse : « Si nous voulons sauver la Terre, Georges, nous devons tous y mettre du nôtre. »

Georges comprenait bien, seulement il était injuste, voire inutile, que sa participation implique d'être la risée du collège et de ne pas posséder d'ordinateur à la maison. En vain, il vantait à ses parents l'utilité d'un tel outil.

— Mais, papa, avait-il remarqué, toi aussi tu pourrais t'en servir ! Pour ton travail, par exemple. Tu pourrais chercher des informations sur Internet, organiser tes manifestations par e-mail. Je pourrais t'installer des programmes et te montrer comment ils fonctionnent.

Le regard empli d'espoir, Georges avait observé son père et lu dans ses yeux une lueur d'intérêt qui s'était vite éteinte.

— Je ne veux plus que nous en parlions, Georges. Nous n'achèterons pas d'ordinateur. Le débat est clos.

Voilà pourquoi il appréciait tant Éric, se dit Georges qui essaya d'avaler son morceau de sandwich vert. Éric avait écouté ses questions, lui avait donné les réponses appropriées, des réponses que Georges comprenait. Oserait-il se rendre chez lui dans la soirée ? Il avait tellement de choses à lui demander.

Peu avant midi, il avait rassemblé tout son courage et s'était inscrit au concours de sciences. Sous « Sujet », il avait écrit : *Mon étonnant rocher de l'espace*. Un super titre, même si Georges doutait que son exposé soit bon. Devant le tableau d'inscription, il avait sorti sa pierre porte-bonheur de sa poche et constaté avec horreur qu'elle tombait en poussière. Ce petit morceau du Système solaire, qu'il avait ramassé près de Saturne, était devenu son amulette. La compétition se tenait le lendemain – Georges avait eu la permission d'y participer à la dernière minute, parce que peu d'élèves de son école s'étaient portés volontaires. Le principal avait été enchanté de lire son nom sur la liste.

Il avait surgi alors que Georges était en train de remplir le formulaire.

— Bel esprit d'initiative, Georges ! Nous allons leur montrer, pas vrai ?

Il jubilait.

— On ne peut pas laisser Manor Park remporter tous les trophées de la région, hein, Georges ?

Manor Park, le collège privé du coin, raflait tous les prix, gagnait toutes les rencontres sportives avec une régularité accablante.

— Oui, monsieur, avait répondu Georges qui avait tenté de fourrer sa pierre dans sa poche, mais avait été surpris par l'œil de lynx du principal.

— Mon Dieu, une poignée de poussière !

Il s'était emparé d'une corbeille à papiers.

— Jette ça là-dedans, mon garçon. Tu ne peux pas aller déjeuner les poches remplies de saletés.

Comme Georges ne bougeait pas, le principal s'était impatienté et lui avait secoué la poubelle sous le nez.

— J'étais comme toi, à ton âge... avait-il affirmé.

Georges en doutait... Cet homme n'avait jamais été jeune, il portait un costume à sa naissance et commentait déjà avec enthousiasme les tournois de football des poussins.

— ... les poches pleines de bêtises. Vide-les et file à la cantine.

À contrecœur, Georges avait déposé son trésor le plus précieux – du moins ses vestiges gris et émiettés – dans la corbeille. Il s'était promis de revenir plus tard et de sauver ce qu'il pourrait.

Tout en mâchonnant son sandwich, Georges pensait à Éric, à l'espace, au concours du lendemain... Soudain, une main passa par-dessus son épaule et déroba un biscuit dans sa boîte.

— Hum ! s'exclama une voix dans son dos. Eh ! Regardez tous ! Les fameux cookies de Georges !

Il y eut un craquement quand Ringo

mordit à pleines dents dans le biscuit puis un bruit de crachement.

Georges n'eut pas besoin de se retourner pour savoir que tous les élèves de la cantine ricanaient, les yeux braqués sur lui.

— Berk ! Dégueu ! continua Ringo qui faisait semblant de vomir. Voyons si le reste est aussi bon !

Sa main s'approcha à nouveau du panier-repas. Georges frisait la crise de nerfs. Au moment où la grosse paluche de Ringo s'enfonçait dans la boîte en bois artisanale, il rabattit le couvercle sur ses doigts.

— Aïe ! beugla Ringo. Aïe, aïe, aïe !

Georges rouvrit sa boîte afin que Ringo enlève sa main.

— C'est quoi, ce boucan ? intervint le professeur chargé de surveiller la cantine. Vous ne pouvez donc rien faire sans vous disputer ?

— Monsieur, professeur Rex, monsieur ! geignit Ringo qui berçait sa main blessée. Je demandais à Georges ce qu'il mangeait quand il m'a attaqué, monsieur, je vous jure. À votre place, monsieur, je le collerais jusqu'à la fin du trimestre. Il m'a cassé la main, monsieur…

Ringo sourit au professeur Rex qui se contenta de le toiser.

— Très bien, Richard. Va montrer ta main à l'infirmerie et viens me voir après dans mon bureau. Je m'occupe de Georges.

Il pointa du doigt la porte et Ringo s'éloigna d'un pas traînant mais le visage radieux.

Un silence de plomb s'abattit sur la cantine, le temps que la sanction de Georges tombe. Toutefois,

les élèves en furent pour leurs frais : au lieu de l'incendier, le professeur Rex s'assit à côté de lui sur le banc.

— Continuez ! ordonna-t-il en agitant sa main rouge dans les airs. Finissez votre repas ! La cloche va bientôt sonner.

Au bout de deux secondes, le brouhaha habituel reprit. Chacun se détourna de Georges et poursuivit sa conversation.

— Dis-moi, Georges... commença T-Rex sur un ton mielleux.

— Oui, professeur Rex ? demanda Georges, nerveux.

— Comment vas-tu ? continua-t-il, comme si la réponse l'intéressait vraiment.

— Euh... bien, répondit Georges, pris au dépourvu.

— Et chez toi ?

— Mes parents... vont... bien. Merci.

Georges priait pour que T-Rex n'enchaîne pas sur Cosmos.

— Et ton voisin ? demanda-t-il, l'air de rien. L'as-tu vu récemment ? Il est chez lui en ce moment ? Ou peut-être est-il parti…

Georges se creusa la tête pour trouver la réponse que T-Rex espérait afin de dire exactement le contraire.

— Les gens de ta rue se demandent peut-être où il est allé ? poursuivit T-Rex qui lui donnait franchement la chair de poule à présent. Comme s'il avait disparu en un claquement de doigts. Hop ! Plus personne ! Aucune idée où il peut bien être. C'est cela, pas vrai ?

Le regard empli d'espoir, T-Rex fixa un Georges désormais convaincu que ce type ne tournait pas rond.

— Comme si...

Le professeur Rex dessina une forme dans les airs avec sa main.

— ... comme s'il s'était envolé dans l'espace pour ne plus jamais revenir. Hum ? Qu'en penses-tu, Georges ? Dirais-tu que cela s'est passé ainsi ?

Mourant d'envie d'entendre qu'Éric s'était « évaporé dans les airs », l'enseignant observa Georges un long moment.

— En fait, affirma Georges, je l'ai vu ce matin.

Ce qui était faux, mais au fond de lui, il savait qu'il lui fallait absolument mentir.

— Les sales morveux ! marmonna T-Rex qui se leva soudain. J'aurais dû m'en douter !

Il partit sans prendre la peine de dire au revoir.

Georges ferma son panier-repas et décida de retourner au tableau d'affichage afin de récupérer sa roche au fond de la corbeille à papiers. Tandis qu'il se précipitait dans le couloir, il passa devant le bureau du professeur. Des voix s'élevèrent si bien qu'il s'arrêta pour écouter à la porte une seconde.

— Je vous avais demandé de déposer ce mot ! tonitrua la voix familière de l'enseignant.

— Nous l'avons fait, monsieur ! gémit un garçon.

Ringo ?

— Impossible, insista T-Rex, impossible !

Georges serait bien resté

plus longtemps, mais la cloche sonna et il fallait absolument qu'il récupère son trésor de l'espace avant que les cours de l'après-midi ne commencent. Arrivé sur place, il fut choqué de constater que la corbeille avait été vidée. Un sac en plastique propre en tapissait l'intérieur. Adieu, minilune de Saturne…

Chapitre 20

Il pleuvait des cordes quand Georges rentra chez lui en fin d'après-midi. De grosses gouttes glacées dégringolaient du ciel gris foncé ; les voitures qui roulaient dans les flaques projetaient d'immenses vagues d'eau sale sur le trottoir. Le temps que Georges atteigne sa rue, il grelottait de froid. Il passa le portail d'Éric et hésita un moment sur le perron. Il mourait d'envie de sonner et de demander au scientifique de relire son exposé, mais il avait peur qu'Éric ne soit encore fâché et ne le renvoie chez lui. Sonner ou ne pas sonner ? Là était la question. Le ciel s'assombrissait de plus en plus. Soudain, un grand coup de tonnerre retentit. Alors que la pluie tombait de plus belle, Georges se décida. Il était important qu'il discute de son exposé avec Éric, mais aussi du professeur Rex.

Il prit son courage à deux mains et appuya sur la sonnette.

Drinn ! Drinn ! Il attendit quelques secondes. Personne. Alors qu'il hésitait à sonner une nouvelle fois, la porte s'ouvrit en grand et la tête d'Éric surgit.

— Georges ! s'écria-t-il, enchanté. C'est toi ! Entre donc !

Il tendit son long bras et entraîna Georges à l'intérieur puis il claqua la porte derrière lui. Médusé, Georges se figea dans le vestibule, son manteau trempé dégoulinant sur le plancher.

— Je suis désolé, bafouilla-t-il.

— Pourquoi ? s'étonna Éric. Qu'as-tu fait ?

— Pour Annie… La comète… Cosmos, lui rappela Georges.

— Ah ça ! J'avais oublié. Mais maintenant que tu en parles, sache qu'il ne faut pas t'inquiéter. Annie m'a dit que c'était son idée et non la tienne. Elle t'a obligé à la suivre dans l'espace. Je suppose que c'est la vérité ?

Il regarda Georges par-dessus ses verres épais ; ses yeux pétillaient.

— Euh... oui... en fait... euh... oui, bredouilla Georges, soulagé.

— Je dois donc m'excuser auprès de toi d'avoir tiré une conclusion trop hâtive. Au lieu d'examiner toutes les preuves, j'ai été victime de mes préjugés et j'ai choisi la mauvaise solution.

N'ayant rien compris, Georges se contenta de hocher la tête. Il entendit soudain des voix dans le salon.

— Vous avez une fête ?

— Euh, oui, en quelque sorte, répondit Éric. Une fête de scientifiques que nous préférons appeler « conférence ». Pourquoi ne viendrais-tu pas écouter ? Cela pourrait t'intéresser ! Nous parlons de Mars. Annie aurait aimé être parmi nous, mais elle est encore chez sa grand-mère. Tu pourras lui raconter si tu restes.

— Oh oui ! S'il vous plaît ! s'exclama Georges qui oublia et son exposé et ses soupçons quant au professeur Rex.

Pendant qu'il ôtait son manteau trempé et suivait Éric dans le salon, il entendit une voix de femme :

— ... c'est la raison pour laquelle mes collègues et moi recommandons un examen minutieux de notre voisinage proche. Qui sait ce que nous finirons par trouver sous sa surface rouge ?

Éric et Georges entrèrent sur la pointe des pieds

dans la pièce qui avait une tout autre apparence ce jour-là – les livres étaient rangés avec soin sur les étagères, les photos de l'Univers encadrées et accrochées aux murs, les combinaisons spatiales soigneusement pliées sur un fauteuil. Au milieu était assis en rang un groupe hétéroclite de scientifiques venus, semblait-il, des quatre coins de la planète. L'index sur les lèvres pour signaler à Georges de ne pas faire de bruit, Éric lui désigna une chaise.

Devant l'assemblée, se tenait une grande et belle femme rousse, dont l'épaisse tresse était si longue qu'elle lui descendait jusqu'aux fesses. Ses yeux verts brillaient quand elle souriait. Au-dessus d'elle, la fenêtre de Cosmos montrait une planète rouge. La jeune scientifique poursuivit son exposé.

— La vie, si elle a existé sur Mars il y a très longtemps, n'attend pas que nous la trouvions à sa surface. N'oublions jamais que des tempêtes de sable altèrent régulièrement l'aspect de la planète et enfouissent sous des couches et des couches de poussières inorganiques le passé de notre voisine rouge.

Pendant ce temps, on voyait, par la fenêtre de Cosmos, une immense tempête de sable balayer la planète.

Éric se pencha à l'oreille de Georges :

— Selon ma collègue, si la vie a existé un jour sur Mars, cela n'est plus visible en surface aujourd'hui. Mais elle pense sérieusement qu'il y a eu de la vie sur Mars à une certaine époque. Il lui arrive de déclarer qu'il y en a encore. Ce serait la découverte la plus fascinante de tous les temps. Nous ne pouvons pas en dire plus pour l'instant. Nous devons nous rendre nous-mêmes sur cette magnifique planète rouge pour le savoir.

Georges s'apprêtait à lui demander à quoi Mars devait sa couleur rouge, quand il se rendit compte que la femme avait terminé.

— Avez-vous des questions avant que nous ne fassions une pause ? demanda-t-elle à son public. Après une tasse de thé et quelques biscuits, nous discuterons de notre dernier sujet. Le meilleur pour la fin, comme on dit.

Déçu d'avoir loupé presque tout son exposé, Georges leva la main.

De leur côté, les autres scientifiques marmonnaient : « Ah ! Une collation ! Pas trop tôt ! »

— Très bien, je crois que nous avons bien mérité ce petit break, lança Éric qui n'avait pas remarqué la main levée de Georges.

Les savants se précipitèrent vers la table basse dans un coin de la pièce, pressés de dévorer les tartelettes aux fruits avant les autres.

La scientifique, elle, s'était aperçue que Georges agitait le bras.

— Chers collègues, clama-t-elle, les yeux rivés sur Georges, on dirait que nous avons une question par ici. Et elle vient de notre nouvel ami.

Tous se retournèrent pour dévisager l'inconnu. Voyant son âge, ils sourirent et regagnèrent lentement leur siège, avec leurs tasses et leurs gâteaux.

— Qu'aimerais-tu savoir ? demanda la femme.

— Euh... S'il vous plaît... Si cela ne vous dérange pas... bredouilla Georges, soudain intimidé.

Il se demandait si sa question n'était pas stupide et si tout le monde n'allait pas lui rire au nez. Il inspira profondément.

— Pourquoi Mars est-elle rouge ?

— Bonne question ! déclara l'un des scientifiques en soufflant sur son thé.

Georges poussa un soupir de soulagement. Le professeur Crzkzak, l'oratrice dont personne ne parvenait jamais à prononcer le nom, hocha la tête et commença de répondre.

— Si tu te promènes sur les collines et les montagnes de la Terre, tu vois parfois des zones rouges sur le sol où ne pousse aucune plante. Tel est le cas dans le Grand Canyon aux États-Unis, par exemple. Le sol est teinté de rouge parce qu'il contient du fer qui a rouillé. Quand le fer s'oxyde, il devient rouge. Mars est donc rouge à cause de l'oxyde de fer, pardon, de la rouille présente à sa surface.

— Mars est en fer ?

— Pas tout à fait. Depuis que nous y envoyons des robots, nous savons qu'une fine couche de poudre rouillée lui donne sa couleur. Il semblerait que, sous cette couche, sa surface soit similaire à celle de la Terre – sans eau, bien entendu.

— Il n'y a pas d'eau sur Mars ?

— Si, mais à notre connaissance, cette eau n'est pas liquide. Sur Mars, il fait bien trop chaud durant la journée – l'eau se transforme en vapeur et se perd. Les seuls endroits où l'eau subsiste sont ceux où les températures restent froides nuit et jour, si bien que l'eau demeure gelée. C'est ce qu'il se passe aux pôles. Au pôle nord de Mars, nous avons découvert de grandes quantités d'eau glacée, la même que nous avons sur Terre, où de grands réservoirs de glace subsistent aux pôles, dans l'Arctique et l'Antarctique. Ai-je répondu à ta question ?

— Oui, merci !

Georges réfléchissait à une autre question quand Éric se leva pour aller se planter à côté de la scientifique.

— Merci, professeur Crzkzak, pour votre intéressant exposé sur Mars.

La femme s'inclina puis regagna son siège.

— Chers amis et collègues, continua Éric, avant que nous ne passions au sujet le plus important du jour, qui est aussi le dernier, laissez-moi vous remercier de m'avoir honoré de votre présence. Certains d'entre vous viennent de l'autre bout du globe, mais je sais que le débat d'aujourd'hui valait la peine de faire le voyage. Inutile donc que je vous rappelle à quel point il est important que l'existence de Cosmos reste un secret bien gardé.

L'assistance acquiesça d'un signe de tête.

— Et maintenant, abordons la question fondamentale que se posent tous ceux que la science intéresse. Nous savons comment elle peut être utilisée à mauvais escient et c'est pour cette raison que nous avons tous prononcé le Serment du Scientifique, afin que la science serve uniquement le bien de l'humanité. Aujourd'hui, nous sommes face à un dilemme. Comme vous l'avez entendu à la télévision et constaté durant la manifestation écologiste de samedi, de plus en plus de personnes se préoccupent de l'état de la planète. À présent, ma question est la suivante : devons-nous chercher en priorité des moyens d'améliorer la vie sur Terre et faire face à ses problèmes ? Ou devons-nous essayer de trouver une autre planète où habitera l'humanité ?

MARS

Mars est la quatrième planète en partant du Soleil.

Distance moyenne au Soleil : 227,9 millions de kilomètres.

Diamètre à l'équateur : 6 805 kilomètres.

Surface : 0,284 fois celle de la Terre.

Volume : 0,151 fois celui de la Terre.

Masse : 0,107 fois celle de la Terre.

Gravité à l'équateur : 37,6 % de la gravité de la Terre à son équateur.

Mars est une planète rocheuse au noyau en fer. Entre son noyau et sa croûte rouge se trouve une couche épaisse de roche. Mars a également une très mince atmosphère composée principalement de dioxyde de carbone (95,3 %) que nous ne pouvons pas respirer. La température moyenne sur Mars est très froide : environ – 60 °C.

Les plus grands volcans du Système solaire se trouvent sur Mars.

- Le plus haut d'entre tous se nomme mont Olympus qui culmine à 24 kilomètres. Sa base circulaire mesure 648 kilomètres de large. Sur Terre, le plus grand volcan se trouve sur l'île de Hawaii. Le Mauna Loa atteint une altitude de 4 170 mètres au-dessus du niveau de la mer – si on le mesure dès sa base au fond de l'océan, il culmine à 17 000 mètres.

L'air grave, aucun scientifique de la pièce ne prit la parole mais écrivit sa réponse sur un petit bout de feuille. Ensuite, Éric ramassa les papiers pliés dans un chapeau. Au total, en comptant Éric et l'oratrice, huit savants avaient voté. Éric déplia les papiers un à un.

Puisque Mars a une atmosphère, on peut parler de météorologie martienne. Elle ressemble beaucoup au temps qu'il ferait sur une Terre très froide recouverte par le désert. D'ailleurs, les tempêtes de sable sont fréquentes, et d'énormes orages cycloniques aux nuages chargés d'eau congelée mesurant cinq fois la taille de la France ont été observés.

- On pense que Mars a connu un jour une température suffisante pour que de l'eau liquide s'écoule à sa surface et creuse les canaux actuellement visibles. Aujourd'hui, la seule confirmation que nous ayons sur la présence d'eau se trouve dans les calottes polaires où la glace est mélangée à du dioxyde de carbone solide.
- En décembre 2006, des scientifiques confrontés à des photos de rigoles nouvellement formées à la surface de Mars ont suggéré une éventualité surprenante : de l'eau liquide est peut-être encore présente sur Mars, mais profondément enfouie sous sa surface.

Mars possède deux petites lunes: Phobos et Déimos.

— La Terre. La Terre. Une autre planète. Une autre planète. Une autre planète. La Terre. La Terre. Une autre planète… Bien, remarqua Éric. Match nul, on dirait.

Le professeur Crzkzak leva la main.

— Puis-je faire une suggestion ?

Tous hochèrent la tête.

— Georges, dit-elle en s'adressant directement au garçon, nous manquons certainement de recul, parce que nous sommes tous des spécialistes dans notre domaine. Tu pourrais donc nous confier ton point de vue.

Tous les regards étaient braqués sur lui. Georges rougit jusqu'aux oreilles et se tut pendant quelques secondes.

— Dis-nous franchement ce que tu penses, insista le professeur Crzkzak.

Tout en se tordant les doigts, Georges pensa à ses

parents et aux militants écologistes. Puis il songea à l'excitation de voyager dans l'espace pour trouver une planète d'accueil. Finalement, quatre petits mots sortirent malgré lui de sa bouche :

— Pourquoi pas les deux ?

Chapitre 21

— Georges, tu as absolument raison, déclara Éric, tandis qu'ils saluaient les scientifiques qui quittaient la conférence.

Ils retournèrent tous les deux dans le salon rempli de papiers de bonbons, de tasses de thé à moitié bues, de vieux stylos et d'avions en papier.

— Nous devons à la fois sauvegarder cette planète et en chercher une nouvelle. Nous ne sommes pas obligés de choisir.

— Vous pensez y arriver ? demanda Georges. Vos amis et vous réussirez à faire les deux ?

— Oh ! je crois que oui. Peut-être devrions-nous inviter tes parents à la prochaine conférence ? Tu sais, Georges, j'ai écouté le discours de ton père sur les dérèglements climatiques pendant la manifestation de l'autre jour. Peut-être a-t-il de bonnes idées dont nous pourrions nous servir ?

— Non, non, pas question ! paniqua Georges.

Son père n'apprécierait certainement pas Éric et ses amis scientifiques.

— Je ne pense pas que cela lui plaira.

— Il pourrait te surprendre. Nous devons travailler main dans la main si nous voulons sauver la planète.

Éric commença à nettoyer la pagaille laissée par ses collègues. Ces derniers semblaient avoir oublié un nombre impressionnant d'affaires – vestes, chapeaux, pulls et même une chaussure.

— C'était très gentil de ta part de venir t'excuser, ajouta Éric, les bras chargés d'habits.

— Eh bien, en fait, admit Georges, je ne suis pas vraiment venu pour cela.

Éric se débarrassa des vêtements dans un coin et lui lança un regard étonné.

— Je me suis inscrit à un concours de sciences qui… ressemble un peu à votre conférence, sauf que les élèves remplacent les adultes. Et puis, il y a un ordinateur à gagner. J'ai essayé d'écrire un texte, mais j'ai très peur d'avoir fait de grosses erreurs et d'être ridicule.

— En effet, Annie m'en a parlé. Et j'ai là quelque chose qui t'aidera peut-être. C'est drôle, j'ai eu une idée après votre escapade en comète. J'ai décidé d'écrire un livre sur l'Univers pour Annie et toi – voici mes premières notes. Elles pourraient t'aider à préparer ton exposé ?

Il ramassa une assiette de biscuits.

— Tu en veux un ? De la nourriture pour le cerveau.

Georges rafla le tout.

— Qu'en penses-tu ? s'enquit Éric, pensif. Tu m'aides à ranger le salon, car Annie a été stricte sur ce point : je ne dois pas mettre la maison sens dessus dessous en son absence. Ensuite, nous discutons de ton projet et je relis les notes que j'ai préparées pour Annie et toi. Tope là ?

— Marché conclu ! s'exclama Georges, aux anges. Par quoi je commence ?

— Euh... par balayer, ça te dit ? marmonna Éric qui s'adossa à une pile branlante de chaises et les renversa.

Le fracas fut épouvantable.

Georges éclata de rire.

— Tu comprends pourquoi j'ai besoin d'aide ? bredouilla Éric dont les yeux brillaient de joie. Pendant que je redresse les chaises, tu peux enlever la boue par terre, dis ?

Le tapis était couvert d'empreintes de pas. Aucun invité ne s'était essuyé les pieds sur le paillasson de l'entrée.

— Pas de problème !

Georges fourra le dernier biscuit dans sa bouche et courut dans la cuisine où il trouva une pelle et une brosse. Il retourna dans le salon et se mit à nettoyer le plus gros. Il s'apprêtait à jeter un bout de papier qui était accroché à la brosse quand il s'aperçut qu'il s'agissait d'une lettre adressée à Éric. L'écriture lui disait quelque chose...

— Éric, regardez ! Quelqu'un a dû la faire tomber de sa poche.

Éric déplia la lettre pendant que Georges continuait à frotter. Soudain, il entendit un grand cri et leva les yeux.

— Eurêka ! hurla Éric, le visage radieux.

— Que se passe-t-il ? s'enquit Georges.

— Je viens de lire l'information la plus fantastique qui soit ! Si cela est correct...

Il examina à nouveau le papier qu'il tenait à cinq centimètres de ses verres épais et marmonna un chapelet de chiffres.

— Éric ? insista Georges.

— Une minute.

Il semblait effectuer des calculs mentaux compliqués. Il compta sur ses doigts, fit la grimace, se gratta la tête.

— Oui ! s'exclama-t-il. Oui !

Il fourra le papier dans sa poche, souleva Georges et le fit tournoyer.

— Georges, j'ai enfin la réponse ! Je pense que je sais !

Le lâchant aussi vite qu'il l'avait soulevé, Éric s'approcha de Cosmos et tapa sur son clavier.

— Vous savez quoi ? demanda Georges, dont la tête tournait.

— Nom d'une étoile filante ! C'est stupéfiant !

Pris de frénésie, Éric pianotait sur le clavier. Un puissant trait de lumière jaillit de l'écran ; Georges comprit tout de suite que Cosmos fabriquait une porte.

— Que faites-vous ? l'interrogea-t-il.

Éric essayait d'enfiler une tenue de cosmonaute, mais il était tellement pressé qu'il mit les deux pieds dans la même jambe et tomba à la renverse. Georges l'aida à se relever puis à s'habiller.

— Tellement excitant ! lança Éric, une fois harnaché.

— Mais quoi ?

Georges commençait un peu à s'inquiéter.

— La lettre, Georges, la lettre. On y est peut-être ! Nos recherches ont peut-être abouti !

— Qui l'a écrite ? demanda Georges qui avait un mauvais pressentiment.

— Je n'en sais rien, admit Éric. Ce n'est pas vraiment indiqué.

— Alors vous ne devriez pas vous précipiter !

— Sottises, Georges ! Je suis sûr qu'elle a été rédigée par un des participants de la conférence, afin que je vérifie les informations à l'aide de Cosmos. Il voulait savoir s'il avait vu juste avant de l'annoncer à la communauté scientifique.

— Pourquoi ne pas vous l'avoir demandé directement ? Pourquoi avoir écrit une lettre ? insista Georges.

— Parce que, parce que, répliqua Éric, un peu ennuyé. Il avait probablement une bonne raison sur laquelle je me pencherai dès mon retour.

Des kilomètres de chiffres s'alignaient à présent sur l'écran de Cosmos.

— Qu'est-ce que c'est ? voulut savoir Georges.
— Les coordonnées de mon voyage, expliqua Éric.
— Vous partez maintenant ? Et mon exposé ?
Éric se figea.
— Oh ! Georges, je suis désolé, s'exclama-t-il. Il faut vraiment que j'y aille. Cela ne peut pas attendre. Ton exposé sera très bien, crois-moi. Tu verras…
— Mais…
— Il n'y a pas de « mais », Georges !
Éric enfila son casque et s'adressa à lui avec sa drôle de voix de l'espace.
— Merci beaucoup d'avoir trouvé cette lettre ! Elle m'a apporté un indice vital ! Je dois y aller maintenant ! Au… re… voir…
En un bond, Éric traversa le portail et disparut dans l'espace avant que Georges n'ait eu le temps d'ajouter un mot. La porte claqua derrière lui et le garçon se retrouva seul dans le salon.

Chapitre 22

Une fois que la porte de l'espace se fut refermée avec fracas, un silence de mort s'abattit sur la maison. Il fut interrompu par un petit air de musique. Aussitôt, Georges se retourna pour voir qui fredonnait et s'aperçut que Cosmos chantait tout en assimilant les milliers de chiffres qui défilaient sur l'écran.

— La la la, chantonnait-il.

— Cosmos ?

Contrarié par le départ précipité d'Éric, Georges n'était pas d'humeur à siffloter gaiement.

— Tum ti tum tum, lui répondit l'ordinateur.

— Cosmos, répéta Georges. Où est allé Éric ?

— Tra la la la, continua Cosmos, accaparé par sa ribambelle de nombres.

— Cosmos !

Le ton de Georges se fit plus pressant.

— Arrête de chanter ! Où est allé Éric ?

L'ordinateur s'interrompit au milieu d'un « bi di bi da ».

— Il est parti chercher une nouvelle planète, répliqua-t-il, assez surpris. Je suis désolé que tu n'apprécies

Quand notre Lune se lève peu avant l'aube, sa partie sombre est doucement éclairée par la lumière cendrée (la lumière du Soleil reflétée par la Terre).

Contrairement à ce que l'on croit, la Lune n'est pas grise. Pour preuve, cette photo qui met en valeur les tons subtils produits par les différentes caractéristiques géologiques de la Lune.

Depuis la Terre, il est impossible de voir cette face de la Lune. Ce cliché a été pris par le vaisseau *Apollo 16* en 1972.

La nébuleuse sombre dite de la Tête de Cheval, au centre de l'image, doit son nom à sa forme particulière. En arrière-plan, la nébuleuse en émission appelée IC 434 est lumineuse car l'hydrogène qu'elle contient est échauffé par des étoiles chaudes. Il faut à cette lumière 1 500 ans pour atteindre la Terre.

Ces nuages cosmiques en forme de pilier sont composés d'hydrogène et de poussière. Ils contiennent des étoiles non développées et portent le nom de Piliers de la Création.

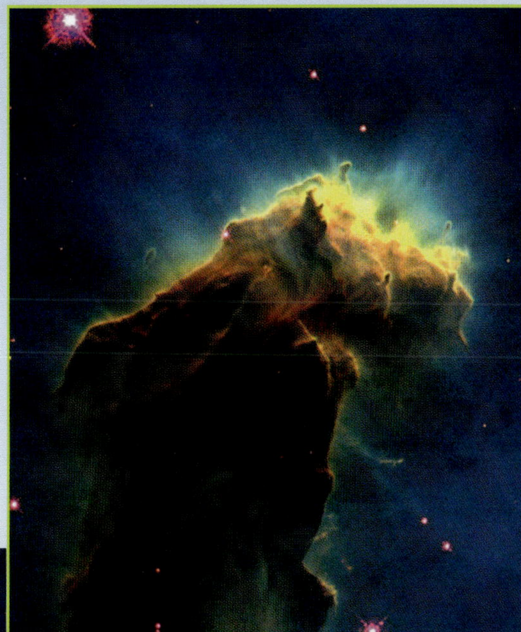

Le cœur de la Voie lactée est impossible à regarder à l'œil nu à cause de la poussière cosmique qui l'entoure. Cette photo infrarouge nous permet de voir des centaines de milliers d'étoiles cachées. À l'intérieur du point blanc, au centre, se trouve un gigantesque trou noir.

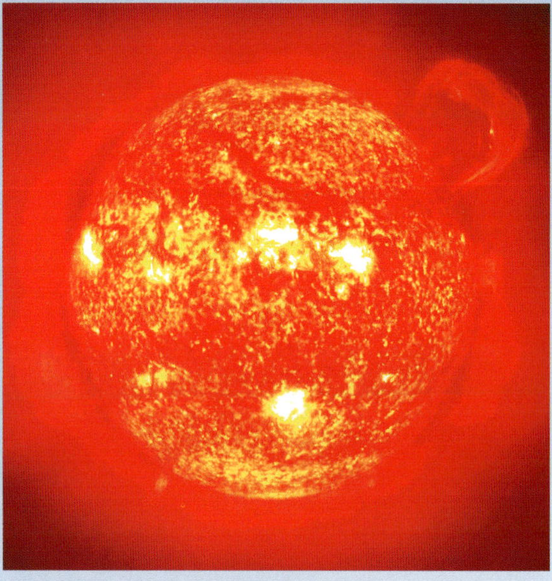

© NASA/SCIENCE PHOTO LIBRARY

Photo ultraviolet du Soleil. En haut à droite, un nuage de plasma (gaz) chaud entre en éruption. On parle alors de « proéminence solaire».

© ANGLO-AUSTRALIAN OBSERVATORY/DSS/DAVID MALIN IMAGES

Proxima Centauri (le point rouge au centre) est l'étoile la plus proche du Soleil. Il faut 4,22 ans à la lumière pour voyager de cette étoile à la Terre contre 8,31 minutes pour voyager du Soleil à la Terre.

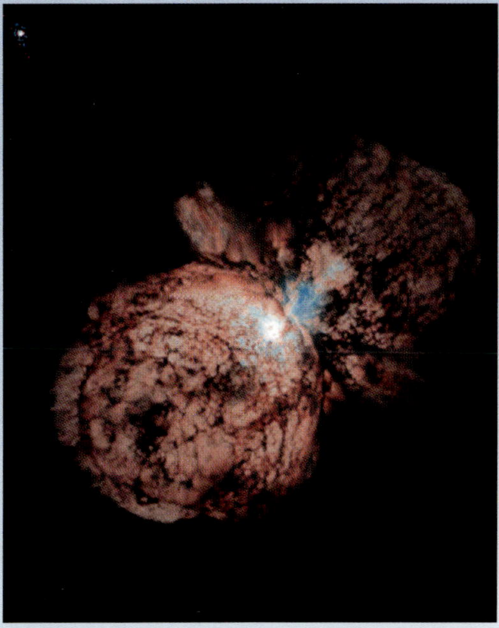

Au centre de ces deux lobes géants se trouve une étoile appelée Eta Carinae. Elle est environ 100 fois plus grosse que le Soleil. La lumière met près de 8 000 ans à voyager de Eta Carinae à la Terre.

La nébuleuse Hélix est une nébuleuse planétaire, constituée de coquilles de gaz expulsées par une étoile à la fin de sa vie. Il faut environ 650 ans à la lumière pour voyager de la Terre à Hélix, la nébuleuse de l'Hélice.

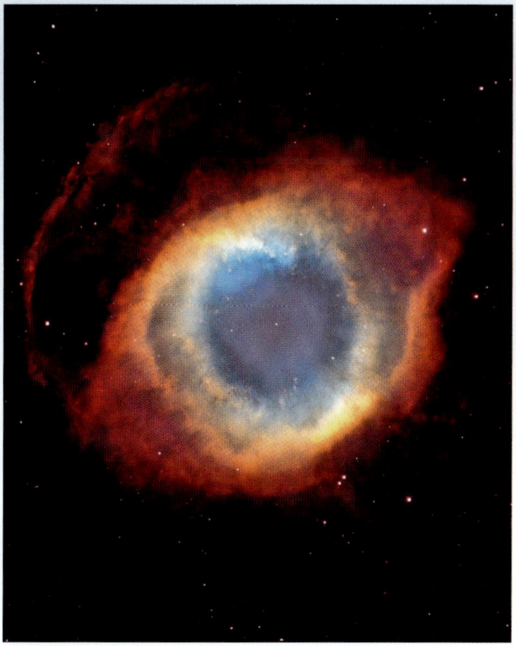

L'étoile au centre de cette nébuleuse planétaire (NGC 2440) est l'une des plus chaudes que l'on connaisse (200 000 °C à la surface). Comme elle atteint la fin de sa vie, elle se débarrasse de ses couches externes, ce qui crée des nuages de gaz. La lumière met environ 4 000 ans pour voyager entre NGC 2440 et la Terre.

En 1996, Hyakutake, la comète la plus brillante du XXe siècle, est passée à 15 millions de kilomètres de la Terre.

La comète de Halley est visible depuis la Terre tous les 76 ans environ. Cette photo a été prise en 1910.

La comète de Halley en 1986.

Il y a peu de chances que la comète Swan côtoie à nouveau la Terre. Son trajet indique qu'elle dérivera très longtemps dans l'espace interstellaire, loin du Soleil, avant de rencontrer une autre étoile.

Titan est la plus grande lune de Saturne, la seule lune connue du Système solaire à avoir une atmosphère épaisse (photo infrarouge).

Rhéa est la deuxième plus grande lune de Saturne par la taille. Elle ne semble pas active géologiquement.

Japet est la troisième plus grande lune de Saturne. La zone couverte de cratères qui domine sur l'image se nomme Cassini Regio.

© NASA/SCIENCE PHOTO LIBRARY

Dioné est la quatrième plus grande lune de Saturne. Sa surface est essentiellement constituée de glace d'eau.

© NASA/SCIENCE PHOTO LIBRARY

Téthys, la cinquième plus grande lune de Saturne, est elle aussi probablement composée de glace d'eau.

© NASA/JPL/SPACE SCIENCE INSTITUTE/ SCIENCE PHOTO LIBRARY

Voici un cliché ultraviolet, vert et infrarouge d'Encelade, la sixième plus grande lune de Saturne. La température à sa surface avoisine les –200°C, mais son sous-sol pourrait contenir de l'eau.

Jupiter est la plus grande planète du Système solaire. Le point noir sur la droite correspond à l'ombre d'une des lunes de Jupiter. La Grande Tache Rouge sur la gauche représente un tourbillon découvert il y a déjà plus de 300 ans.

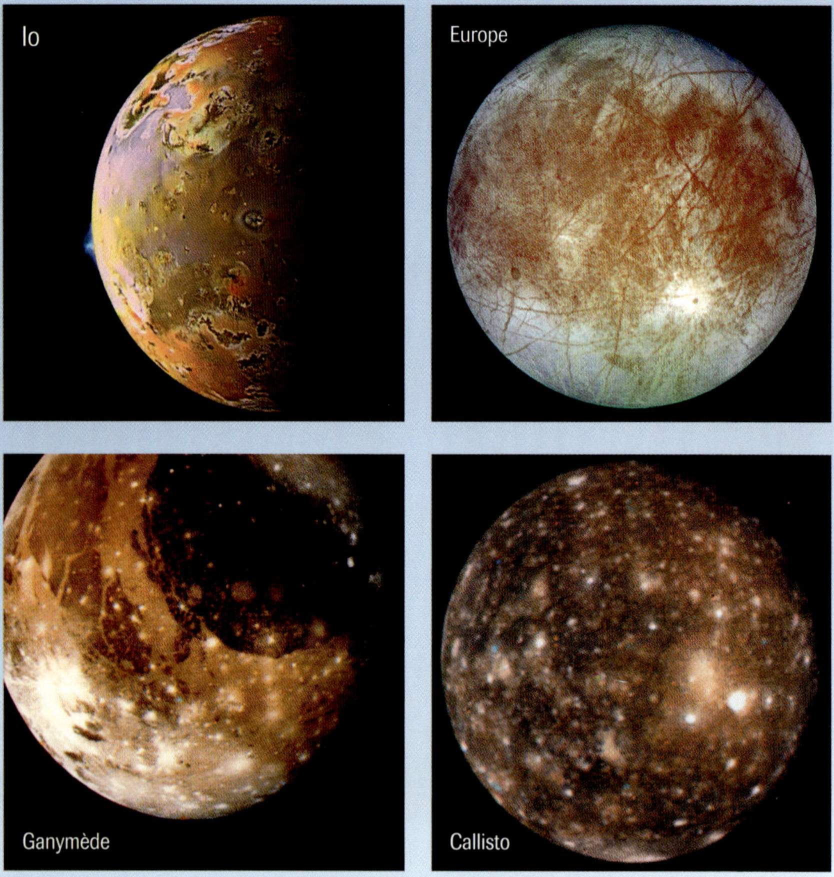

Les plus grosses lunes de Jupiter. Io subit une activité volcanique intense. Europe cacherait un océan d'eau liquide de plus de 100 km de profondeur sous une couche de glace. Il existe des cratères anciens à la surface de Ganymède, et des traces d'érosion ont été détectées sur Callisto.

Coucher de soleil sur Mars, immortalisé par le robot *Spirit* le 19 mai 2005.

© J. BELL (CORNELL UNIVERSITY)/M. WOLFF/HUBBLE HERITAGE TEAM/STSCI/AURA/NASA/ESA/SCIENCE PHOTO LIBRARY

Mars. La zone orangée au centre correspond à une énorme tempête de poussière. Quant aux zones bleutées en haut, ce sont des nuages de glace d'eau.

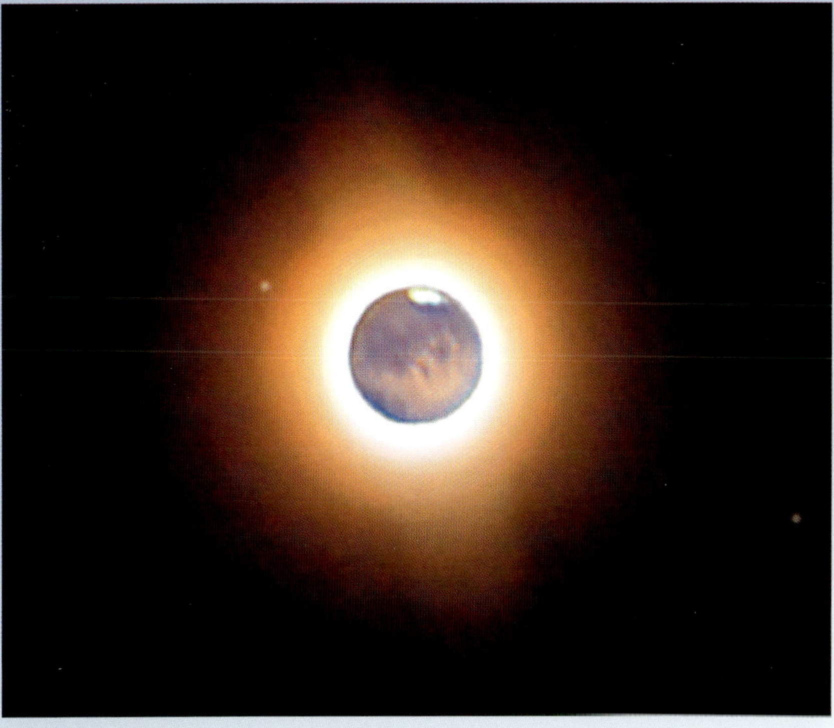

Mars et ses lunes.

Les lunes martiennes sont trop petites pour être rondes. Voici Phobos, la plus grosse et la plus proche de Mars.

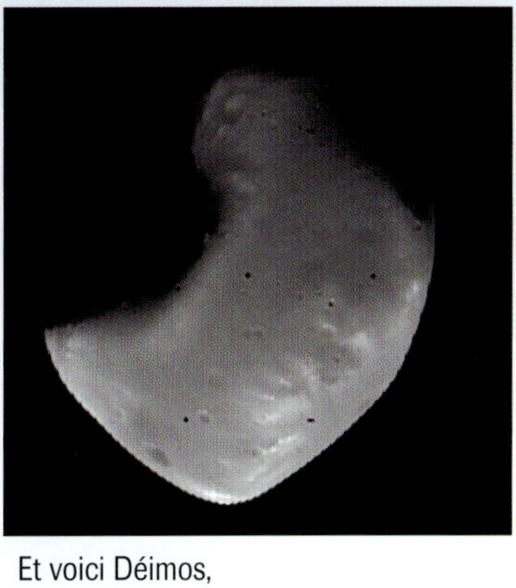

Et voici Déimos, la plus petite et la plus éloignée.

© NASA/JPL-CALTECH/CORNELL/SCIENCE PHOTO LIBRARY

Panorama de Mars depuis le sommet de Husband Hill, crête des collines Columbia. Elles ont été baptisées ainsi en mémoire des astronautes décédés dans la navette *Columbia*. Ce cliché a été pris en août 2005 par le robot d'exploration *Spirit*.

Image de synthèse de la planète naine Cérès, le plus gros objet de la ceinture d'astéroïdes. Aucun engin spatial n'a encore atteint une planète naine.

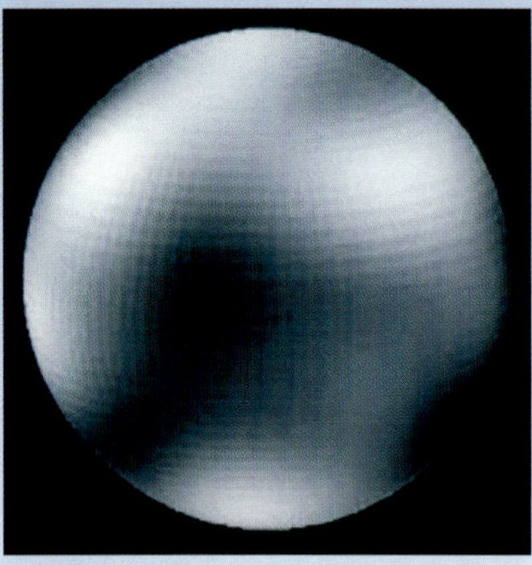

Image traitée par ordinateur de la planète naine Pluton, prise par le télescope spatial Hubble.

Image de synthèse de la planète naine Éris. Sur les trois planètes naines du Système solaire, Éris est la plus grande et la plus éloignée.

© ROBERT GENDLER/SCIENCE PHOTO LIBRARY

Vue de la galaxie d'Andromède, avec les vraies couleurs. Cette galaxie majeure est la plus proche de la nôtre et la plus grande en nombre d'étoiles qu'elle abrite. Comme la Voie lactée, Andromède est une galaxie spirale. Il faut 150 000 ans à la lumière pour traverser Andromède et 2,5 millions d'années pour atteindre la Terre.

Image traitée par ordinateur d'une éventuelle planète extrasolaire (en rouge), en orbite autour d'une boule très chaude, qui n'est pas assez grosse pour devenir une étoile (en blanc). Les scientifiques pensent que cette planète équivaut à 5 fois la masse de Jupiter. Il s'agit peut-être là du premier cliché jamais pris d'une exoplanète.

Image optique d'une galaxie elliptique géante nommée NGC 4261 (au centre). Au cœur de cette galaxie se trouve un trou noir supermassif : un demi-milliard de fois plus gros que notre Soleil.

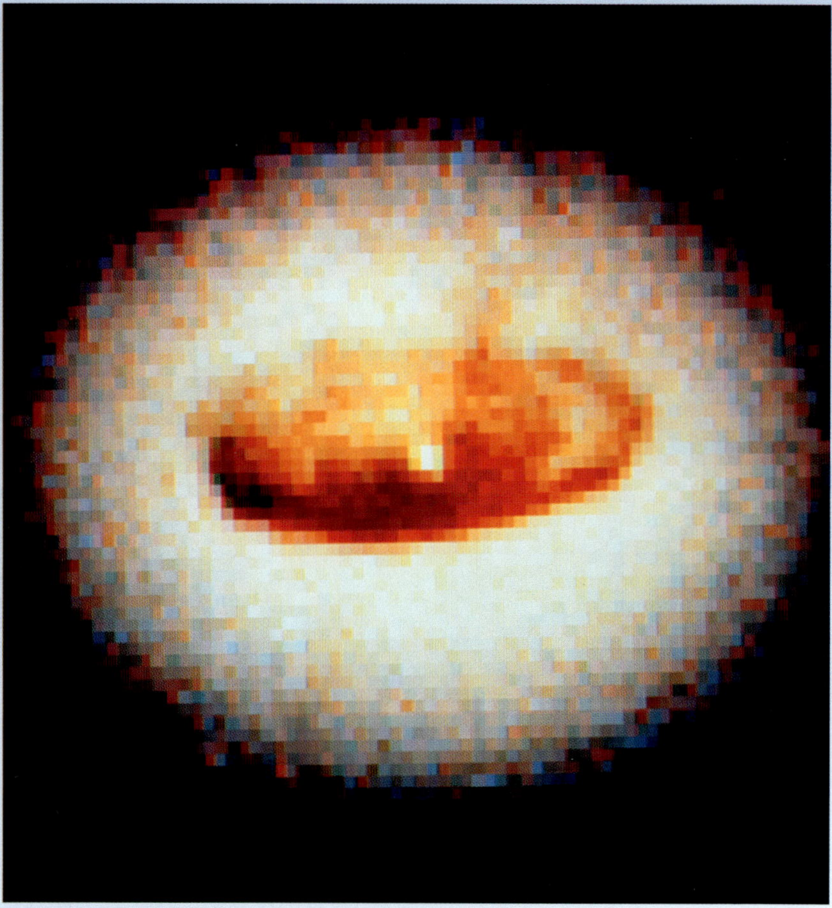

Le centre de NGC 4261 (voir page précédente). Autour du trou noir se trouve un disque de poussière sombre et noir, dont le diamètre mesurerait 800 années-lumière. Il y aurait un trou noir massif ou supermassif au cœur de la plupart des galaxies.

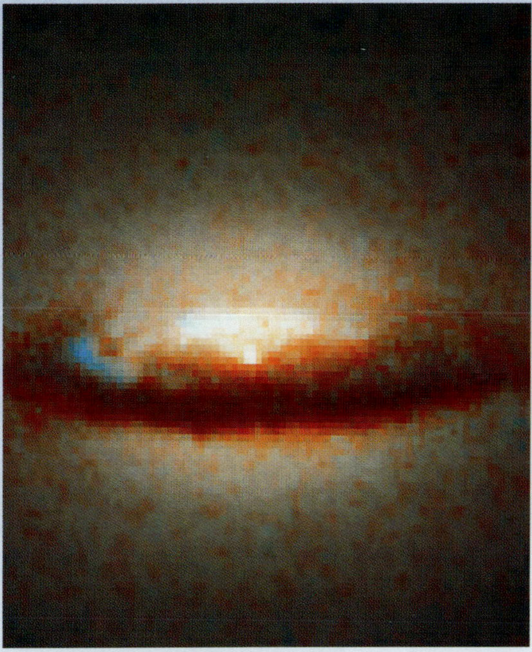

Cet anneau de poussière cache un trou noir massif au centre d'une autre galaxie nommée NGC 7052. Le point blanc lumineux (au centre) provient d'étoiles amassées autour du trou noir à cause de sa puissante force gravitationnelle.

Ce jet bleu proéminent s'élance du cœur d'une galaxie elliptique géante nommée M 87. Ce jet est composé d'électrons et d'autres particules, qui sont éjectés par un trou noir supermassif situé au centre de cette galaxie.

Image de synthèse du Système solaire. *De gauche à droite :* une partie du Soleil ; les huit planètes : Mercure, Vénus, la Terre, Mars, Jupiter, Saturne, Uranus et Neptune ; et les trois planètes naines (encadrées en rouge de gauche à droite) : Cérès, Pluton et Éris. La distance à l'échelle entre les objets célestes n'est pas respectée, car l'on ne verrait rien d'autre que le Soleil. Toutefois, les tailles relatives sont correctes.

Image satellite de la Terre.

pas ma musique. J'aime bien chanter quand je travaille. Pom pom pom pom…

— Cosmos ! cria Georges. Où est-il ?

— Eh bien, c'est difficile à dire.

— Comment cela ? s'étonna Georges. Je croyais que tu savais tout sur tout.

— Non, malheureusement. J'ignore ce que l'on ne m'a pas montré.

— Tu veux dire qu'Éric est perdu ?

— Non, pas perdu. Il explore de nouveaux endroits pour moi. Je le suis et j'établis la carte de l'Univers.

— D'accord, soupira Georges, soulagé qu'Éric ne soit pas perdu. Bien, je suppose qu'il est parti voir un endroit très spécial pour se dépêcher comme ça…

— Non, non, le coupa Cosmos. Juste une partie inexplorée de l'Univers. Une journée de travail normale, quoi.

Georges ne comprenait plus. Dans ce cas, pourquoi se précipiter de la sorte ? Il pensait qu'Éric était son ami, et que contrairement aux autres adultes, il lui indiquerait où il allait et pourquoi. Mais non, il était parti sans explication.

Pendant une seconde, Georges envisagea d'enfiler une combinaison, de demander à Cosmos d'ouvrir un portail et de rejoindre Éric. Puis il se souvint à quel point le père d'Annie avait été furieux après leur escapade dans l'espace, sans sa permission. Triste, Georges se dit qu'il fallait qu'il rentre chez lui maintenant. Peut-être Éric n'était-il pas son ami, après tout, mais un adulte comme les autres qui se moquait que Georges comprenne ou non...

Il prit son manteau mouillé, son cartable et ouvrit la porte. Au loin, Cosmos fredonnait encore sa petite mélodie.

Georges sortait sur le perron quand la mémoire lui revint soudain. Deux raisons l'avaient conduit chez Éric et il n'en avait mentionné qu'une : le concours de sciences. Dans l'excitation, il avait oublié de mettre Éric en garde contre le professeur Rex et de lui répéter ses questions bizarres.

« La lettre ! » se rappela Georges. C'était T-Rex ! Il l'avait surpris en train de demander à Ringo s'il avait déposé une lettre. « Ce doit être celle qu'Éric a reçue ! Et T-Rex qui me demande si Éric a disparu ! » Georges fit demi-tour et retourna dans le salon en courant, laissant la porte grande ouverte derrière lui.

Dans son coin, Cosmos travaillait toujours. Sur le bureau, Georges aperçut la missive qu'Éric avait lue avec tant de joie, et il reconnut l'écriture. Tandis qu'il la parcourait, ses mains tremblaient d'angoisse.

Cher Éric,

J'ai cru comprendre que votre longue quête n'était pas terminée.

Laissez-moi attirer votre attention sur une planète très particulière que j'ai découverte par hasard. Elle mesure à peu près la taille de la Terre et se situe à environ la même distance de son étoile que la Terre du Soleil. D'après ce que j'en sais, elle correspond en tout point aux critères requis pour accueillir des humains. Je suis presque sûr qu'elle possède une atmosphère semblable à la nôtre.

N'étant pas en position de vérifier une telle information, j'ai hâte de savoir ce que vous en penserez. Veuillez donc trouver ci-après les coordonnées de cette planète ou, du moins, un moyen de l'atteindre.

Scientifiquement vôtre,

T. R.

Georges ne connaissait que trop bien ce T. R. Son écriture se trouvait sur tous ses bulletins scolaires qui disaient en général des choses comme : « Georges n'ira pas loin s'il n'apprend pas à écouter en classe et s'il continue de rêvasser. » Aucun doute que le professeur Rex en était l'auteur.

« Et T-Rex sait que Cosmos existe ! Ce doit être un piège ! » s'affola Georges.

— Cosmos !

Son cri interrompit l'ordinateur qui fredonnait à présent *Au clair de la Lune*.

— Envoie-moi vers Éric, vite ! Peux-tu le trouver ?

— Je peux essayer, répliqua Cosmos.

Une succession d'images apparut sur l'écran. La première ressemblait à une étoile de mer dont les longs bras s'enroulaient en spirale. Au-dessus était écrit : NOTRE GALAXIE, LA VOIE LACTÉE.

— Notre galaxie, la Voie lactée, est composée d'environ deux cent milliards d'étoiles, commença Cosmos. Notre étoile, le Soleil, n'est que l'une d'entre elles…

NOTRE GALAXIE, LA VOIE LACTÉE

Chapitre 23

— Non ! s'égosilla Georges. Pas un autre cours ! Je n'ai pas le temps. Il y a urgence, Cosmos.

La photo de la Voie lactée s'enfonça à toute allure à l'intérieur de la spirale, comme si Cosmos était vexé par le manque d'intérêt de Georges. Celui-ci comprit que la spirale était constituée d'un nombre infini d'étoiles. L'image les longea jusqu'à ce qu'elle atteigne un endroit qui ne comportait plus rien du tout. La photo s'arrêta. L'écran parut soudain coupé en deux. La moitié inférieure était remplie d'étoiles et l'autre complètement vide, mis à part un trait fin qui s'approchait du bord supérieur de l'écran. La partie vide semblait correspondre à une zone inconnue de l'Univers, zone que le trait fin grignotait au fur et à mesure qu'il progressait.

Une flèche en mouvement pourvue d'une étiquette était dirigée vers l'extrémité supérieure du trait. L'écriture était si petite que Georges avait du mal à lire.

— Qu'est-ce que ça dit ? demanda-t-il à Cosmos.

Celui-ci ne répondit pas, mais l'étiquette grossit et Georges distingua le mot ÉRIC.

— Il est là ! Ouvre-moi un portail ! Près de cette flèche ! ordonna Georges qui appuya sur la touche ENTRÉE du clavier.

— Georges est un membre de l'Ordre. Accès autorisé, Combinaison spatiale exigée, déclara Cosmos d'une voix mécanique, comme chaque fois qu'il obéissait à un commandement.

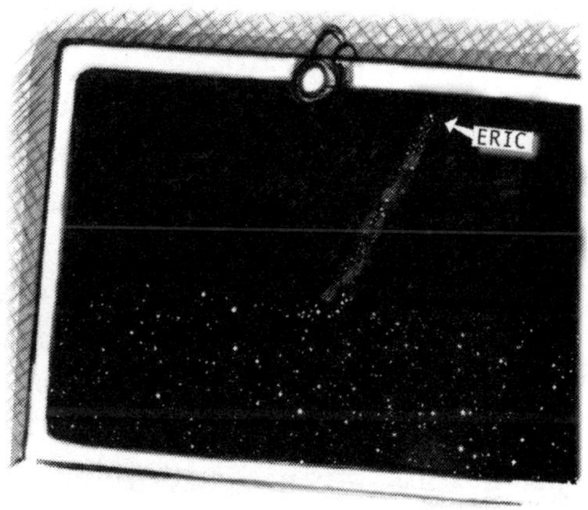

Georges fouilla dans la pile de combinaisons sans trouver celle qu'il avait revêtue la dernière fois. Les vieilles tenues d'Éric étaient si grandes qu'il finit par prendre à regret la rose d'Annie. Il devait avoir l'air ridicule dans ce costume à paillettes étriqué, mais peu importait : il ne croiserait qu'Éric dans l'espace ! Dès qu'il se fut habillé de la tête aux pieds, Cosmos dessina une porte.

Georges l'ouvrit aussitôt. Cramponné au chambranle,

les pieds solidement ancrés dans le salon, il se pencha en avant pour jeter un petit coup d'œil. Cette zone ressemblait comme deux gouttes d'eau à celle qu'il avait explorée, mais cette fois-ci, il ne vit aucune planète aux alentours. Elle différait aussi de l'image sur l'écran de Cosmos – elle n'était absolument pas coupée en deux. Des étoiles brillaient de toutes parts. Quant à Éric, aucune trace de lui.

— Éric ! cria Georges. Éric, vous m'entendez ?

Pas de réponse.

Peut-être se trouvait-il au mauvais endroit ?

Georges se retourna vers Cosmos – la flèche ÉRIC n'avait pas bougé. Tout près, une nouvelle flèche clignotait, indiquant GEORGES. Ce qu'il voyait par le portail, comprit-il alors, n'apparaissait pas encore sur l'écran de Cosmos. Celui-ci devait traiter les informations avant de les afficher.

Georges se pencha à nouveau dans l'espace, en faisant attention de ne pas tomber.

— Éric ? Êtes-vous là ? Vous m'entendez ? hurla-t-il.

— Qui m'appelle ? répondit une petite voix dans le transmetteur incorporé au casque de Georges.

— Éric, où êtes-vous ? Vous voyez la porte ?

— Eh ! Salut, Georges ! Oui, je te vois. Arrête de crier, tu me fais mal aux oreilles. Je viens droit sur toi par la gauche.

Georges regarda à sa gauche et vit un minuscule astéroïde qui voyageait tranquillement dans l'espace. Assis dessus, Éric tenait dans chaque main une corde qu'il avait attachée à des pitons plantés dans la roche. Il semblait très détendu.

— Que fais-tu ? demanda-t-il.

— Revenez ! s'écria Georges qui devait se montrer pressant tout en ne hurlant pas. C'est T-Rex qui vous a envoyé cette lettre ! Par ma faute... Je lui ai parlé de Cosmos.

— Georges, répliqua Éric avec fermeté. Je travaille ! Nous en reparlerons plus tard, tu veux ? Tu avais interdiction de parler de Cosmos à qui que ce soit. Ferme le portail, Georges, et rentre chez toi.

— Mais vous ne comprenez pas ? T-Rex est un

homme horrible ! Je le connais, c'est mon professeur. Il a dû vous tendre un piège ! Revenez tout de suite. Je vous en prie ! Ce matin, il m'a demandé si vous aviez disparu.

— Ça suffit, maintenant. Et arrête tes bêtises. Regarde autour de toi : il n'y a rien de dangereux, s'impatienta Éric. Allez, rentre et oublie Cosmos. Je regrette presque de te l'avoir montré, tu sais ?

Georges examina le rocher d'Éric. Dans quelques secondes, il serait assez près pour pouvoir sauter dessus. Il recula de deux ou trois pas dans la bibliothèque, fit une pause puis courut jusqu'à la porte et sauta aussi loin que ses jambes le lui permettaient.

— Nom d'une planète ! entendit-il dans son casque. Georges ! Prends ma main !

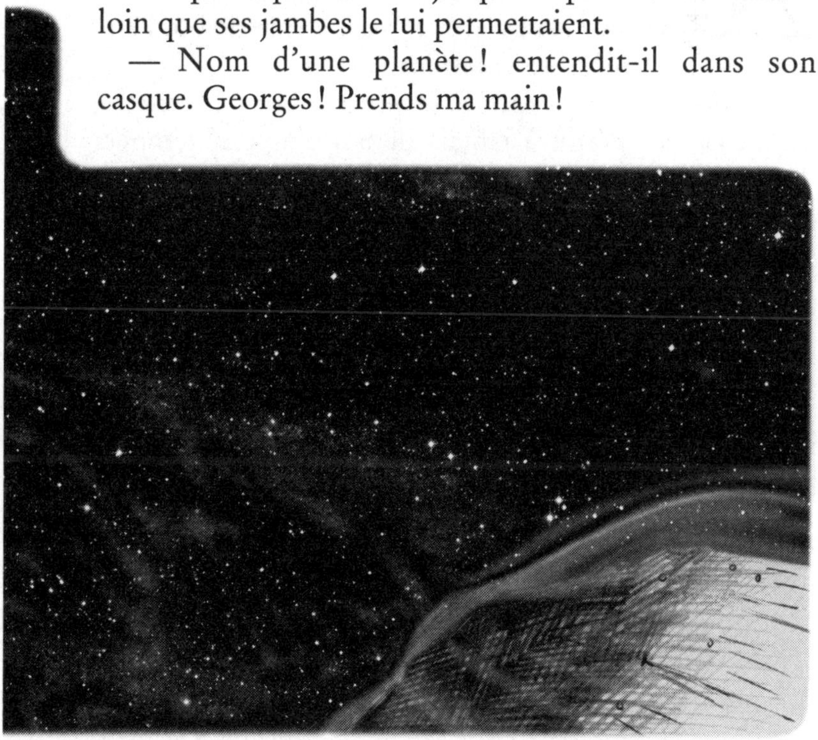

Chapitre 24

Alors que Georges flottait dans l'espace, il parvint à attraper la main d'Éric. Ce dernier le hissa sur l'astéroïde et l'assit à côté de lui. Derrière eux, le portail se volatilisa.

— Georges, tu es fou ! Si je ne t'avais pas intercepté, tu aurais été perdu à jamais dans l'Univers, tempêta Éric.

— Mais…

— Silence, je te renvoie sur Terre. Maintenant.

— Non ! Écoutez-moi ! C'est très important.

— Georges ?

Éric remarqua soudain les trémolos dans sa voix.

— Que se passe-t-il ?

— Vous devez repartir avec moi, bafouilla Georges. Je suis vraiment vraiment désolé, tout est ma faute, j'ai parlé de Cosmos au collège, au professeur Rex et il vous a envoyé cette lettre à propos de la planète.

Georges enchaîna avant qu'Éric ne prenne la parole :

— Et ce matin, il m'a demandé si vous aviez disparu. C'est vrai, je le jure ! C'est un piège, Éric. Il vous en veut.

— T-Rex… Rex… Ah, je vois. La lettre vient donc de Tiburce. Il m'a retrouvé.

— Tiburce Rex ? répéta Georges, stupéfait.

— Oui, Tiburce Rex. Nous, on l'appelait Grincheux.

— Vous le connaissez ?

Sous son casque spatial, Georges n'en revenait pas.

— Oui. Il y a très longtemps, nous travaillions ensemble. Mais nous nous sommes disputés, ce qui a conduit à un accident épouvantable. Rex a été grièvement brûlé et ensuite, il a continué seul. Pour finir, nous l'avons exclu de l'Ordre par méfiance. Qui sait de quoi il est capable ? Sais-tu ce que cette lettre contenait ?

— Oui, répondit Georges, se souvenant qu'Éric était parti sans dire au revoir. Elle mentionnait juste une autre planète.

— Juste une autre planète ? Allons, Georges, tu plaisantes ! La planète dont parlait Tiburce pourrait accueillir des hommes ! Je cherche un tel endroit depuis des années et la voilà !

Le doigt pointé sur deux petits points devant lui – l'un, gros et lumineux, l'autre, petit et moins brillant –, Éric ajouta :

— La voilà ! Le gros point lumineux là-bas, c'est une étoile et le plus petit, la planète vers laquelle nous nous rendons. Elle ne brille pas toute seule, elle se contente de réfléchir la lumière de son étoile, comme la Lune reflète la lumière du Soleil la nuit.

— Mais ce n'est pas le genre de T-Rex, objecta Georges qui ne comprenait pas pourquoi Cosmos et Éric passaient en mode conférence dès qu'il y avait danger. Il ne vous aurait jamais donné les coordonnées d'une planète par gentillesse ! Ça sent le piège à plein nez.

— Allons, allons, Georges. Tu sais que je peux demander à Cosmos d'ouvrir un portail pour te renvoyer à la maison quand je le veux. Nous sommes en sécurité. Il est vrai que ton professeur et moi avons eu des différends autrefois, mais je pense qu'il a décidé de passer l'éponge et de se joindre à nous dans nos efforts d'explorer et de comprendre l'Univers. Et puis, j'ai installé de nouvelles antennes sur nos casques. Nous pouvons communiquer avec Cosmos, même si elles sont endommagées.

— Pourquoi ne pas avoir demandé à Cosmos de vous envoyer directement sur place ? Oui, c'est cela, retournons dans le salon et demandons-lui de…

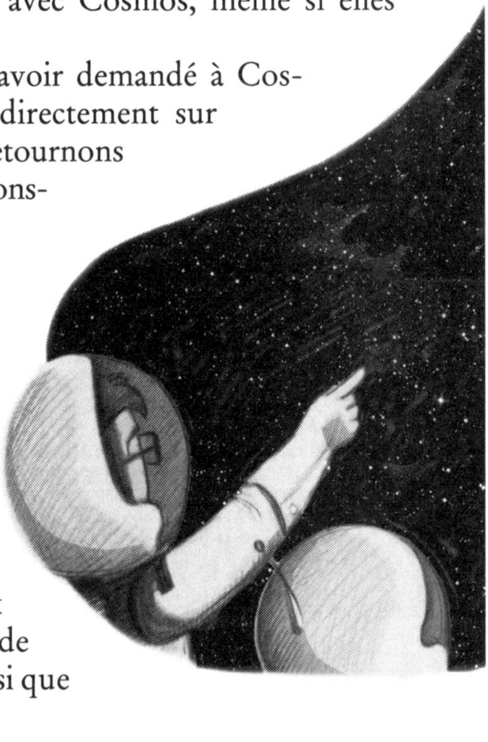

— Ah, ah ! s'exclama Éric. Impossible. Cosmos ignore ce qui nous attend et mon travail consiste à aller où les ordinateurs ne peuvent pas aller. Une fois que j'ai exploré une nouvelle zone, je peux commander à Cosmos de m'y reconduire, c'est ainsi que tu m'as trouvé. Le premier voyage, je dois l'effectuer seul.

— Êtes-vous sûr d'être en sécurité ?

— Absolument.

Georges et Éric se turent quelques instants. Le garçon commençait à se sentir un peu mieux. Il cessa même de penser à T-Rex et prit le temps d'observer les alentours. Obnubilé par le sauvetage d'Éric, il en avait oublié qu'il voyageait à bord d'un astéroïde !

Pour être honnête envers Éric, un grand calme régnait autour d'eux. La vue était dégagée dans toutes les directions ; l'étoile et sa planète grossissaient au fur et à mesure que leur rocher s'en approchait.

Soudain, l'astéroïde dévia de sa trajectoire. De la même manière que la comète avait changé de direction aux abords des planètes géantes et de la Terre, leur rocher changeait de cap. Seulement cette fois-ci, aucune planète ne pointait le bout de son nez. L'astéroïde prenait la direction opposée, loin de la planète qu'Éric désirait tant visiter.

— Que se passe-t-il ? s'étonna Georges.

— Je n'en suis pas sûr, répliqua Éric. Regarde autour de toi et dis-moi si tu vois une zone sans étoiles ! Cosmos, s'il te plaît, ouvre un portail, au cas où.

Cosmos ne dut pas entendre sa requête car aucun portail ne surgit.

Encerclés par les étoiles, Georges et Éric découvrirent une zone sur la droite qui n'en contenait pas une seule. Ce morceau de ciel grossissait à vue d'œil.

— Là ! s'exclama Georges, le doigt pointé sur la zone obscure.

Les étoiles autour se déplaçaient d'une étrange manière, comme si cet endroit déformait l'espace.

— Oh non ! cria Éric. Cosmos, le portail ! Ouvre-le... vite !

Aucun portail n'apparut.

— Qu'est-ce que c'est ? demanda Georges, mort de peur.

La zone sombre couvrait à présent plus de la moitié de l'espace.

— Cosmos ! cria Éric à tue-tête.

— J'e-s-s-a-i-e... répondit Cosmos d'une voix affaiblie, mais rien ne se passa.

Georges crut s'évanouir. Devant eux, la zone sombre devenait énorme. L'espace les entourant se gondolait ; des taches noires surgirent de droite et de gauche. Georges ne distinguait plus le haut du bas, la droite de la gauche. Mais il était sûr d'une chose : la tache sombre enflait de tous côtés, comme si elle comptait les avaler.

— Cosmos ! Dépêche-toi !!! rugit Éric.

Une porte floue commença à se dessiner devant eux. Éric prit Georges par la ceinture de sa combinaison et le lança dans sa direction. Pendant qu'il volait au travers du portail, il vit Éric tenter de le rejoindre. Il criait quelque chose, mais sa voix déformée empêcha Georges de comprendre quoi que ce soit.

Juste avant d'atterrir sur le parquet du salon, avant que le portail ne se referme et que la vue de l'espace ne disparaisse, Georges vit la tache sombre engloutir Éric. Et là, il comprit.

— Trouve le livre de Fred, avait crié Éric. Trouve mon livre sur les trous noirs !

Chapitre 25

Georges tomba lourdement sur le sol. Cette fois-ci, le voyage du retour l'avait lessivé et il dut s'allonger sur le parquet quelques secondes pour reprendre son souffle. Lorsqu'il se releva tant bien que mal, il pria pour qu'Éric dégringole par la porte derrière lui. Il n'aperçut que les contours du portail, de plus en plus flous et courbes, qui s'évaporaient dans les airs.

— Éric ! s'époumona-t-il en vain.

Une seconde plus tard, la porte disparut complètement.

— Cosmos ! cria Georges en ôtant son casque. Vite, Cosmos, nous devons…

Au moment où il se tournait pour faire face au super-ordinateur, il eut le choc de sa vie. À l'endroit où aurait dû se trouver Cosmos, il ne vit qu'un enchevêtrement de fils colorés et un espace vide. Les yeux écarquillés, Georges constata que la porte du salon était entrebâillée. Il courut dans le couloir et découvrit la porte d'entrée grande ouverte. Un vent froid s'engouffrait à l'intérieur de la maison. Sans prendre le temps d'enlever sa combinaison, il se précipita dans la rue où il distingua la silhouette de quatre garçons qui s'enfuyaient. L'un d'eux portait un énorme sac à dos d'où dépassaient quelques fils. Vêtu de sa lourde tenue de cosmonaute, Georges se lança à leur poursuite. Tandis qu'il trébuchait derrière eux, il perçut des bribes de conversation.

— Hé, fais gaffe ! *(Ringo.)*

— Bip bip ! *(Le sac.)* Acte illégal ! Commande non autorisée !

— Il va la fermer ? *(Tank portant le sac à dos.)* Comment il peut parler sans être branché, hein ?

— Au secours ! Au secours ! *(Le sac à la voix mécanique.)* On m'a kidnappé ! Je suis l'ordinateur le plus puissant du monde ! Vous ne pouvez pas me faire ça ! Alerte ! Alerte !

— Il n'aura bientôt plus de batterie. *(Crevette.)*

— Ramenez-moi, brigands ! *(La voix.)* Toutes ces secousses sont très mauvaises pour mes circuits.

— Je ne le porte pas plus loin. *(Tank s'arrêtant.)*
Georges pila aussitôt.
— OK. *(Ringo, sur un ton menaçant.)* Donne-le-moi. Bon, sale ordinateur, tu vas te taire ou je te démonte petit bout par petit bout, jusqu'à ce qu'il ne reste plus de toi qu'un gros tas de composants électroniques !

— Yierk... *(L'ordinateur.)*
— Tu piges ? *(Ringo.)*
— Bien sûr que je pige. *(L'ordinateur, sur un ton méprisant.)* Je m'appelle Cosmos, l'ordinateur le plus puissant qui existe, et je suis programmé pour comprendre des concepts tellement complexes que vos petites têtes exploseraient si vous deviez...
— J'ai dit... *(Ringo, ouvrant le sac et hurlant à l'intérieur.)* La ferme ! Tu ne connais pas ce concept, abruti ?
— Je suis un ordinateur pacifique. *(Cosmos, à voix basse.)* Je ne suis pas habitué aux menaces et à la violence.
— Alors, tiens-toi tranquille et nous ne te menacerons plus.
— Où m'emmenez-vous ?

— Dans ta nouvelle maison. Allez, les gars, on se casse.

Et la bande de Ringo reprit sa course.

Georges boitilla derrière eux aussi vite qu'il le pouvait mais il fut incapable de les rattraper. Au bout de quelques minutes, il les perdit dans la nuit. Inutile de continuer – à cause du brouillard, il ne pouvait dire quelle direction ils avaient prise. Néanmoins, il aurait mis sa main à couper qu'il connaissait l'identité de l'homme qui avait demandé à Ringo et à sa bande de pénétrer par effraction chez Éric et de voler Cosmos. Grâce à cette information, il pourrait retrouver l'ordinateur sans difficulté.

Alors que Ringo et sa bande couraient dans l'obscurité, Georges fit demi-tour et regagna la maison d'Éric. Il se rendit directement dans le salon. Éric lui avait demandé de chercher un livre, mais lequel ? Les étagères en étaient remplies du sol au plafond ! Georges sélectionna un gros tome dont il lut la couverture. *Gravitation quantique euclidienne*. Il le feuilleta, essaya de lire quelques lignes :

... Comme le temps retardé tend vers l'infini à l'horizon du trou noir, les surfaces de phase constante de la solution s'empilent près de l'horizon...

C'était sans espoir. Georges ne comprenait pas un mot de ce charabia. Il en ouvrit un autre, intitulé *Théories unifiées des cordes*, choisit une ligne : *Pour un champ invariant conforme, des équations particulières affirment que...*

La lecture de ces quelques mots lui donna mal à la tête. Pour finir, il décida qu'il n'avait pas mis la main sur le bon volume et continua de fouiller le salon.

« Trouve le livre de Fred, l'avait supplié Éric. Trouve mon livre sur les trous noirs ! » Debout au milieu de la pièce, Georges se creusa la cervelle. Sans Cosmos, Éric ni Annie, cette maison paraissait extrêmement vide. Le seul lien qui lui restait avec eux se résumait à une combinaison spatiale rose, des fils enchevêtrés et des étagères remplies d'ouvrages scientifiques.

Soudain, ses amis lui manquèrent tant que sa poitrine se serra. S'il demeurait les bras croisés, se dit-il, jamais il ne les reverrait. Cosmos avait été volé, Éric se battait avec un trou noir et Annie ne voudrait certainement plus lui adresser la parole si elle découvrait que Georges était en partie responsable du sort funeste de son père. Il fallait trouver une solution.

Il se concentra au maximum, repensa à Éric, l'imagina le livre à la main, essaya de visualiser la couverture pour mieux se souvenir du titre. Où avait-il bien pu le ranger ? Soudain, il sut !

Il courut dans la cuisine et regarda à côté de la théière. Gagné ! Maculé de cercles bruns, vestiges des tasses de thé posées sur sa couverture, le livre intitulé *Trous noirs* attendait Georges. À sa grande surprise, il s'aperçut que l'ouvrage récemment publié avait été écrit par Éric en personne ! Un autocollant sûrement apposé par Annie indiquait : *Le livre préféré de Fred le cochon.* Un petit dessin représentant Fred accompagnait ces mots.

« Enfin ! pensa Georges. Ce doit être le livre qu'Éric était tellement content de trouver quand Fred a envahi la maison. Oui, c'est celui-là. »

Il ne lui restait plus qu'à prendre un autre livre – assez gros, avec des centaines et des centaines de pages – à côté du téléphone. Il ôta la combinaison rose d'Annie et après avoir fourré les deux ouvrages dans son cartable, il retourna chez lui au pas de course. Cette fois-ci, il ferma soigneusement la porte derrière lui.

Ce soir-là, Georges ingurgita son repas à toute vitesse, prétendit qu'il avait beaucoup de devoirs en retard et se rua dans sa chambre. Tout d'abord, il sortit le très gros livre de son sac. *Annuaire*, disait la couverture. Comme ses parents ne possédaient pas le téléphone, Georges se doutait qu'ils n'avaient pas non plus l'annuaire, d'où son emprunt. Il chercha la lettre « R » dans la liste alphabétique, suivit avec son index la longue colonne de noms et trouva : REX, Pr T., 42 Forest Street. Georges connaissait bien cette rue à la sortie de la ville. Elle conduisait à la forêt où ses parents l'emmenaient à l'automne cueillir des champignons et des mûres. « Trop tard pour s'y rendre ce soir », pensa-t-il. Ses parents ne le laisseraient jamais sortir à cette heure. Avant tout, il devait parcourir le livre sur les trous noirs. Dès le lendemain matin, sur le chemin du collège, il irait jeter un coup d'œil à la maison de T-Rex et espérait que, d'ici là, il aurait un plan.

Il posa l'annuaire puis sortit le livre d'Éric de son cartable. Il pria très fort pour qu'il contienne les informations nécessaires au sauvetage d'Éric. Chaque fois qu'il pensait à son voisin – toutes les trois minutes environ –, il culpabilisait. Il l'imaginait seul et effrayé dans l'espace, ne sachant comment revenir sur Terre, tandis qu'un trou noir essayait de l'engloutir dans l'obscurité de son ventre.

Georges ouvrit le livre et lut les premiers mots : *Nous sommes tous dans le caniveau, mais certains d'entre nous regardent les étoiles.* Il s'agissait d'une citation d'Oscar Wilde, le célèbre écrivain irlandais. Georges se dit qu'il aurait pu l'écrire pour lui – il se trouvait bel et bien dans le caniveau et certaines personnes de son entourage regardaient les étoiles. Il poursuivit sa lecture, cette première phrase fut la seule qu'il comprit. La suivante disait : *En 1916, Karl Schwarzschild découvrit le premier la solution exacte des équations de la relativité d'Einstein...*

Aarrrggghhh ! grogna Georges. Encore un livre en chinois. Pourquoi Éric lui avait-il demandé de chercher celui-ci en particulier ? Il ne comprenait plus rien. Et Éric l'avait écrit ? Pourtant, quand celui-ci lui parlait de science, il utilisait des expressions si simples, si faciles à comprendre... Les larmes lui montaient aux yeux. Il les avait trahis : Cosmos, Annie et Éric. Allongé sur son lit, le livre entre les mains, il pleurait à chaudes larmes lorsqu'on on frappa à sa porte. Sa maman entra.

— Georges... Comme tu es pâle, mon cœur. Tu couves quelque chose ?

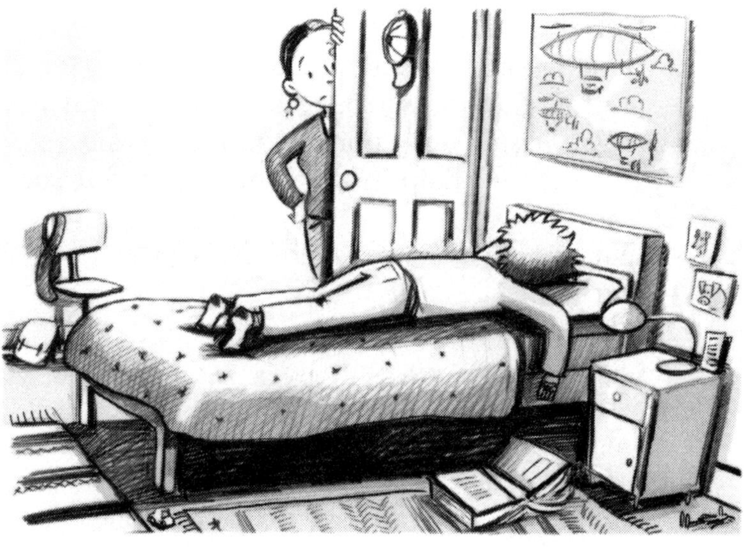

— Non, maman. J'ai simplement beaucoup de mal à faire mes devoirs.

— Cela ne m'étonne pas !

Elle prit le livre sur les trous noirs qui lui avait échappé des mains et avait glissé par terre. Elle le feuilleta.

— Voilà un texte très difficile destiné aux grands chercheurs ! Crois-moi, je vais écrire au principal et lui dire que tout cela est ridicule.

Tout à coup, une poignée de pages glissa du livre.

— Pardon ! s'exclama la maman de Georges. J'ai fait tomber tes notes.

— Ce ne sont pas…

« Les miennes », s'apprêtait à répondre Georges. Il se tut quand il lut en haut de l'une d'elles : *Mon livre compliqué simplifié pour Annie et Georges.*

— Merci, maman.

Et vite, il lui ôta les feuilles des mains.

— Je crois que tu as trouvé les éléments qui me manquaient. Je suis sur la bonne voie maintenant.

— Tu en es sûr ? l'interrogea sa mère, plus que surprise.

— Oui, oui ! Maman, tu es mon étoile. Merci.

— Ton étoile ?

Elle lui sourit.

— Oh ! Comme c'est gentil, Georges !

— Sérieux, insista Georges.

Éric ne lui avait-il pas dit qu'ils étaient tous les enfants des étoiles ?

— Ne travaille pas trop tard, ma petite étoile.

Elle embrassa sur le front Georges qui souriait à son tour puis, une fois rassurée, elle descendit mettre à cuire un cake aux lentilles.

Dès qu'elle fut sortie de sa chambre, Georges sauta de son lit et rassembla les feuilles qu'Éric avait cachées à la fin de son livre. Numérotées de I à XX, elles étaient couvertes d'une écriture en pattes de mouche et de gribouillages. Georges commença sa lecture.

Chapitre 26

Mon livre compliqué simplifié pour Annie et Georges – troisième version.

CE QU'IL FAUT SAVOIR SUR LES TROUS NOIRS.

Section 1. Qu'est-ce qu'un trou noir?

Section 2. Comment se forme un trou noir?

Section 3. Peut-on voir un trou noir?

Section 4. Tomber dans un trou noir.

Section 5. Sortir d'un trou noir.

Section 1

Qu'est-ce qu'un trou noir?

Un trou noir est une zone où la gravité est si forte qu'il aspire toute lumière essayant de s'en échapper. Comme rien ne peut voyager plus vite que la lumière, tout objet passant à proximité est englouti à son tour. Par conséquent, on peut tomber dans un trou noir et ne jamais en ressortir. Les scientifiques ont longtemps considéré les trous noirs comme des prisons ultimes d'où rien ne réchappait. Tomber dans un trou noir équivaut à tomber du haut des chutes du Niagara : il est impossible de faire demi-tour.

Le bord d'un trou noir se nomme l'« horizon ». Imaginons que tu te trouves à la limite d'une chute d'eau, tu peux regagner la rive si tu pagaies assez vite, mais une fois la limite passée, il est trop tard.

Plus les objets tombent dans le trou noir, plus il grossit et plus l'horizon s'éloigne. C'est comme nourrir un cochon. Plus tu lui donnes à manger, plus il engraisse.

Section 2
Comment se forme un trou noir ?

Pour fabriquer un trou noir, il faut entasser une très grande quantité de matière dans un très petit espace. Ensuite, la gravitation sera si forte que la lumière absorbée sera incapable de s'échapper.

Les trous noirs se forment quand les étoiles ont brûlé toute leur énergie et explosent telles des bombes H géantes, appelées supernovae. L'explosion transforme les couches externes de l'étoile en un grand amas de gaz en expansion. En parallèle, les régions internes se contractent. Si l'étoile mesure plusieurs fois la masse de notre Soleil, un trou noir se crée.

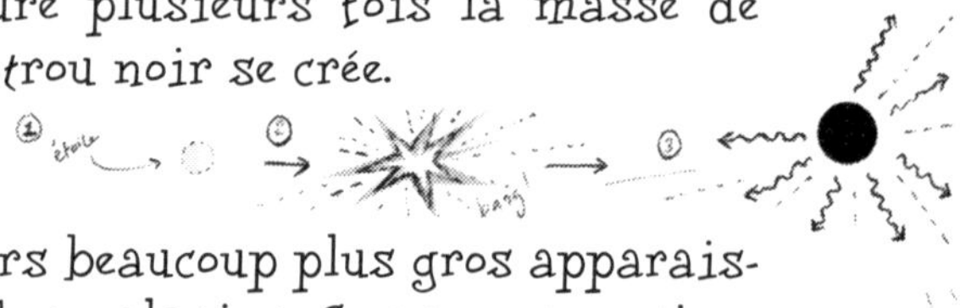

Des trous noirs beaucoup plus gros apparaissent au cœur des galaxies. Ces zones contiennent des trous noirs, des étoiles à neutrons ainsi que des étoiles ordinaires. Une collision entre un trou noir et d'autres objets augmente la taille du trou noir qui avale tout ce qui passe à sa portée. Notre galaxie, la Voie lactée, possède en son centre un trou noir d'une masse plusieurs millions de fois supérieure à celle de notre Soleil.

Section 3
Peut-on voir un trou noir?

La réponse est non, parce qu'aucune lumière ne ressort d'un trou noir. Cela revient à regarder un chat noir dans une cave obscure. Cependant, on peut détecter un trou noir grâce à l'attraction qu'il exerce sur son environnement. Lorsque nous voyons des étoiles en orbite autour d'un objet invisible – il ne peut s'agir que d'un trou noir.

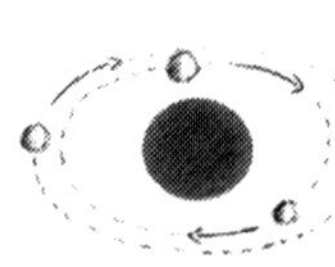

Nous observons également des disques de gaz et de poussière en rotation autour d'un objet central invisible – à nouveau, il ne peut s'agir que d'un trou noir.

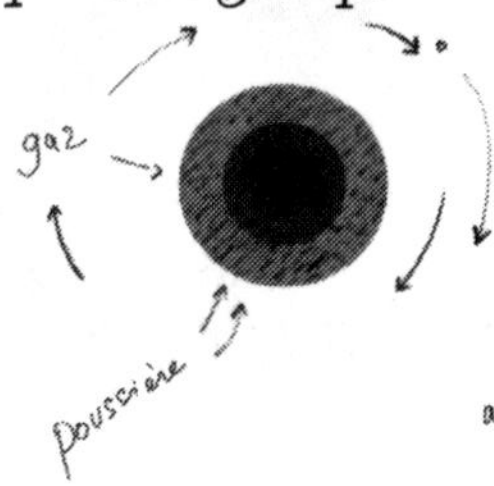

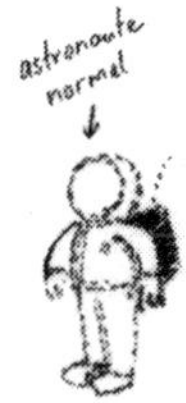

Section 4
Tomber dans un trou noir.

On peut tomber dans un trou noir comme on peut tomber dans le Soleil. Si tu chutes les pieds en premier, ils seront plus près du trou noir que ta tête, si bien qu'ils seront attirés plus vite par la gravité du trou noir. Tu finiras écartelé dans le sens de la longueur puis pulvérisé.

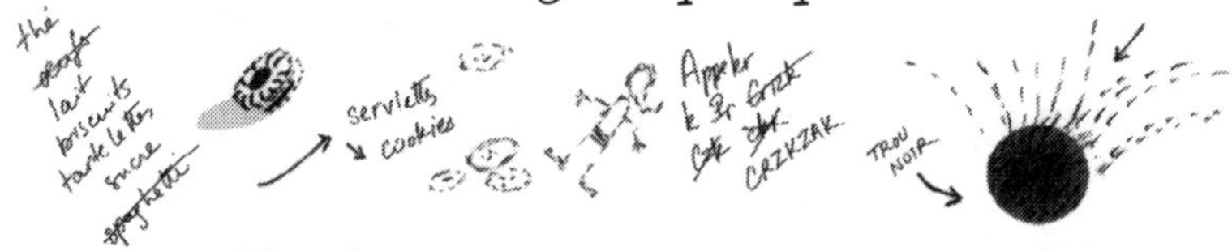

Plus le trou noir est immense, moins l'écartèlement et la pulvérisation sont violents. Si tu tombes dans un trou noir fabriqué par une étoile à peine plus grosse que notre Soleil, tu seras désarticulé puis étiré comme un spaghetti avant même d'avoir atteint son horizon.

Dernier cas de figure, si tu tombes dans un gigantesque trou noir, tu passes l'horizon (le bord du trou noir mais aussi le point de

ÉTOILE À NEUTRONS

Quand des étoiles bien plus massives que le Soleil ont épuisé tout leur carburant, elles libèrent habituellement leurs couches extérieures lors d'une explosion géante appelée « supernova ». Une telle explosion est tellement lumineuse et puissante qu'elle surpasse la lumière de milliards et de milliards d'étoiles réunies.

Parfois, tout n'est pas expulsé lors d'une telle explosion. Il arrive que le cœur de l'étoile subsiste sous forme de boule. Après l'explosion de la supernova, les résidus sont très chauds : environ 100 000 °C, mais il n'y a plus de réaction nucléaire pour les maintenir à cette température.

D'autres résidus ont, eux, une masse si importante que, sous l'influence de la gravité, ils s'effondrent sur eux-mêmes jusqu'à ne plus avoir qu'une vingtaine de kilomètres de diamètre. Pour que cela arrive, il faut à ces résidus une masse d'environ 1,4 à 2,1 fois celle du Soleil.

La pression est si intense que l'intérieur de ces boules devient liquide. Une couche solide d'environ 1,6 kilomètre entoure ce liquide composé de particules que l'on trouve en général au cœur des atomes – les neutrons –, d'où leur nom d'étoiles à neutrons.

Ces étoiles sont principalement constituées de neutrons, même si elles sont aussi composées d'autres particules. L'élaboration d'un tel liquide sur Terre est au-delà de nos compétences technologiques actuelles.

Des étoiles comme le Soleil n'explosent pas pour devenir des supernovae mais des géantes rouges, dont les vestiges ne sont pas assez importants pour rétrécir à cause de la gravité. Ces résidus s'appellent des naines blanches. Elles refroidissent pendant plusieurs milliards d'années jusqu'à ne plus être chaudes du tout.

De nombreuses étoiles à neutrons ont été observées par nos télescopes modernes.
Comme le noyau de ces étoiles est composé des éléments les plus lourds fabriqués à l'intérieur d'une étoile (comme le fer), les naines blanches peuvent être assez petites (environ la taille de la Terre) et très lourdes (la masse du Soleil environ).

Les résidus d'étoiles dont la masse est 1,4 fois inférieure à celle du Soleil deviennent des naines blanches. Les résidus dont la masse est supérieure 2,1 fois à celle du Soleil ne cessent de s'effondrer sur eux-mêmes et deviennent des trous noirs.

non-retour) sans rien remarquer de particulier. Un observateur extérieur ne te verra pas traverser l'horizon, parce que la gravitation dilate le temps et l'espace à proximité du trou noir. Tu donneras l'impression de ralentir à l'approche de l'horizon et de t'effacer progressivement. En effet, la lumière que l'on émet met très longtemps à s'éloigner du trou noir. Si l'on traverse l'horizon à 11 heures, l'observateur extérieur verra les aiguilles ralentir et ne jamais atteindre 11 heures.

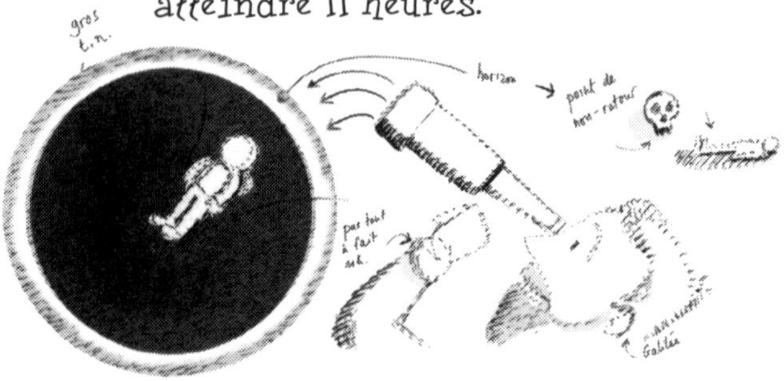

Section 5
Sortir d'un trou noir.

Les gens sont persuadés que rien ne peut sortir d'un trou noir. Après tout, c'est pour cela qu'il porte ce nom... On croyait qu'un objet tombé dans un trou noir était perdu à jamais et que les trous noirs dureraient jusqu'à la fin des temps. Il s'agissait de prisons éternelles desquelles il était impossible de s'enfuir.

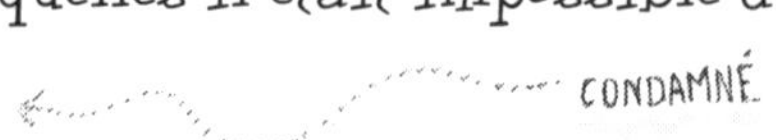

Puis on a découvert que cela n'était pas totalement vrai. De légères fluctuations spatio-temporelles nous ont appris que les trous noirs étaient loin d'être des pièges parfaits. Non, ils libèrent lentement des particules. Ce phénomène porte le nom de «radiation de Hawking». Plus le trou noir est énorme, plus la fuite est lente.

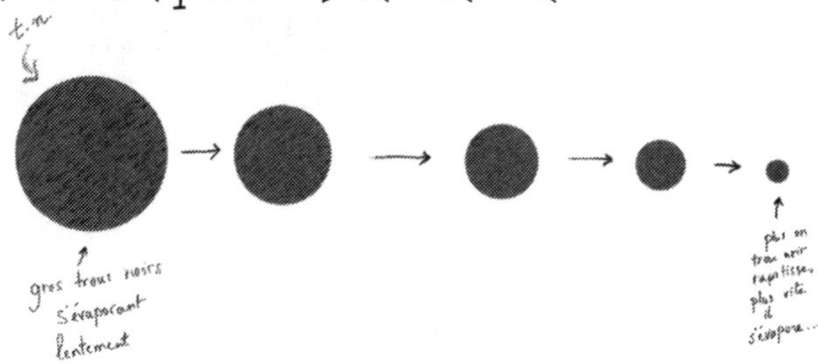

La radiation de Hawking implique que les trous noirs s'évaporent petit à petit. D'abord très lente, la vitesse d'évaporation s'accélère tandis que le trou noir rapetisse. Pour finir, après des milliards et des milliards d'années, le trou noir disparaît. Alors, prison éternelle? Non. Tous les prisonniers, ces objets à l'origine du trou noir ou tombés à l'intérieur par la suite, sont recyclés en énergie et en particules. Mais si l'on examine avec soin ce qui ressort du trou noir, on est capable de reconstruire tout ce qui était dedans. Le souvenir de ce qui est tombé n'est donc pas perdu à jamais, mais juste pour une très longue période.

Conclusion: on peut sortir d'un trou noir!

Chapitre 27

Le lendemain avait lieu le grand concours de sciences au collège. Georges partit donc de chez lui de bonne heure. Il dit au revoir à son cochon, embrassa sa mère, rangea le livre d'Éric sur les trous noirs dans son cartable et se sauva, son petit déjeuner à la main. Son père lui proposa de l'emmener à l'arrière de sa bicyclette, mais Georges lui cria : « Non, merci, papa ! » et disparut. Ses parents eurent l'impression d'avoir échappé à une minitornade.

Georges courut jusqu'au croisement puis il se retourna pour vérifier que ses parents ne lui faisaient pas signe depuis la porte d'entrée. Ni père ni mère en vue. Aussitôt, il prit la rue sur la gauche et non celle sur la droite qui menait au collège. Comme il n'avait pas beaucoup de temps devant lui, il mit le turbo. Pendant sa course, mille questions se bousculaient dans son esprit.

Éric avait-il été avalé par le trou noir menaçant, la force la plus puissante de l'Univers ?

Cosmos se trouvait-il à l'endroit escompté ? Que dirait-il à Annie quand il la verrait au concours dans quelques heures ? Le croirait-elle quand il lui apprendrait que son père avait été piégé par un ancien collègue malintentionné et était parti dans l'espace à la rencontre d'un réel danger ?

À présent, Georges comprenait pourquoi Annie racontait toujours des histoires incroyables – après avoir goûté aux merveilles de l'Univers, la vraie vie était d'une tristesse... Désormais, il ne pouvait pas imaginer son existence sans Annie, Cosmos ou Éric. Enfin si, il le pouvait, mais il ne le voulait pas. Il devait sauver Éric, coûte que coûte.

Georges ignorait pour quelles raisons le professeur Rex souhaitait expédier Éric dans un trou noir et mettre la main sur son fascinant ordinateur. Cependant, il devinait que les manigances de T-Rex n'avaient rien à voir, ni de près ni de loin, avec le bien de l'humanité, de la science,

d'Éric ni du reste du monde. Nul doute que ses intentions étaient maléfiques.

Un autre sujet accaparait Georges tandis qu'il se précipitait en direction de la maison de T-Rex: le concours de sciences qui aurait lieu plus tard dans la journée. S'il faisait un bel exposé sur le Système solaire et gagnait le prix, son père ne pourrait pas lui refuser l'installation d'un ordinateur chez eux. Un seul problème se posait: le super plan que Georges avait préparé pour sauver Éric du trou noir impliquait son absence au concours et donc sa disqualification... Envolé, son rêve d'ordinateur. Ce n'était pas facile pour Georges d'abandonner son projet, mais s'il voulait ramener Éric, il n'avait pas le choix.

Quand il atteignit enfin le 42 Forest Street, Georges s'arrêta pour reprendre son souffle et en profita pour étudier la maison devant lui. Derrière un portail délabré, une allée menait à une vieille bâtisse flanquée de tourelles étranges.

Georges remonta l'allée à pas de loup et s'approcha d'une grande fenêtre. Par la vitre crasseuse, il vit une pièce remplie de toiles d'araignées et de meubles recouverts de draps jaunis. Évitant un parterre d'orties, il se rendit sur la pointe des pieds à la fenêtre voisine qui était légèrement entrouverte. À l'intérieur, Georges distingua une silhouette familière.

Au milieu du capharnaüm (tuyaux, câbles, tubes à essai contenant des liquides colorés en ébullition...), face à un écran d'ordinateur qui émettait une lumière verte, T-Rex laissait éclater sa colère, tapait comme un sauvage sur le clavier, utilisait ses dix doigts à la fois, comme s'il jouait un solo de piano très compliqué.

— Méfie-toi, sale ordinateur! hurla T-Rex. Cela ne

me gêne pas d'y passer la journée. Je finirai bien par trouver la touche secrète et alors, tu verras de quel bois je me chauffe. Tu seras obligé de m'envoyer dans l'Univers, crois-moi !

— Négatif, répliqua Cosmos. Vous avez entré une commande erronée. Je ne peux pas traiter votre demande.

T-Rex appuya sur d'autres touches.

— Erreur ! Erreur de type deux-neuf-trois.

— Gggggrrrrr, vociféra T-Rex. Cosmos... Je vais craquer ton code.

À ce moment-là, le téléphone sonna.

— Oui ? aboya-t-il dans l'appareil avant de se montrer plus poli. Ahhh ! Vous avez eu mon message.

Il se força à tousser.

— Je ne me sens pas très bien aujourd'hui... Non,

juste un coup de froid… Oui, je prends ma journée… Quel dommage pour le concours…

Il toussa un peu plus.

— Désolé ! Je dois y aller. Je retourne m'allonger. Au revoir !

Et il raccrocha.

— Tu vois, petit ordinateur ! lança-t-il, sinistre, en se frottant les mains. J'ai vraiment toute la journée.

— Je n'obéis qu'aux membres de l'Ordre, répliqua le brave Cosmos.

Le professeur Rex partit d'un rire sarcastique.

— Ha ha ha ha ! Le vieil Ordre existe donc encore ! Ces imbéciles de fouines pensent toujours pouvoir sauver la planète et l'humanité ? Les fous ! Ils devraient sauver leur peau pendant qu'il en est encore temps. Moi, c'est ce que je compte faire. Oublions l'humanité ! Les hommes ne méritent pas d'être sauvés.

T-Rex cracha sur le sol.

— Regarde comment ils traitent cette magnifique planète ! Je vais recommencer à zéro ailleurs, sous une nouvelle forme de vie. Ces quatre petits idiots croient qu'ils vont m'accompagner !!! Ah ah ah ! Quelle naïveté ! Qu'ils périssent ici avec le reste de l'espèce humaine. Je serai le dernier vivant dans l'Univers, et ma nouvelle forme de vie obéira au moindre de mes ordres. Il me suffit à présent de me rendre dans l'espace ! Et toi, Cosmos, tu devras m'aider, que tu le veuilles ou non.

— Négatif ! Je refuse de me soumettre à un non-membre de l'Ordre.

— J'étais membre autrefois, soutint T-Rex.

— Votre adhésion a été annulée. Après vos…

— C'est bon, c'est bon. Ne parlons pas du passé et de ses mauvais souvenirs, d'accord, Cosmos ? L'heure n'est-elle pas venue de pardonner et d'oublier ? demanda T-Rex d'une voix sirupeuse.

— Négatif !

Aussitôt, T-Rex entra dans une colère telle que ses mains s'abattirent à nouveau avec violence sur le clavier.

— Aïe ! s'exclama Cosmos.

Lorsqu'une poignée d'étincelles jaillirent entre les touches, Georges ne put en supporter davantage. Il mourait d'envie d'intervenir. T-Rex devait cesser de maltraiter ce pauvre Cosmos et pour cela, il fallait qu'il sorte de la maison et s'éloigne le plus loin possible du génial ordinateur. Georges décida de retourner au collège.

Il courut jusqu'aux portes de son établissement. Des hordes d'enfants venus des écoles voisines pour participer au concours se déversaient des autobus garés le long de la route. Georges se fraya un chemin parmi eux : « Pardon, pardon, désolé ! » Il cherchait quelqu'un.

— Georges !

Dès qu'il entendit son prénom, il se retourna mais ne vit pas qui l'appelait. Soudain, il l'aperçut – petite silhouette vêtue de l'uniforme bleu foncé de son école qui sautillait sur place et lui faisait signe. Il la rejoignit aussi vite qu'il le put.

— Annie ! Je suis tellement content de te voir ! Viens, nous n'avons pas une minute à perdre.

— Que se passe-t-il ? demanda-t-elle, en fronçant le nez. Un problème avec ton exposé ?

— Tu sors avec lui ? les interrompit un garçon plus âgé, vêtu du même uniforme qu'Annie.

— Dégage, s'emporta Annie.

Redoutant la réaction du grand type, Georges retint son souffle, mais l'autre baissa la tête et se perdit dans la foule.

— Où étais-tu ? demanda Georges à Annie.

— Je te l'ai dit ! Chez ma grand-mère. Maman m'a déposée ici ce matin, c'est pour ça que je ne suis pas encore rentrée chez moi. Que se passe-t-il, Georges ? Quel est le problème ?

— Annie, commença Georges, l'air grave, j'ai quelque chose d'affreux à te dire.

Il n'en eut pas l'occasion car à ce moment-là, un enseignant souffla très fort dans un sifflet, ce qui obligea tout le monde à se taire.

— Bien, annonça-t-il. Mettez-vous en rangs par groupes scolaires. Le concours aura lieu dans le grand hall. Toi !

Il désigna Georges dans son uniforme vert foncé parmi un groupe de gamins en bleu.

— Tu n'es pas avec ton collège ! File avant de semer la pagaille !

— Retrouve-moi devant le hall, lança Georges à Annie. C'est extrêmement important. J'ai besoin de ton aide.

En quatrième vitesse, il rejoignit son groupe. Sur le chemin du hall, il chercha quelqu'un des yeux – ou, pour être plus précis, quelqu'un *et* sa bande. Quand il les vit, Georges n'hésita pas une seconde. Il intercepta un professeur qui passait et s'adressa à lui d'une voix perchée.

— Monsieur, monsieur ! hurla-t-il.

— Qu'y a-t-il, Georges ? demanda le professeur surpris par ses cris.

— Monsieur ! insista-t-il de manière à s'assurer que

tout le monde interrompait ses activités et l'écoutait. Il faut absolument que je change le sujet de mon exposé.

— Je ne pense pas que cela soit possible. Et cela te dérangerait de ne pas crier ?

— Il le faut ! tonitrua Georges. J'ai un nouveau titre !

— Quel titre ? s'enquit le professeur, qui s'inquiétait à présent pour sa santé mentale.

— *Cosmos, l'ordinateur le plus fascinant du monde, et comment il fonctionne.*

— Je vois, marmonna le professeur, persuadé que Georges était vraiment fou. Laisse-moi demander aux juges ce qu'ils en pensent.

— Merci, merci, monsieur ! cria Georges encore plus fort. Vous avez bien compris le titre ? *Cosmos, l'ordinateur le plus fascinant du monde, et comment il fonctionne.*

— Oui, Georges, répondit calmement le professeur. Je ferai de mon mieux.

Alors qu'il s'éloignait en poussant de gros soupirs, Georges remarqua que Ringo avait dégainé son téléphone portable et passait un appel. Maintenant, il suffisait d'attendre.

Debout devant l'entrée du hall, Georges regardait défiler des dizaines d'élèves. Il ne fallut pas longtemps au professeur Rex pour se précipiter vers lui, hors d'haleine et tremblant d'excitation.

— Georges ! s'exclama-t-il, tout en se lissant les cheveux d'une main écailleuse. As-tu réussi ? Es-tu parvenu à changer le sujet de ton exposé ?

— Je pense que oui.

— Je compte sur toi ! s'exclama T-Rex. Ne t'inquiète pas, fonce ! Parle de Cosmos et de son fonctionnement, et je m'assure que les juges soient conquis. Excellent choix, Georges ! Excellent !

À cet instant, le principal vint à passer.

— Professeur Rex ? s'étonna-t-il. Je vous croyais malade ?

— Je me sens beaucoup mieux, affirma T-Rex. Et j'ai hâte d'assister à la compétition.

— Voilà comment il faut réagir ! Je suis content que vous soyez venu, Rex ! Comme un des juges nous a fait faux bond, vous allez le remplacer…

— Non non non non non non ! Vous n'aurez aucun mal à trouver quelqu'un de mieux…

— Absurde ! Vous êtes l'homme de la situation ! Venez. Il y a une place à côté de moi.

Grimaçant, T-Rex n'eut pas d'autre choix que de suivre le principal et de prendre place à ses côtés face à l'assemblée.

Georges, lui, patienta près de la porte jusqu'à ce qu'il aperçoive Annie. Elle s'avançait vers lui au milieu d'un troupeau d'élèves en uniforme bleu. Il la prit par la manche au passage et la tira hors du flot d'enfants qui se déversait dans le hall.

— Nous devons partir, lui chuchota-t-il à l'oreille. Maintenant !

— Où ? demanda Annie. Où va-t-on ?

— Ton père est tombé dans un trou noir ! lui expliqua Georges. Suis-moi… Nous devons le secourir…

Chapitre 28

Annie se précipita le long du couloir à la suite de Georges.

— Mais, Georges… Où m'emmènes-tu ?

— Chut ! lui lança-t-il par-dessus son épaule. Par ici.

Il conduisait Annie à une porte latérale qui donnait sur la route. Les élèves avaient l'interdiction formelle de sortir par là pendant les heures de cours. Si on les surprenait en train de quitter le collège sans permission, ils risquaient de gros ennuis. Pire, bien pire, Annie et lui perdraient leur unique chance de rejoindre Cosmos, et Éric serait perdu à jamais à l'intérieur du trou noir. Il était vital qu'ils sortent du collège le plus vite possible.

Ils marchaient d'un bon pas tout en gardant l'air naturel et innocent, comme s'ils avaient une très bonne raison pour aller en sens inverse de tous les autres. Cela semblait fonctionner – personne ne leur prêta attention. Ils approchaient de la fameuse porte quand Georges repéra un professeur non loin. Il croisa les doigts dans l'espoir qu'il ne les remarque pas… Raté.

— Georges ? Où allez-vous comme ça, tous les deux ?

— Monsieur… Euh, eh bien… nous… euh…

Pas une excuse valable ne lui vint à l'esprit.

— J'ai oublié quelque chose d'important pour mon exposé dans la poche de mon manteau, monsieur, intervint Annie d'une voix claire. Mon professeur a demandé à ce garçon de bien vouloir me montrer le chemin des vestiaires.

— Allez-y.

Il ne se contenta pas de les laisser passer, il les observa jusqu'à ce qu'ils disparaissent dans les vestiaires. Quand ils jetèrent un œil dans le couloir, le professeur demeurait planté devant la sortie. Les derniers élèves se rendaient en traînant des pieds à la rencontre scientifique qui allait commencer d'une minute à l'autre.

— C'est pas vrai ! s'exclama Georges. Il faut trouver un autre moyen de sortir.

Ils examinèrent les vestiaires. Au-dessus des rangées de portemanteaux se trouvait une étroite fenêtre rectangulaire.

— Tu crois qu'on peut passer par là ?

— On a le choix ? demanda Annie, les yeux rivés sur l'ouverture.

Georges secoua la tête.

— Alors, allons-y, conclut Annie, déterminée. Je ne laisserai pas un trou noir avaler mon père. Ah ça, non !

À la manière dont elle fronçait les sourcils, Georges comprit qu'elle se retenait de pleurer. Il se demanda s'il avait bien fait de lui en parler – aurait-il pu sauver Éric seul ? Trop tard pour les remords. Annie l'accompagnait, ils devaient aller au bout de leur mission.

— Approche, lui demanda-t-il. Que je te fasse la courte échelle.

Une fois soulevée, elle débloqua le verrou, ouvrit la fenêtre et se glissa par l'ouverture. Elle poussa un petit cri avant de disparaître. Georges se hissa et essaya lui aussi de se faufiler, mais il était plus grand qu'elle et ce ne fut pas facile. Arrivé à la taille, il resta coincé. Une partie de lui se balançait dans le vide à l'extérieur du collège, l'autre partie demeurait dans les vestiaires.

— Georges ! s'exclama Annie qui l'attrapa par un pied.

— Ne tire pas ! la supplia-t-il, tandis qu'il se contorsionnait et retenait sa respiration au maximum.

Au bout de quelques instants, il parvint à se dégager de l'encadrement de la fenêtre et atterrit en tas sur le trottoir. Il se releva aussitôt et prit Annie par la main.

— Viens ! Il ne faut pas qu'on nous trouve ici.

Au pas de course, ils gagnèrent le coin de la rue et s'arrêtèrent afin que Georges reprenne son souffle.

— Annie…

Elle lui fit signe de se taire, car elle avait sorti son portable et appelait quelqu'un.

— Maman ! Il y a urgence… Non, je vais bien. Ce n'est pas moi… Oui, je suis au collège où tu m'as déposée ce matin, mais je dois… Non, maman, je n'ai rien fait… Maman, écoute-moi, s'il te plaît ! Quelque chose est arrivé à papa, quelque chose d'horrible, et nous devons le secourir… Il est parti dans l'espace et s'est perdu. Il faut qu'on le ramène… Peux-tu venir nous chercher ? Je suis avec mon ami Georges et nous sommes à côté de son école. Vite, maman, dépêche-toi… OK. À tout à l'heure.

— Elle a dit quoi ?

— « Dis-moi quand ton père cessera de faire l'idiot et apprendra à se comporter en adulte. »

— Que voulait-elle dire ? demanda Georges, perplexe.

— Je ne sais pas. Les adultes ont de drôles d'idées, parfois.

— Elle va venir ?

— Oui. Elle ne va pas tarder. Elle est en Mini.

Effectivement, quelques minutes plus tard, une petite voiture rouge à rayures blanches se gara à côté d'eux. Une femme au visage agréable et aux longs cheveux bruns baissa sa vitre et passa la tête par la fenêtre.

— C'est quoi, cette fois-ci ? s'exclama-t-elle, guillerette. Ah ! Ton père et ses aventures spatiales ! Et pourquoi n'êtes-vous pas au collège, tous les deux ?

— Georges, voici maman. Maman, voici Georges, les présenta Annie qui ignora sa question et ouvrit en grand la portière passager.

Elle pencha le siège en avant pour que Georges puisse grimper à l'arrière.

— Fais attention de ne rien casser, lui recommanda-t-elle.

Sur le siège, Georges répertoria des flûtes à bec, des cymbales, des triangles, des mini-harpes et des tambourins.

— Désolée, Georges, s'excusa la maman d'Annie. Je suis professeur de musique – voilà pourquoi j'ai autant d'instruments.

— Professeur de musique ? répéta Georges, surpris.

— Oui. Annie t'a dit que j'exerçais quel métier ? Présidente des États-Unis ?

— Non, répondit Georges qui croisa son regard dans le rétroviseur. Danseuse à Moscou.

— Vous avez fini de parler de moi comme si je n'étais pas là ? râla Annie tout en mettant sa ceinture. Maman, roule ! Je te rappelle que nous devons sauver papa.

Mais la maman d'Annie ne démarrait toujours pas.

— Ne panique pas, Annie, la rassura-t-elle. Ton père s'est déjà mis dans de sacrés pétrins. Je suis sûre qu'il va bien. C'est vrai, jamais Cosmos ne laisserait quoi que ce soit lui arriver. Je pense donc que vous devriez retourner au collège. Un point, c'est tout.

— Le seul problème... intervint Georges qui ignorait comment appeler la maman d'Annie, c'est qu'Éric n'a plus Cosmos – il a été volé. Éric navigue dans l'espace seul. Et près d'un trou noir.

— Seul ? répéta la maman d'Annie qui pâlit soudain. Sans Cosmos ? Mais alors, il ne peut pas revenir. Un trou noir... ?

— Maman, depuis le temps que je te dis qu'il y a urgence ! s'énerva Annie. Tu me crois, maintenant ?

— Mon Dieu ! Attache ta ceinture, Georges. Et indique-moi la route.

Dès que Georges lui donna l'adresse du professeur Rex, elle démarra et appuya si fort sur l'accélérateur que la petite voiture bondit en avant.

Tandis que la Mini rouge filait malgré la circulation dense, Georges lui expliqua de son mieux les événements des dernières vingt-quatre heures. Sous le regard furieux des conducteurs de grosses voitures, la Mini se faufilait de droite et de gauche et doublait tout le monde. Pendant ce temps, Georges raconta à Annie et sa mère (qui lui demanda de l'appeler Suzanne) sa visite à Éric la veille afin qu'ils discutent de son exposé de science. Il leur parla de la mystérieuse lettre qui ne lui inspirait pas confiance, d'Éric qui avait bondi à travers le portail, de son propre aller-retour dans l'espace, de la force invisible qui les avait attirés à elle, de la porte venue les sauver – porte tellement floue que seul Georges avait pu s'échapper.

Il continua par son atterrissage dans le salon, l'absence d'Éric et la disparition de Cosmos, sa poursuite des voleurs qu'il avait perdus dans l'obscurité, sa quête du livre qu'Éric l'avait supplié de chercher, son incapacité à en comprendre un traître mot, sa découverte des notes dans lesquelles Éric expliquait qu'il était possible de s'échapper d'un trou noir, sa visite au professeur Rex ce matin-là, le professeur qui martyrisait Cosmos, le seul ordinateur au monde capable d'arracher Éric à son sort…

— Rex ? Tu veux dire Tiburce Rex ? l'interrompit Suzanne en prenant un virage serré.

— Oui, répondit Georges. T-Rex. Il enseigne dans mon école. Vous le connaissez ?

— Oui, depuis très longtemps, marmonna Suzanne. J'ai toujours dit à Éric de ne pas faire confiance à cet homme. Mais il ne m'écoutait pas. Éric ne voit pas le mal chez les gens. Et puis, un beau jour…

Elle ne poursuivit pas.

— Eh bien, maman ? l'interrogea Annie.

— Et puis, un beau jour, un événement terrible s'est produit, répondit Suzanne, les lèvres pincées. Un événement qu'aucun de nous n'oubliera jamais.

— Nous ? s'exclama Annie, excitée comme une puce à l'idée d'entendre pour la première fois une passionnante histoire familiale.

Elle ne sut pas la suite car Suzanne s'engagea dans l'allée de T-Rex et se gara pile devant sa maison.

Chapitre 29

Cela ne fut pas facile de pénétrer chez T-Rex. Même si la bâtisse était vieille, miteuse et mal entretenue, il en avait verrouillé le moindre accès. Ils contournèrent la maison, essayèrent toutes les ouvertures, mais rien ne bougea. Lorsqu'ils atteignirent la fenêtre de la pièce où Georges avait vu Cosmos le matin même, ils ne purent que constater l'absence du super-ordinateur.

— Mais je l'ai vu ! protesta Georges. Dans cette pièce !

Annie et Suzanne se dévisagèrent. Suzanne se mordit la lèvre pour cacher sa déception. Une grosse larme coula sur la joue d'Annie.

— Si Cosmos est introuvable… chuchota-t-elle.

— Une minute ! s'exclama Suzanne. Taisez-vous, tous les deux ! Écoutez !

Tous trois tendirent l'oreille.

À l'intérieur de la pièce résonnait une petite voix mécanique qui chantonnait :

— *Hey Diddle Diddle, Le Chat et le Violon... La vache a sauté par-dessus la Lune...* même si, concrètement, ce n'est pas possible sans combinaison spatiale sinon la vache gèlerait sur place, ajouta la voix.

— C'est Cosmos ! s'écria Georges. Il chante pour que nous sachions où le trouver. Mais comment allons-nous entrer ?

— Attendez ici ! leur ordonna Suzanne, mystérieuse.

Elle disparut au coin de la maison et réapparut quelques minutes plus tard dans la pièce où Cosmos chantait. Elle ouvrit la fenêtre du rez-de-chaussée en grand pour que Georges et Annie puissent entrer.

— Comment... s'étonna Georges.

— J'aurais dû y penser avant, répliqua Suzanne. Tiburce avait laissé une clé sous un pot de fleurs à côté de la porte d'entrée. Grâce à cette vieille habitude, j'ai pu pénétrer à l'intérieur !

Pendant ce temps, Annie avait suivi le chant de ce brave Cosmos et trépignait devant un grand placard. Elle tira un carton rempli de vieilles couvertures qu'elle jeta. Au fond était dissimulé Cosmos. Elle couvrit son écran de baisers.

— Cosmos ! Cosmos ! Cosmos ! s'écria-t-elle. Nous t'avons retrouvé. Tu vas bien ? Peux-tu sauver mon papa ?

— Branche-moi, s'il te plaît, la supplia l'ordinateur qui avait vu des jours meilleurs.

Chez Éric, il était argenté et étincelant – une machine lustrée et bien entretenue. Là, rayé et cabossé, il portait des marques et des taches.

— Je suis épuisé. Mes batteries sont quasiment à plat.

Georges examina l'endroit où il avait vu Cosmos plus tôt dans la journée. Oui, le câble se trouvait encore là. Dès qu'il brancha l'ordinateur, il entendit de drôles de bruits, comme si Cosmos buvait de l'eau froide à grandes gorgées.

— Voilà qui est mieux, soupira Cosmos. Maintenant, quelqu'un pourrait me dire ce qu'il se passe ici ?

— Éric est tombé dans un trou noir ! lui apprit Georges.

— Et nous avons besoin de toi pour l'en sortir, ajouta Annie. Cher Cosmos, je t'en prie, dis-nous que tu sais comment t'y prendre !

Cosmos émit un vrombissement.

— Je parcours mes disques pour vérification. Je recherche dans mes fichiers comment secourir une personne tombée dans un trou noir… Attendez, s'il vous plaît…

Nouveau vrombissement, silence.

— Alors ? s'inquiéta Annie. Tu peux ?

— Euh… Non, admit-il à regret. La recherche de termes n'a produit aucune information.

— Tu ne sais pas comment ? Mais, Cosmos, cela signifie que…

Annie ne put finir sa phrase. Elle se jeta dans les bras de sa mère et se mit à pleurer.

— Personne ne m'a fourni d'informations sur la manière de réchapper d'un trou noir, s'excusa-t-il. Je sais seulement comment y entrer, pas comment en sortir. D'ailleurs, je ne suis pas sûr que ce soit possible. Éric me l'aurait appris, s'il le savait. J'ai accédé à mes archives concernant les trous noirs, la gravitation et la masse, mais j'ai peur qu'aucun de ces fichiers ne contienne les données nécessaires.

Ses lecteurs ronronnèrent à nouveau puis ils se turent – Cosmos, pour une fois, était à court de mots…

— Éric est donc perdu, déclara Suzanne qui s'essuyait les yeux. Il y a longtemps, il m'a dit qu'une fois avalé, rien ne pouvait sortir d'un trou noir.

— Non ! s'exclama Georges. C'est faux ! Il a changé d'avis à propos des trous noirs. Tout est dans les notes qu'il nous a laissées, à Annie et à moi.

— Quelles notes ? demanda Cosmos.

Tout en fouillant dans son sac, Georges essaya de se souvenir des mots exacts utilisés par Éric.

— Éric a écrit que les trous noirs ne sont pas éternels. Parfois ils recrachent tout ce qui est tombé… Cela prend beaucoup de temps… radiateur quelque chose.

— Radiation, corrigea Cosmos. As-tu le livre ? Peut-être pourrais-je le scanner et travailler à partir de là ?

— Oui, radiation, c'est ça !

Georges avait sorti de son sac le gros livre d'Éric sur les trous noirs et l'avait tendu à Annie.

— Cosmos ! Nous devons nous dépêcher, quand T-Rex s'apercevra que je ne suis pas au collège pour lire mon exposé, il viendra directement ici.

— Nous aurions été plus rapides si Éric avait pris la peine de mettre régulièrement à jour mon système, ronchonna Cosmos.

— Peut-être a-t-il oublié ? hasarda Georges.

— C'est tout lui ! s'exclama Cosmos.

— Bon ! intervint Annie. On se dépêche, oui ou non ?

— Bien sûr, répondit Cosmos le plus sérieusement du monde. Une fois que j'aurai les nouvelles informations, je pourrai me mettre aussitôt au travail. Annie ! Relie le livre à mon interface.

Rapide comme l'éclair, Annie sortit un plateau en plastique du flanc de Cosmos et l'ajusta jusqu'à ce

qu'il soit droit. Elle déposa le livre dessus et appuya sur un bouton de l'ordinateur.

— Prêt ? demanda-t-elle.

Le vrombissement reprit de plus belle et les pages du livre se mirent à briller.

— Mise à jour de mes fichiers concernant les trous noirs... Terminée. Tu avais raison, Georges. Tout est dans le dernier livre d'Éric. Je peux le faire. Je peux sauver Éric du trou noir.

— Qu'est-ce que tu attends ? crièrent en chœur Georges, Annie et Suzanne.

Annie appuya sur la touche ENTRÉE du clavier et une fenêtre surgit au milieu de la pièce. De l'autre côté, apparut une vue très déformée de l'espace et en son centre, une tache noire.

— Le trou noir ! cria Georges.

— Correct, répliqua Cosmos. C'est l'endroit où je vous ai laissés, Éric et toi.

La zone semblait immobile, comme si rien ne se passait.

— Cosmos, pourquoi ne se produit-il rien ? s'enquit Annie.

— Une minute ! Il faut que je récupère toutes les petites choses qui sortent du trou noir. La plupart sont si minuscules qu'on ne les voit pas à l'œil nu. Si j'en rate une, je ne serai peut-être pas capable de reconstruire Éric. Pour cela, je suis obligé de filtrer chaque objet qui a été avalé par le trou noir.

— Qu'entends-tu par « reconstruire » ? l'interrogea Suzanne.

— Le trou noir expulse les particules une par une. Chaque fois qu'une particule sort, le trou noir en évacue davantage la fois suivante, si bien que le processus

s'accélère au fur et à mesure. J'accélère des milliards d'années. S'il vous plaît, laissez-moi travailler. Il faut absolument que je collecte tout.

Georges, Annie et sa maman obéirent. Les yeux rivés sur la fenêtre, tous trois priaient pour qu'il réussisse. Au bout de quelques minutes, le trou noir n'avait pas changé d'apparence. Soudain, il commença à rétrécir, l'espace autour de lui sembla moins déformé. Une fois le processus enclenché, il rapetissa de plus en plus vite et évacua un grand nombre de particules que tous trois purent voir.

Plus le trou noir rétrécissait, plus le vrombissement de Cosmos était assourdissant. Les lumières de son écran – si éblouissantes une minute plus tôt – clignotèrent et faiblirent. Le ronflement fit place à un craquèlement puis à une alarme stridente en provenance du clavier.

— Un problème ? chuchota Georges.

Suzanne paraissait inquiète.

— Bien qu'il soit puissant, Cosmos doit avoir du fil à retordre avec les calculs.

— Tu penses qu'il va réussir ? pleurnicha Annie.

— Espérons-le. Espérons-le.

Par la fenêtre, ils constatèrent que le trou noir mesurait à présent la taille d'une balle de tennis.

— Ne regardez pas ! hurla Suzanne. Vite ! Couvrez-vous les yeux avec vos mains !

Le trou noir étincela avant d'exploser puis de disparaître dans la déflagration la plus terrible que l'Univers puisse supporter. Même les yeux fermés, Georges, Annie et sa maman percevaient la lumière.

— Accroche-toi, Cosmos ! l'encouragea Annie.

Cosmos poussa un horrible grognement et projeta une lumière verte, tandis que de la fumée blanche s'élevait de ses circuits.

— Eu... rê... k... commença à crier Cosmos, mais sa voix fut coupée avant qu'il n'atteigne la fin du mot.

La lumière se volatilisa. Quand Georges rouvrit les yeux, la fenêtre avait disparu et cédé la place à un... portail. Quand il s'ouvrit, la pièce du professeur Rex fut submergée par les derniers éclats de l'explosion. Dans l'encadrement apparut la silhouette d'un homme en tenue de cosmonaute. Derrière lui, s'étendait une zone tranquille de l'Univers, débarrassée de son trou noir.

Chapitre 30

Éric ôta son casque puis s'ébroua, tel un chien après une bonne baignade.

— C'est mieux ! s'exclama-t-il. Mais où suis-je ? Que s'est-il passé ?

Une paire de lunettes à la monture jaune glissa de son nez. Il les regarda, ébahi :

— Elles ne sont pas à moi !

Il se tourna vers Cosmos à l'écran éteint et au clavier fumant.

Annie se précipita dans ses bras.

— Papa ! s'écria-t-elle. Tu es tombé dans un trou noir ! Et Georges a dû te secourir. Il est si intelligent, tu sais !

« Il a découvert à partir de tes notes que tu pouvais réchapper du trou noir, mais d'abord il a dû trouver Cosmos. Cosmos a été volé par cet homme horrible qui…

— Doucement, Annie, doucement, l'implora son père, encore sous le choc. Tu es en train de me dire que j'ai été happé par un trou noir et que j'en suis ressorti ? Mais c'est incroyable ! Alors j'ai raison ? Mes travaux sont corrects ? Les informations qui entrent dans un trou noir ne sont pas perdues à jamais… Stupéfiant ! Donc, si je peux sortir de…

— Éric ! l'interrompit Suzanne.

Il sursauta.

— Oh ! Suzanne !

Penaud, embarrassé, il lui tendit les lunettes jaunes.

— Je suppose, marmonna-t-il, que tu n'en as pas une paire de rechange pour moi dans ton sac à main… On dirait que je suis sorti du trou noir avec celles d'un autre !

— Ces deux-là ont traversé toute la ville pour te sauver la vie, dit Suzanne furieuse, en plongeant la main dans son sac pour en retirer une paire neuve. Ils ont fait l'école buissonnière, Georges rate le concours de sciences à cause de toi. Je pense que tu pourrais au minimum les remercier, surtout Georges. Il a démêlé cette énigme tout seul, tu sais – la lettre, Tiburce, le trou noir… Et ne les perds pas, celles-ci !

— Merci, Annie, fit Éric qui tapota la tête de sa fille.

Puis il mit ses lunettes sur son nez – de travers, comme à son habitude.

— Et merci, Georges. Tu t'es montré très courageux et très intelligent.

— De rien, bredouilla Georges, les yeux rivés sur ses pieds. Je n'ai pas fait grand-chose. C'est Cosmos qui…

— Faux ! intervint Éric. Cosmos n'aurait pas pu me ramener sans ton aide – sinon, je serais revenu plus tôt, pas vrai ?

— Je suppose, répondit Georges sur un ton peu aimable. Cosmos va bien ?

L'écran éteint, le super-ordinateur n'émettait aucun son.

Éric se sépara d'Annie et s'approcha de Cosmos.

— Pauvre vieux, le plaignit-il.

Il le débrancha, le ferma et le glissa sous son bras.

— Il a besoin d'un peu de repos, je pense. Bien, je ferais mieux de rentrer directement à la maison et de coucher sur le papier mes nouvelles découvertes. Il faut que les scientifiques du monde entier apprennent sans tarder que j'ai fait la plus étonnante des…

Suzanne toussa très fort et le foudroya du regard.

Perplexe, Éric la dévisagea.

— Quoi ? lui demanda-t-il à voix basse.

— Georges ! lui répondit-elle à voix basse.

— Bien sûr ! s'écria Éric en se frappant le front avec la paume de la main. Georges, je suis désolé. Évidemment, ma priorité est de te ramener au collège à temps pour participer au concours. OK ? demanda-t-il à Suzanne qui, souriante, hocha la tête.

— Je ne suis pas sûr de... protesta Georges.

— Nous discuterons de ton exposé dans la voiture ! décida Éric.

Vêtu de sa combinaison, il se dirigea vers la porte.

— En route, mauvaise troupe !

Quand il se retourna, il constata que personne ne le suivait.

— Quoi encore ? demanda-t-il, les sourcils froncés.

— Papa ! s'exclama Annie, l'air dégoûté. Tu ne comptes pas te rendre au collège de Georges dans cette tenue ?

— Personne ne le remarquera... Mais si tu insistes...

Il se débarrassa de sa combinaison pour retrouver ses habits de tous les jours en dessous puis il s'ébouriffa les cheveux.

— Au fait, on est où ? Je ne reconnais pas cet endroit.

— Éric, lui apprit Suzanne, c'est la maison de Tiburce Rex. Tiburce t'a écrit cette lettre afin de t'expédier dans l'espace. Pendant ce temps, il a volé Cosmos, croyant que tu ne reviendrais jamais.

— Non ! Tiburce a agi de manière délibérée ? Il a volé Cosmos ?

— Je t'avais dit qu'il ne te pardonnerait jamais.

— Mon Dieu !

L'air triste, Éric bataille pour enlever ses bottes de l'espace.

— Quelle nouvelle affligeante.

— Euh ! Éric ! murmura Georges. Que s'est-il passé entre T-Rex et vous ? Pourquoi voulait-il vous voir englouti par un trou noir ? Et pourquoi ne vous pardonnera-t-il jamais ?

— Oh ! Georges ! soupira Éric, enfin parvenu à se débarrasser de la première botte. C'est une longue histoire. Tu sais que Tiburce et moi travaillions ensemble avant.

Éric chercha son portefeuille dans la poche intérieure de sa veste. Il en sortit une vieille photo froissée qu'il tendit à Georges. Sur le cliché, deux jeunes hommes entouraient un homme plus âgé à la longue barbe blanche. Les jeunes gens portaient une toge noire à la capuche bordée de fourrure crème. Tous trois riaient. L'homme de droite avait d'épais cheveux bruns et des lunettes à grosse monture, légèrement de travers sur son nez.

— Mais c'est vous, là ! s'exclama Georges, intrigué par le visage du second homme. On dirait T-Rex... Il a l'air sympathique et charmant. Pas le type bizarre et effrayant d'aujourd'hui.

— Tiburce, expliqua calmement Éric, était mon meilleur ami. Nous étudiions la physique ensemble à l'Université, celle de cette ville. L'homme au centre était notre directeur d'études – un brillant cosmologiste. Il a inventé le concept de Cosmos; Tiburce et moi avons d'ailleurs travaillé sur les premiers prototypes. Nous voulions créer une machine qui nous aiderait à explorer l'espace afin d'approfondir nos connaissances de l'Univers. Au début, Tiburce et moi nous entendions très bien. Peu à peu, il est devenu étrange et froid. J'ai alors compris qu'il voulait Cosmos pour lui tout seul. Il ne souhaitait pas engranger du savoir pour le bénéfice de l'humanité, il voulait se servir de Cosmos pour s'enrichir et acquérir du pouvoir. Il voulait exploiter les merveilles de l'espace pour son profit personnel. À l'époque, Cosmos était un ordinateur gigantesque – si gros qu'il lui fallait presque un sous-sol entier. Et pourtant, il était deux fois moins puissant qu'aujourd'hui. Bref, un soir, Tiburce se croyait seul quand je l'ai surpris en train d'utiliser Cosmos à des fins malveillantes. J'ai essayé de l'en empêcher, mais… cela a été… horrible. Tout a changé après cela.

Éric se tut soudain.

— Et après ce terrible événement ? demanda Annie.

— Mon cœur, intervint Suzanne, ne pose plus de questions à ton père sur ce sujet. Cela suffit pour aujourd'hui.

Chapitre 31

Dans le hall du collège de Georges, les élèves commençaient à s'ennuyer et à remuer. Ils gigotaient sur leur chaise, chuchotaient, gloussaient, pendant qu'une série de candidats nerveux à l'air solennel s'efforçaient de retenir leur attention. Cependant, aucun d'entre eux n'était aussi fébrile et agité que le professeur Rex, assis au premier rang à côté du principal et des autres juges.

— Bon sang, mais tenez-vous tranquille, Rex ! marmonna le principal.

Il était agacé que Rex se comporte si mal devant les professeurs et les directeurs des autres établissements. Pour l'instant, Rex n'avait pas pris la peine d'écouter un seul exposé et n'avait pas posé la moindre question. Il vérifiait sans arrêt l'ordre de passage des élèves et se retournait toutes les trente secondes pour examiner le hall.

— Je vais voir si Georges est au point avec son exposé, chuchota-t-il à l'oreille du principal.

— Pas question ! postillonna ce dernier. Georges s'en sortira très bien sans vous. Essayez de montrer un peu d'intérêt, de grâce ! Vous causez du tort au collège.

Sur l'estrade, le candidat terminait son discours sur les fossiles des dinosaures.

— Voilà, conclut-il face à un public lassé, comment nous savons que les premiers dinosaures ont évolué sur la Terre il y a deux cent trente millions d'années.

Les professeurs applaudirent pour la forme pendant qu'il descendait les marches et rejoignait son groupe.

Le principal se leva et parcourut ses notes.

— Et maintenant... notre dernier concurrent, le petit Georges Greenby de notre école ! Veuillez accueillir Georges dont le sujet est *Mon étonnant rocher...*

Le principal s'interrompit pour relire ses notes.

— Non, non, intervint le professeur Rex qui se leva à son tour. Georges va nous parler en fait de Cosmos, l'ordinateur le plus fascinant du monde, et de son fonctionnement. Hourra, Georges ! l'acclama-t-il sans que personne se joigne à lui.

Un long silence s'ensuivit pendant lequel tout le monde attendait l'arrivée de Georges. Finalement, le niveau sonore de la salle augmenta, car les élèves marmonnaient entre eux, excités à l'idée de terminer plus tôt.

Le principal consulta sa montre.

— Je lui donne deux minutes. S'il ne s'est pas montré d'ici là, il sera disqualifié et nous délibérerons.

Comme ses élèves, le principal se dit qu'il serait agréable de rentrer plus tôt, pour une fois, de boire une bonne tasse de thé, de manger un bout de gâteau, les doigts de pied en éventail, sans gamins pour l'importuner.

La grande aiguille avança, aucun signe de Georges.

Plus que quelques secondes… Le principal se tourna vers les juges pour leur annoncer que la compétition était close quand une certaine agitation au fond du hall attira son attention. Un groupe venait d'entrer – deux adultes dont l'un tenait un ordinateur sous le bras, une fillette blonde et un garçon.

Ce dernier courut jusqu'à l'estrade et dit :

— Monsieur ? Je suis encore dans les temps ?

— Oui, Georges, affirma le principal, finalement soulagé de le voir. Allez, monte ! Et bonne chance ! On compte sur toi.

Georges grimpa sur l'impressionnante estrade et se plaça au centre.

— Bonjour, chuchota-t-il.

Les élèves installés dans le hall l'ignorèrent et continuèrent de se pousser, de se tirer, de se pincer…

— Bonjour, répéta Georges.

Un instant, le trac prit le dessus et il se sentit très ridicule, debout devant tout le monde. Puis il se souvint des paroles réconfortantes d'Éric dans la voiture et reprit confiance en lui. Il bomba le torse, leva les bras et cria :

— Bonjour, tout le monde !

Surpris, les élèves se turent.

— J'ai dit, cria à nouveau Georges, bonjour, tout le monde !

— Bonjour, Georges ! hurla la salle.

— Vous m'entendez au fond ?

Adossé contre le mur opposé, Éric leva les pouces.

— Je m'appelle Georges Greenby et aujourd'hui, je suis venu vous parler d'un sujet qui me tient à cœur : *Les secrets de l'Univers*.

— Noooonnnn, hurla le professeur Rex qui bondit de son fauteuil. C'est faux.

— Chut, professeur Rex ! ordonna le principal.

— Je m'en vais, fulmina T-Rex.

Telle une tornade, il traversa le hall mais s'arrêta à mi-chemin quand il aperçut Éric au fond. Celui-ci lui fit un petit signe de la main, sourit, tapota Cosmos blotti sous son bras. Le teint verdâtre, T-Rex retourna tranquillement s'asseoir à sa place.

— Vous voyez, poursuivit Georges avec une assurance et un sérieux surprenants, j'ai vraiment de la chance. J'ai eu en ma possession une clé secrète qui m'a ouvert les portes de l'Univers. Grâce à elle, j'ai pu découvrir des choses merveilleuses sur le monde qui nous entoure. J'aimerais partager avec vous ces découvertes : D'où venons-nous ? Qu'est-ce qui nous a fabriqués, nous, notre planète, notre Système solaire, notre Galaxie, notre Univers... Ce savoir concerne aussi notre avenir. Où allons-nous ? Que faut-il faire si nous voulons vivre encore plusieurs siècles sur cette Terre ?

« Je voulais vous en parler, parce que la science est vraiment importante. Sans elle, nous ne comprendrions rien. Sans elle, comment agir pour le mieux et prendre les bonnes décisions ? Certains pensent que la science est ennuyeuse à mourir, d'autres qu'elle est dangereuse – mais si nous ne nous intéressons pas à la science et n'apprenons pas à nous en servir correctement, alors oui, elle peut être dangereuse. Si on s'y intéresse un peu, on découvre qu'elle est fascinante et primordiale pour nous et pour l'avenir de notre planète.

Tout le monde à présent écoutait Georges avec

TERRE

- La Terre est la troisième planète en partant du Soleil.
- Distance moyenne au Soleil : 149,6 millions de kilomètres.

70,8 % de la surface de la Terre est couverte d'eau liquide et le reste est divisé en sept continents – Asie (29,5 % de la terre émergée), Afrique (20,5 %), Amérique du Nord (16,5 %), Amérique du Sud (12 %), Antarctique (9 %), Europe (7 %) et Australie (5 %). Cette définition des continents est en partie culturelle puisque par exemple, aucune étendue d'eau ne sépare l'Asie de l'Europe. Géographiquement, seuls quatre continents ne sont pas séparés par de l'eau : Eurasie-Afrique (57 % de la terre émergée), les Amériques (28,5 %), l'Antarctique (9 %) et l'Australie (5 %). Les 0,5 % restants sont constitués d'îles éparpillées dans l'Océanie, au centre et au sud du Pacifique.

- Une journée sur Terre est divisée en 24 heures, mais en fait, il faut à la Terre 23 heures, 56 minutes et 4 secondes pour tourner sur elle-même. Il en résulte un décalage de 3 minutes et 56 secondes. Sur une année, tous ces décalages s'additionnent et correspondent au tour complet que fait la Terre lors de son orbite autour du Soleil.
- Il faut une année à la Terre pour accomplir une révolution autour du Soleil. Cette durée varie très légèrement au fil du temps, mais elle demeure d'environ 365,25 jours par an.
- Pour l'instant, la Terre est la seule planète connue de l'Univers à abriter la vie.

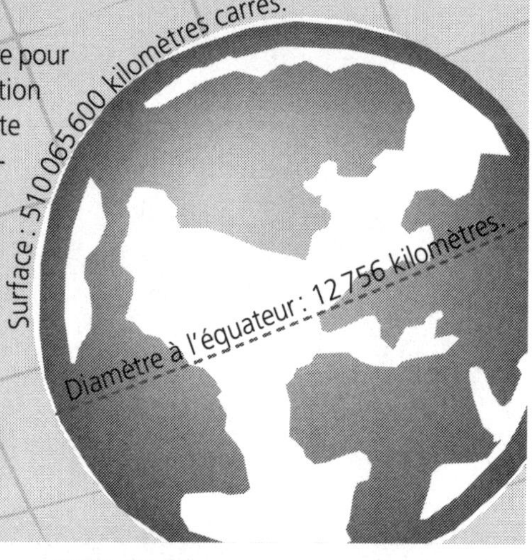

attention. Quand il se tut, le silence régnait dans le hall.

— Il y a plusieurs milliards d'années, des nuages de gaz et de poussière erraient dans l'espace. Au début, ces nuages étaient très éloignés les uns des autres mais, au fil du temps, la gravité aidant, ils ont commencé à rétrécir, à devenir de plus en plus denses…

Chapitre 32

« Et alors ? » vous direz-vous, continua Georges, avec le ton d'un véritable professeur. Qu'est-ce qu'un nuage de poussière a à voir avec mon exposé ? Pourquoi avons-nous besoin de savoir ce qu'il s'est passé il y a des milliards d'années dans l'espace ? Quelle importance ? Eh bien si, il est très important de le savoir. Parce que ce nuage de poussière est la raison pour laquelle nous sommes là aujourd'hui.

« Nous savons que les étoiles se forment à partir de nuages de gaz géants dans l'espace. Certaines étoiles terminent en trous noirs qui lentement, très lentement, laissent échapper des choses jusqu'à ce qu'ils disparaissent lors d'une énorme explosion.

« D'autres étoiles explosent avant de devenir des trous noirs et expédient la matière qu'elles contiennent à travers l'espace. Nous savons que les éléments qui nous composent ont été créés dans le ventre de ces étoiles qui ont explosé il y a très longtemps. Tous les hommes, les animaux, les plantes, les roches, l'air et les océans sont constitués d'éléments forgés à l'intérieur des étoiles. Quoi que nous en pensions, nous sommes tous les enfants des étoiles. Il a fallu des milliards et des milliards d'années à la nature pour nous fabriquer à partir de ces éléments.

Georges s'interrompit une seconde.

— Alors vous voyez, il a fallu un temps extrêmement long pour nous façonner, nous et notre planète. La Terre ne ressemble à aucune autre planète du Système solaire. Il en existe de plus grosses, de plus impressionnantes, mais aucune ne sera jamais notre maison. La température de Vénus est très chaude, par exemple, et sur Mercure une journée dure cinquante-neuf de nos jours. Quelle horreur !

L'assistance était suspendue aux lèvres de Georges. Après avoir décrit les merveilles du Système solaire, il parvint à la partie la plus importante de son discours.

— Notre planète est fascinante, et c'est la nôtre, résuma-t-il. Nous lui appartenons – nous sommes de la même matière que la planète elle-même. Nous devons donc prendre soin d'elle comme nous prenons soin de nous. Mon père le répète depuis des années… Je voyais seulement à quel point il était différent des autres parents. Aujourd'hui, je n'ai plus honte de mon père – il a raison de dire que nous devons nous arrêter de jouer avec la Terre. Nous devons tous faire des efforts. Aujourd'hui, je suis fier qu'il veuille protéger quelque chose d'aussi unique et magnifique que la Terre. Nous devons tous nous y mettre, sinon notre belle planète sera perdue.

« Bien sûr, nous pouvons aussi partir à la recherche d'une autre planète pour nous accueillir, mais la tâche est compliquée. Nous savons qu'il n'en existe pas à proximité. Alors, s'il existe une autre Terre quelque part – ce qui est possible –, elle doit être très très loin. S'il est passionnant de vouloir découvrir de nouvelles planètes et de nouveaux mondes dans l'Univers, cela ne signifie pas qu'un jour on ne souhaite pas rentrer à la maison. Nous devons nous assurer que, dans une centaine d'années, nous pourrons encore rentrer sur Terre.

« Vous vous demandez peut-être comment je sais tout ça ? Eh bien, voici mon secret : vous n'avez pas besoin de clé pour ouvrir les portes de l'Univers et aider la Terre. Il en existe une que vous pouvez tous utiliser, si vous apprenez à vous en servir. Il s'agit de la "physique". Elle vous aidera à comprendre l'Univers qui vous entoure. Merci ! »

Un tonnerre d'applaudissements retentit dans le hall et l'assemblée tout entière se leva. Essuyant une larme au coin de son œil, le principal bondit sur l'estrade pour lui donner une tape dans le dos.

— Bravo, Georges ! Bien travaillé, petit ! Et tu parles comme un vrai professeur !

Puis il lui serra la main avec vigueur. Gêné par les applaudissements qui ne cessaient pas, Georges rougit.

Au premier rang, T-Rex pleurait lui aussi, mais il ne versait pas des larmes de joie ou de fierté comme le principal. « Cosmos… enrageait-il. Si près du but ! Je te tenais entre mes bras ! Et maintenant il me l'a volé… »

Après avoir aidé Georges à descendre de l'estrade, le principal consulta très brièvement les autres juges (excepté le professeur Rex qui, affalé dans son fauteuil, marmonnait et lançait des regards mauvais à Georges). Grâce au sifflet du prof de gym qu'il utilisa plusieurs fois, le principal ramena le calme dans le hall. Il se racla la gorge et prit la parole.

— Er-hum ! Je vous annonce que le gagnant du concours de sciences interscolaire de cette année est attribué à la quasi-unanimité à… Georges Greenby !

Applaudissements redoublés.

— Georges, poursuivit le principal, nous a présenté un magnifique exposé et je suis heureux de lui remettre le premier prix, un superbe ordinateur, offert par nos sponsors.

L'un des juges tira un énorme carton de sous la table et le remit à Georges.

— Merci, monsieur, merci ! s'exclama celui-ci.

Stupéfié à la fois par cette expérience unique et par la taille de son présent, Georges tituba le long de l'allée

centrale. Mis à part un groupe de garçons assis au bout d'une rangée qui le foudroyaient du regard, tout le monde lui sourit quand il passa, son prix dans les bras.

— Tu nous le paieras, marmonna Ringo quand Georges arriva à sa hauteur.

Georges l'ignora et se hâta de rejoindre Éric, Annie et Suzanne près de la sortie.

— Tu as réussi ! Je suis fier de toi, le félicita Éric qui essayait de le serrer contre lui malgré l'énorme carton.

— Georges, tu as été génial ! ajouta Annie, un peu timidement. Je ne pensais pas que tu serais aussi à l'aise devant un public. Et ta science est assez étonnante, elle aussi.

— Je ne me suis pas trompé ? demanda Georges, inquiet, en voyant Éric le débarrasser du carton. J'aurais dû remplacer « milliards » par « dizaines de millions », non ? Et quand j'ai parlé de Jupiter, je crois que j'aurais...

— Non ! l'interrompit Annie. Tu ne t'es pas trompé une seule fois, n'est-ce pas, papa ?

Tout sourires, Éric hocha la tête.

— La dernière partie était excellente. Tout était parfait. Et puis tu as gagné le premier prix ! Tu dois être très heureux.

— Je le suis, mais il y a juste un petit problème. Que diront mes parents quand ils me verront arriver avec un ordinateur à la maison ? Ils seront très en colère.

— Ou alors ils seront très fiers, rectifia une voix.

Georges se retourna et vit son père à côté de Suzanne. Il en resta bouche bée.

— Papa ? Tu étais là ? Tu as entendu mon exposé ?

— Oui. Ta mère a insisté pour que je vienne te chercher. Elle s'inquiétait pour toi ce matin. Je suis arrivé à temps pour l'écouter et j'en suis très content, Georges. Tu as raison, nous ne devrions pas avoir peur de la science. Nous devrions l'utiliser pour sauver la planète et non la bannir de notre vie.

— Cela veut dire que je peux garder mon ordinateur ? hurla Georges.

Son père sourit.

— Je crois que tu l'as bien mérité. Attention, juste une heure par semaine, ou mon groupe électrogène ne le supportera pas.

Soudain, on s'agita

derrière eux et leur petit groupe fut bousculé par le professeur Rex qui fendait la foule au pas de charge. Le suivaient Ringo et sa bande. Tous semblaient d'une humeur exécrable.

Georges les regarda passer puis se tourna vers Éric.

— Vous laissez partir T-Rex ? Vous n'allez pas le punir ?

— Euh, non ! marmonna Éric. Je pense que Tiburce se punit assez tout seul comme cela. Mieux vaut le laisser tranquille. Je doute que nos chemins se croisent à nouveau.

— Mais… mais… Éric, je voulais vous demander : comment T-Rex vous a-t-il retrouvé ? Vous auriez pu vous rendre dans n'importe quel endroit du monde, mais il vous attendait là et il avait raison. Comment savait-il ?

— Tu sais, Georges… La maison voisine… Elle appartenait à mon ancien directeur d'études, l'homme à la barbe sur la photo.

— Mais il a disparu ! s'étonna Georges.

— En quelque sorte, répondit Éric. J'ai reçu une lettre de lui, il y a quelque temps, disant qu'il partait pour un très long voyage et qu'il ignorait quand il reviendrait, s'il revenait un jour. Il voulait que j'habite dans sa maison, si j'avais besoin d'un endroit tranquille où travailler avec Cosmos. Jamais il n'aurait imaginé que Tiburce attendrait ma venue, durant toutes ces années.

— Où est parti le vieil homme ?

— Il est allé… commença Éric.

— On rentre ! annonça Suzanne avec fermeté. Je vous dépose ? demanda-t-elle au père de Georges.

— Merci, mais j'ai mon vélo. Nous ferons tenir l'ordinateur en équilibre sur le guidon.

— Papa ! se fâcha Georges. S'il te plaît, il risque de tomber.

— Cela ne me dérange pas de ramener Georges, insista Suzanne. Nous serons un peu serrés, mais si vous saviez tout ce qui peut tenir dans une Mini…

Ce soir-là, Éric, Suzanne et Annie dînèrent chez Georges. Dans la cuisine éclairée à la bougie, ils dégustèrent des légumes du jardin. Éric et le père de Georges eurent une discussion très enrichissante sur la recherche d'une nouvelle planète et la sauvegarde de la nôtre. Pendant ce temps, Suzanne aidait Georges à installer son ordinateur flambant neuf.

Annie alla donner à manger à Fred qui s'ennuyait dans son cabanon. Après avoir longuement papoté avec le cochon, elle rentra et passa la soirée à danser pour la maman de Georges et à lui raconter des histoires à dormir debout, que Rosemarie fit semblant de croire.

Après leur départ et la promesse que les militants écologistes discuteraient plus souvent avec les scientifiques et que les six nouveaux amis iraient voir le ballet *Casse-Noisette* ensemble, Georges monta dans sa chambre. Épuisé, il se mit en pyjama mais ne ferma pas les rideaux – il voulait regarder par la fenêtre depuis son lit.

La nuit était claire, le ciel étoilé brillait de mille feux. Une étoile filante traversa l'obscurité, sa longue queue étincelante de lumière brilla quelques secondes avant de se perdre dans le néant.

« Peut-être un petit morceau de comète, pensa Georges en s'endormant. Lorsqu'une comète dépasse le Soleil, elle se réchauffe et sa glace se met à fondre… »

INDEX DES ENCADRÉS SCIENTIFIQUES

Il y a beaucoup de données scientifiques dans ce livre, mais on trouve aussi un certain nombre d'encadrés, où des faits et des informations sont fournis sur des sujets bien spécifiques. Certains lecteurs auront peut-être envie de les consulter séparément.

Lucy & Stephen
HAWKING

Georges
et les trésors du Cosmos

Illustrations de Garry Parsons

Traduit de l'anglais par Frédérique Fraisse

Pour Rose.

Prologue

– T moins sept minutes et trente secondes, annonça une voix de robot. Retrait du bras d'accès à l'orbiteur.

Installé dans le siège du commandant de la navette spatiale, Georges n'en menait pas large. Le grand jour était arrivé, et il ne pouvait plus faire marche arrière. Dans une poignée de minutes – bizarrement, elles s'écoulaient bien plus vite ici qu'en classe –, il quitterait la planète Terre. Direction le cosmos !

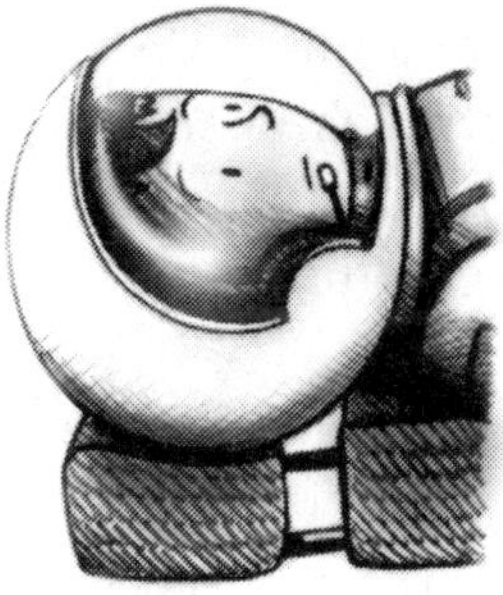

Le bras d'accès à l'orbiteur, qui formait un pont entre son vaisseau et le monde extérieur, ayant été retiré, Georges ne pouvait plus redescendre. Il s'agissait là d'une des dernières étapes avant le décollage. Les écoutilles d'accès se refermaient. Rectification : on les verrouillait ! Désormais, même s'il tambourinait à la trappe et suppliait qu'on le laisse sortir, il n'y aurait personne de l'autre côté pour l'entendre. Les astronautes demeuraient seuls dans leur immense navette en attendant le décollage imminent. Il ne lui restait plus qu'à attendre la fin du compte à rebours.

— T moins six minutes et quinze secondes. Séquence de prédémarrage des GAP.

Les GAP (Groupes Auxiliaires de Puissance) fournissaient de l'énergie à la navette pendant le lancement et l'atterrissage. Alimentés par du carburant, les trois GAP fonctionnaient depuis un moment. Grâce à eux, la navette prenait lentement vie, comme si elle savait que son heure de gloire n'allait plus tarder.

— T moins cinq minutes. Mise en route des GAP.

Georges avait l'impression que des bulles de champagne pétillaient dans son estomac. Plus que tout au monde, il rêvait de retourner dans l'espace. Et voilà qu'il patientait sur une aire de lancement à bord d'un vrai vaisseau spatial, parmi de vrais astronautes. Cette expérience était à la fois excitante et effrayante. Et si les choses tournaient mal ? Vu qu'il occupait le siège du commandant, la responsabilité de la navette lui incombait. Le pilote à ses côtés le secondait.

— Ainsi, vous êtes des astronautes partis vers l'au-delà et l'infini ? marmonna Georges.

— Pardon, commandant ? l'interrogea une voix dans ses écouteurs.

— Oh ! Euh... Rien, répondit Georges qui avait oublié que le centre de contrôle de lancement les entendait. Je me demandais juste ce que des extraterrestres nous diraient si nous en rencontrions.

Son interlocuteur étouffa un rire.

— Passez-leur le bonjour de notre part !

— T moins trois minutes et trois secondes. Amorçage des moteurs.

« Vroum vroum », pensa Georges. Les trois moteurs et les deux gros propulseurs leur procureraient de la vitesse pendant les premières secondes du décollage. À cet instant, la navette irait à 160 km/h, alors qu'elle aurait à peine quitté la tour de lancement. Ensuite, il lui faudrait huit petites minutes et demie pour atteindre les 28 000 km/h !

— T moins deux minutes. Rabattez vos visières.

Georges fut tenté d'appuyer sur l'un des milliers de boutons du tableau de bord, histoire de voir ce qui

se passerait, mais il n'osa pas. Devant lui, il y avait la manette que le commandant – c'est-à-dire lui – devrait manipuler pour diriger la navette une fois dans l'espace puis s'arrimer à la Station spatiale internationale (ISS, en anglais). Il se serait cru au volant d'une voiture, sauf que la manette bougeait dans tous les sens, et pas uniquement à gauche et à droite comme un levier de vitesse. Il l'effleura par curiosité. Soudain, un des graphiques électroniques tremblota. Vite, il retira sa main, comme si de rien n'était.

— T moins cinquante-cinq secondes. Mise sous tension de l'orbiteur.

Les deux propulseurs enverraient la navette dans les airs, à environ 370 kilomètres de la Terre. Ils ne possédaient pas d'interrupteur. Une fois qu'ils étaient allumés, la navette montait.

« Au revoir, petite Terre, pensa Georges. Je reviens bientôt. » Il était un peu triste de quitter sa belle planète, ses amis et sa famille. Dans quelques heures, il serait en orbite au-dessus de leurs têtes tandis que le vaisseau s'amarrerait à la Station spatiale internationale. Il contemplerait la Terre, alors que l'ISS la survolerait à toute allure et effectuerait une orbite complète toutes les quatre-vingt-dix minutes. Depuis l'espace, il admirerait les contours des continents, des océans, des déserts, des forêts et des lacs, les lumières des grandes villes la nuit. Depuis l'Angleterre, ses parents et ses amis, Éric, Annie et Suzanne, n'apercevraient qu'un minuscule point lumineux se déplaçant vite dans le firmament par une nuit étoilée.

— T moins trente et une secondes. Mise en route de la séquence automatique.

Les astronautes se mirent à l'aise pour leur long

voyage. L'intérieur du cockpit lui parut étrangement exigu. Y pénétrer n'avait pas été aisé, et Georges avait dû demander l'aide d'un ingénieur pour grimper dans son siège. Comme la navette se trouvait à la verticale sur l'aire de lancement, tout était penché, si bien que les pieds de Georges étaient dirigés vers le nez de l'appareil et sa colonne vertébrale traçait une parallèle avec le sol au-dessous.

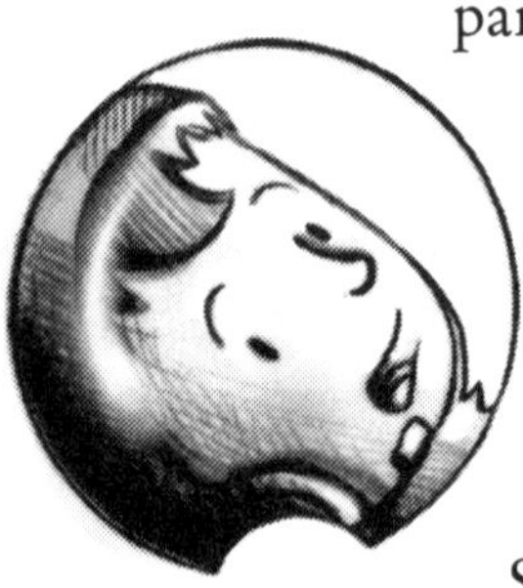

La navette en position fusée attendait de partir à travers le ciel, les nuages et l'atmosphère, droit vers le cosmos.

— T moins seize secondes, annonça calmement la voix de robot. Système de suppression du bruit par l'eau activé. T moins quinze secondes.

— Décollage dans moins de quinze secondes, commandant Georges, déclara son copilote.

— Waouh ! s'écria Georges.

« Je vais vomir... » pensa-t-il.

— Waouh ! répliqua le centre de contrôle. Commandant, nous vous souhaitons un bon vol !

Georges en frissonnait d'excitation. Au rythme du compte à rebours, chacune de ses respirations le rapprochait lentement du moment magique.

— T moins dix secondes.

Georges dut se pincer pour le croire !

Quand il regarda par le hublot, il aperçut de l'herbe verte et, au-dessus, le ciel bleu, où volaient quelques oiseaux. Allongé sur le dos dans son siège d'astronaute, il tenta de recouvrer son calme.

— T moins six secondes. Allumage des moteurs principaux.

Georges perçut un tremblement épouvantable tandis

que les trois moteurs principaux démarraient, et bien que la navette ne bougeât pas encore. Il entendit de nouveau le centre de contrôle à travers ses écouteurs.

– T moins cinq secondes. Quatre, trois, deux, un, zéro.

– Super, marmonna Georges alors qu'en son for intérieur il hurlait.

– T moins zéro. Allumage des propulseurs et décollage.

Les tremblements s'accentuèrent. Sous Georges et les autres astronautes, les deux propulseurs se mirent en route. Il eut l'impression d'un magistral coup de pied au derrière. Dans un grondement terrible, les fusées expédièrent la navette au firmament. Georges aurait été attaché à une pièce de feu d'artifice géante, il aurait eu les mêmes sensations. N'importe quoi pouvait arriver, à présent. Le vaisseau pouvait exploser, dévier de sa course et s'écraser sur Terre, échapper à leur contrôle en plein ciel. Et Georges ne pourrait rien empêcher.

Par le hublot, il contempla le bleu de l'atmosphère terrestre autour de la navette spatiale, tandis que la Terre avait disparu de son champ de vision. Il quittait sa belle planète ! Quelques secondes après le lancement, la navette effectua une rotation, si bien que les astronautes se retrouvèrent la tête en bas, sous le gros réservoir à combustible orange…

– Arrrrrggggghhhh ! hurla Georges. Nous sommes à l'envers. Nous voyageons dans le mauvais sens ! Au secours ! Au secours !

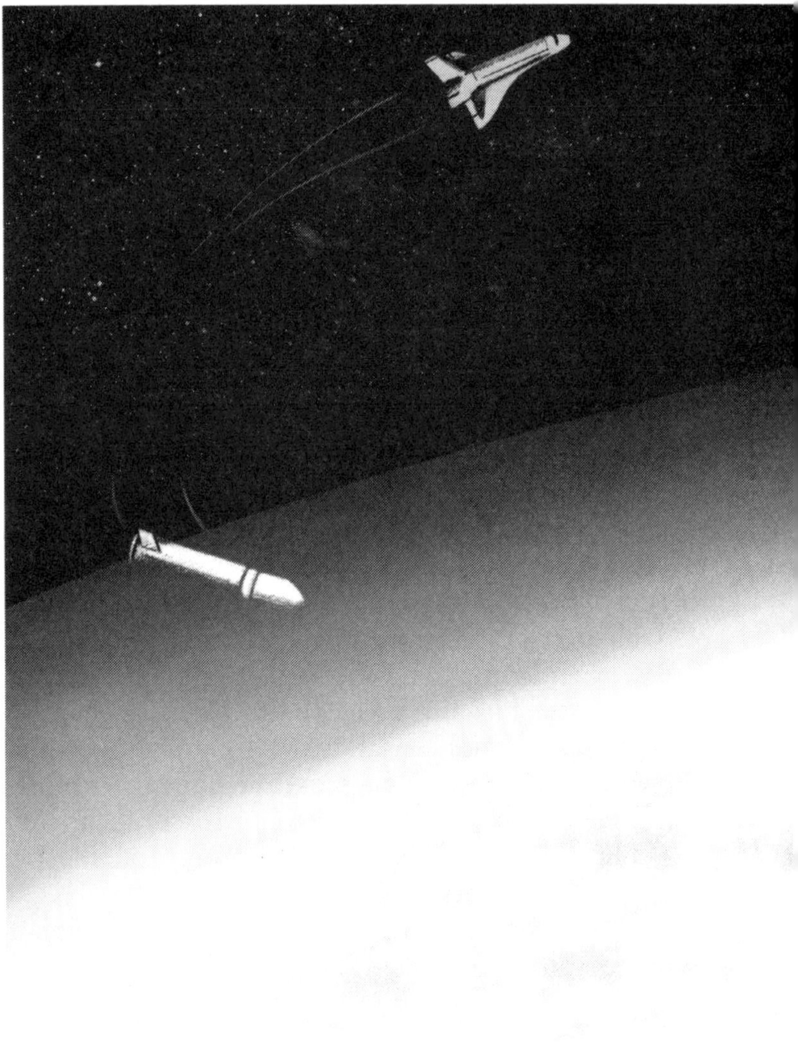

— Tout va bien, commandant. C'est la procédure habituelle.

Deux minutes après le lancement, une importante secousse agita la navette entière.

— C'était quoi, ça ? s'écria-t-il.

Dehors, le premier puis le second propulseur se détachèrent et s'éloignèrent de la navette en traçant un arc.

— Nous avons perdu quelque chose ! hurla Georges, paniqué.

— Ne vous inquiétez pas, le rassura son copilote. C'était prévu.

L'habitacle était soudain devenu paisible en l'absence des propulseurs, si paisible qu'un silence quasi palpable régnait dans l'orbiteur. Georges n'avait plus l'impression d'être comprimé dans son siège. Il était en apesanteur ! Il regarda de nouveau par le hublot et aurait aimé entendre des applaudissements. Brusquement, la navette roula sur le côté, si bien que l'orbiteur se retrouva cette fois-ci au-dessus du gros réservoir à combustible orange.

Au bout de huit minutes et trente secondes passées dans les airs – des siècles se seraient écoulés que Georges ne s'en serait pas aperçu –, les trois moteurs principaux s'éteignirent, et le réservoir à carburant externe se détacha.

— Il est parti ! commenta son copilote.

Et, par le hublot, Georges vit la citerne orange disparaître au loin avant de brûler dans l'atmosphère.

Enfin, ils traversèrent la frontière entre le bleu du ciel et le noir de l'espace. Autour d'eux brillaient les étoiles lointaines. Ils continuaient à s'élever mais, bientôt, ils atteindraient leur altitude maximale.

— Tous les systèmes fonctionnent, déclara le copilote, après avoir vérifié les lumières étincelantes sur le tableau de bord. Mise en orbite imminente, commandant. Y arriverez-vous ?

— Oui, affirma Georges, sûr de lui, avant de s'adresser au centre de contrôle des missions au Texas. Allô, Houston ? (Il répéta les mots les plus célèbres de l'histoire de la navigation spatiale.) Nous allons nous mettre en orbite. Vous m'entendez, Houston ? Ici, *Atlantis*. Nous allons nous mettre en orbite.

Dehors, dans le noir, les étoiles lui semblèrent soudain très brillantes. L'une d'elles s'approchait à une vitesse folle, l'aveuglait. Elle était si près et si luisante que…

Georges se réveilla en sursaut. Il se trouvait dans un lit inconnu. Quelqu'un lui braquait une lampe torche dans les yeux.

— Georges, souffla la silhouette. Georges, lève-toi ! C'est urgent !

Chapitre premier

Georges avait mis du temps à choisir sa tenue. « Recrée ton objet spatial préféré », lui avait conseillé Éric Bellis, son voisin scientifique qui l'avait invité à une fête costumée. Le problème était que Georges était si fasciné par l'espace qu'il ne parvenait pas à faire son choix.

Se déguiserait-il en Saturne avec ses anneaux ?

Et pourquoi pas en Pluton ?

Et s'il prenait l'apparence de la force la plus sombre et la plus puissante de l'Univers ? Un trou noir ! Il chassa vite cette idée car, bien qu'étonnants, immenses et fascinants, les trous noirs ne faisaient pas franchement partie de ses objets spatiaux préférés. En effet, comment être attiré par ce phénomène si glouton qu'il avalait tout ce qui passait à proximité, même la lumière ?

Finalement, Georges arrêta son choix. Alors qu'il cherchait des images du Système solaire sur Internet avec son père, ils étaient tombés sur un cliché de Mars envoyé par un rover – un robot qui explorait la surface de la planète rouge. On aurait dit qu'une personne marchait sur le sol martien. Dès qu'il vit la photo, Georges décida qu'il se déguiserait en créature de Mars à la fête d'Éric. Même Daniel, le père de Georges, s'enthousiasma à cette

idée. Bien entendu, ils savaient tous les deux que les Martiens n'existaient pas, qu'il s'agissait en vérité d'un effet d'optique – un reflet lumineux sur un affleurement rocheux. Mais c'était tellement génial d'imaginer que nous n'étions peut-être pas seuls dans l'Univers.

— Papa, tu crois qu'il y a quelqu'un, là-haut ? demanda Georges devant l'écran. Comme des Martiens ou des êtres qui vivraient dans une galaxie éloignée. Tu penses qu'ils nous rendront visite, un jour ?

— À mon avis, ils nous observent déjà et ils se demandent pourquoi nous dégradons notre belle et merveilleuse planète. Ils doivent se dire que nous sommes vraiment idiots. Oui, quel gâchis.

Les parents de Georges étaient des militants écologistes bien décidés à sauver la Terre. Fidèles à leurs principes, ils bannissaient de leur maison les gadgets électroniques, comme le téléphone et l'ordinateur... Jusqu'au jour où Georges avait gagné le premier prix du concours de sciences de l'école et remporté... un ordinateur. Il en rêvait depuis si longtemps que ses parents n'avaient pas eu le courage de le lui refuser.

En fait, depuis que l'informatique était entrée dans leur maison, Georges leur avait appris à naviguer sur Internet et les avait même aidés à créer une publicité en ligne avec un texte percutant. À côté d'une grande photo de Vénus, on pouvait lire: « QUI AIMERAIT VIVRE ICI ? Des nuages d'acide sulfurique, des températures avoisinant les 470 °C... Les mers se sont asséchées, l'atmosphère est si dense que les rayons du soleil ne la transpercent pas. Voici Vénus. Si nous n'y faisons pas attention, cette planète pourrait être la Terre. Aimeriez-vous vivre dans un monde tel que celui-ci ? » Georges était très fier de cette affiche, que ses parents et leurs amis avaient fait circuler dans le monde entier, grâce à Internet, pour promouvoir leur cause.

VÉNUS

Vénus est la deuxième planète en partant du Soleil et la sixième plus grosse planète du Système solaire.

Vénus est l'objet le plus brillant dans le ciel après le Soleil et la Lune. Connue depuis l'époque préhistorique, Vénus doit son nom à la déesse romaine de la beauté. Les astronomes de la Grèce antique pensaient avoir affaire à deux étoiles – une qui brillait le matin, Phosphorus (« Celui qui apporte la lumière »), et une le soir, Hesperus, jusqu'à ce que Pythagore, philosophe et mathématicien grec, comprenne qu'il ne s'agissait que d'un seul et même objet.

Vénus est souvent considérée comme la jumelle de la Terre, car leur taille, leur masse et leur composition sont à peu près équivalentes.

Mais Vénus est très différente de la Terre !

Son atmosphère très épaisse et toxique est principalement composée de dioxyde de carbone et de nuages d'acide sulfurique. Cette couche nuageuse est si dense qu'elle capture la chaleur, ce qui fait de Vénus la planète la plus chaude du Système solaire. La température à sa surface peut avoisiner les 470 °C – c'est si chaud que le plomb y fondrait ! La pression atmosphérique y est 90 fois plus élevée que sur Terre : si nous nous posions à la surface de Vénus, nous subirions une pression équivalente à celle du fond d'un océan très profond de notre planète.

Les nuages denses et tourbillonnants de Vénus ne se contentent pas de piéger la chaleur. Ils réfléchissent aussi la lumière du Soleil, raison pour laquelle la planète brille tellement la nuit. Vénus a peut-être eu des océans par le passé, mais l'eau a été vaporisée par l'effet de serre et s'est échappée de la planète.

Vénus serait le dernier endroit du Système solaire susceptible d'accueillir la vie.

Certains scientifiques pensent que l'effet de serre sur Vénus est un avant-goût de ce qui attend la Terre si nous ne nous préoccupons pas du réchauffement de notre planète.

Depuis *Mariner 2* en 1962, Vénus a reçu plus de 20 fois la visite de sondes spatiales. La toute première qui se soit jamais posée sur une autre planète se nommait *Venera 7*. Lancée par les Soviétiques, elle a atterri sur Vénus en 1970. *Venera 9* a eu le temps d'envoyer des photos de sa surface pendant 60 minutes puis elle a fondu sur cette planète hostile ! Plus tard, l'orbiteur américain *Magellan* a utilisé des radars pour envoyer des images détaillées de la surface de Vénus qui était auparavant cachée par les épais nuages contenus dans son atmosphère.

Vénus tourne sur elle-même dans le sens inverse de la Terre ! Si l'on pouvait voir le Soleil à travers l'épaisse couche nuageuse, il se lèverait à l'ouest et se coucherait à l'est. Vénus a donc un mouvement rétrograde, contrairement à la Terre dont la rotation est prograde.

Sur Vénus, une année dure moins longtemps qu'une journée sur Terre ! En effet, Vénus tourne si lentement qu'elle met moins de temps à graviter autour du Soleil qu'il ne lui en faut pour tourner une fois autour de son axe.

Une année sur Vénus = 224,7 jours terrestres.

Un jour sur Vénus
= 243 jours terrestres

Environ deux fois par siècle, Vénus passe entre la Terre et le Soleil. On parle alors de « transit de Vénus ». Ces transits surviennent toujours par paires à huit ans d'intervalle. Depuis l'invention du télescope, des transits ont été observés en 1631 et 1639, 1761 et 1769, 1874 et 1882. Le 8 juin 2004, les astronomes ont observé le petit point qu'est Vénus avancer sur le Soleil. Le prochain transit aura lieu en 2020.

Vénus pivote sur son axe une fois tous les 243 jours terrestres.

Étant donné ce qu'il savait sur Vénus, Georges était à peu près sûr que cette planète malodorante et brûlante n'abritait aucune vie. Et il n'envisagea donc pas une seconde de se rendre à la fête d'Éric déguisé en Vénusien. Il préféra demander à sa maman, Rosemarie, de l'aider à fabriquer une drôle de tenue orange foncé, ainsi qu'un chapeau pointu assorti, afin de ressembler au Martien de l'ordinateur.

Vêtu de son costume, Georges souhaita une bonne soirée à ses parents, qui mitonnaient un repas bio pour des amis écologistes qu'ils avaient invités à dîner. Puis il se faufila par le trou de la clôture qui séparait son

jardin de celui d'Éric. Cette brèche était l'œuvre de Fred, le cochon domestique de Georges, que sa grand-mère lui avait offert. Un jour, Fred s'était échappé de sa porcherie, avait foncé dans le jardin voisin et pénétré dans la maison par la porte de derrière. Tandis qu'il suivait les empreintes laissées par Fred, Georges était tombé nez à nez avec les nouveaux habitants, qui venaient d'emménager. Cette rencontre avec Éric et sa fille Annie avait changé la vie de Georges à jamais[1].

Éric lui avait montré son fabuleux ordinateur, Cosmos. Celui-ci était si intelligent et si puissant qu'il créait des portes par lesquelles Éric, Annie et Georges partaient visiter tous les recoins de l'Univers connu.

Mais Georges n'avait pas tardé à découvrir que l'espace était un endroit très dangereux. Une de leurs aventures spatiales s'était d'ailleurs achevée par l'explosion de Cosmos, alors qu'il organisait une mission de secours.

Depuis ce jour terrible, Cosmos ne fonctionnait plus, et Georges ne pouvait plus se promener dans le Système solaire et au-delà. L'ordinateur lui manquait mais, au moins, il avait Éric et Annie qu'il voyait autant qu'il voulait… sur Terre uniquement.

D'un pas pressé, Georges suivit l'allée du jardin jusqu'à la porte de derrière. De la maison illuminée lui parvenaient des bavardages et de la musique.

Dans la cuisine, Georges ne vit ni Annie, ni Éric, ni Suzanne, mais plein d'autres personnes. Dès qu'il entra, un invité lui présenta une assiette pleine de muffins argentés.

---

1. Voir *Georges et les secrets de l'Univers.*

— Une météorite ? proposa-t-il à Georges avec une voix guillerette. Ou peut-être devrais-je dire : un météoroïde ?

— Euh… Oui, merci, monsieur, répondit Georges, un peu surpris. Vos muffins ont l'air délicieux, ajouta-t-il en se servant.

— Si je faisais ceci, continua l'homme en laissant tomber quelques gâteaux par terre, alors je pourrais dire : « Tu veux goûter mes météorites ? » parce qu'elles auraient heurté le sol. Mais, quand je t'en ai offert une, elles étaient en suspension dans l'air. Donc, techniquement, elles se nommaient encore « météoroïdes ».

Rayonnant de joie, il regarda Georges puis les muffins à ses pieds.

— Tu comprends la différence, maintenant ? poursuivit-il. Un météoroïde est un morceau de roche qui vole dans les airs, et une météorite est cette même roche qui s'écrase sur Terre.

Son muffin à la main, Georges lui sourit poliment, hocha la tête et se mit à reculer à pas lents.

— Aïe ! couina quelqu'un.

— Désolé ! s'exclama Georges, qui se retourna.

— Ce n'est pas grave ! Tu m'as juste écrasé le pied, répliqua Annie, vêtue de noir. De toute manière, tu ne pouvais pas me voir, puisque je suis invisible !

Elle lui chipa son muffin et n'en fit qu'une bouchée.

— Tu t'es aperçu que j'étais dans la cuisine à cause de l'effet que je produis sur les objets autour de moi. Je suis quoi, à ton avis ?

— Un trou noir ! Tu engloutis tout ce qui passe à ta portée, espèce de gourmande.

— Non ! répondit Annie, extrêmement contente d'elle. Je savais que tu dirais ça, mais c'est faux ! Je suis… Je suis de la matière noire.

— Qu'est-ce que c'est ? l'interrogea Georges.

— Personne ne le sait, répondit Annie sur un ton mystérieux. Nous ne pouvons pas la voir, mais elle semble absolument essentielle à la cohésion des galaxies. Et toi ?

— Hum… Eh bien, je suis un habitant de Mars… Tu sais, d'après les photos…

— Ah oui ! On dira que tu es mon ancêtre martien. C'est cool !

Autour d'eux, la fête battait son plein. Des groupes d'adultes aux tenues plus extravagantes les unes que les autres grignotaient debout, buvaient, discutaient fort. Un homme s'était déguisé en four à micro-ondes, un autre en fusée. Une femme portait un badge représentant l'explosion d'une étoile. Un invité s'était coiffé d'une parabole miniature. Un scientifique bondissait à travers la pièce dans un costume vert fluo en répétant aux invités : « Conduisez-moi à votre chef ! » Plus loin, un type soufflait dans un énorme ballon sur lequel était écrit en majuscules : L'UNIVERS GONFLE. Un autre, vêtu de rouge, s'approchait des invités puis reculait en vitesse. À ses côtés, un savant portait autour du ventre des anneaux en plastique de tailles différentes, auxquels il avait fixé des balles. Chaque fois qu'il marchait, ses anneaux tournoyaient.

— Annie, murmura Georges, perplexe. Tu peux me dire en quoi ils sont déguisés ?

— Voyons… Leurs costumes ont tous un rapport avec l'espace. Il suffit de réfléchir un peu.

— Vas-y, je t'écoute.

— Eh bien, tu vois l'homme en rouge, là-bas ? Comme il évite tout le monde, il se prend pour un décalage vers le rouge.

— Un quoi ? marmonna Georges.

— Prenons un objet lointain dans l'Univers, comme une galaxie. Si elle s'éloigne de toi, sa lumière te paraîtra rouge. C'est tout simple ! Les autres se sont déguisés en objets que l'on trouve dans l'Univers, des micro-ondes ou des planètes distantes…

Annie répondait avec aisance, comme s'il était normal pour une fillette de son âge de connaître ce genre de choses et d'en discuter pendant une fête. Une fois de plus, Georges fut piqué par la jalousie. Il adorait les sciences et passait beaucoup de temps à lire à la bibliothèque, à chercher des articles sur Internet, à harceler Éric de questions… Georges voulait être scientifique, plus tard. Ainsi, il apprendrait tout ce qu'il y a à savoir, et peut-être ferait-il lui aussi des découvertes fantastiques ? De son côté, Annie semblait moins impressionnée par les merveilles de l'Univers.

Lors de leur première rencontre, Annie souhaitait devenir danseuse. Depuis, elle avait changé d'avis et choisi le métier de footballeuse. Désormais, au lieu de passer son temps libre en tutu rose et blanc, elle tapait sans arrêt dans un ballon au fond du jardin et obligeait Georges à jouer les gardiens de but. Malgré cela, elle s'y connaissait toujours plus en sciences que lui.

Le père d'Annie, Éric, apparut alors, vêtu de ses habits de tous les jours.

— Éric ! s'écria Georges, qui avait des centaines de questions à lui poser. Vous êtes déguisé en quoi ?

COMMENT LA LUMIÈRE VOYAGE-T-ELLE DANS L'ESPACE ?

L'un des phénomènes les plus importants dans l'Univers se nomme le « champ électromagnétique ». Il se produit partout. Non seulement il maintient les atomes ensemble, mais il oblige de minuscules morceaux d'atome (les électrons) à relier différents atomes ou à créer des courants électriques. Notre environnement est composé d'un très grand nombre d'atomes assemblés par le champ électromagnétique. Même les êtres vivants (les hommes, par exemple) ont besoin de lui pour exister et fonctionner.

L'oscillation d'un électron provoque des vagues dans le champ – comme si on agitait la main dans son bain, créant ainsi des ondulations dans l'eau. Ce sont des « ondes électromagnétiques ». Vu que ce champ se situe partout, les ondes voyagent dans l'Univers jusqu'à ce qu'elles soient stoppées par d'autres électrons qui absorbent leur énergie. Il en existe de différents types, comme celles qui affectent l'œil humain : les diverses couleurs de la lumière visible. Mais il y a aussi les ondes radio, les micro-ondes, les infrarouges, les ultraviolets, les rayons X, les rayons gamma. Les électrons sont constamment agités, par des atomes qui sont eux aussi tout le temps agités. Par conséquent, des ondes électromagnétiques sont sans cesse produites par des objets. À température ambiante, il y a beaucoup d'infrarouges, mais, dans des objets plus chauds, l'agitation devient plus violente et produit de la lumière visible.

La lumière voyage à 299 792,5 km/s. Cela semble très rapide, mais la lumière du Soleil met 8 minutes pour nous atteindre et celle de l'étoile la plus proche plus de 4 ans !

Des objets spatiaux très chauds comme les étoiles produisent une lumière visible, qui peut voyager très longtemps avant de heurter quelque chose. Quand nous regardons une étoile, sa lumière a pu se déplacer sereinement dans l'espace pendant des centaines d'années. Elle pénètre dans nos yeux et, quand elle agite les électrons de nos rétines, elle se transforme en électricité qui est envoyée *via* notre nerf optique à notre cerveau. Celui-ci dit alors : « Je vois une étoile ! » Si l'étoile est très éloignée, nous aurons peut-être besoin d'un télescope. Il recueillera assez de lumière pour que notre œil détecte cette étoile. Les électrons agités peuvent aussi créer une photographie ou envoyer un signal à un ordinateur.

L'Univers s'étend constamment, il gonfle comme un ballon. Cela signifie que les étoiles et les galaxies lointaines s'éloignent de la Terre. Cela étire leur lumière tandis qu'elle voyage dans l'espace et vient dans notre direction. Plus son voyage est long, plus elle s'étire. Cette extension fait que la lumière visible devient plus rouge – on appelle cela un « décalage vers le rouge ». Si elle voyageait assez loin et devenait assez rouge, la lumière ne serait plus visible et se transformerait d'abord en infrarouges puis en rayonnement micro-ondes (comme on en utilise sur Terre dans les micro-ondes). Voilà exactement ce qui est arrivé à la lumière incroyablement puissante du Big Bang : après avoir voyagé 13 milliards d'années, elle a été détectée en tant que micro-ondes venant de toutes les directions dans l'espace. On parle de « fond diffus cosmologique », ce qui n'est rien d'autre que la luminescence résiduelle du Big Bang lui-même.

— Moi ? Je suis la seule forme de vie intelligente dans l'Univers, répondit-il avec modestie.

— Pardon ? Vous êtes la seule personne intelligente de l'Univers ?

Éric éclata de rire et désigna les autres scientifiques.

— Pas si fort ! Tu risques de les vexer ! Je suis déguisé en être humain, la seule forme de vie intelligente qui soit, dans l'état actuel des connaissances.

— Oh ! lâcha Georges. Vous pouvez me dire en quoi vos amis sont déguisés ? Et pourquoi la lumière rouge signifie que quelque chose s'éloigne. Je n'ai pas compris...

— Tu comprendrais si quelqu'un prenait le temps de t'expliquer, répondit gentiment Éric.

— Vous, par exemple, le supplia Georges. Comme avec les trous noirs ! Je veux tout savoir sur l'Univers. Éric, parlez-moi des trucs rouges, de la matière noire et du reste !

— C'est-à-dire... bredouilla Éric. Georges, j'aimerais beaucoup discuter de l'Univers avec toi, mais il y a un léger problème : je n'en aurai peut-être pas le temps avant de... Attends, une seconde... J'ai une...

Il ne finit pas sa phrase, et son regard se perdit dans le vide, comme chaque fois qu'il réfléchissait. Il ôta ses lunettes et les nettoya avec le bas de son tee-shirt, puis les replaça de travers sur son nez, comme à son habitude.

— Je sais ! s'exclama-t-il soudain avec enthousiasme. Ce ne sera pas compliqué ! Georges, j'ai une idée.

Il s'empara d'une baguette et tapa sur un gong en cuivre, qui résonna longuement.

— Bien, approchez, je vous prie ! clama Éric. Allez, dépêchez-vous. J'ai quelque chose à vous dire.

Un courant d'excitation parcourut l'assistance.

— C'est avec grand plaisir que j'ai convié aujourd'hui l'Ordre des sciences à cette fête…

— Hourra ! s'écria quelqu'un au fond.

— J'aimerais que vous réfléchissiez tous à quelques questions que mon ami Georges m'a posées. Pour commencer, il meurt d'envie de savoir en quoi vous êtes déguisés.

Éric désigna l'homme aux anneaux.

— Je suis, déclara le scientifique d'un air enjoué, un système planétaire lointain, où nous pourrions trouver une autre planète Terre.

— Annie, chuchota Georges. T-Rex n'avait-il pas lui aussi l'intention de… découvrir de nouvelles planètes ?

Ancien collègue d'Éric, le professeur Tiburce Rex se servait de la science pour satisfaire ses propres intérêts. Il avait convaincu Éric qu'il avait trouvé une exoplanète (une planète en orbite autour d'une autre étoile que notre Soleil) capable d'accueillir des hommes. Mais, en vérité, il avait tendu un piège à Éric et l'avait envoyé près d'un trou noir durant ses recherches. Le professeur Rex comptait se débarrasser d'Éric afin de mettre la main sur Cosmos, l'ordinateur le plus puissant au monde. Mais ses sombres machinations avaient échoué, et Éric était revenu sain et sauf de son séjour dans un trou noir.

Nul ne savait où se trouvait le professeur Rex à présent, car il s'était enfui après l'échec de son plan diabolique. À l'époque, Georges avait supplié Éric de le punir, mais ce dernier avait préféré le laisser partir.

— La spécialité du professeur Rex consistait à chercher des planètes, commenta Annie. Mais nous ignorons s'il a fini par en découvrir une. Après tout, la planète qu'il a mentionnée dans sa lettre à papa existe peut-être !

— Merci, Sam. Combien de planètes as-tu déjà découvertes ?

— Pour le moment, répliqua Sam dont les anneaux tremblotaient quand il parlait, trois cent trente et une exoplanètes, dont plus d'une centaine qui orbitent autour d'étoiles à proximité. Parfois, plusieurs planètes gravitent autour d'une seule et même étoile. Je suis un système proche, qui comporte cinq planètes en orbite autour d'une étoile.

— Proche comment ? murmura Georges à l'oreille d'Annie, qui transmit le message à Éric.

Celui-ci lui répondit, et Annie relaya la réponse à Georges :

— Environ quarante années-lumière… C'est-à-dire 376 billions de kilomètres. Ce qui est proche à l'échelle de l'Univers.

— As-tu vu quelque chose qui ressemblerait à la Terre ? Une planète que nous pourrions habiter ?

— Certaines seraient des refuges possibles. Ce qui ne nous empêche pas de continuer notre chasse aux planètes.

— Merci, Sam, conclut Éric. Maintenant, j'aimerais que chacun d'entre vous réponde aux questions de Georges.

Il leur tendit des stylos et du papier.

— Avant la fin de la fête, pourriez-vous écrire une page ou deux sur la partie que vous considérez comme la plus intéressante de votre spécialité scientifique ?

N'hésitez pas à m'envoyer la suite par la poste ou par e-mail, si vous n'avez pas le temps de finir aujourd'hui.

Les savants semblaient ravis. Normal, ils adoraient parler de leur domaine de prédilection.

— Avant que vous retourniez à vos occupations, ajouta vite Éric, j'ai une autre petite annonce à faire et, cette fois-ci, elle me concerne. J'ai la joie et l'honneur de vous apprendre que j'ai décroché un nouveau poste. Je vais travailler pour l'Agence spatiale globale, où je chercherai des signes de vie dans notre Système solaire. Et je commencerai par Mars.

— Waouh ! s'exclama Georges. C'est génial !

Quand il se tourna vers Annie, il ne parvint pas à croiser son regard.

— Donc, dans quelques jours, ma famille et moi allons faire nos cartons et nous rendre au siège de l'Agence spatiale globale… aux États-Unis.

À cet instant, l'univers de Georges implosa.

Chapitre 2

Sous les yeux effarés de Georges, ses voisins se préparaient à partir et faisaient leurs malles. Comme il désirait passer le plus de temps possible avec eux avant qu'ils disparaissent de son existence, Georges se rendit tous les jours chez Éric. À l'intérieur de la

maison, toutes leurs affaires étaient empaquetées puis englouties dans de gros cartons portant des autocollants « Agence spatiale globale ». La valse des camions de déménagement donnait le tournis.

— Comme c'est chouette ! répétait sans arrêt Annie. Nous partons en Amérique. Je vais voir des stars d'Hollywood ! Manger d'énormes hamburgers ! Visiter New York !

Etc. Etc. Continuellement, elle parlait de la vie fabuleuse qui les attendait, dans ce pays où tout serait mieux… Parfois Georges lui glissait que ce ne serait peut-être pas aussi fantastique qu'elle le pensait. Mais

Annie était trop excitée par cette vie rêvée aux États-Unis pour lui prêter attention.

Éric et Suzanne dissimulèrent un peu mieux leur enthousiasme à la perspective de ce grand changement afin de ne pas trop contrarier Georges. C'était peine perdue… Un jour, alors que la maison était quasiment vide, Georges aidait Éric à emballer ses précieux objets scientifiques dans du papier journal avant de les déposer avec soin dans de grosses caisses.

— Vous reviendrez ? marmonna-t-il.

Dans la bibliothèque, il ne restait aucune photo aux murs, et les étagères qui tapissaient la pièce ne comptaient plus que quelques livres. La maison devenait aussi triste et vide que le jour où ils avaient emménagé.

— Cela dépend ! s'exclama Éric. Peut-être voudra-t-on bien de moi à bord de la prochaine mission spatiale, et qui sait si je ne resterai pas toute ma vie dans l'espace !

Quand il vit la mine déconfite de Georges, il se rattrapa :

— Non, non ! Ce n'est pas ce que je voulais dire ! Je ne vous abandonnerai pas. Je ferai un saut sur Terre de temps à autre.

— Reviendrez-vous vivre ici ? insista Georges. Dans votre maison ?

— Ce n'est pas vraiment la mienne, rectifia Éric. Un jour, on m'a proposé de venir ici afin que je puisse travailler en secret sur Cosmos. Mais, malheureusement, quelqu'un – Tiburce Rex, pour ne pas le nommer – m'avait précédé.

— Comment le professeur Rex a-t-il pu savoir que vous viendriez ici ? demanda Georges tout en empaquetant un vieux télescope.

— Eh bien… Maintenant que j'y repense, ce n'était pas très judicieux de ma part de choisir cette maison. Tu vois, elle appartenait à notre ancien directeur de labo, l'un des plus grands scientifiques qui aient jamais vécu. Nul ne sait où il se trouve aujourd'hui, comme s'il s'était envolé. Mais, avant son départ, il m'avait écrit que sa demeure serait l'endroit idéal pour finaliser Cosmos. Il savait que je devais mettre mon ordinateur à l'abri, mais en fait, ajouta Éric dans un soupir, je n'ai pas su le protéger…

Georges posa le télescope et attrapa son cartable. Il en sortit un paquet de biscuits à la confiture, qu'il tendit à Éric.

— Mes préférés ! s'exclama le scientifique. Et si je nous préparais une tasse de thé pour les accompagner ? Euh… Je crois que j'ai déjà emballé la bouilloire…

Georges croqua un biscuit avant de poursuivre, comme si c'était sa dernière chance de pouvoir poser la question.

— Éric, pourquoi vous ne fabriquez pas un autre Cosmos ?

— Si je le pouvais, je n'hésiterais pas. Mais mon directeur de labo, Tiburce Rex et moi avons conçu le prototype ensemble, il y a de nombreuses années. La version moderne de Cosmos comporte encore des caractéristiques originelles de ce premier ordinateur. Voilà pourquoi il m'est impossible d'en construire un autre. Sans mes deux partenaires, j'ignore par où commencer. L'un a disparu et l'autre… eh bien, nous connaissons son parcours.

Éric lécha la confiture au centre du biscuit.

— D'une certaine manière, poursuivit-il, la panne de Cosmos a changé nos vies. Sans lui, je dois chercher d'autres moyens de continuer mon travail dans l'espace. Et je ne m'angoisserai plus à l'idée que quelqu'un découvre mon super-ordinateur et essaie de le voler. Nous avons si souvent déménagé pour éloigner Cosmos de tout danger. Pauvre Annie, elle a vécu dans tellement de maisons différentes. Mais c'est ici qu'elle a été la plus heureuse.

— Ah oui… grogna Georges. On ne dirait pas…

— Elle ne veut pas te quitter, Georges. Tu es son meilleur ami. Tu vas lui manquer, même si elle ne le montre pas. Des amis comme toi, ça ne se trouve pas tous les jours.

— Elle me manquera aussi, marmonna Georges qui rougit jusqu'aux oreilles. Ainsi que Suzanne et vous.

— Nous nous reverrons, le rassura Éric. Et puis cela passera. En tout cas, si tu as besoin de moi, n'hésite pas à me contacter. Tu peux compter sur moi, Georges.

— Euh… Merci ! Au fait, est-ce bien raisonnable de partir ?

Georges s'accrochait à un dernier espoir.

— Oui, ajouta-t-il. Et si Rex vous suivait aux États-Unis ?

— Je ne crois pas que ce pauvre vieux Rex puisse me faire beaucoup de tort, maintenant…

— Ce pauvre vieux Rex ? s'écria Georges. Il vous a expédié dans un trou noir, et vous êtes désolé pour lui ? Je ne comprends plus. D'ailleurs, pourquoi ne lui avez-vous pas réglé son compte quand vous en aviez l'occasion ?

— J'ai déjà ruiné sa vie.

Éric ne laissa pas le temps à Georges d'intervenir :

— Écoute, vu ce qui s'est passé, il a eu sa revanche et je ne pense pas entendre à nouveau parler de lui. De toute manière, Cosmos ne fonctionne plus. Que voudrait-il de plus ? Ma famille et moi ne craignons rien. Et puis l'Agence spatiale globale m'a offert ce poste en or. Georges, je vais chercher des signes de vie sur Mars et dans le Système solaire ! Ça ne se refuse pas !

— J'imagine, marmonna Georges. Vous me préviendrez si vous trouvez quelque chose ?

— Promis. Tu seras parmi les premiers au courant. Au fait, j'aimerais que tu gardes ce télescope.

Il désigna le cylindre en bronze que Georges emballait consciencieusement.

— Pour que tu continues à regarder les étoiles.

— O.K. ! C'est vrai ? répondit Georges, tout content, en dépliant le journal et en soupesant le tube lisse et froid. Mais il a une très grande valeur !

— Toi aussi. Ainsi que les observations que tu feras quand tu t'en serviras. Pour t'aider, j'ai aussi un autre cadeau de départ pour toi.

Éric plongea la main dans un carton de livres et, l'air triomphant, il en sortit un volume jaune fluo qu'il agita devant lui. Le titre en lettres majuscules disait : *LE PETIT GUIDE DE L'UNIVERS*.

— Tu te souviens quand j'ai demandé à mes amis scientifiques, lors de la fête costumée, d'écrire une page qui répondrait à certaines questions que tu te poses ? Eh bien, j'ai réuni leurs réponses dans un livre que je vous remets, à toi et à Annie. Le voilà. Lis-le et rappelle-toi que je voulais que tu comprennes une chose sur le métier de scientifique. Mes amis – mes collègues – et moi aimons suivre les travaux des autres et en discuter. Nous échangeons nos théories, nos idées, et voici ce qui est vraiment important et amusant dans notre travail de scientifiques : avoir des confrères qui vous aident, vous inspirent et vous proposent des défis. Je te l'offre maintenant parce que je me suis dit que tu aimerais feuilleter les premières pages avec moi. C'est moi qui les ai écrites, ajouta-t-il modestement.

Éric commença sa lecture.

POURQUOI NOUS RENDONS-NOUS DANS L'ESPACE ?

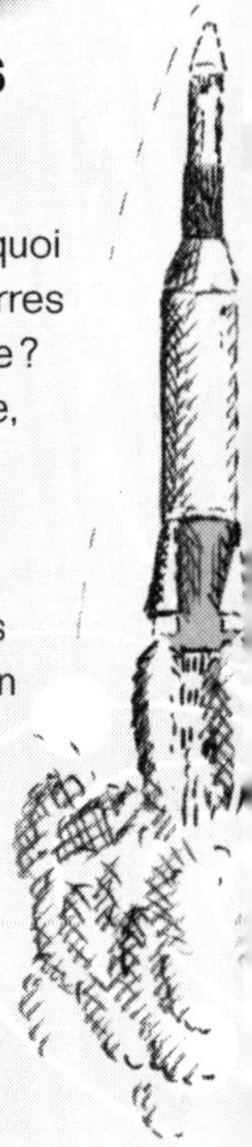

Pourquoi nous rendons-nous dans l'espace ? Pourquoi tous ces efforts et tout cet argent pour quelques pierres de lune ? N'avons-nous pas mieux à faire ici, sur Terre ?

Eh bien, imaginons l'Europe avant 1492. À l'époque, les gens pensaient que c'était une grosse perte d'argent d'envoyer Christophe Colomb courir après une chimère. Puis il a découvert l'Amérique et beaucoup de choses ont changé. Tiens, sans lui, nous n'aurions peut-être jamais mangé de hamburger ! Ce n'est qu'un exemple…

L'exploration de l'espace aura un effet encore plus considérable. Elle changera complètement l'avenir des hommes et pourrait décider si, justement, nous avons un avenir.

Elle ne résoudra pas tous nos problèmes actuels sur Terre, mais elle nous aidera à les appréhender de manière différente. L'heure est venue de regarder vers l'extérieur et l'Univers. Fini de se contempler le nombril sur une planète de plus en plus surpeuplée.

L'envoi de l'espèce humaine dans l'espace n'aura pas lieu du jour au lendemain. Il faudra au bas mot des centaines voire des milliers d'années. Mais nous pourrions avoir une base sur la Lune dans les trente ans à venir, atteindre Mars d'ici cinquante ans et explorer les lunes de planètes supérieures dans deux cents ans. Et je parle de vols habités. Nous avons déjà téléguidé des rovers sur Mars et posé une sonde sur Titan – une lune de Saturne –, mais puisqu'il s'agit de l'avenir des êtres humains, nous devons nous y rendre nous-mêmes et ne plus compter sur des robots.

Mais où aller ? Maintenant que des astronautes ont vécu des mois dans la Station spatiale internationale (ISS, en anglais), nous savons que des hommes peuvent survivre loin de la planète Terre. Nous savons également que vivre en apesanteur dans l'ISS pose de multiples problèmes. Ce n'est pas bon pour l'homme de demeurer longtemps en apesanteur, et si nous devions posséder une base spatiale, il faudrait la construire sur une planète ou une lune.

Laquelle choisir ? La réponse la plus évidente serait la Lune. Elle est proche de nous et assez accessible. Nous nous sommes déjà posés à sa surface et avons parcouru quelques kilomètres en jeep. D'un autre côté, la Lune est petite, sans atmosphère, sans champ magnétique pour dévier les particules de vent solaire comme sur Terre. Il n'y a pas d'eau liquide, mais peut-être de la glace dans les cratères aux pôles Nord et Sud. Une colonie basée sur la Lune pourrait l'utiliser comme source d'oxygène, et fonctionner grâce à l'énergie nucléaire ou à des panneaux solaires. La Lune pourrait être utilisée comme base pour des voyages vers le reste du Système solaire.

Et Mars ? C'est notre deuxième cible préférée. Mars est plus éloignée du Soleil que la Terre. Vu qu'elle est moins réchauffée par les rayons du Soleil, ses températures sont beaucoup plus froides. Autrefois, Mars disposait d'un champ magnétique, mais il s'est dégradé il y a 4 milliards d'années, emportant avec lui une grande partie de son atmosphère et laissant l'équivalent de 1 % de la pression terrestre (due au poids de l'air au-dessus de nous dans l'atmosphère).

Par le passé, la pression atmosphérique devait y être plus élevée car nous distinguons des canaux et des lacs asséchés. L'eau liquide ne peut pas exister sur Mars aujourd'hui parce qu'elle s'évaporerait.

Cependant, il y a beaucoup d'eau sous forme de glace au niveau des deux pôles. Si nous allions vivre sur Mars, nous pourrions l'utiliser, ainsi que les minéraux et les métaux que les volcans ont ramenés à la surface.

En conclusion, la Lune et Mars pourraient nous convenir. Quel autre choix se présente à nous dans le Système solaire ? Mercure et Vénus sont bien trop chaudes ; Jupiter et Saturne sont des géantes gazeuses sans surface solide…

Les lunes de Mars sont trop petites. Certaines lunes de Jupiter et de Saturne feraient peut-être l'affaire. Titan, une lune de Saturne, est plus grande et plus massive que notre Lune et possède une atmosphère dense. La mission *Cassini-Huygens* de la NASA (Administration nationale de l'aéronautique et de l'espace) et de l'ESA (Agence spatiale européenne) a posé une sonde sur Titan, qui a envoyé des images de sa surface. Néanmoins, ce satellite est très froid vu son éloignement du Soleil et ça ne me dit rien de vivre à côté d'un lac de méthane liquide.

Poussons plus loin, au-delà du Système solaire. Nous savons que quelques étoiles ont des planètes en orbite autour d'elles. Jusqu'à récemment, nous ne pouvions voir que des planètes géantes de la taille de Jupiter ou de Saturne. À présent, nous en repérons de plus petites, assez identiques à la Terre. Certaines se trouvent dans la zone habitable galactique. La distance entre elles et leur étoile impliquerait une présence d'eau à leur surface ; il existe peut-être un millier d'étoiles dans un rayon de 10 années-lumière autour de la Terre. Si 1 % d'entre elles ont une planète de la taille de la Terre dans la zone habitable galactique, nous voilà avec dix nouveaux mondes potentiels.

LE PETIT GUIDE DE L'UNIVERS

Pour l'instant, nous ne pouvons pas nous rendre loin dans l'Univers. En fait, nous ignorons comment nous serons capables de parcourir de telles distances. Ce sera donc notre principale mission dans les 200 à 500 prochaines années. Les hommes sont une espèce à part depuis environ 2 millions d'années. La civilisation a commencé il y a 10000 ans et nous nous sommes développés à une vitesse toujours croissante. Aujourd'hui, nous vivons une époque où nous avons le courage de nous rendre où nul autre n'était allé auparavant. Qui sait ce que nous trouverons ? Qui sait ce que nous rencontrerons ?

Bonne chance lors de vos voyages cosmiques. J'espère que ce petit guide vous sera utile.

Avec mes meilleurs vœux interstellaires,

Éric

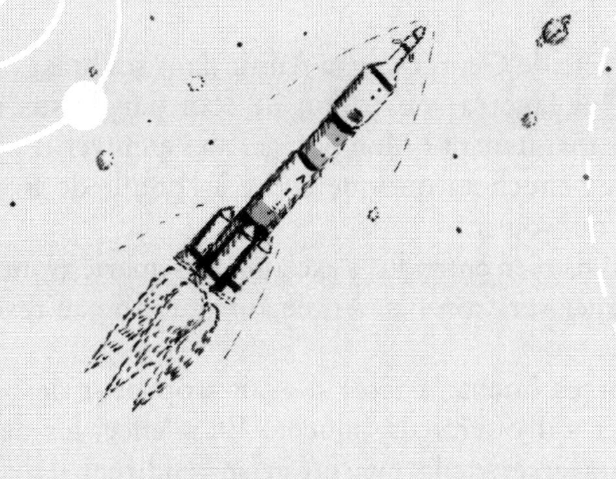

Chapitre 3

Finalement, le jour vint où les portes du dernier camion de déménagement se refermèrent. Sur le trottoir, Éric, Annie et Suzanne disaient au revoir à Georges et à ses parents.

— Ne vous inquiétez pas, les rassura le père de Georges. Je garderai un œil sur la maison pour vous et je m'occuperai un peu du jardin.

Il donna à Éric une poignée de main si ferme que le scientifique blêmit puis se frotta les doigts discrètement.

La mère de Georges serra Annie dans ses bras.

— Qui lancera son ballon de foot par-dessus ma clôture maintenant ? Mon potager va s'ennuyer...

Annie chuchota quelque chose à l'oreille de Rosemarie, qui sourit.

— Mais bien entendu ! s'exclama Rosemarie avant de se tourner vers son fils. Annie aimerait dire au revoir à Fred.

Georges hocha la tête : il avait trop peur de bredouiller s'il ouvrait la bouche. En silence, les deux amis traversèrent la maison et se rendirent dans le jardin.

— Au revoir, Fred, murmura Annie, penchée audessus de l'enclos. Tu vas tellement me manquer !

Georges inspira profondément.

— Tu lui manqueras aussi, dit-il d'une voix tremblotante à force de retenir ses larmes. Il t'aime vraiment beaucoup. Il a passé de super moments depuis que tu es là… Ce ne sera plus du tout pareil, une fois que tu seras partie.

— Moi aussi, je me suis bien amusée.

— Fred espère qu'en Amérique tu ne rencontreras pas un autre cochon que tu aimeras autant que lui.

— Je n'aimerai jamais un autre cochon autant que Fred, déclara Annie. C'est le plus merveilleux cochon que je connaisse.

— Annie ! appela Suzanne dans la maison. Annie, on s'en va !

— Fred te trouve géniale et il attend ton retour avec impatience.

— Au revoir, Georges.

— Au revoir, Annie. À bientôt dans l'espace !

La fillette s'éloigna à pas lents. Georges se faufila dans l'enclos et s'assit sur la paille chaude.

— Il ne reste plus que nous deux, Fred, mon cochon cosmique, soupira-t-il. Comme avant.

Après le départ des Bellis, un calme horrible s'installa dans le jardin. Les jours s'étiraient en longueur et se ressemblaient tous. Il n'y avait rien de spécial à signaler dans la vie de Georges, ces derniers temps. L'horrible professeur Rex avait quitté le collège et, depuis que Georges avait gagné le grand concours de sciences, il déjeunait tous les jours avec des amis. La bande qui lui pourrissait l'existence le laissait à présent tranquille. Chez lui, Georges se servait de son ordinateur pour faire ses devoirs et trouver des informations récentes – en sciences, généralement, sa matière préférée – et pour envoyer des e-mails à ses amis. Il surfait souvent sur des sites d'astronomie afin de se tenir au courant des nouvelles découvertes. Il adorait regarder les photos prises par les observatoires basés dans l'espace, comme le télescope

Hubble, et lire les comptes rendus des astronautes après une mission.

Mais, même si ces recherches le fascinaient, ce n'était pas pareil sans Annie et ses parents ; il ne pouvait plus partager ses trouvailles avec eux. Tous les soirs, Georges contemplait le ciel en espérant voir une étoile filante tomber sur Terre, signe que ses aventures cosmiques ne seraient pas terminées. Aucune ne surgissait dans l'obscurité.

Un jour, alors qu'il avait perdu tout espoir, il reçut un e-mail très surprenant de la part d'Annie. Il lui avait écrit de nombreuses fois, et, en retour, elle lui rédigeait des messages décousus, pleins de longues histoires ennuyeuses à propos d'élèves qu'il n'avait jamais rencontrés.

Ce message-ci était différent :

> Georges,
> Maman et papa ont écrit à tes parents pour t'inviter à passer les vacances chez nous. TU DOIS VENIR ! En fait, j'ai besoin de toi pour une mission… COSMIQUE !
> Ne fais pas ta poule mouillée… Un conseil, ne parle pas de nos aventures spatiales, tes parents ne comprendraient pas ! Même papa a dit NON alors que la situation est trop grave. Dis que tu viens pour des vacances normales. TA COMBINAISON SPATIALE EST PRÊTE ! A+ DANS L'UNIVERS ! ANNIE.

Georges lui répondit aussitôt :

> Quoi ?? Quand ?? Où ??

La réponse d'Annie fut très courte :

> Je ne peux pas t'en dire plus.
> Arrange-toi pour venir. Dévalise une banque et arrive. Biz, A.

Abasourdi, Georges demeura rivé devant son écran. Il mourait d'envie de se rendre chez Annie en Floride, d'autant plus qu'il y avait une aventure spatiale à la clé ! Mais comment ? Par quel moyen se rendre aux États-Unis ? Et si ses parents disaient non ? Serait-il obligé de fuguer et de se cacher dans un paquebot à destination du Nouveau Monde ? Ou de monter en douce dans un avion ? Après tout, il était déjà allé dans l'espace en passant par un portail créé par un ordinateur, alors que c'était interdit. Tout à coup, partir aux États-Unis lui sembla bien plus compliqué que récupérer quelqu'un dans un trou noir. « La vie sur Terre… pensa-t-il. La vie sur Terre ne vaut pas la vie dans l'espace. »

Et là il eut une idée de génie : mamie ! C'était d'elle qu'il avait besoin ! Vite, il lui envoya un message :

> Chère mamie,
> Je dois aller en Amérique BIENTÔT.
> Une amie m'a invité, et c'est très, très important. Désolé, je ne peux pas t'expliquer maintenant. Tu peux m'aider ?

La réponse lui parvint au bout de quelques secondes :

> J'arrive, Georges. Ne bouge pas, je vais arranger cela. Je t'aime, Mamie.

Et effectivement, une heure plus tard, quelqu'un tambourina à la porte d'entrée. Le père de Georges alla ouvrir, mais à peine avait-il mis la main sur la poignée que sa mère entra telle une furie, canne en avant, l'air très en colère.

— Daniel ! Georges doit se rendre en Amérique chez des amis, annonça-t-elle sans dire bonjour, la canne pointée en direction de son fils.

— Maman ! s'exclama Daniel, apparemment énervé. Comment oses-tu te mêler de cela ?

— Je ne t'entends pas. Tu as oublié que j'étais sourde ?

Elle brandit un carnet et un crayon.

— Non, je n'ai pas oublié, marmonna-t-il entre ses dents.

Que Georges aille en Floride ou non, ce ne sont pas tes affaires, écrivit-il dans son carnet.

Mamie fit un clin d'œil complice à Georges, qui lui décocha un rapide sourire.

De retour du jardin, Rosemarie s'approcha. Elle frottait ses mains sales dans un torchon.

— Voilà qui est étrange. Nous avons reçu ce matin une lettre de Suzanne et d'Éric, qui t'invitent pendant les vacances scolaires. Comment mamie peut-elle déjà être au courant ?

— Euh... Elle est peut-être médium, tenta Georges.

— Je vois... continua Rosemarie, perplexe. Suzanne et Éric avaient décidé de nous prévenir en premier, au cas où nous ne pourrions pas t'envoyer. Ils ne voulaient pas que tu sois déçu, tu comprends... Georges, nous n'avons pas les moyens de t'offrir le billet.

— Alors, c'est moi qui paierai, rétorqua mamie.

— Tu n'es plus sourde ? remarqua Daniel, qui griffonnait dans le carnet.

— Je lis sur les lèvres, répondit mamie en toute hâte. Je n'entends absolument rien, comme tu le sais.

Vous ne pouvez pas vous permettre une telle folie, écrivit Rosemarie.

— Je fais ce que je veux, quand je veux ! s'écria mamie. J'ai plein d'argent caché sous mon plancher ! Plus que vous ne pourriez en dépenser ! Et si vous refusez d'envoyer ce petit seul, alors je l'accompagnerai ! J'ai des amis en Floride que je n'ai pas vus depuis des années. Qu'en penses-tu, Georges ?

Rayonnant de joie, Georges hocha la tête tellement de fois qu'il crut qu'elle allait se décrocher. Puis il se tourna vers ses parents pour voir leur réaction. Il aurait parié qu'ils refuseraient en bloc, car il lui faudrait voyager en avion – un mode de transport qu'ils désapprouvaient, en théorie.

Par chance, mamie avait déjà réfléchi au problème !

— Vous savez, lança-t-elle avec désinvolture, je ne vois pas pourquoi Georges et moi serions les seuls à partir... Cela fait très longtemps que Rosemarie et toi n'avez pas quitté ce pays. Il y a sûrement une destination qui vous attire, un endroit où vous pourriez changer les choses... si seulement vous disposiez de temps et d'un billet d'avion...

Daniel en demeura bouche bée. Et là, Georges comprit que son ingénieuse grand-mère avait marqué un point.

— Aucune expédition que vous aimeriez entreprendre ? insista-t-elle.

Sur le visage de son fils, la colère avait fait place à l'espoir.

— Tu sais, Rosemarie, si Georges allait en vacances en Floride et si mamie nous aidait à payer le billet d'avion, nous pourrions faire ce voyage dans le Pacifique Sud dont nous rêvons depuis longtemps et contacter là-bas les associations de défense de l'environnement.

Rosemarie réfléchit quelques secondes.

— Pourquoi pas ? Éric et Suzanne prendront bien soin de Georges.

— Excellent ! s'écria mamie, déterminée à conclure le marché avant que quelqu'un change d'avis. Voilà ce que nous allons faire : Georges va en Floride et vous prenez des vacances – je veux dire, vous partez sauver le monde. Je m'occupe des billets, et au revoir l'Angleterre !

Le père de Georges secoua la tête.

— Maman, tu n'entendrais pas quand ça t'arrange ?

Un sourire plein de regrets aux lèvres, mamie désigna ses oreilles.

— Pardon ? Qu'est-ce que tu dis ?

Georges faillit éclater de rire. Grâce à l'intervention de mamie, il irait en Amérique, où Annie l'attendait pour lui annoncer une découverte sensationnelle ! Il se sentait un peu coupable vis-à-vis de ses parents. Ils pensaient lui offrir de gentilles petites vacances à l'étranger, mais Georges connaissait bien Annie et sentait que ce voyage ne serait pas de tout repos. N'avait-elle pas parlé de combinaisons spatiales dans son message, celles qu'ils avaient portées pour visiter le Système solaire ? Annie avait dû découvrir un secret en rapport avec l'espace et elle avait besoin d'un bras droit. Il retint son souffle quand sa mère prit la parole.

— C'est d'accord, déclara-t-elle au bout d'une éternité. Si mamie t'emmène en Floride, si Éric et Suzanne te récupèrent à la minute où ton avion se pose et s'occupent de toi vingt-quatre heures sur vingt-quatre, je ne peux pas dire non.

— Super ! s'exclama Georges en donnant des coups de poing dans le vide. Merci, maman ! Merci, papa ! Merci, mamie ! Je vais faire mon sac !

Tel un petit tourbillon, il monta dans sa chambre.

C'était tellement génial de préparer son sac plutôt que de regarder quelqu'un d'autre le remplir à votre place. Fou de joie, il éparpilla ses affaires dans la pièce et provoqua une pagaille monstre.

Comme il ignorait tout de l'Amérique, à part ce qu'il avait vu à la télé chez des amis, il ne savait pas trop ce dont il aurait besoin en Floride. Un skate-board ? Des habits décontractés ? Il ne possédait rien de tout cela. Il choisit donc quelques livres, des vêtements, et rangea son précieux *Petit Guide de l'Univers* dans son sac d'école, qui ne le quitterait pas dans l'avion. Quant à son expédition dans l'espace, Georges savait que les astronautes n'emportaient qu'une tenue de rechange et du chocolat. Seulement ils voyageaient en navette spatiale, et il doutait qu'Annie en ait loué une pour l'occasion.

Tandis que Georges remplissait sa valise, ses parents s'affairaient de leur côté. Ils avaient décidé d'agir pour la Terre en l'absence de leur fils. Ils rejoindraient un bateau dans le Pacifique Sud et aideraient des insulaires dont la vie était menacée par la montée de l'océan.

— Nous te contacterons aussi souvent que possible depuis les îles en péril, par e-mail ou par téléphone, l'avait prévenu son père. Pour savoir comment tu t'en sors. Éric et Suzanne nous ont promis qu'ils s'occuperaient de toi. Et mamie, ajouta-t-il dans un soupir, ne sera pas loin, si tu as besoin d'elle.

Même Fred serait absent : il passerait l'été à la ferme pédagogique locale.

Georges ne trouva pas le sommeil la nuit précédant le vol. Il partait aux États-Unis voir sa meilleure amie et il retournerait peut-être – oui, peut-être – dans l'espace. Il avait déjà fait le tour du Système solaire, mais il n'avait jamais voyagé en avion, ce qui l'enthousiasmait tout autant ! Après l'espace, il traverserait l'atmosphère terrestre, il volerait là où le ciel était encore bleu, avant qu'il se transforme en noir spatial.

Dans l'avion, il ne cessa de regarder par le hublot les nuages moutonneux en contrebas. Au loin, le Soleil, l'étoile au centre de notre Système solaire, diffusait chaleur et énergie. Et puis il y avait sa planète qu'il voyait par fragments quand les nuages s'écartaient.

Mamie dormit une grande partie du voyage. Les petits bruits qui sortaient de sa bouche lui rappelèrent Fred pendant son sommeil. Georges prit son *Petit Guide de l'Univers* et lut le chapitre sur un autre voyage… à travers l'Univers, celui-là.

VOYAGER À TRAVERS L'UNIVERS

Partons à présent en voyage à travers l'Univers !

Avant notre départ, attardons-nous sur les mots « voyage » et « Univers ». Ce dernier signifie littéralement « tout ce qui existe ». Toutefois, l'histoire de l'astronomie peut être considérée comme une suite de pas au fur et à mesure desquels l'Univers paraît de plus en plus grand. Voilà pourquoi le sens de « tout » n'a cessé de changer.

De nos jours, la plupart des cosmologistes acceptent la théorie du Big Bang, selon laquelle l'Univers a débuté sous la forme d'une grosse compression il y a 14 milliards d'années. Ainsi, le point le plus éloigné que nous voyons correspond à la distance parcourue par la lumière depuis le Big Bang. Voilà qui définit la taille de l'Univers observable.

Que signifie à présent « voyage » ? D'abord, nous devons établir une distinction entre « regarder l'Univers » et « voyager dans l'Univers ». Le travail des astronomes consiste à regarder le présent, mais aussi le passé, comme nous allons le voir. Le travail des astronautes consiste à voyager dans l'espace, mais il existe une autre forme de voyage : plus nous repoussons les limites de l'Univers observable, plus l'échelle de l'Univers vue par la pensée humaine se dévoile.

Voyage dans le passé

Les informations que les astronomes reçoivent viennent des ondes électromagnétiques qui voyagent à la vitesse de la lumière (299 792,5 km/s). C'est très rapide mais aussi très limité ; les astronomes utilisent souvent la vitesse de propagation de la lumière pour mesurer les distances. La lumière du Soleil met plusieurs minutes pour nous atteindre, celle de l'étoile la plus proche des années, celle de la galaxie géante la plus proche (Andromède) des millions d'années et celle des galaxies les plus éloignées plusieurs milliards d'années.

Par conséquent, quand on observe un objet à une très grande distance, on plonge dans le passé. Par exemple, si nous contemplons une galaxie à 10 millions d'années-lumière de nous, nous la voyons telle qu'elle était il y a 10 millions d'années ! Un voyage dans l'Univers ne se déroule pas seulement dans l'espace mais aussi dans le temps – jusqu'au Big Bang.

En vérité, nous ne pouvons pas observer tout le chemin depuis le Big Bang. L'Univers primitif était si chaud qu'il a fabriqué un brouillard de particules impénétrable. Au fur et à mesure que l'Univers s'est étendu, il a refroidi et le brouillard s'est levé environ 400 000 ans après le Big Bang. Cependant, nous pouvons utiliser nos théories pour spéculer sur l'apparence de l'Univers auparavant. Puisque la densité et la température croissent à mesure que nous remontons le temps, notre spéculation dépend de nos théories sur la physique des hautes énergies. À présent, nous avons une image assez complète de l'histoire de l'Univers.

On pourrait croire que notre voyage dans le passé se terminerait à l'instant du Big Bang. Les scientifiques essaient actuellement de comprendre la physique de la création elle-même et le mécanisme qui a pu produire notre Univers, et peut en principe encore en générer d'autres. Par exemple, certains savants pensent que l'Univers traverse des cycles d'expansion et de contraction, ce qui nous donne des univers échelonnés dans le temps. D'autres croient que notre Univers est juste une des nombreuses « bulles » disséminées dans l'espace. Ce sont des variantes de ce qu'on appelle la « théorie des multivers ».

Voyage dans l'espace

Voyager physiquement dans l'Univers relève du défi, à cause du temps que cela prendrait. La théorie de la relativité restreinte d'Einstein (1905) suggère qu'aucune navette spatiale ne peut voyager plus vite que la lumière. Par conséquent, il faudrait au moins 100 000 ans pour traverser la Galaxie et 10 milliards d'années pour traverser l'Univers (selon une personne restée sur Terre). La relativité restreinte prédit aussi que le temps s'écoule plus lentement pour les observateurs en mouvement, si bien que le voyage serait plus rapide pour les astronautes. En effet, si on voyage à la vitesse de la lumière, le temps se fige.

Aucun vaisseau ne peut voyager aussi vite que la lumière, mais on pourrait graduellement accélérer jusqu'à atteindre cette vitesse maximale. Le temps expérimenté serait alors plus court que celui de la Terre. Par exemple, si nous étions propulsés avec l'accélération avec laquelle les corps tombent sur la Terre à cause de la gravité, un voyage à travers la Galaxie ne nous prendrait apparemment qu'une trentaine d'années. Nous pourrions revenir sur Terre de notre vivant, alors que nos amis seraient morts depuis bien longtemps. Si nous continuions notre accélération au-delà de la Galaxie pendant un siècle, nous pourrions – en principe – nous rendre jusqu'au bord de l'Univers actuellement observable !

La théorie de la relativité générale d'Einstein (1915) permet d'envisager des possibilités encore plus exotiques. Par exemple, les astronautes pourront peut-être un jour utiliser les trous de ver ou les déformations spatiales – comme dans *Star Trek* et d'autres séries télévisées populaires – afin de rendre ces voyages encore plus rapides et de rentrer chez eux sans avoir perdu aucun ami. Mais cela n'est que pure spéculation.

Voyage dans l'histoire de la pensée humaine

Pour la Grèce antique, la Terre se trouvait au centre de l'Univers ; les planètes, le Soleil et les étoiles étaient, eux, relativement près. Cette vision « géocentrique » (*géo* = Terre) a été réfutée au XVIe siècle, quand Copernic a démontré que la Terre et les autres planètes se déplaçaient autour du Soleil (*helios*). Toutefois, cette vision « héliocentrique » n'a pas duré très longtemps. Plusieurs décennies plus tard, Galilée s'est servi de sa dernière invention, le télescope, pour prouver que la Voie lactée – une simple bande de lumière dans le ciel à l'époque – était composée de nombreuses étoiles telles que le Soleil. Cette découverte a non seulement diminué le statut du Soleil, mais aussi considérablement accru la taille de l'Univers connu.

Au XVIIIe siècle, il était admis que la Voie lactée était un disque d'étoiles (la Galaxie), maintenu par la gravité. Cependant, la plupart des astronomes croyaient encore que la Voie lactée englobait tout l'Univers, et cette vision « galactocentrique » a tenu bon jusqu'au XXe siècle. Puis, en 1924, Edwin Hubble a mesuré la distance jusqu'à la galaxie la plus proche (notre voisine Andromède) et a montré qu'elle se trouvait au-delà de la Voie lactée. Voilà qui augmentait la taille de l'Univers !

Les années suivantes, Hubble a recueilli des données sur plusieurs douzaines de galaxies voisines montrant qu'elles s'éloignent de nous à une vitesse proportionnelle à leur distance par rapport à nous. Imaginons l'espace comme la surface d'un ballon sur lequel seraient représentées les galaxies et qui gonflerait. Cette expansion porte le nom de « loi de Hubble ». Aujourd'hui, on sait que cette loi s'applique à des distances équivalant à des dizaines de milliards d'années-lumière, une région contenant des centaines de milliards de galaxies. Nouveau changement d'échelle !

La vision « cosmocentrique » considère qu'il s'agit du dernier changement de taille de l'Univers. En effet, l'expansion cosmique implique que plus on recule dans le temps, plus les galaxies se rapprochent et finissent par fusionner. Auparavant, la densité continue de s'accroître – jusqu'au Big Bang il y a 14 milliards d'années – et nous ne pourrons jamais voir au-delà de la distance parcourue par la lumière depuis. Pourtant, il y a eu récemment un nouveau développement intéressant : même si on s'attend que l'expansion de l'Univers ralentisse à cause de la gravité, les observations actuelles suggèrent qu'elle accélère. Les théories prétendent que notre Univers observable ferait partie d'une plus grande « bulle » ; et cette bulle ne serait qu'une parmi d'autres, comme dans la théorie des multivers !

Et ensuite ?

La conclusion de ces trois voyages – le premier dans le passé, le deuxième dans l'espace et le troisième dans l'histoire de la pensée humaine – est la même : ces univers inobservables sont entraperçus au travers de théories et visités uniquement par nos esprits.

Je me demande ce que les astronomes de demain découvriront…

Bernard

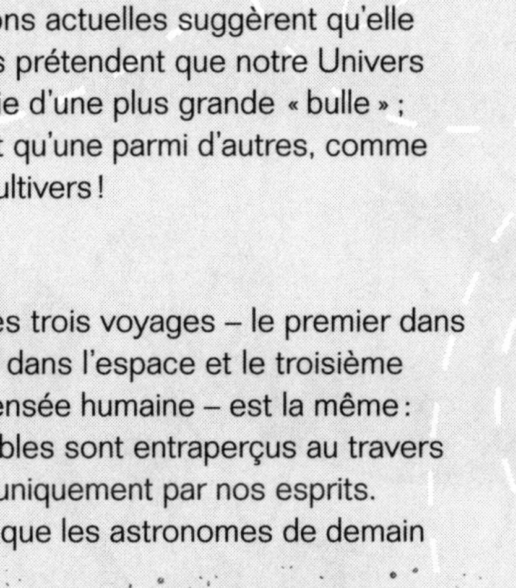

À l'aéroport, Georges et sa grand-mère firent la queue au service d'immigration et des douanes. Éric et Annie les attendaient au terminal d'arrivée. Dès qu'elle le vit, Annie poussa de petits cris et bondit derrière la barrière.

— Georges ! hurla-t-elle. Georges !

Elle se faufila sous le cordon de sécurité et le prit dans ses bras. Elle paraissait plus grande et plus bronzée que dans ses souvenirs. Tout en le serrant, elle lui murmura à l'oreille :

— Je suis tellement contente que tu sois venu ! Je ne

peux rien te dire maintenant, mais il y a urgence ! Souviens-toi : pas un mot à qui que ce soit !

Elle s'empara de son chariot et fonça vers Éric. Georges et sa grand-mère durent courir derrière elle.

Georges eut un choc quand il vit l'air épuisé de son ami. Des cheveux blancs parsemaient sa tignasse noire. Mais Éric sourit dès qu'il vit Georges, et son visage s'illumina comme avant.

Mamie serra la main d'Éric et lui demanda d'écrire ses éventuelles questions dans son carnet. Puis elle lui remit une enveloppe sur laquelle était écrit « Pour

Georges, en cas d'urgence », embrassa son petit-fils et sourit à Annie avant de rejoindre ses amis venus l'accueillir à l'aéroport.

— De vieux farfelus qui vivent non loin d'Éric et de Suzanne, avait-elle dit à Georges. Une belle occasion pour nous de parler de notre jeunesse !

Mais les personnes qui l'attendaient parurent à Georges si âgées et si ratatinées qu'il douta qu'elles aient été jeunes un jour et fait les quatre cents coups avec sa grand-mère ! Quand il la vit s'éloigner en titubant, son cœur se serra. Tout semblait si grand et si lumineux ici, en Amérique, plus brillant et plus bruyant que chez lui. Soudain, il eut le mal du pays, mais cela ne dura pas longtemps.

Un petit garçon à lunettes aux verres épais et à la coupe de cheveux bizarre était apparu derrière Éric.

— Bonjour, Georges ! Annie... (Le garçon prit un air franchement dégoûté.) ... Annie m'a beaucoup parlé de toi. Elle était impatiente d'établir une interface entre vous. Apparemment, tu es quelqu'un de très intéressant.

— Mais tais-toi, Emmett ! gronda Annie. Georges est mon ami ; il est venu me voir moi, et pas toi.

— Georges, je te présente Emmett, intervint calmement Éric, pendant qu'Annie foudroyait Emmett du regard. C'est le fils d'un de mes amis. Il passera une partie de l'été avec nous.

— Le fils maudit, oui, marmonna Annie dans l'oreille de Georges.

Emmett se faufila à gauche de Georges et lui glissa à l'autre oreille :

— Cette humanoïde est débile.

— Comme tu l'auras remarqué, poursuivit Éric avec légèreté, ces deux-là sont un peu en froid.

— Je lui avais dit de ne pas toucher à ma Barbie Action Man ! explosa Annie. Et maintenant elle parle klingon[1] !

— Elle m'a coupé les cheveux ! brama Emmett. Et maintenant, j'ai l'air débile !

— Ça ne te change pas, commenta Annie.

— Mieux vaut parler klingon que dire autant de bêtises que toi, répliqua Emmett.

Ses yeux globuleux grossis par ses lunettes brillaient.

— Georges vient de faire un très long voyage, s'interposa Éric. Nous allons regagner la voiture et, sur le

1. Langue des Klingons, une espèce extraterrestre de la série *Star Trek*. (N.d.T.)

chemin du retour, tout le monde sera gentil avec tout le monde. Vous m'entendez ?

— Oui ! répondit Georges.

— Merci, Georges. Je ne parlais pas pour toi. Ce sont eux qui m'inquiètent.

Chapitre 4

Éric les conduisit jusqu'à une grande maison blanche en bois où la famille vivait désormais. Un soleil éclatant brillait dans le ciel bleu clair; la chaleur qui s'élevait du sol frappa Georges de plein fouet quand il descendit de voiture. Annie sortit péniblement derrière lui.

— Viens ! s'exclama-t-elle pendant qu'Éric ouvrait le coffre pour prendre le sac de Georges. On a du travail. Suis-moi.

Elle l'emmena à l'arrière de la maison, où un arbre immense donnait de l'ombre à une véranda meublée d'une table et de chaises.

— Grimpe à l'arbre ! lui ordonna Annie. C'est le seul endroit où on pourra discuter tranquilles.

Elle se hissa sur une grosse branche en hauteur. Alors que Georges la suivait lentement, Suzanne apparut dans la véranda, un plateau à la main, Emmett sur ses talons. Elle se posta sous la branche.

— Bonjour, Georges ! Contente de te revoir ! Même si je ne te vois pas...

— Bonjour, Suzanne ! répondit Georges. Merci de m'avoir invité.

— Annie, tu ne crois pas que Georges aimerait se reposer ? Et peut-être boire et manger quelque chose après son long voyage ?

— Dans l'arbre, alors ! dit Annie, dont la tête apparut entre les feuilles.

Elle tendit le bras pour attraper une brique de jus de fruits, qu'elle donna à Georges, et un paquet de cookies.

— C'est bon, merci ! chantonna-t-elle. Au revoir, les gens ! Vous pouvez aller voir ailleurs si on y est !

Immobile, Emmett mourait d'envie de monter lui aussi dans l'arbre.

— Emmett aimerait vous rejoindre, remarqua Suzanne.

— Pas question, répliqua Annie. Il pourrait tomber d'une de ces branches et endommager ses merveilleuses cellules grises. Mieux vaut qu'il reste en bas. Bye bye ! Georges et moi sommes très occupés.

Depuis l'arbre, ils entendirent un soupir.

— Pourquoi ne t'assieds-tu pas ici ? proposa Suzanne à Emmett tout en plaçant une chaise sous les branches. Ils ne vont pas tarder à descendre.

Emmett laissa entendre un petit reniflement; Suzanne le réconforta.

— Ne fais pas attention, il n'arrête pas de chouiner, murmura Annie à l'oreille de Georges. Et surtout, ne sois pas désolé pour lui – ou c'est la mort assurée ! S'il détecte le moindre signe de faiblesse chez toi, il te saute à la gorge. J'ai eu pitié de lui la première fois que je l'ai vu pleurer, et tu sais quoi ? Il m'a mordue ! Ma mère ne se méfie pas de lui : elle est trop gentille.

Annie attendit que Suzanne s'éloigne et poursuivit :

— Cale-toi contre cette branche, au cas où tu t'évanouirais quand je t'aurai annoncé la nouvelle.

— Raconte !

— C'est phénoménal. Accroche-toi à ton pantalon parce qu'il va partir sans toi en courant...

— Bon, quand tu veux.

— Georges, je ne suis pas devenue folle.

— Euh... Tu l'étais déjà un peu, avoua Georges. Cela ne me changera pas !

Annie lui donna un coup de coude.

— Aïe ! lâcha-t-il dans un éclat de rire. Tu m'as fait mal.

— Georges, ça va ? demanda une petite voix en contrebas. Tu as besoin d'être protégé de la traîtresse ? Elle est vraiment méchante, parfois.

— La ferme, Emmett ! lui cria Annie. Et arrête de nous écouter !

— Je n'écoute pas, geignit Emmett. Ce n'est pas ma faute si tu envoies des quantités de vibrations inutiles dans l'atmosphère.

— Alors dégage ! hurla Annie.

— Non, s'entêta Emmett. Je reste ici, au cas où Georges aurait besoin de ma super intelligence. Je ne veux pas qu'il gâche sa bande passante avec tes communications rudimentaires.

Annie leva les yeux au ciel et soupira. Elle se rapprocha de Georges et lui chuchota :

— J'ai reçu un message extraterrestre.

— Extraterrestre ! répéta Georges, qui avait oublié Emmett. Tu as reçu un message extraterrestre !

— Chut ! le supplia Annie.

Trop tard. Emmett s'était levé et scrutait les branches.

— La jeune humanoïde croit-elle vraiment qu'une

forme de vie assez intelligente pour envoyer un message à travers l'immense Univers l'aurait choisie, elle, comme correspondante ? De toute façon, les extraterrestres n'existent pas. Nous n'avons pas de preuve confirmant la présence d'une autre forme de vie intelligente dans l'Univers, pour le moment. Nous sommes simplement capables de calculer la probabilité selon laquelle, sur des planètes lointaines, les conditions nécessaires au développement de formes de bactéries extrêmophiles sont réunies. Celles-ci auraient le QI d'Annie. Voire un peu plus. Je peux vous calculer la probabilité de vie intelligente, si vous voulez, à l'aide de l'équation de Drake.

– Eh bien, merci beaucoup, professeur Emmett, l'interrompit Annie. Votre prix Nobel vous arrivera par la poste. Maintenant, je vous propose de vous débactériser de ma vue. Allez traîner avec ceux de votre espèce. Georges, les extraterrestres ont envahi la Terre, et Emmett est l'un d'entre eux !

L'ÉQUATION DE DRAKE

L'équation de Drake n'est pas vraiment une équation mais plutôt une série de questions qui nous aident à définir combien de civilisations intelligentes ayant la capacité de communiquer il peut y avoir dans notre Galaxie. Elle a été formulée en 1961 par le professeur Frank Drake de l'Institut SETI (Recherche d'une intelligence extraterrestre), et est encore utilisée de nos jours.

Voici l'équation de Drake :

$$N = N^* \times f_p \times n_e \times f_l \times f_i \times f_c \times L$$

N^* représente le nombre de nouvelles étoiles qui naissent chaque année dans la Voie lactée.

Question : Quel est le taux de natalité des étoiles dans la Voie lactée ?
Réponse : Notre Galaxie a environ 12 milliards d'années et contient à peu près 300 milliards d'étoiles. En moyenne, les étoiles naissent à un rythme de 300 milliards divisés par 12 milliards, soit 25 étoiles par an.

f_p est la fraction de ces étoiles autour desquelles gravitent des planètes.

Question : Quel pourcentage d'étoiles possède un système planétaire ?
Réponse : Les estimations actuelles vont de 20 % à 70 %.

n_e est le nombre de planètes par étoile qui sont capables d'accueillir la vie.

Question : Pour chaque étoile qui possède un système planétaire, combien de planètes sont capables d'accueillir la vie ?
Réponse : Les estimations actuelles vont de 0,5 à 5.

f_l est la fraction des planètes en n_e où la vie se développe.

Question : Quel est le pourcentage de planètes capables d'accueillir la vie où la vie se développe bel et bien ?
Réponse : Les estimations actuelles vont de 100 % (si la vie peut se développer, elle le fera) à 0 %.

f_i est la fraction de planètes habitables où une forme de vie intelligente se développe.

Question : Sur les planètes où la vie s'est développée, quel pourcentage implique une forme de vie intelligente ?
Réponse : Les estimations vont de 100 % (l'intelligence a une telle capacité de survie qu'elle se développera certainement) à 0 %.

f_c est la fraction de planètes ayant une forme de vie intelligente capables de communication interstellaire.

Question : Quel pourcentage d'espèces intelligentes a les moyens et le désir de communiquer ?
Réponse : De 10 % à 20 %.

L est le nombre moyen d'années pendant lesquelles une civilisation continue de communiquer.

Question : Combien de temps durent les civilisations capables de communiquer ?
Réponse : Question très difficile. Si nous prenons la Terre comme exemple, nous communiquons à l'aide d'ondes radio depuis moins de 100 ans. Combien de temps encore notre civilisation continuera-t-elle de communiquer ainsi ? Nous détruirons-nous dans quelques années ou serons-nous capables de résoudre nos problèmes afin de survivre 10 000 ans ou plus ?

Quand on multiplie toutes ces variables, on obtient :

N, le nombre de civilisations capables de communiquer dans la Galaxie.

— Attends, rembobine ! répondit Georges. Tu as reçu un message des extraterrestres ? Où ? Quand ? Comment ? Qu'est-ce qu'il disait ?

— Ils lui ont envoyé un texto pour lui annoncer qu'ils la téléchargeraient dans leur vaisseau dans exactement deux cent dix heures, ricana Emmett. L'espoir fait vivre !

Ce fut au tour de Georges d'être agacé :

— Boucle-la, Emmett ! J'aimerais entendre ce qu'Annie a à me dire.

— O.K. Voici mon scoop. Ouvrez bien vos oreilles, Terriens et extraterrestres, vous n'allez pas en revenir.

En bas, Emmett se collait au tronc pour mieux entendre.

Georges sourit.

— Prêt, agent Annie. Je t'écoute.

— Mon étonnante aventure commence un soir ordinaire. À ce moment-là, personne n'aurait prédit que pour la première fois dans l'histoire de l'humanité, nous aurions enfin des nouvelles d'E.T.

Telle une grande oratrice, elle fit une pause.

— Ma famille et moi... poursuivit-elle.

— Et moi ! lança Emmett.

— ... et lui, ajouta-t-elle, nous venions d'assister à l'atterrissage d'un robot sur Mars. Une sortie familiale tout à fait banale. Pas de quoi fouetter un chat. Sauf que...

Quelques semaines plus tôt, Éric, Suzanne, Annie et Emmett s'étaient rendus à l'Agence spatiale globale afin de regarder la tentative d'atterrissage d'un nouveau type de robot sur la planète rouge. Ce robot, nommé Homer, avait mis neuf mois pour parcourir les

680 millions de kilomètres qui nous séparent de Mars. C'était le dernier de sa série à être envoyé par l'Agence pour explorer la planète.

Éric était très enthousiaste à l'idée que Homer se pose sur Mars : des équipements à son bord l'aideraient à découvrir des traces de vie sur notre plus proche voisine. Homer devait chercher de l'eau sur la célèbre planète rouge. À l'aide d'une pelle spéciale au bout de son long bras articulé, il gratterait la surface glacée, ramasserait de la boue et la ferait cuire dans son four. Pendant que les échantillons de sol chaufferaient, Éric apprendrait si Mars – qui est aujourd'hui une planète froide et déserte – était couverte d'eau dans un passé lointain, plus chaud et plus humide.

— Où il y a de l'eau, avait expliqué Éric aux enfants, comme nous l'a appris notre planète Terre, il pourrait y avoir la vie !

LES EXPLORATIONS SPATIALES ROBOTISÉES

Une sonde spatiale est un vaisseau robotisé que les scientifiques lancent dans le Système solaire afin de recueillir davantage d'informations sur notre voisinage. Les missions spatiales inhabitées sont destinées à répondre à des questions spécifiques telles que : « À quoi ressemble la surface de Vénus ? », « Y a-t-il du vent sur Neptune ? » ou « De quoi est composée Jupiter ? ».

Bien que les missions spatiales inhabitées fassent beaucoup moins rêver que les missions habitées, elles possèdent de nombreux avantages :

- Les robots parcourent de grandes distances, vont plus loin et plus vite que des astronautes. Comme les missions habitées, ils ont besoin d'une source d'énergie. La plupart utilisent des générateurs photovoltaïques qui convertissent la lumière du Soleil en énergie ; ceux qui s'éloignent trop du Soleil emportent leur propre générateur de bord. Toutefois, les vaisseaux robotisés usent moins d'énergie que les missions habitées car ils n'ont pas besoin de maintenir des conditions de vie confortables lors du voyage.
- Les robots n'ont pas besoin de réserves de nourriture et d'eau, ni d'oxygène pour respirer. Par conséquent, ils sont plus petits et plus légers que les vaisseaux habités.
- Les robots ne s'ennuient pas et n'ont pas le mal du pays. Ils ne tombent pas malades pendant le voyage.
- Si un problème survient lors d'une mission inhabitée, aucune vie n'est en jeu dans l'espace.
- Les sondes spatiales coûtent nettement moins cher que les vols spatiaux habités. De plus, les robots n'exigent pas de rentrer sur Terre à la fin de leur mission.

Les sondes spatiales nous ont permis de découvrir des merveilles dans le Système solaire. Elles nous ont envoyé des données qui ont permis aux scientifiques de beaucoup mieux comprendre la formation du Système solaire et la situation d'autres planètes. Alors que les hommes ne se sont pour l'instant rendus que sur la Lune – un voyage avoisinant les 378 000 kilomètres –, les sondes spatiales ont parcouru des milliards de kilomètres et nous ont offert des images extraordinaires et détaillées des confins du Système solaire.

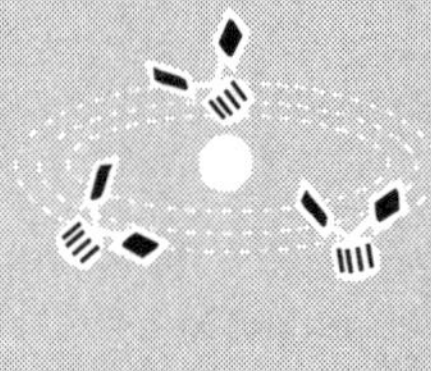

En vérité, environ 30 sondes spatiales ont atteint la Lune avant l'homme ! Aujourd'hui, des robots ont gravité autour de toutes les autres planètes de notre Système solaire, ont recueilli de la poussière de la queue d'une comète, se sont posés sur Mars et Vénus, se sont rendus au-delà de Pluton. Certaines sondes ont collecté des informations sur notre planète et sur les hommes. Les sondes *Pioneer 10* et *Pioneer 11* sont dotées de plaques comportant l'image d'un homme et d'une femme, mais aussi d'une carte qui montre d'où vient la sonde. Au cours de leur voyage infini dans l'espace, qui sait si elles ne rencontreront pas un jour une civilisation extraterrestre ?

Les sondes *Voyager* transportent aussi des photographies de la Terre – ses villes, ses paysages, ses peuples – ainsi qu'un message de bienvenue enregistré en plusieurs langues. Dans la quasi improbable éventualité où l'une de ces sondes serait interceptée par une autre civilisation, ces messages assurent aux extraterrestres que nous sommes une planète pacifique et que nous voulons du bien à tout autre habitant de notre Univers.

Il existe différents types de sondes spatiales et le choix de celle qui sera utilisée pour telle ou telle mission dépend de la question à laquelle elle tentera de répondre. Certaines survolent et photographient plusieurs planètes au cours du même voyage. D'autres se placent en orbite autour d'une planète spécifique pour recueillir davantage d'informations sur elle et sur ses satellites. Ou bien elles s'y posent et transmettent à la Terre des données concernant la surface du sol. Enfin, on distingue les rovers, des sondes capables de se déplacer, des landers, des sondes qui ne bougent pas de leur lieu d'atterrissage.

Le premier rover, *Lunokhod 1*, faisait partie d'une sonde russe, *Luna 17*, qui s'est posée sur la Lune en 1970. *Lunokhod 1* était un véhicule motorisé qui pouvait être piloté depuis la Terre, un peu comme une voiture télécommandée.

Les modules d'atterrissage martiens de la NASA, *Viking 1* et *Viking 2*, qui se sont posés sur la planète rouge en 1976, nous ont offert les premières images de la surface de la planète dédiée au dieu de la guerre et qui intrigue les habitants de la Terre depuis des millénaires. Les deux missions *Viking* ont montré des plaines d'un marron rougeâtre parsemées de rochers, un ciel rose et même un sol gelé en hiver. Malheureusement, il est très difficile de se poser sur Mars et plusieurs sondes se sont déjà écrasées à la surface de la planète rouge.

Plus tard, deux autres rovers, *Spirit* et *Opportunity*, ont été envoyés sur Mars. Supposés arpenter la surface martienne pendant au moins trois mois, ils ont tenu plus longtemps que prévu et, comme leurs prédécesseurs, ils ont découvert des preuves que Mars devait sa forme à la présence d'eau. En 2007, la NASA a envoyé la mission *Phoenix* sur Mars. *Phoenix* n'a pas sillonné Mars mais son bras robotisé a creusé le sol et recueilli des échantillons. Il a à son bord un laboratoire permettant d'analyser les prélèvements. Trois orbiteurs opérationnels gravitent également autour de Mars : *Mars Odyssey, Mars Express* et *Mars Reconnaissance Orbiter*, qui nous montrent en détail les caractéristiques de sa surface.

Les sondes spatiales robotisées nous ont aussi dévoilé l'enfer qui se cache sous l'épaisse atmosphère de Vénus. Autrefois, on pensait que des forêts tropicales denses croissaient sous les nuages vénusiens, mais les sondes ont révélé la présence de températures élevées, d'une atmosphère chargée en dioxyde de carbone et de nuages marron foncé composés d'acide sulfurique. En 1990, la sonde *Magellan* lancée par la NASA est entrée en orbite autour de Vénus. Se servant de son radar pour pénétrer l'atmosphère, *Magellan* a cartographié la surface de Vénus et découvert 167 volcans de plus de 110 kilomètres de large ! *Venus Express* de l'ESA est en orbite autour de Vénus depuis 2006. Sa mission consiste à étudier l'atmosphère de Vénus et à essayer de découvrir pourquoi la Terre et Vénus se sont développées de manières si différentes. Plusieurs landers ont communiqué des informations concernant la surface de Vénus, une prouesse incroyable étant donné le défi que représente un atterrissage sur l'une des planètes les plus hostiles du Système solaire.

Les sondes spatiales robotisées ont affronté le monde incandescent de Mercure, une planète encore plus proche du Soleil que Vénus. *Mariner 10*, qui a survolé Mercure en 1974 puis en 1975, nous a appris que cette petite planète dépouillée ressemblait beaucoup à notre Lune. Il s'agit d'une planète grise et morte quasiment dépourvue d'atmosphère. En 2008, le programme *MESSENGER* a envoyé une sonde vers Mercure. Trente ans après *Mariner 10*, nous recevions enfin de nouvelles photos de la planète la plus proche du Soleil.

Un vol à proximité du Soleil représente un grand défi pour un vaisseau inhabité. Néanmoins, des sondes envoyées vers le Soleil – *Helios 1, Helios 2, SOHO, TRACE, HESSI* et d'autres – ont transmis des informations capitales qui ont permis aux scientifiques de mieux comprendre l'étoile qui est au centre de notre système.

Plus loin dans notre Système solaire, Jupiter a pu être vue en détail quand la sonde *Pioneer 10* est passée à proximité en 1973. Les clichés pris par *Pioneer 10* ont dévoilé la Grande Tache Rouge, une caractéristique observée par nos télescopes depuis des siècles. Après *Pioneer*, les sondes *Voyager* ont révélé des faits surprenants sur les lunes de Jupiter : elles sont très différentes les unes des autres. En 1995, la sonde *Galileo* s'est mise en orbite autour de Jupiter et a passé huit ans à étudier la géante gazeuse et ses lunes. Elle a été la première sonde spatiale à survoler un astéroïde, la première à découvrir un astéroïde doté d'une lune, et la première à étudier Jupiter pendant un si long laps de temps. Cette étonnante sonde spatiale a aussi décelé une activité volcanique sur Io, une lune de Jupiter, et découvert qu'Europe, une autre lune de Jupiter, était enrobée d'une épaisse couche de glace sous laquelle s'étendrait peut-être un gigantesque océan susceptible d'abriter des formes de vie.

Cassini de la NASA n'était pas la première à visiter Saturne : les sondes *Pioneer 11* et *Voyager* l'avaient survolée au cours de leur long voyage et avaient renvoyé des images détaillées des anneaux de Saturne et davantage d'informations sur l'atmosphère dense de Titan, son principal satellite. Quand *Cassini* est arrivée en 2004 après un voyage de 7 ans, elle nous a montré Saturne et ses lunes beaucoup plus en détail. *Cassini* a également largué une sonde, *Huygens*, de l'ESA, qui a traversé l'atmosphère dense de Titan et s'est posée à sa surface. La sonde *Huygens* a découvert que Titan était couvert de glace et que des pluies de méthane tombaient des nuages denses.

Encore plus loin de la Terre, *Voyager 2* a survolé Uranus et envoyé des images de cette planète gelée, inclinée sur son axe ! Grâce à *Voyager 2*, nous en savons beaucoup plus sur les fins anneaux qui entourent Uranus (anneaux très différents de ceux de Saturne) et sur ses lunes. *Voyager 2* a poursuivi sa route en direction de Neptune et révélé que la planète était balayée par des vents très violents. Neptune connaît les ouragans les plus fulgurants du Système solaire. *Voyager 2* se situe à présent à 16 milliards de kilomètres de la Terre et *Voyager 1* à 18 milliards de kilomètres. Elles devraient continuer de communiquer avec nous jusqu'en 2020.

La mission *Stardust*, une sonde qui a collecté des particules de la queue d'une comète et les a ramenées sur Terre en 2006, nous a procuré énormément d'informations sur les prémices du Système solaire, grâce à ces fragments. La capture de ces échantillons de comète – les comètes se sont formées au centre du Système solaire avant d'en atteindre les limites – a permis aux scientifiques de mieux comprendre les origines du Système solaire.

Bien plus important : Homer ouvrait la voie à une mission future qui emporterait des hommes sur une nouvelle planète. Pour la toute première fois, l'Agence spatiale globale envisageait l'envoi d'une navette habitée à destination de la planète rouge afin, peut-être, d'y installer une colonie !

En résumé, Homer revêtait une importance capitale. Et pas uniquement parce qu'il coûtait cher, possédait une technologie incroyable ou, comme Annie l'avait remarqué, donnait l'impression d'avoir une personnalité, avec ses petits yeux ronds (les caméras), ses jambes effilées et son ventre arrondi (le four embarqué). Homer était important parce qu'il représentait le premier pas dans l'espace pour les hommes. Il passerait le relais à un nouveau type d'exploration galactique.

Le jour de la descente de Homer, Éric, Suzanne, Annie et Emmett se tenaient dans la grande salle de contrôle ronde, où s'entassaient ordinateurs et scientifiques lisant avec avidité les informations à l'écran. Pendant son voyage, Homer avait envoyé des signaux à la Terre pour indiquer sa progression. Codées, ses données parvenaient à l'Agence spatiale globale, où elles étaient transformées en mots et en images par des ordinateurs de pointe. Comme il fallait du temps pour que le signal de Homer rejoigne la Terre, les techniciens de la salle de contrôle ne découvraient que maintenant ce qui s'était passé sur Mars. Homer s'était-il posé ou écrasé à sa surface ?

Suspense...

Sur les écrans au-dessus de leurs têtes, Annie et Emmett regardaient une animation retraçant son approche de Mars. Autour d'eux, l'atmosphère était

GSA

électrique. Nerveux, les employés de l'Agence priaient pour que le robot ait réussi le début de sa mission.

Il est très difficile d'atterrir sur Mars, leur avait expliqué Éric. Comme elle a une atmosphère fine, la planète ne fournit pas le freinage naturel que l'atmosphère terrestre procure aux vaisseaux spatiaux qui reviennent de mission. Homer se dirigeait donc vers la surface martienne à grande vitesse et il n'y avait plus qu'à espérer que ses systèmes de ralentissement fonctionnent correctement. Sinon, il compterait parmi les tas de débris à des millions de kilomètres de la Terre, sans personne pour le réparer.

Tandis que Homer s'approchait de l'atmosphère martienne, tous étaient collés aux écrans. Au mur, une horloge numérique affichait son temps passé dans l'espace. Une autre pendule indiquait l'UTC, le temps universel utilisé par toutes les agences spatiales pour

se coordonner entre elles et avec leurs missions dans l'espace.

— Séquence EDL, annonça un homme à l'air sérieux coiffé d'écouteurs.

— C'est quoi ? demanda Annie.

— Entrée, descente et atterrissage, lui expliqua Emmett sur un ton légèrement condescendant. Vraiment, Annie, je pensais que tu aurais lu un peu avant de venir, pour profiter un maximum de cette expérience.

En guise de réponse, Annie lui écrasa le pied.

— Aïe ! Aïe ! Suzanne... s'écria-t-il. Elle m'a encore fait mal !

Tandis que Suzanne lançait à sa fille un regard sévère, Annie s'éloigna doucement d'Emmett pour se poster à côté de son père. Elle glissa la main dans la sienne. Les sourcils froncés, Éric se mâchonnait la lèvre.

— Tu crois que Homer s'est posé ? chuchota-t-elle.

— J'espère. Ce n'est qu'un robot, mais il pourrait nous envoyer des informations très utiles.

— Entrée dans l'atmosphère, déclara l'opérateur de contrôle.

Quand Homer – aux airs de toupie la tête en bas – pénétra dans l'atmosphère de Mars, ils virent un éclatant jet de flammes dans son sillage.

Tonnerre d'applaudissements dans la salle.

— Échauffement maximal dans une minute et quarante secondes, prévint le contrôleur. Coupure de communication possible.

La tension était quasiment palpable, comme si la salle retenait son souffle.

— Black-out ! s'exclama le contrôleur. Black-out ! Attendons le retour du signal dans deux minutes.

Annie serra fort la main de son père.

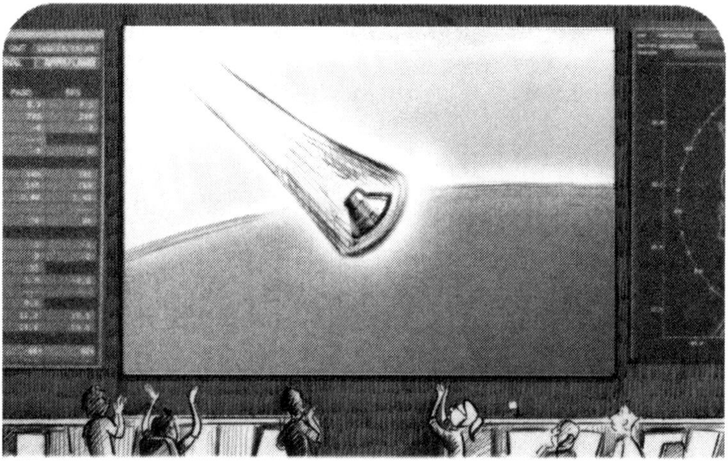

— Ne t'inquiète pas, Annie. Cela arrive parfois. C'est dû à la friction dans l'atmosphère.

Les yeux rivés sur l'horloge, où les secondes défilaient trop lentement, tous attendaient la reprise du contact. Deux minutes s'écoulèrent, puis trois, puis quatre. Les marmonnements traduisaient l'angoisse latente.

— Nous ne recevons aucun signal de Homer, lâcha le contrôleur.

Les écrans qui suivaient la descente du robot s'étaient eux aussi figés.

— Nous avons perdu le signal !

Des lumières rouges se mirent à briller autour de la pièce.

— Que se passe-t-il ? chuchota Annie.

Son père secoua la tête.

— Maintenant, je suis inquiet, lui répondit-il. Il est possible que son système de communication ait fondu pendant son entrée.

— Homer est mort ? demanda Emmett à voix haute.

Plusieurs personnes se tournèrent vers lui et le foudroyèrent du regard.

Le contrôleur avait ôté ses écouteurs, et s'épongeait le front d'un air malheureux. Si Homer ne possédait plus de système de communication, ils n'avaient aucun moyen de savoir ce qui était arrivé à leur robot intelligent. Il avait peut-être atterri, s'était peut-être écrasé. S'il trouvait des signes de vie sur Mars, personne sur Terre ne le saurait car Homer serait dans l'incapacité d'envoyer un signal pour l'annoncer.

— Le satellite de surveillance de Mars ne montre aucune trace de Homer ! cria quelqu'un, au bord de la panique. Il ne peut pas le localiser ! Homer a disparu de tous les systèmes !

Quelques secondes plus tard, Homer revenait.

— Nous captons un signal ! s'exclama quelqu'un d'autre, tandis que son ordinateur s'animait. Homer s'approche de la surface de Mars. Il déploie son parachute !

Sur l'écran de télévision, un parachute gonflait derrière Homer pendant que le petit robot, bringuebalé de droite et de gauche, effectuait sa descente.

— Ses jambes sont déployées ! Homer s'est posé ! Homer a atteint la région polaire nord de Mars !

Certains laissèrent éclater leur joie. Pas Éric. Il semblait dubitatif.

— C'est une bonne nouvelle ? lui chuchota Annie à l'oreille. Homer va bien.

— Oui, mais c'est bizarre, commenta Éric, les sourcils froncés. Cela n'a aucun sens. Pourquoi a-t-il perdu le signal aussi longtemps avant de le rétablir ? Et pourquoi n'apparaissait-il pas sur le satellite de surveillance ?

On dirait qu'il a disparu pendant quelques minutes. Je trouve cela étrange… Je me demande ce qu'il fait maintenant…

— Bien ! s'exclama Georges, allongé en travers d'une branche. Quel est le rapport avec les extra-terrestres ?

— Il n'y en a pas, répondit Emmett en bas. Elle n'a pas compris qu'il s'agissait d'un dysfonctionnement technique normal et elle a transformé ce problème en affaire d'État.

— Tu dis ça parce que tu ne connais pas la suite de l'histoire, gronda Annie. Tu ignores ce qui est arrivé ensuite.

— Et qu'est-il arrivé ensuite, madame ?

— Cela ne regarde pas les pleurnichards et les mouchards, décréta Annie. C'est une histoire pour les grands. Et si tu rentrais à la maison pour écrire des codes informatiques pendant que je parle à mon ami ?

— Tu sais rédiger des codes informatiques ? demanda Georges à Emmett.

— Oui ! fit Emmett, tout fier. Le sorcier des ordinateurs, c'est moi ! Une question ? J'ai la réponse. Il y a quelques mois, j'ai contacté une entreprise de logiciels. Je leur ai envoyé des infos sur une version en ligne de mon simulateur de navette spatiale. Ils allaient m'embaucher... Mais quand ils ont appris que j'avais neuf ans, ils m'ont dit que ce n'était pas possible.

— Tu es une sorte de génie ? s'enquit Georges.

— Ouaip ! s'écria gaiement Emmett. Tu peux essayer mon simulateur, si tu veux. Il est super cool : on se croirait dans une vraie navette spatiale. Si vous me laissez écouter cette histoire d'extraterrestres, vous pourrez jouer tous les deux.

— On n'a pas envie, rétorqua Annie alors que Georges rêvait de tenter l'aventure. Rentre, je crois que maman t'appelle.

Au pied de l'arbre, Emmett éclata en sanglots au moment où Éric et Suzanne sortaient de la véranda.

— Dites au revoir à votre arbre ! leur lança Suzanne. À table, vous trois !

Chapitre 5

Georges était tellement fatigué après son long voyage qu'il manqua de s'endormir en se brossant les dents. Il regagna en titubant la chambre qu'il partageait avec Emmett. Celui-ci lançait des vaisseaux spatiaux sur le simulateur de son ordinateur.

— Hé, Georges ! Tu veux voler à bord de ma navette ? Tu n'as rien à craindre. J'ai programmé un compte à rebours, et l'ordi t'indique ce qui se passe.

— T moins sept minutes et trente secondes, annonça une voix de robot. Retrait du bras d'accès à l'orbiteur.

Georges était si épuisé qu'il pouvait à peine articuler.

— Non, Emmett. Je vais me…

Et il s'endormit avant la fin du compte à rebours annonçant le lancement de la navette.

Les instructions durent se frayer un chemin dans le cerveau de Georges car il fit un rêve étrange, cette nuit-là. Il rêva qu'il occupait le siège du commandant d'une énorme navette et était responsable de son pilotage dans l'espace. Il avait l'impression d'être attaché au sommet d'une immense fusée sur le point de décoller. Tandis qu'ils volaient dans l'espace obscur, des étoiles scintillaient par le hublot. Malgré le noir à l'extérieur, elles semblaient très lumineuses. Soudain, l'une d'elles s'approcha de lui à toute allure, illumina son visage, l'aveugla…

Il se réveilla en sursaut dans un lit inconnu, alors qu'on braquait sur lui une lampe torche.

— Georges ! Georges ! Lève-toi ! C'est urgent.

C'était Annie. En pyjama.

— Hé ! s'exclama Georges en se cachant les yeux pendant qu'elle arrachait sa couette et l'attrapait par le bras.

— On descend ! Et pas un bruit ! C'est notre seule chance d'échapper à Emmett. Viens !

Georges la suivit à tâtons dans l'escalier, son esprit encore à bord de la navette spatiale qu'il conduisait. Il se rendit sur la pointe des pieds dans la cuisine, où Annie ouvrit la porte de la véranda. Là, elle pointa sa lampe sur un morceau de papier.

Il comportait plusieurs dessins.

— C'est ça ? demanda Georges en clignant des yeux. C'est ça, le message extraterrestre ? Ils te l'ont envoyé sur une page de cahier de brouillon ?

— Mais non, imbécile ! Bien sûr que non ! Je l'ai eu par Cosmos. Je l'ai copié sur son écran.

— Cosmos ? s'exclama Georges. Mais il ne fonctionne plus.

— Je sais. Laisse-moi terminer mon histoire.

Après avoir atterri sur Mars, Homer devait effectuer toutes sortes de tâches intelligentes, comme définir la météorologie martienne, chercher de l'eau dans des échantillons de sol et des signes de forme de vie bactérienne.

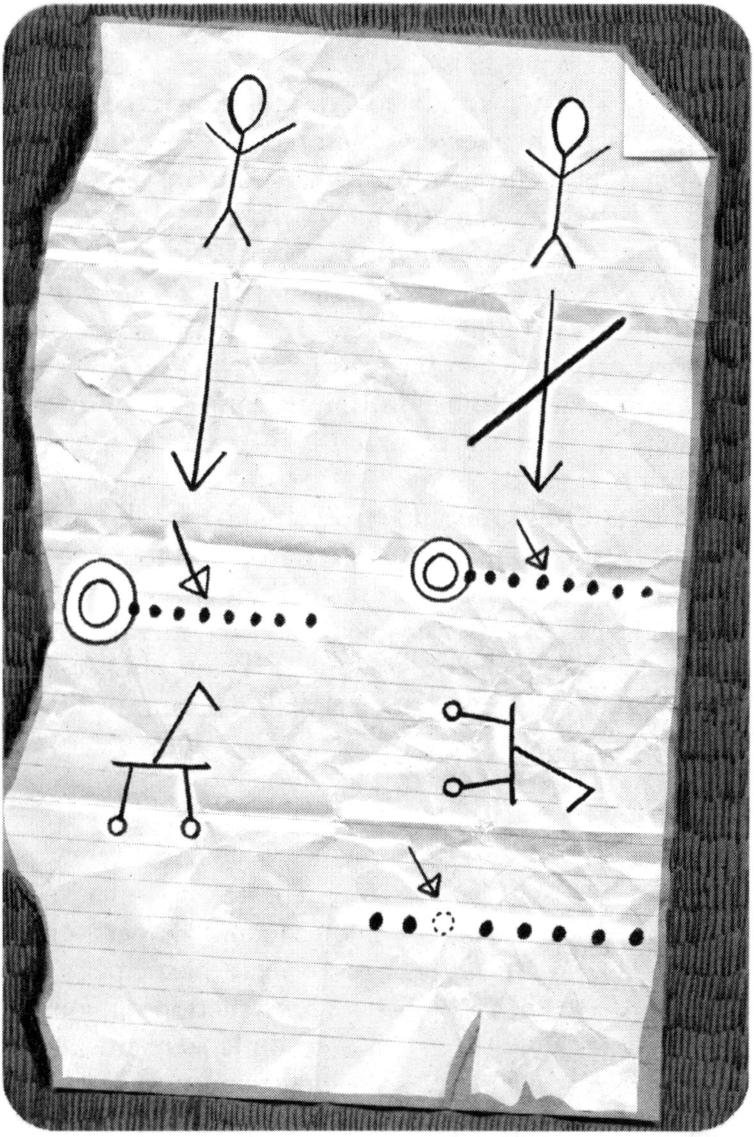

Mais il refusait d'accomplir ses missions, comme s'il était devenu fou. Il ne répondait à aucun signal de la Terre et se contentait de tourner en rond ou de jeter des pelletées de boue dans les airs.

Même s'il demeurait sourd aux signaux, Homer continuait d'envoyer des messages – des photos de ses pneus et d'autres informations tout aussi inutiles. De la Terre, les scientifiques voyaient le robot par intermittence, *via* le satellite d'observation en orbite autour de Mars, qui renvoyait des photos. Un jour qu'il observait Homer, Éric avait remarqué quelque chose de vraiment étrange sur les images-satellites. Il aurait juré que Homer lui faisait signe avec l'un de ses bras mécaniques, comme s'il essayait d'attirer son attention.

Éric était très préoccupé par cette histoire. De nombreux savants souhaitaient savoir ce que Homer avait découvert sur Mars et ce qu'il fabriquait. Mais, pour l'instant, Éric n'avait rien à leur montrer, mis à part un robot coûtant une petite fortune et faisant l'imbécile.

Il mettait l'Agence spatiale globale dans une position

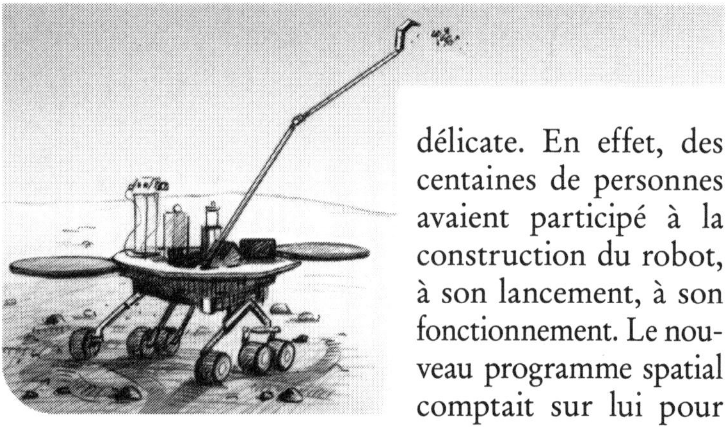

délicate. En effet, des centaines de personnes avaient participé à la construction du robot, à son lancement, à son fonctionnement. Le nouveau programme spatial comptait sur lui pour ouvrir une voie royale aux hommes désireux de s'installer sur une autre planète. Comme Homer ne fonctionnait pas correctement, les opposants au programme spatial ou à l'envoi d'astronautes dans l'espace allaient pouvoir dire que tout cela n'était qu'un énorme gaspillage de temps.

Le fonctionnement défectueux de Homer impliquait aussi qu'Éric n'avançait pas dans ses recherches de vie martienne. Cela lui brisait le cœur de voir son robot s'agiter en tous sens sur la planète rouge. Au fil des jours, Éric paraissait de plus en plus triste. Si Homer ne coopérait pas très vite, la mission serait interrompue, et le robot serait bon pour la casse.

Annie ne supportait pas cette idée. Son père avait été tellement heureux à la perspective de récolter les trouvailles de Homer. Elle détestait le voir aussi bouleversé. C'est alors qu'elle avait eu une brillante idée : elle avait décidé de sortir Cosmos de sa retraite, histoire de voir si elle pouvait le démarrer.

— Je me suis dit que si nous avions Cosmos, expliqua-t-elle à Georges sous le ciel étoilé, nous pourrions faire un saut sur Mars, réparer le robot et revenir sans que personne s'en aperçoive. Si nous

partions au moment où le satellite de surveillance est de l'autre côté de la planète, personne ne nous verrait. Il faudrait simplement prendre soin de ne laisser aucune empreinte et de ne rien oublier sur place. Sinon, ce serait la catastrophe.

— Hum… marmonna Georges, encore perturbé par son étrange rêve. Qu'as-tu fait ensuite ?

— J'ai sorti Cosmos de sa cachette secrète.

— Pas si secrète, si tu étais au courant, remarqua Georges.

Annie préféra faire comme si elle n'avait rien entendu.

— Et je l'ai démarré.

— Il fonctionnait ? l'interrogea Georges, tout à fait éveillé, cette fois.

— Pas vraiment, admit Annie. Juste quelques

secondes, mais il n'a pas parlé. Par contre, voilà ce que j'ai vu sur l'écran.

Elle agita son papier.

— Il y avait un message, je te jure ! J'ai vérifié l'identité de l'expéditeur : *Inconnu*. Localisation du message : *Extraterrestre*. Puis Cosmos s'est éteint et je n'ai pas pu le redémarrer.

— Waouh ! s'exclama Georges. Tu en as parlé à ton père ?

— Évidemment ! Il a essayé de rallumer Cosmos. Mais ça n'a pas marché. Quand je lui ai montré le message, il ne m'a pas crue.

Elle fit la moue.

— Il dit que j'invente des histoires, mais je suis sûre que Homer nous fait signe parce qu'il a quelque chose à nous dire. D'après papa, Homer ne fonctionne pas à cause d'une mauvaise entrée dans l'atmosphère, et ce message – si Cosmos

l'a réellement reçu – concerne la panne de Cosmos, et c'est tout.

— Pourquoi Éric réagit-il comme ça ?

— C'est un scientifique, soupira Annie. Comme Emmett l'a dit, certaines personnes croient en la présence de formes de bactéries dans l'Univers, mais pas en celle de vrais extraterrestres. Moi, je pense...

— Qu'est-ce que tu penses ? l'interrompit Georges, les yeux rivés sur les étoiles.

— Je pense, reprit Annie avec fermeté, que quelqu'un dans l'espace essaie d'entrer en contact avec nous. Je pense que quelqu'un se sert de Homer pour attirer notre attention, et comme nous ne comprenons pas, il nous envoie des messages sur Terre. Seulement nous ne les recevons pas, vu que Cosmos est en panne.

— Qu'allons-nous faire ?

— Nous devons nous rendre sur Mars et voir par

nous-mêmes, décida Annie. Mais, d'abord, il faut réparer Cosmos. Peut-être que les extraterrestres continuent à nous écrire ? Peut-être pourrons-nous leur répondre...

— Et comment ? demanda Georges. Oui, comment envoyer un message qu'ils comprendront ? Et si on y arrive, quoi leur dire ? Dans quelle langue ? Leur message est composé d'images, comme s'ils ne savaient pas comment communiquer avec nous.

— Je sais ce qu'on va mettre: « Laissez notre joli robot tranquille, misérables extraterrestres ! grommela Annie. Vous vous êtes trompés de civilisation. Cherchez quelqu'un d'autre. »

— Mais il faut savoir qui ils sont et d'où ils viennent ! protesta Georges. On ne peut pas leur dire : « Fichez le camp d'ici, sales extraterrestres ! » On risquerait de ne jamais découvrir qui a envoyé le message !

— Tu préfères « Venez en paix puis repartez chez vous » ? demanda Annie. On découvre qui ils sont, mais ils n'ont pas le droit de se poser sur Terre s'ils ont l'intention de nous nuire.

— Ah oui ? Et qui les en empêchera ? Ils ressemblent peut-être à de grandes et horribles machines qui nous piétineront comme des fourmis.

— Ou bien, poursuivit Annie dont les yeux brillaient sous la lumière de la lampe, ce sont de minuscules créatures, des bactéries microscopiques qui grouillent. Ils ne se sont pas rendu compte à quel point nous étions grands, et nous ne les remarquerons même pas quand ils débarqueront.

— Et s'ils avaient quatorze têtes et bavaient ? suggéra Georges avec malice. Là, on les remarquerait !

Un craquement suivi de bruits de pas retentit dans

l'escalier. Un Éric aux yeux vitreux apparut dans la véranda.

— Que se passe-t-il, ici ? grommela-t-il.

— Georges n'arrivait pas à dormir, se dépêcha d'expliquer Annie. À cause du décalage horaire. Je... Je venais lui chercher un verre d'eau.

— Hum... marmonna Éric, les cheveux en bataille. Remontez tout de suite.

Georges se faufila dans la chambre qu'il partageait avec Emmett et bondit dans son lit, après avoir discrètement subtilisé la lampe torche d'Annie. Incapable de se rendormir, il sortit son *Petit Guide de l'Univers* et s'intéressa au chapitre : « *Comment parler aux extraterrestres* ».

ENTRER EN CONTACT AVEC DES EXTRATERRESTRES

Si les extraterrestres existent vraiment, les rencontrerons-nous un jour ?

Comme les distances entre les étoiles sont incroyablement grandes, nous ne sommes pas sûrs à 100 % qu'une rencontre du troisième type aura lieu. Même s'ils ne mettent jamais les pieds sur notre Terre (encore faudrait-il que les extraterrestres aient des pieds !) et si nous ne leur rendons jamais visite, il est néanmoins possible d'apprendre à se connaître. Comment ? En se parlant.

Grâce à la radio, par exemple. Contrairement au son, les ondes radio circulent dans les espaces vides entre les étoiles. Et elles se déplacent à la vitesse de la lumière !

Il y a quasiment cinquante ans, certains scientifiques ont travaillé sur l'envoi d'un signal d'un système stellaire à un autre. Ils ont été surpris de découvrir que les conversations interstellaires ne nécessitaient pas une technologie très avancée comme on le voit souvent dans les films de science-fiction. Il est possible d'envoyer des signaux radio d'un système solaire à un autre avec le type d'équipement que nous fabriquons aujourd'hui. Les savants se sont éloignés de leur tableau noir et se sont dit : puisque c'est si facile, peu importe ce que font les extraterrestres, ils se servent sûrement de la radio pour communiquer sur de grandes distances. Il était donc parfaitement logique de tourner nos grosses antennes vers le ciel au cas où nous réussirions à capter des signaux extraterrestres. Après tout, si nous tombions sur un programme extraterrestre, ce serait la preuve de leur existence et nous aurions économisé sur l'envoi de fusées dans des systèmes stellaires lointains dans l'espoir de découvrir une planète peuplée.

Malheureusement, cette tentative d'espionnage appelée Institut SETI (Recherche d'une intelligence extraterrestre) n'a pour l'instant détecté aucun bip venu d'ailleurs. Les bandes radio ont été d'un silence affligeant, bien qu'elles aient capté les parasites naturels provoqués par des quasars (centres de certaines galaxies bouillonnants, à haute énergie) ou des pulsars (étoiles à neutrons tourbillonnant très vite).

Cela signifie-t-il que des extraterrestres intelligents capables de construire des émetteurs radio n'existent pas ? Ce serait une découverte renversante, parce qu'il y a au moins 1 million de millions de planètes dans notre Voie lactée… et 100 000 millions d'autres galaxies ! S'il n'y a personne là-haut, nous sommes prodigieusement spéciaux et surtout extrêmement seuls !

Comme les chercheurs de SETI le confirmeront, il est vraiment trop tôt pour conclure que nous n'avons pas de compagnie à la surface d'une étoile. Après tout, si on souhaite écouter une émission de radio extraterrestre, il faudra non seulement diriger son antenne dans la bonne direction, mais aussi trouver la bonne fréquence, avoir un récepteur ultrasensible et écouter à la bonne heure ! Les expériences de SETI reviennent à chercher un trésor enfoui sans carte. Il n'est donc pas étonnant que nous n'ayons encore rien trouvé. Imaginons qu'on creuse quelques trous dans une plage d'une île du Pacifique Sud et qu'on ne sorte rien que du sable mouillé et des crabes. Nous n'en conclurions pas pour autant qu'il n'y a aucun trésor.

Heureusement, de nouveaux radiotélescopes accélèrent nos recherches de signaux, et il est possible que dans quelques dizaines d'années nous entendions une légère émission d'une autre civilisation.

Que nous raconteraient-elles ? Bien entendu, ce n'est qu'une supposition, mais voici une chose que les extraterrestres savent sûrement : ils feraient mieux de nous envoyer un long message parce que les conversations rapides sont simplement impossibles. Par exemple, imaginons que les extraterrestres les plus proches sont sur une planète en orbite autour d'une étoile à 1 000 années-lumière de la Terre. Si nous recevons leur signal demain, il lui aura fallu 1 000 ans pour nous parvenir. Ce serait un

vieux message, mais peu importe. Après tout, si nous lisons Homère ou Shakespeare, ce sont de vieux « messages » qui sont néanmoins intéressants.

Bon, si nous choisissons de répondre, notre communiqué aux extraterrestre prendra lui aussi 1 000 ans pour leur parvenir et 1 000 ans s'écouleront avant que nous recevions leur réponse ! En d'autres termes, un simple « Bonjour » et sa réponse « Zork ? » prendra 20 siècles. Alors, même si communiquer par radio est beaucoup plus rapide que voyager en fusée pour fraterniser, la conversation sera des plus détendues : les extraterrestres pourront nous envoyer des bibliothèques entières les concernant, ils sauront que nous ne les contredirons pas de sitôt.

LE PETIT GUIDE DE L'UNIVERS

Et s'ils nous envoient l'*Encyclopédie extraterrestre en 100 volumes*, serons-nous capables de la lire ? C'est vrai ! Il n'y a qu'au cinéma et à la télévision qu'ils parlent couramment notre langue ! Il est possible qu'ils utilisent des images ou les mathématiques pour nous permettre de comprendre leur message, mais nous ne le saurons pas tant que nous n'aurons pas capté de signal.

Peu importe ce qu'ils nous transmettront, détecter un couinement radio venu d'un monde lointain fera la une des journaux. Il y a cinq siècles, quand les grands explorateurs ont abordé des continents entiers où vivaient des peuples complètement inconnus en Europe, la découverte du Nouveau Monde n'a-t-elle pas tout changé ?

Aujourd'hui, nous avons remplacé les navires en bois de ces premiers explorateurs par des antennes géantes en aluminium et en acier. Bientôt, elles nous apprendront peut-être quelque chose de réellement intéressant : que dans les confins de l'espace, les hommes ne sont pas les seuls à observer l'Univers.

Les adolescents du XXIe siècle seront peut-être des auditeurs qui prendront la parole. Ce sera peut-être vous !

Seth

Chapitre 6

Le lendemain matin, à son réveil, Georges avait les paupières très lourdes et les idées confuses. D'abord, le décalage horaire faisait qu'il devait prendre son petit déjeuner à l'heure où il déjeunait d'habitude. Mais ce n'était rien en comparaison du choc que lui avait fait la révélation d'Annie.

Georges se méfiait un peu de ce que racontait son amie. Le jour de leur rencontre, quand elle lui avait dit qu'elle voyageait autour du Système solaire, il lui avait ri au nez et l'avait traitée de menteuse… jusqu'à ce qu'elle l'emmène en promenade cosmique. Aujourd'hui, Georges ne savait que penser.

Le fait qu'Éric ne prenne pas ce message extraterrestre au sérieux inquiétait Georges. D'un autre côté, si cela lui permettait de faire un nouveau voyage dans l'espace, autant accorder un minimum de crédit à la version d'Annie ! Georges aurait donné n'importe quoi pour retourner dans le cosmos. Alors, même si cela n'aboutissait à rien, pourquoi ne se lancerait-il pas à la recherche d'une forme de vie extraterrestre ?

Suzanne interrompit ses pensées.

— Et si nous montrions le quartier à Georges, aujourd'hui ? Tu as peut-être envie d'aller à la plage ?

— Maman ! s'exclama Annie, l'air affligé. Georges et moi avons des milliers de choses à faire ici.

— Moi, j'ai mes théories sur le paradoxe de la perte d'information à creuser, intervint Emmett sur un ton sec. Même si tout le monde s'en moque.

— Ne soyez pas idiots ! gronda Suzanne. Georges a traversé l'Atlantique pour venir nous voir. Ce n'est pas pour passer ses journées dans un arbre à discuter avec vous !

Le téléphone sonna.

— Georges, c'est pour toi, annonça Suzanne en lui tendant le combiné.

— Georges ? grésilla la voix de son père au loin. Juste pour te dire que nous sommes arrivés à Tuvalu. Nous partons pour les atolls. Comment ça se passe, en Floride ?

— Très bien ! Je suis avec Éric, Suzanne, Annie et un autre garçon qui s'appelle Emmett. Il…

La communication fut coupée. Georges raccrocha à son tour.

— Il rappellera bientôt, le rassura Suzanne. Ton papa et ta maman savent que tu vas bien. Maintenant, allons nous amuser !

Annie eut beau lever les yeux au ciel et soupirer, ils devaient obéir. Suzanne avait prévu de les emmener à la fête foraine, à la piscine, à la réserve des dauphins et à la plage. Leurs journées et leurs soirées seraient si bien remplies que Georges et Annie ne pourraient pas sortir Cosmos de sa cachette et tenter de le réparer d'ici longtemps. Sans parler d'Emmett, qui les suivait à la trace ! À leur grand regret, ils ne purent s'enfermer qu'une seule fois dans la salle de bains pour étudier le message extraterrestre.

— Là, c'est une personne, déclara Annie. Et, d'après cette flèche, elle se rend quelque part. Mais où ?

— Euh… Vers… une série de petits points à côté d'un gros point. J'ai trouvé ! Ce sont les planètes en orbite autour du Soleil, qui se trouve au centre. La flèche désigne le quatrième point. Donc la personne se rend sur la quatrième planète à partir du Soleil, c'est-à-dire…

— Mars ! s'exclama Annie. Je le savais ! Il y a bel et bien un rapport avec Homer. Le message dit que nous devons nous rendre sur Mars et…

— Mais que veut dire le reste ? l'interrompit Georges. La personne avec la flèche barrée ?

— Peut-être ce qui arrivera si elle ne va pas sur Mars ?

— Dans ce cas, continua Georges en examinant le bas de la colonne, le drôle d'insecte tombe à la renverse.

— Drôle d'insecte… répéta Annie. Homer ? Si la personne ne va pas sur Mars, quelque chose de terrible arrivera à Homer !

— Écoute, Annie… Je sais que ton père s'inquiète pour Homer, mais ce n'est qu'un robot. L'Agence en enverra un autre. Ce message ne prouve rien.

— Regarde la dernière ligne, insista Annie sur un ton lugubre. Ça fait peur.

— Si la personne ne se rend pas sur Mars et ne sauve pas Homer, alors…

— Plus de planète Terre, compléta Annie.

— Plus de planète Terre ?

— Plus de planète Terre. C'est la clé du message. Nous devons aller sur Mars, sinon… un malheur arrivera à notre planète.

— Prévenons ton père, décida Georges.

— J'ai déjà essayé, ça n'a rien donné. Il t'écoutera peut-être, toi.

À cet instant, on frappa fort à la porte.

— Sortez de là ! cria Emmett. Toute résistance est inutile !

— Je peux lui mettre la tête dans la cuvette ? demanda Annie.

— Non ! répliqua Georges. Il n'est pas méchant. En fait, je le trouve plutôt sympa. Il suffit de prendre la peine de lui parler…

Au milieu de la semaine, la mère d'Annie décida qu'une journée au calme à la maison s'imposait. Le lendemain marquerait le moment fort du séjour de Georges. Éric leur avait obtenu des billets pour assister au départ de la navette spatiale. Ils seraient sur l'aire de lancement pendant le décollage de l'immense vaisseau !

Excité comme une puce, Emmett ne cessait de marmonner des consignes de pilotage et de parler de vitesse de révolution orbitale.

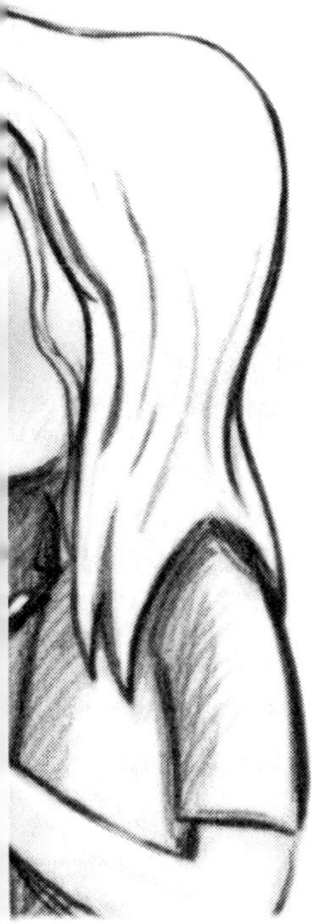

Georges et Annie s'enthousiasmaient pour des raisons différentes. Le premier jubilait à l'idée de voir l'énorme fusée qui permettrait à la navette de foncer dans l'espace. Récemment, il avait emprunté une porte créée par Cosmos pour s'y rendre et là, il assisterait au départ d'une vraie navette pour un voyage extraordinaire !

La seconde pétillait d'une joie secrète en attendant le lancement.

— Mon plan prend forme, chuchota-t-elle à Georges. Nous allons démasquer ces extraterrestres ! Je te le promets !

Malheureusement, elle refusait de lui dévoiler comment. Dès qu'il lui posait une question, son regard se perdait dans le vide.

— Je t'expliquerai, le moment venu. Pour l'instant, fais-moi confiance.

Son silence agaçait tellement Georges qu'il préférait discuter avec Emmett plutôt qu'avec Annie lorsqu'elle jouait les mystérieuses.

Cependant, plus elle se comportait en agent secret chargé de surveiller des activités extraterrestres, plus Georges se creusait la cervelle afin de déchiffrer le message crypté et de découvrir son origine. Il avait essayé d'en parler à Éric. Peine perdue.

— Georges, lui avait répondu patiemment Éric, je suis désolé. Je ne crois pas qu'une forme de vie extraterrestre s'amuse avec mon robot ou veuille détruire la Terre. Alors s'il te plaît : laisse tomber ! J'ai des problèmes bien plus importants à régler. L'Agence envisage d'envoyer un autre engin sur Mars pour effectuer le travail de Homer. L'heure est grave. Tout le monde n'est pas aussi intéressé par les voyages spatiaux qu'Annie et toi. Certaines personnes les considèrent comme inutiles et envisagent leur arrêt.

— Mais toutes ces inventions qui nous viennent de la recherche spatiale ? avait protesté Georges. Si l'homme n'avait pas marché sur la Lune, notre vie quotidienne serait vraiment différente !

— De plus, avait ajouté Éric, même si nous pouvions réparer Cosmos, je ne sais pas s'il serait prudent d'utiliser la porte, après tout ce qu'il a subi. Et s'il plantait pendant que l'un de nous se promène dans l'espace ? Si on ne pouvait pas le redémarrer à temps ? Homer n'est qu'un robot, Georges. Il ne vaut pas la peine qu'on prenne autant de risques.

— Vous oubliez la fin du message ! s'était exclamé Georges. La Terre est barrée !

LES INVENTIONS SPATIALES

De nombreux objets dont nous nous servons sur Terre proviennent des avancées de la technologie spatiale. En voici quelques exemples :

- air conditionné économe en énergie
- amélioration des IRM
- appareils de contrôle des cheminées d'usine
- appareils de mesure de la pollution
- appareils de radiographie portatifs
- aspirateurs de table
- atténuateurs de bruit
- batteries compactes
- casques antichocs
- circuits miniaturisés
- clubs de golf composites
- design des bus scolaires (amélioration)
- détecteurs de feu et de flammes
- détecteurs de fuites radioactives
- détection du saturnisme
- emballages alimentaires
- garnitures de freins de voiture (amélioration)
- instruments pour opération de la cataracte
- lentilles résistant aux rayures
- lunettes de ski antibuée
- lyophilisation
- mains robotisées
- matériaux résistants au feu
- navigation par satellite
- pacemakers programmables
- pneus neige sans clous
- pompes à insuline automatiques
- purificateurs d'air
- revêtements anticorrosion
- services d'avis de tempête (radar Doppler)
- systèmes de prévison des séismes
- systèmes de purification des piscines
- systèmes d'alarme résidentielle
- systèmes d'analyse des os
- systèmes d'énergie solaire
- téléviseurs à écran plat
- traitement des eaux usées
- tubes de dentifrice
- vêtements de protection

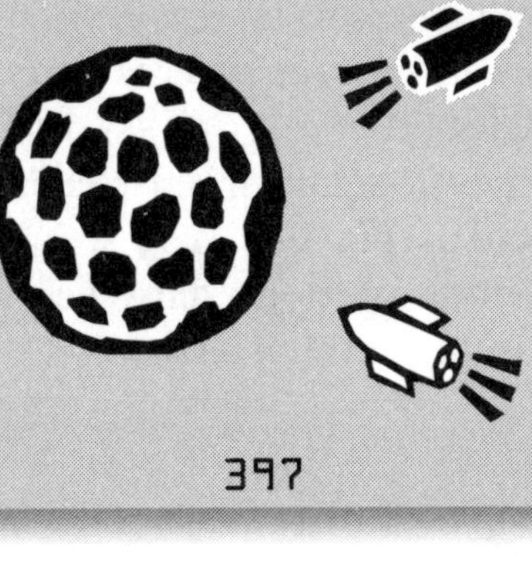

— Quelqu'un a voulu nous faire une farce, avait expliqué Éric. N'y pense plus. Je vais dépanner Homer, même si je ne sais pas encore comment. Et puis ce n'est pas la fin de notre planète. Il lui reste plusieurs milliards d'années à vivre avant que notre Soleil meure. Pas de quoi paniquer !

— Enfin ! s'exclama Annie.

Son père était parti au travail, sa mère sortie quelques minutes et Emmett semblait absorbé par son simulateur en ligne.

— Nous pouvons travailler sur notre Opération E.T. Nous n'avons pas beaucoup de temps. Il faut que Cosmos fonctionne avant demain. C'est capital. Tu viens, Georges ?

Elle grimpa quatre à quatre l'escalier menant à la chambre de ses parents. Georges la suivit en bougonnant.

— Tu ne crois pas que j'ai droit à une explication ? demanda-t-il sur le seuil de la porte. J'en ai marre que tu me répètes : « Tu auras accès aux informations si c'est strictement nécessaire, Georges. » Je suis venu aux États-Unis parce que tu avais besoin de mon aide, et pour l'instant, tu ne m'as pas révélé un millième de ton plan.

Un grand sourire aux lèvres, Annie sortit de la chambre de ses parents avec une boîte métallique.

— Je suis désolée, murmura-t-elle. Mais je ne voulais pas que tu dises à Emmett que nous partions dans l'espace à la chasse aux extraterrestres.

— La confiance règne ! s'exclama Georges, vexé.

Annie fonça dans sa chambre et posa la boîte sur son bureau.

— Cosmos se trouve là-dedans, annonça-t-elle. Et j'ai la clé !

Elle lui montra une petite clé au bout d'une chaîne qu'elle portait autour du cou, ouvrit la boîte et en sortit l'ordinateur portable argenté si familier. Puis elle referma la boîte et retourna la ranger dans l'armoire de ses parents.

— Comment t'es-tu procuré la clé ? s'enquit Georges.

— Je l'ai empruntée… annonça la cachottière. Après que j'ai allumé Cosmos et reçu le message, papa a décidé de l'enfermer dans une boîte, mais il ignore à quel point je suis intelligente !

— Ou à quel point tu aimes fouiner, rectifia Georges.

— Peu importe. On continue.

Elle ouvrit Cosmos, le brancha, appuya sur ENTRÉE – la touche secrète qui donnait accès à l'Univers –, mais rien ne se passa. Elle appuya une nouvelle fois : l'écran demeura blanc.

Soudain, la porte de sa chambre s'entrouvrit, et quelqu'un pointa le bout de son nez.

— Qu'est-ce que vous faites ? demanda Emmett.

— Rien ! aboya Annie.

Elle bondit aussitôt sur ses pieds et essaya de lui boucher la vue, mais Emmett s'était déjà faufilé à l'intérieur.

— Si tu ne me dis pas ce que tu fabriques avec cet ordinateur, la menaça-t-il, je raconte tout à tes parents.

— Et tu vas leur raconter quoi ? l'interrogea Annie.

— Que ni eux ni moi ne devons apprendre ce que tu mijotes.

— De toute façon, il n'y a rien à savoir.

— Moi, je sais que vous n'avez pas le droit de vous servir de cet ordinateur très puissant, paraît-il. Je vous ai entendus, Georges et toi, quand vous faisiez des messes basses.

— Tu m'énerves ! cria Annie en se jetant sur lui.

— Je te déteste ! cria-t-il à son tour en la bousculant. Je ne voulais pas venir ici en vacances. Je préférais accompagner mes parents dans la Silicon Valley. C'est le pire été de ma vie !

— Vous n'avez pas bientôt fini, tous les deux ? hurla Georges.

Annie et Emmett s'arrêtèrent net et regardèrent, surpris, leur ami habituellement si paisible.

— On se calme. Vous êtes ridicules ! Emmett passe d'horribles vacances et s'ennuie à mourir. Tu es un génie de l'informatique, pas vrai, Emmett ?

— Affirmatif, grommela celui-ci.

— Et toi, Annie, tu as un problème d'ordinateur et tu ne sais pas le résoudre ? Pourquoi ne demandes-tu pas à Emmett – gentiment – de jeter un coup d'œil à Cosmos pour voir s'il ne peut pas le réparer ? Cela l'amusera peut-être et ça te rendrait service, non ?

— Mouais, marmonna Annie.

— Très bien, continua Georges. Annie, explications !

Elle désigna le portable argenté sur son lit.

— Ceci est un ordinateur...

— Pas possible ! ironisa Emmett.

— ... très, très spécial, enchaîna Annie. Il est capable d'ouvrir des portails sur l'espace.

Emmett la regarda de haut.

— Ça m'étonnerait !

— C'est vrai, intervint Georges. Cet ordinateur s'appelle Cosmos et, quand il fonctionne, il est fascinant. Éric l'a inventé, mais nous l'avons abîmé l'année dernière. Aujourd'hui, Éric en a vraiment besoin. Emmett, tu crois que tu pourrais le réparer ?

— Je vais chercher mon kit d'urgence ! s'exclama Emmett en souriant jusqu'aux oreilles.

— Il n'est pas si horrible, commenta Georges après son départ. Laisse-lui une chance.

— Une seule, grommela Annie.

Emmett revint les bras chargés de matériel informatique, de CD, de tournevis de tailles différentes. Il les empila avec soin avant de manipuler Cosmos. Annie et Georges l'observèrent en silence, tandis que son air béat s'effaçait au fil des minutes et laissait place à un froncement de sourcils inquiétant.

— Waouh ! fit-il. Je n'avais jamais vu ça. Je ne pensais pas que quelqu'un était capable de fabriquer un ordinateur que je ne comprendrais pas.

— Tu peux le sauver ? chuchota Annie.

Emmett paraissait stupéfait.

— Cette bécane est trop cool ! Moi qui croyais que l'informatique quantique était une théorie.

Concentré, il se mordait la lèvre pendant son examen approfondi de Cosmos. Le chant des grillons dans le jardin les berçait. Soudain, ils entendirent un autre bruit, si léger qu'ils se demandèrent d'où il venait.

— Qu'est-ce... ?

— Chut ! ordonna Annie.

Même bip discret. Quand ils regardèrent le génial ordinateur de plus près, ils aperçurent une petite lumière jaune sur le côté. Au milieu de l'écran, qui jusqu'à présent était resté blanc, une fine ligne surgit.

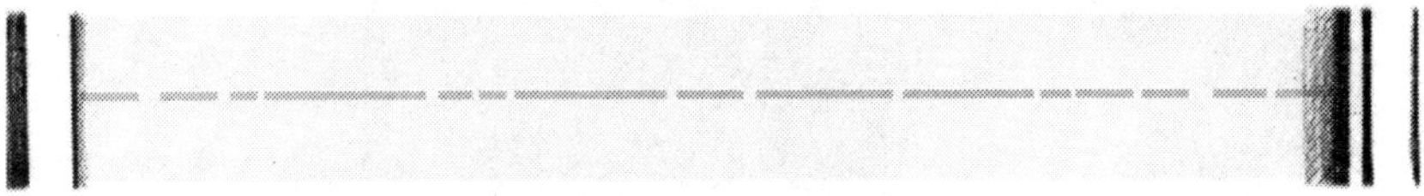

— Emmett ! siffla Annie.

Folle de joie, elle le prit dans ses bras. Emmett se contracta et fit la grimace.

— Tu as réussi ! s'exclama-t-elle. Je vais essayer de lui parler.

Annie se pencha vers l'écran.

— Cosmos, je t'en prie, reviens, le supplia-t-elle. Nous avons besoin de toi.

L'écran clignota puis s'éteignit. Cosmos bipa de nouveau – une fois, deux fois. Une autre ligne apparut en travers de l'écran, ondula quelques secondes, forma un cercle et disparut.

— C'est bizarre, commenta Emmett.

Il vérifia quelques commandes, appuya sur une dizaine de touches puis s'adossa à son siège.

Il y eut un vrombissement et, enfin, Cosmos parla.

— 1010111110000010.

Georges et Annie demeurèrent bouche bée. Ils n'avaient pas imaginé une seule seconde que Cosmos fonctionnerait à nouveau sans qu'ils comprennent ce qu'il dise.

— 11000101001, continua Cosmos.

Annie tira Emmett par la manche.

— Qu'est-ce que tu lui as fait ? demanda-t-elle, paniquée. Où est le message extraterrestre ?

— Par les cordes super symétriques sacrées ! s'écria Emmett. Il parle en base deux.

— En quoi ? s'enquit Georges.

— C'est une numération pondérée dont la base est deux, expliqua Emmett. Le système binaire est utilisé par tous les ordinateurs au monde.

Emmett pianotait sur le clavier quand Cosmos hurla :

— 1010001010111010101000101010101011010100000 10010101.

— Que lui arrive-t-il ? s'inquiéta Annie. Il parle, mais nous ne le comprenons pas. Pourquoi ?

— Ainsi, vous communiquez avec cette bécane... marmonna Emmett. Parce que là, il utilise le système sous-jacent qui se situe en dessous du langage informatique. Une sorte de prélangage.

— 1101011 ! gémit Cosmos.

— Oh non ! lâcha Annie. Il serait redevenu un bébé ordinateur qui babillerait ?

Cosmos gazouilla, puis éclata de rire.

— Il ne saurait dire que « ateau ! papa ! mama ! » ? continua Annie.

— Je crois que oui, répondit Emmett.

Trop occupé à fixer l'écran, il ne s'était pas aperçu qu'il était du même avis qu'Annie.

— Je vais essayer quelque chose, proposa-t-il. Voyons s'il connaît le langage BASIC.

— GOTO GOTO GOTO GOTO, répondit Cosmos.

Emmett inséra un CD dans le super-ordinateur.

— Je tente une mise à jour plus compliquée. Quelque chose de plus récent. Comme il évolue au Moyen Âge de l'informatique, essayons FORTRAN 95.

— REAL. NOT. END. DO, répliqua Cosmos.

Emmett recommença et cette fois-ci, l'écran de Cosmos s'obscurcit, ses circuits sifflèrent.

LE CODE BINAIRE

Notre système numérique normal fonctionne sur une base 10. Il y a des chiffres de 1 à 9, puis le chiffre 1 se déplace dans la « colonne » suivante pour montrer l'existence des dizaines. Après 99 (9 x 10 plus 9 x 1), on a besoin d'une nouvelle colonne pour afficher les centaines (10 x 10). Même chose pour les milliers (10 x 10 x 10) une fois que 999 est atteint. Etc.

Dans le système binaire, la base est 2 et non plus 10. Ainsi, les colonnes représentent des multiples de 2. C'est-à-dire : 2, 4 (2 x 2), 8 (2 x 2 x 2), etc. Le chiffre 3 devient donc 11 (1 x 2 plus 1 x 1). Compter de 1 à 10 revient donc à écrire 1, 10, 11, 100, 101, 110, 111, 1 000, 1 001, 1 010.

Les premiers programmeurs en informatique ont décidé d'utiliser le code binaire parce qu'il est plus simple de concevoir un circuit qui comporte les positions « on » et « off » qu'un circuit avec plusieurs états alternatifs. Le code binaire fonctionne en effet sur le même principe que celui des systèmes électriques des premiers ordinateurs, qui ne reconnaissaient que les positions ON/OFF – ce qui pouvait être représenté par 0 pour OFF et par 1 pour ON. Ainsi, les calculs complexes pouvaient être traduits en circuits ON/OFF à l'intérieur de l'ordinateur.

— Il ingurgite toutes ces données, expliqua Emmett. Ça vous donne des frissons, hein ?

Enfin, Cosmos leur parla dans un langage compréhensible.

— Ça gaze ? demanda-t-il.

— Cosmos ! s'écria Annie, surexcitée. Tu es de retour ! Quelle excellente nouvelle ! Bon, j'ai besoin de toi pour ouvrir une porte, aussi vite que possible. Il faut que je jette un œil…

— Nan nan nan, répondit Cosmos avec paresse.

Georges décida d'intervenir.

— Cosmos ! le supplia-t-il. Nous avons de gros ennuis. Il faut absolument que tu nous aides.

— Tu vois pas que je décompresse, là ? répliqua l'ordinateur le plus intelligent au monde.

— Tu quoi ? demanda Georges, qui se pencha en avant pour mieux le regarder.

— Eh ! Zieute ailleurs ! hurla soudain Cosmos. On regarde pas, mec. C'est privé, interdit, je te dis.

— Cosmos, insista Georges. La situation est désespérée…

— La ferme, l'interrompit Cosmos. Je suis occupé. Et t'avise pas de mater mon écran ou aut' chose.

— Cosmos, roucoula Annie. Pourquoi te vexes-tu ?

— Discuter avec ces gars-là, c'est la mort. Mais toi, je te kiffe. Ouais, t'es réglo, ma belle.

— Merci, répondit Annie. Cosmos, écoute-moi, c'est la folie dehors. Mon père pète un plomb parce que quelqu'un… comment dire ?… a piraté son robot.

— Trop dur ! s'exclama Cosmos, enfin intéressé.

Abasourdis, Georges et Emmett les écoutaient papoter.

— Tu es le seigneur des ordis ! continua Annie. Dis, tu nous aides à trouver qui a trafiqué Homer ?

— O.K., baby, je suis dessus.

Tandis qu'il ronronnait, Annie se tourna vers Georges et Emmett, un sourire de satisfaction aux lèvres.

— Il me kiffe ! répéta-t-elle, joyeuse. Et regardez… Une porte vers l'Univers !

Un petit rai de lumière avait jailli de l'écran et, à l'autre bout de la pièce, Cosmos dessinait le portail que Georges et Annie avaient emprunté pour visiter l'Univers. Il s'entrebâilla sur un ciel sombre et parsemé d'étoiles, qui brillaient avec plus d'éclat que d'habitude.

Une planète rouge chatoyait au loin.

Georges faisait un pas en avant quand la porte lui claqua au nez.

Un large écriteau où l'on avait griffonné en majuscules : « DÉFENSE D'ENTRER ! » s'afficha à cet instant.

Ils sursautèrent : Cosmos avait mis de la techno à fond derrière la porte !

— Annie, que se passe-t-il ? s'inquiéta Georges.

— Eh bien, je n'en suis pas très sûre, mais Cosmos me fait penser à des garçons plus âgés de mon collège. Ils se croient cool et ont le même vocabulaire.

— Quel âge ont-ils ?

— Environ quatorze ans. Pourquoi ?

Georges avait déjà réfléchi à la question.

— Parce que, tout à l'heure, Cosmos a commencé par le langage informatique de base. Ensuite, Emmett lui a donné un coup de pouce, mais il n'a pas pu le mettre à jour totalement. Cela signifie que Cosmos est maintenant…

Annie finit sa phrase, entre peur et émerveillement :

— … un adolescent !

— Que va dire ton père ? demanda Georges.

— À mon avis, mieux vaut qu'il ne l'apprenne pas. Enfin, pas tout de suite.

La porte d'entrée s'ouvrit au rez-de-chaussée.

— Vite ! s'exclama Annie. Emmett, éteins Cosmos.

Emmett ferma l'ordinateur et le glissa sous le lit d'Annie. Ils entendirent des bruits de pas dans l'escalier. Quand il ouvrit la porte de la chambre de sa fille, Éric découvrit les trois enfants assis côte à côte, feuilletant un livre qu'il avait écrit.

— Content de vous voir ensemble, dit-il.

Annie passa un bras autour du cou d'Emmett.

— Pas de problème. Nous sommes amis maintenant, n'est-ce pas, Emmett ?

Elle le poussa un peu du coude.

— Parle, lui ordonna-t-elle à voix basse.

— Oui, je confirme, répondit Emmett machinalement.

Il n'en revenait toujours pas d'avoir vu Cosmos ouvrir un portail sur l'espace.

— Bien, bien. Ainsi vous lisez un de mes livres, *Commencement du temps et fin de la physique* ? Comment vous le trouvez ?

— Très intéressant, répondit Georges, qui n'en avait pas compris un traître mot.

Emmett revint à la vie.

— Vous avez fait une erreur, page quatre-vingt-neuf.

— Vraiment ? demanda Éric avec le sourire. Personne ne m'en a jamais fait la remarque, mais tu as peut-être raison.

— Je peux vous suggérer une manière de la rectifier, poursuivit Emmett.

Quand Annie grogna, Georges lui décocha un regard sévère.

— Je voulais dire : bien vu, Emmett, dit-elle.

— Bon ! enchaîna Éric. J'avais l'intention de vous

emmener manger une glace, mais vous êtes tellement absorbés par votre lecture que je ne vais pas vous déranger plus longtemps…

— Une glace ! s'exclamèrent Annie et Georges en chœur.

Ils bondirent sur leurs pieds tandis qu'Emmett restait assis sur le lit, ne parvenant pas à détacher son regard du livre.

— La Terre appelle Emmett ! lança Annie. Opération glace ! Tu sais, le truc froid et sucré que tous les enfants adorent. Nous allons en manger une.

Emmett leva les yeux, l'air hésitant.

— Vous voulez que je vienne ?

— Oui ! s'écrièrent Annie et Georges.

Chapitre 7

Le lendemain se présenta comme une journée belle et calme, le temps idéal pour s'envoler dans l'espace. Annie réveilla Georges et Emmett de bonne heure.

— C'est aujourd'hui que la navette décolle ! cria-t-elle dans l'oreille de Georges.

Celui-ci grommela et se cacha sous son oreiller.

— Debout ! Debout ! insista-t-elle.

Elle s'empara de la couette et dansa avec elle au milieu de la chambre.

— C'est le jour le plus génial de notre vie !

Emmett s'assit vite dans son lit.

— Je suis tellement heureux de pouvoir...

Soudain, il se précipita dans la salle de bains.

Annie prit Georges par la main, l'aida à se lever alors qu'il peinait à ouvrir les yeux. Emmett revint en titubant, la mine pâlichonne.

— Arbre ! ordonna Annie. Maintenant ! Nous avons un emploi du temps à organiser !

Encore en pyjama, ils descendirent à pas de loup et se faufilèrent dehors par la véranda. Georges grimpa à l'arbre, Annie le suivit avec agilité, abandonnant Emmett en bas.

— Allez, monte ! lui cria-t-elle. Grouille !

— Je ne peux pas, gémit Emmett.

— Pourquoi ?

— Je ne suis jamais monté dans un arbre...

— Mais c'est pas vrai ! geignit Annie. Tout le monde sait grimper aux arbres ! Tu fais quoi de tes journées ?

— Je rédige des programmes informatiques. Seul.

Annie soupira tandis que Georges sautait prestement à terre. Il souleva Emmett, le poussa vers la première branche et, avec toutes les difficultés

Le 12 janvier 2005, une sonde spatiale nommée *Deep Impact* a été lancée depuis Cap Canaveral, en Floride, aux États-Unis (droite). Elle contenait un « impacteur » (gauche), destiné à percuter la comète Tempel 1, afin de découvrir la composition des comètes. Comme ces corps célestes sont des reliques du Système solaire primaire, les informations recueillies nous permettront d'en savoir davantage sur la formation du Système solaire.

Photo de Tempel 1 prise par l'impacteur lorsqu'il s'approchait de sa cible à plus de 36 000 km/h. La collision a eu lieu le 4 juillet 2005.

1,67 seconde après que l'impacteur a heurté Tempel 1, la sonde *Deep Impact* a pris ce cliché de l'explosion survenue à sa surface.

La photo la plus grande et la plus détaillée de Saturne jamais prise. Remarquez les couleurs.

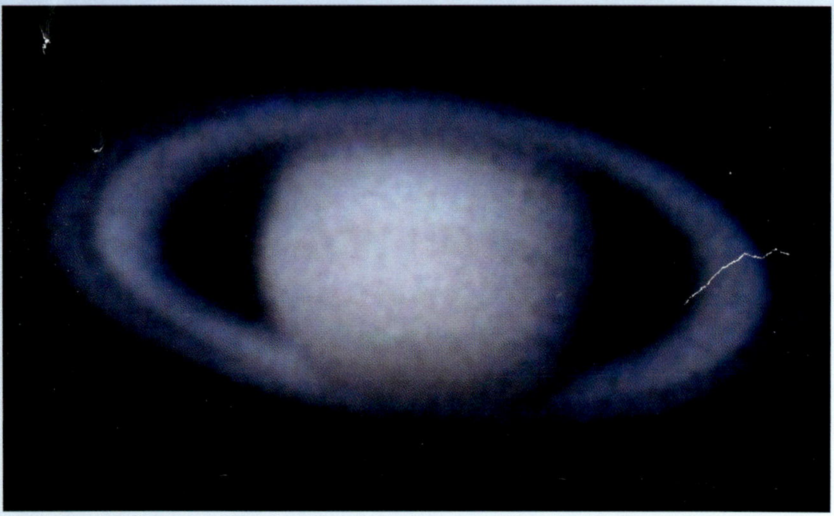

Vue de Saturne depuis la Terre grâce à un petit télescope portable.

L'HOMME DANS L'ESPACE

Laïka, la première créature vivante mise en orbite.

Lancement du premier vol spatial américain habité, en mai 1961.

Lancement de la fusée spatiale soviétique *Vostok I* transportant Iouri Gagarine, en avril 1961.

Iouri Gagarine.

Rendez-vous : le vaisseau *Gemini VI*
photographié depuis *Gemini VII* en décembre 1965.

Le vaisseau *Gemini VII*
photographié depuis *Gemini VI* en décembre 1965.

EVA (sortie extravéhiculaire) : astronaute émergeant du module de commande.

© NASA / Science photo library

Empreinte du premier pas de Neil Armstrong sur la Lune, le 20 juillet 1969.

© NASA / Science photo library

L'astronaute d'*Apollo 11*
Buzz Aldrin marche sur la Lune.

L'astronaute James B. Irwin et le rover lunaire, mission *Apollo 15*, juillet 1971.

Ci-dessus : cockpit de simulation de la navette spatiale, 1999.

Lancement de la première navette spatiale, *Columbia*, en 1981.

© NASA / Science photo library

Astronaute flottant
dans la Station spatiale
internationale (ISS).

© NASA / Science photo library

Astronaute de l'ISS
et fruits frais en microgravité.

© NASA / Science photo library

Astronautes se préparant
des hamburgers à bord de l'ISS.

© NASA / Science photo library

L'ISS et ses nouveaux panneaux solaires, 2006.

© NASA / Science photo library

Vue du vaisseau russe *Soyouz*, photographié d'une navette spatiale américaine.

© Detlev Van Ravenswaay / Science photo library

Ci-dessus : *SpaceShipOne* rentrant dans l'atmosphère terrestre.

© Christian Darkin / Science photo library

Image créée par ordinateur de *SpaceShipOne*, un vaisseau privé lancé avec succès dans l'espace en juin 2004.

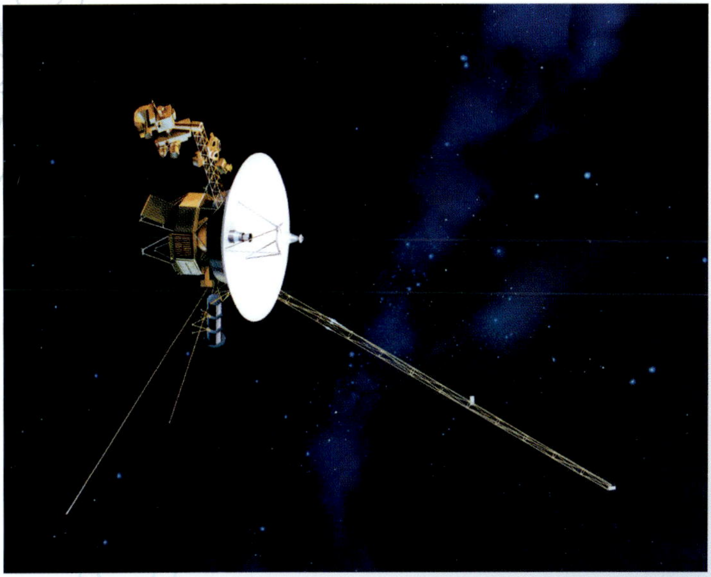

© NASA / Science photo library

Image créée par ordinateur de la sonde *Voyager*.

© J NASA / JPL / UA / Lockheed Martin / Science photo library

Image créée par ordinateur de la sonde *Phoenix* sur Mars.

Image du canyon Chasma Boreale sur Mars.

Mercure

La surface couverte de cratères de la planète Mercure.

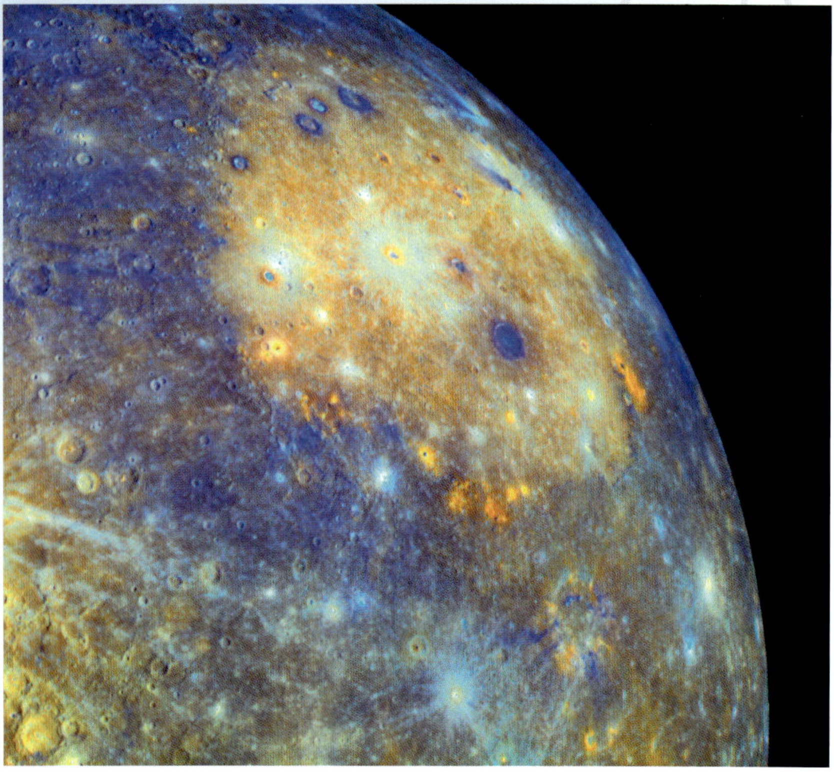

Les cratères de Mercure.

Vénus

© JPL / NASA / Science photo library

Volcans sur Vénus.

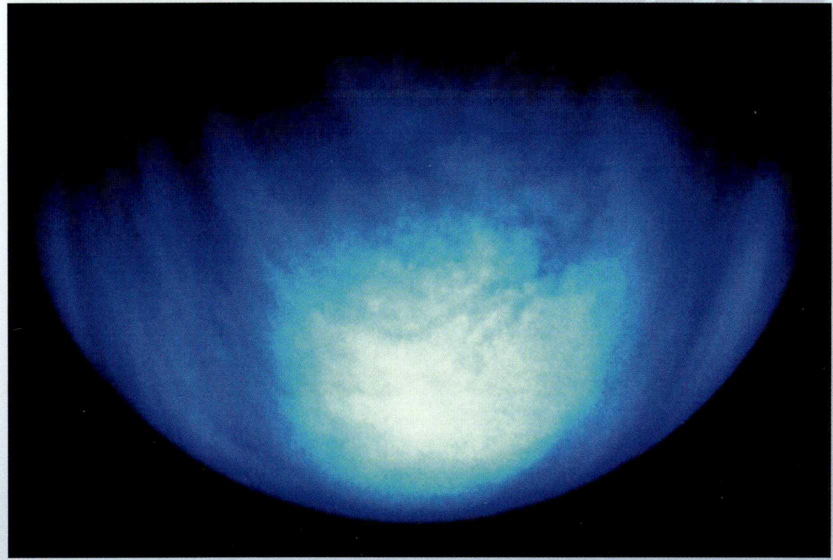
© NASA / Science photo library

L'atmosphère de Vénus.

Jupiter

Image de Jupiter par *Voyager 1*.

Saturne

© NASA / Science photo library

Image de Saturne et de son système d'anneaux par *Voyager 1*.

© NASA / Science photo library

Image de Titan, un satellite de Saturne, devant Saturne, par la sonde *Cassini*.

Uranus et Neptune

Image d'Uranus par *Voyager 2*.

Ci-dessous : image de Neptune et Triton, son plus grand satellite à peine visible ici, par *Voyager 2*.

Image de Neptune par *Voyager 2*.

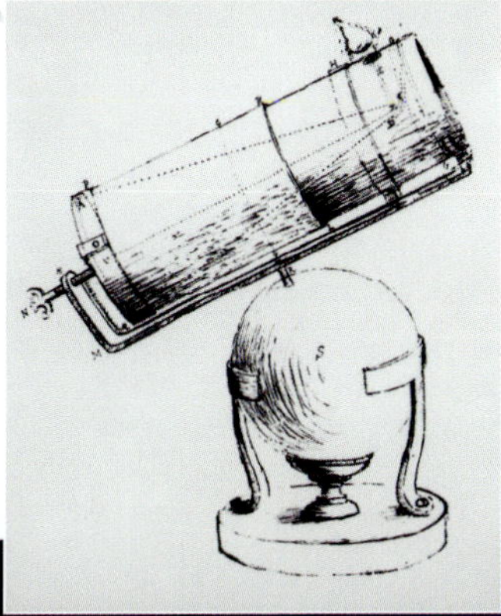

Dessin par Isaac Newton
de son télescope réflecteur.

Dôme du télescope Isaac Newton à Las Palmas, îles Canaries, Espagne.

Le désert du Kalahari, en Namibie (Afrique australe), vu de l'espace.

Pluie de météores léonides.

Vue terrestre de la planète Vénus
et de la Lune.

Déploiement du télescope spatial *Hubble* (HST) depuis la navette spatiale *Discovery*, en 1990.

Image optique colorée de la nébuleuse de la Rosette.

Image optique de la nébuleuse de la Tarentule.

Image du télescope spatial *Hubble* d'une collision de galaxies.

Image optique d'une galaxie spirale.

Image composite infrarouge d'une collision de galaxies.

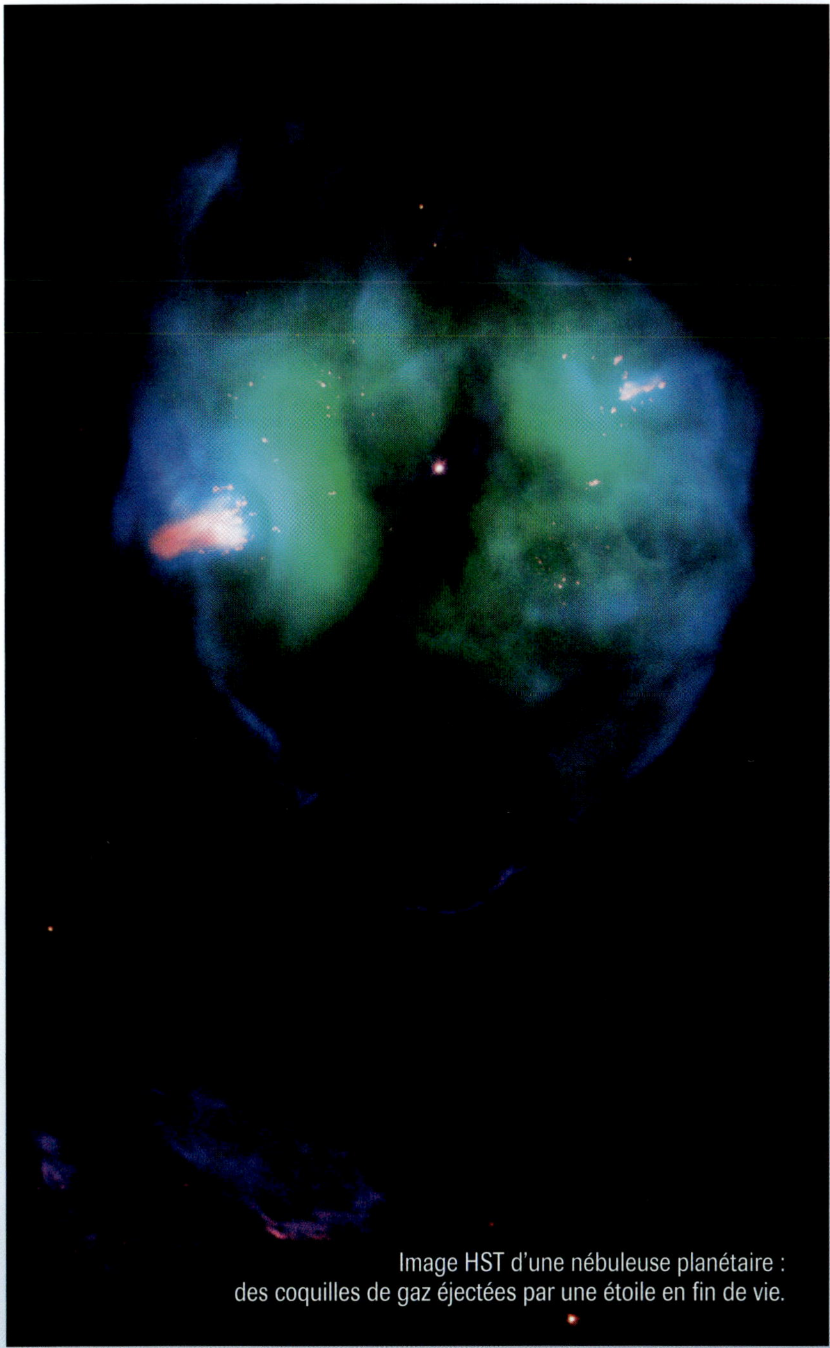

Image HST d'une nébuleuse planétaire :
des coquilles de gaz éjectées par une étoile en fin de vie.

Champ d'étoiles où les oscillations gravitationnelles montrent des planètes extrasolaires importantes.

Image créée par ordinateur d'une planète géante gazeuse extrasolaire en orbite autour d'une étoile dans la constellation Vulpecula, ou du Petit Renard.

Lever de Terre au-dessus de la Lune.
Photo prise par les astronautes américains à bord d'*Apollo 8*, en 1968.
Il s'agit d'une des premières images de la Terre vue d'un autre monde.

Mars

Approche de Mars par le télescope spatial *Hubble*, en 2007.

Signes typiques d'érosion martienne.

Image de glace sur Mars par *Phoenix Mars Lander*.

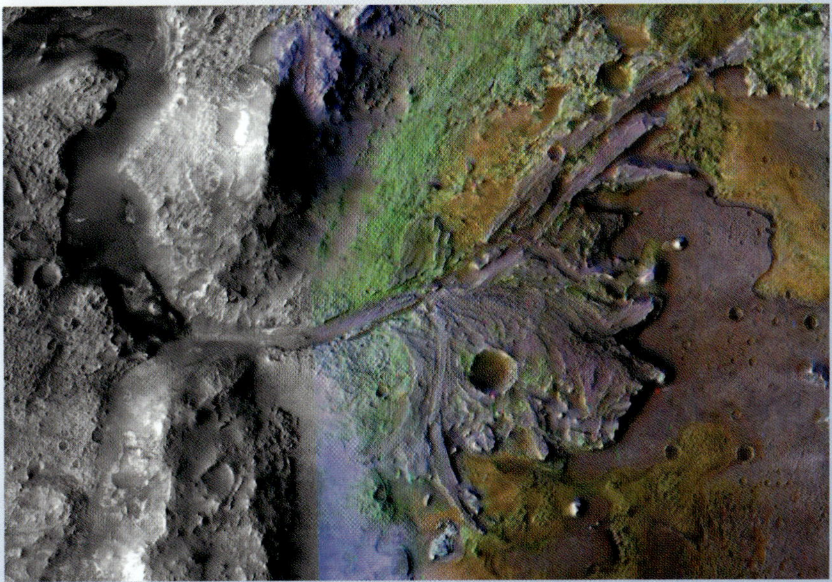

Image satellite aux couleurs accentuées d'un delta de rivière martien.

Titan

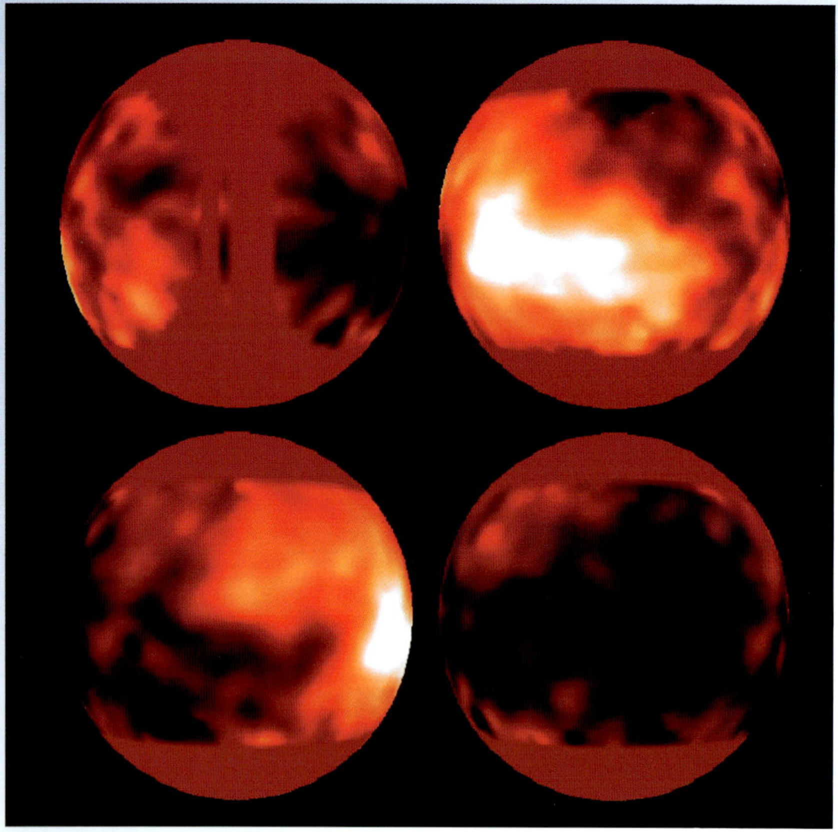

Image HST de la surface de Titan en 1994.
En haut à gauche, on voit l'hémisphère qui fait face à Saturne ; en bas à droite, celui qui tourne le dos à Saturne.

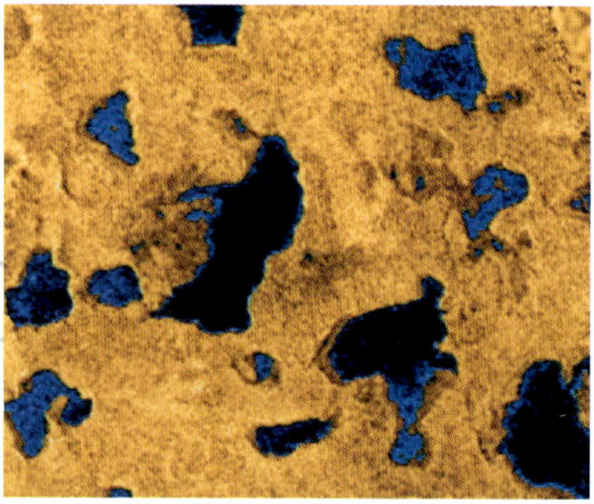

Image de lacs d'hydrocarbure sur Titan par *Cassini*.

Image de la surface de Titan par *Cassini*.

Image HST de Titan en orbite autour de Saturne, en 1995.

Alpha du Centaure

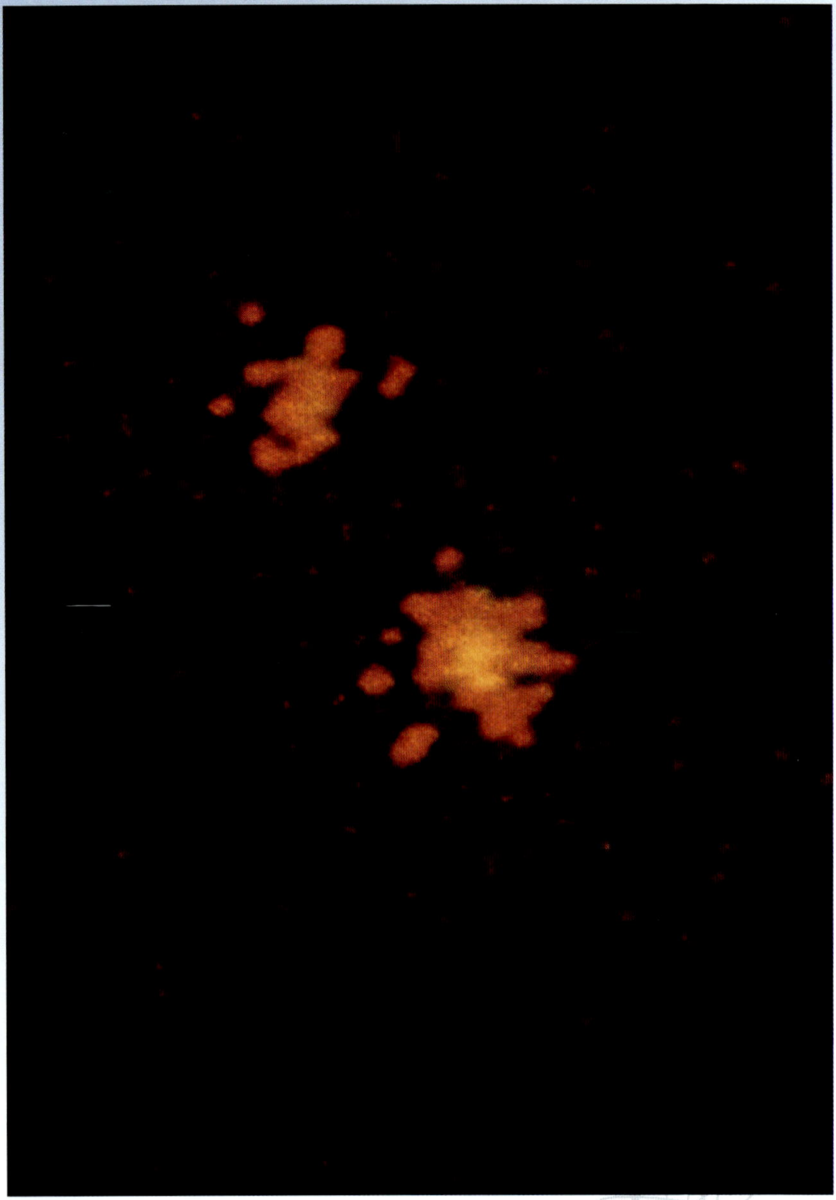

Image aux rayons X d'Alpha du Centaure
montrant les deux étoiles les plus brillantes du système.

55 Cancri

Vue d'artiste des planètes et de leur orbite dans le système d'étoiles binaires 55 Cancri.

Vue d'artiste d'une planète extrasolaire autour de 55 Cancri.

La Terre

Vue de la Terre depuis l'espace, en vraies couleurs, montrant l'Europe et le nord de l'Afrique.

du monde, Georges et Annie réussirent à le hisser jusqu'à la plus grosse. Emmett ne semblait pas du tout à l'aise.

— Parlons de choses sérieuses, décréta Annie. L'aventure commence aujourd'hui. Nous devons nous montrer courageux et exceptionnels. Si la chance nous accompagne, nous sauverons la planète Terre. Pour ça, personne ne doit pleurer, se plaindre, ou courir se réfugier dans les jupes de ma mère. Compris, Emmett ?

Cramponné à sa branche, Emmett hocha la tête.

— Oui, Annie, bredouilla-t-il.

— Tu es notre ami, maintenant. Si tu as quelque chose à dire, tu t'adresses à Georges ou à moi. Tu ne te précipites pas vers un adulte.

— Oui, Annie. Tu sais, je n'ai jamais eu d'amis avant.

— Eh bien maintenant, tu en as deux ! s'exclama Georges.

— Et nous avons besoin de toi, ajouta Annie. Tu es indispensable à la réussite de notre plan. Ne nous laisse pas tomber.

— Promis, promis, promis !

— Tout ça, c'est très bien, le coupa Georges. Mais, concrètement, on fait quoi ?

— Nous partons pour un grand voyage cosmique. Alors soyez attentifs, sauveurs de la planète Terre, car je vous invite à rencontrer... l'Univers ! Voici mon plan : nous allons nous habiller, mettre Cosmos dans un sac à dos, trouver mon père et nous rendre à l'Agence spatiale globale. C'est là que tout va commencer.

« L'Aigle s'est posé ! »

Voilà le message que l'astronaute américain Neil Armstrong a envoyé de la Lune au centre de contrôle des missions de Houston, au Texas, le 20 juillet 1969 lors de la mission *Apollo 11. Eagle* (l'Aigle) était le module lunaire qui s'était détaché du vaisseau *Columbia*, resté en orbite à 100 kilomètres au-dessus de la surface de la Lune. Alors que l'astronaute Michael Collins demeurait à bord du module de commande, le module lunaire se posait dans une zone nommée « la mer de la Tranquillité ». Comme il n'y a ni eau ni habitants sur la Lune, personne n'a été éclaboussé ! Neil Armstrong et Buzz Aldrin, les deux astronautes qui étaient à bord d'*Eagle*, sont devenus ce jour-là les premiers hommes à visiter la Lune.

Neil Armstrong a été le premier à sortir de la capsule et à poser le pied (gauche) sur la Lune. Buzz Aldrin l'a suivi, a regardé autour de lui (le ciel noir comme jais, les cratères d'impact, les couches de poussière lunaire) et commenté : « Magnifique désolation. » Comme prévu, ils se sont dépêchés de mettre des pierres de lune et de la poussière dans leurs poches. Ainsi, même s'ils devaient quitter précipitamment les lieux, ils rapporteraient des échantillons.

En fait, ils sont restés une petite journée sur la Lune et ont parcouru près d'un kilomètre à pied. Le voyage épique d'*Apollo 11* demeurera l'un des périples dans l'inconnu les plus enthousiasmants que l'homme ait jamais effectué. Aujourd'hui, trois cratères au nord de la mer de la Tranquillité portent le nom des astronautes de cette mission – Collins, Armstrong et Aldrin.

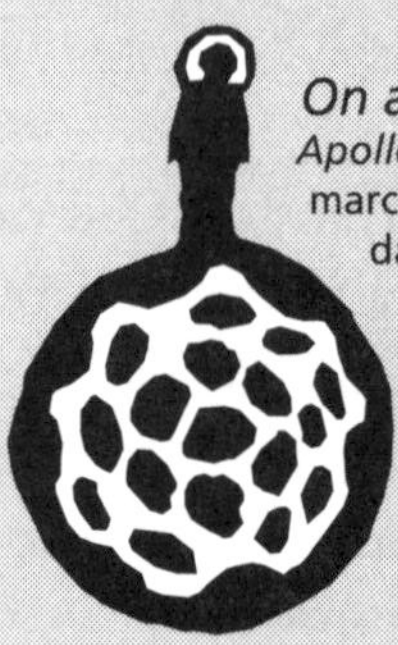

On a marché sur la Lune

Apollo 11 compris, 12 astronautes au total auront marché sur la Lune. Chaque mission cumulait les dangers, comme l'a montré la mission *Apollo 13* en avril 1970 : une explosion à bord du module de service a obligé les astronautes mais aussi les techniciens au sol à déployer des efforts héroïques pour ramener le vaisseau spatial sur Terre en toute sécurité.

Tous les astronautes des missions *Apollo* – y compris ceux de la poignante mission 13 – sont revenus sains et saufs. Ces hommes et ces femmes étaient des spécialistes hautement entraînés, ayant des connaissances solides en aviation, en ingénierie et en science. Mais le lancement et le bon fonctionnement d'une mission nécessitent des personnes aux talents variés. Les missions *Apollo*, les précédentes et les suivantes sont le résultat du travail de dizaines de milliers de personnes qui élaborent et font fonctionner des matériels informatiques et des logiciels complexes.

Les missions *Apollo* ont également rapporté 382 kilogrammes de roches lunaires, ce qui a permis aux scientifiques de les étudier et de mieux comprendre la Lune, sa relation à la Terre, etc.

La dernière mission à destination de la Lune se nommait *Apollo 17.* Elle s'est posée dans la vallée de Taurus-Littrow le 11 décembre 1972 et y est restée 3 jours. À 29000 kilomètres de nous, l'équipage d'*Apollo 17* a photographié une Terre ronde et complètement éclairée. Ce cliché intitulé « La Bille Bleue » est peut-être le plus répandu au monde. Depuis, aucun homme n'a pris une photo de la Terre d'aussi loin.

Le premier homme dans l'espace

Les missions *Apollo* n'étaient pas les premières à envoyer des hommes dans l'espace. Le cosmonaute soviétique Iouri Gagarine, qui a gravité autour de la Terre le 12 avril 1961 dans sa capsule nommée *Vostok*, a été le premier homme à se rendre dans l'espace.

Six semaines après l'exploit historique de Gagarine, le président américain John F. Kennedy a déclaré qu'un homme se poserait sur la Lune dans les dix ans. Dans ce but, la NASA (Administration nationale de l'aéronautique et de l'espace) a tout mis en œuvre pour concurrencer le programme spatial habité russe, même si, à l'époque, la NASA n'avait qu'une expérience de vol spatial de 16 minutes. La course à l'espace et à la Lune avait commencé !

LES VOLS SPATIAUX HABITÉS (SUITE)

Mercury, Gemini et les sorties dans l'espace

Le programme *Mercury*, projet concernant un seul astronaute américain, a été conçu pour vérifier si les hommes pouvaient survivre dans l'espace. En 1961, l'astronaute Alan Shepard a été le premier Américain dans l'espace. Il a effectué un vol suborbital de 15 minutes. L'année suivante, John Glenn a été le premier astronaute de la NASA à graviter autour de la Terre.

S'est ensuivi le programme *Gemini* de la NASA, un projet très important qui enseignait aux astronautes à amarrer des véhicules dans l'espace. Il leur permettait aussi de s'entraîner à effectuer des sorties extravéhiculaires (EVA), etc. Mais le premier homme à le faire a été le cosmonaute russe Alekseï Leonov en 1965. Les Russes ne se sont pas rendus sur la Lune, cet honneur revenant aux États-Unis en 1969.

Les premières stations spatiales

Quand la course à la Lune a été terminée, les gens se sont moins intéressés aux programmes spatiaux. Néanmoins, Russes et Américains n'ont pas abandonné la partie. Les Soviétiques ont travaillé sur un programme ultra-secret nommé Almaz («Diamant»). Ils souhaitaient disposer d'une station spatiale habitée en orbite autour de la Terre. Après un premier essai raté, les versions *Saliout 3* et *Saliout 5* ont eu plus de succès, mais ni l'une ni l'autre n'a duré plus d'une année.

Les Américains ont développé leur propre version, *Skylab*, une station spatiale orbitale qui fonctionna 8 mois en 1973. *Skylab* possédait un télescope qui permettait aux astronautes d'observer le Soleil. Ils ont ramené des photographies solaires comprenant des radiographies d'éruptions solaires et de taches sombres sur le Soleil.

Une poignée de main dans l'espace

À cette époque, sur Terre, au milieu des années 1970, l'URSS et les États-Unis étaient engagés dans la «guerre Froide». En résumé, les deux pays ne s'affrontaient pas avec des armes, mais ils se détestaient et ne se faisaient aucunement confiance. En revanche, dans l'espace, ils ont commencé à travailler ensemble. En 1975, le programme *Apollo-Soyouz* a donné lieu à la première «poignée de main dans l'espace» entre les deux superpuissances adverses. *Apollo*, le vaisseau américain, s'est amarré à *Soyouz*, le soviétique; l'astronaute américain et le cosmonaute russe (qui ne se seraient jamais rencontrés sur Terre) se sont serré la main.

La navette

La navette spatiale était un nouveau genre de vaisseau. Contrairement aux engins précédents, elle était réutilisable : elle volait dans l'espace telle une fusée et revenait sur Terre en planant avant de se poser sur une piste comme un avion. La navette était également conçue pour emporter aussi bien du fret que des astronautes. La première navette américaine, *Columbia*, a été lancée en 1981.

L'ISS (Station spatiale internationale)

En 1986, les Russes ont lancé la station spatiale *Mir*, mot qui signifie « monde » ou « paix ».
Mir était la première station à la fois grande et sophistiquée à graviter autour de la Terre. Construite dans l'espace durant une période de 10 ans, elle était conçue comme un « laboratoire spatial » afin que les scientifiques mènent des expériences en quasi-apesanteur. De la taille de 6 autobus, *Mir* hébergeait entre 3 et 6 astronautes à la fois.

La construction de l'ISS a débuté dans l'espace en 1988. Faisant le tour du globe en 90 minutes, ce complexe de recherches est le symbole de la coopération internationale entre scientifiques et astronautes de divers pays impliqués dans son bon fonctionnement et vivant à bord. L'ISS est entretenue par la navette spatiale de la NASA, le vaisseau spatial russe *Soyouz* et les ATV (vaisseaux-cargos automatiques) de l'ESA (Agence spatiale européenne). L'équipage dispose aussi de véhicules de secours permanents, en cas d'évacuation d'urgence de l'ISS.

L'avenir

En 2010, quand la navette spatiale américaine sera hors service, l'ISS sera ravitaillée par des vaisseaux *Soyouz* et *Progress* russes.

La NASA travaille sur un nouveau type de vaisseau appelé *Orion*, qui, espère-t-elle, nous ramènera sur la Lune, voire au-delà, sur Mars, la planète rouge, par exemple.

Un nouveau type de voyage spatial devient peu à peu une réalité. Dans l'avenir, les « touristes de l'espace » seront peut-être capables d'effectuer des vols suborbitaux de courte durée. Un jour, qui sait, peut-être pourrons-nous partir en vacances sur la Lune ?

La première étape de leur voyage cosmique, expliqua Annie, les conduirait à l'aire de lancement de l'Agence spatiale globale, où ils assisteraient au décollage de la navette.

L'Agence possédait des départements dans plusieurs villes d'Amérique, chacun étant responsable d'une spécificité liée au vol spatial. En Floride, scientifiques et techniciens s'occupaient du lancement des navettes et des sondes autonomes dans le cosmos. À Houston, au Texas, ils prenaient le contrôle des vols spatiaux habités après le décollage et, en Californie, une autre mission surveillait les vols spatiaux inhabités. Parfois, Éric se rendait dans l'un de ces bureaux, mais il avait décidé d'installer sa famille en Floride afin qu'ils ne déménagent pas sans arrêt.

Le plan d'Annie consistait à entrer dans le bâtiment principal de l'Agence spatiale globale et à récupérer leurs combinaisons qu'Éric avait rangées dans la salle blanche, puis, comme la navette, ils quitteraient la Terre pour l'espace. Sans combinaison, ils auraient trop froid et, surtout, ils avaient besoin d'oxygène et d'un moyen de communiquer avec Cosmos.

Il était quasiment impossible aux enfants d'entrer seuls dans l'Agence : non seulement il leur fallait des laissez-passer spéciaux, mais aussi une voiture pour s'y rendre. Même s'ils avaient déjà voyagé sur une comète, Georges et Annie ne savaient pas conduire une voiture

ordinaire; ils avaient besoin du père d'Annie pour les transporter au point de départ de leur voyage. De toute évidence, les trois comploteurs n'avaient pas l'intention de dire à Éric qu'il serait leur chauffeur de taxi cosmique. Il penserait leur offrir une sortie hors du commun alors qu'ils comptaient mettre leur plan à exécution à la seconde où il les quitterait des yeux.

— Quand personne ne fera attention à nous... continua Annie.

— Parce que tu crois que ton père ne remarquera pas notre disparition ? l'interrompit Georges.

— Absolument ! Il sera trop occupé à observer la navette dans le ciel. À ce moment-là, je vous ordonne de courir. Ensuite, il ne nous reste plus qu'à trouver les combinaisons, les enfiler, allumer Cosmos et traverser le portail spatial. Simple comme bonjour ! Les plans les plus ingénieux le sont toujours. Comme le disait Einstein.

— Je pense qu'il parlait des théories scientifiques, commenta Georges. Pas de gamins qui voyagent tout seuls autour du Système solaire.

Le visage d'Emmett s'était assombri.

— Moi aussi, je vais dans l'espace ? murmura-t-il. J'aimerais beaucoup, mais j'ai plein d'allergies et je pourrais...

— Non, Emmett, le rassura Annie. Tu es le contrôleur de ce voyage cosmique. Tu resteras sur Terre avec Cosmos et tu nous dirigeras. Alors n'aie pas peur de croiser une cacahouète dans l'espace !

— Ouf ! lâcha Emmett, soulagé. Ma mère ne me le pardonnerait jamais.

— Et nous ? demanda Georges.

— Toi et moi ? répondit Annie. Nous allons sur Mars, Georges, pour résoudre cette énigme.

Depuis le grand balcon au sommet du bâtiment principal de l'Agence spatiale globale, Georges, Annie et Emmett surplombaient le terrain qui s'étendait entre eux et la navette spatiale. Silencieuse, celle-ci semblait patienter tranquillement sur son pas de tir. Des échafaudages la maintenaient en position verticale. Deux lignes de chemin de fer reliaient l'aire de lancement au plus imposant bâtiment que Georges ait jamais vu.

— Là-bas, leur expliqua Éric en le désignant du doigt, c'est le hangar où on prépare la navette avant son décollage. Il s'agit du bâtiment d'assemblage des véhicules. Il est tellement grand que la navette tient debout à l'intérieur et que des nuages s'y forment de temps à autre !

— Il pleut dans le bâtiment ? l'interrogea Annie.

— Oui, les employés y travaillent avec un parapluie ! Quand il est prêt à partir, l'orbiteur – la partie « navette » – emprunte les rails pour se rendre sur l'aire de lancement.

Avec son nez blanc et noir dirigé vers le ciel, l'orbiteur semblait petit par rapport à l'immense réservoir de combustible orange au-dessous. Celui-ci était flanqué de deux longs propulseurs blancs attendant l'allumage.

— Vous voyez, on a reculé les échafaudages, poursuivit Éric. Cela signifie qu'on a fermé les trappes d'accès et que les équipes qui ont préparé la navette ont quitté la zone.

— Comme dans mon jeu, se vanta Emmett. Celui qui vous apprend à piloter une navette.

— J'aimerais bien l'essayer, déclara une voix dans son dos.

Georges se retourna. Une femme vêtue d'une combinaison bleue de l'Agence spatiale globale se tenait derrière eux. Georges devina tout de suite qu'elle était une vraie astronaute.

— Avec joie ! répondit Emmett. Si vous venez à la maison ce soir, je vous montrerai comment on joue !

Là, il croisa le regard d'Annie.

— Euh... non, pas ce soir, se dépêcha-t-il d'ajouter. Nous sommes un peu occupés, et je n'aurai peut-être pas le temps. Mais passez demain, si vous voulez. Nous serons revenus. Enfin, nous n'allons nulle part mais... Aïe !

Annie lui avait donné un méchant coup de coude.

— J'essayais de me montrer sympathique, lui chuchota-t-il. Comme tu me l'as conseillé.

— Oui ! aboya Annie. Mais sympathiser ne veut pas dire raconter ta vie au bout de deux minutes !

— Comment se fait-on des amis, alors ? gémit Emmett.

— Écoute, pour le moment, nous avons une planète à sauver. Demain, je t'enseignerai cet art, d'accord ?

— D'accord, répondit Emmett sur un ton solennel. Voilà des vacances que je qualifierais de méga géniales.

— Mais vous savez déjà piloter une navette spatiale, non ? demanda Georges, histoire de détourner l'attention. Vous ne seriez pas astronaute ?

— C'est exact, confirma la femme en combinaison bleue. Je suis spécialiste de mission. En tant que scientifique, je me rends dans l'espace pour effectuer des expériences, des sorties, et aider à la construction de la Station spatiale internationale. Je suis entraînée à piloter des navettes spatiales, mais ce n'est pas vraiment mon travail. Ce sont le commandant et le pilote qui conduisent la navette et l'arriment à l'ISS. Mon travail commence quand nous entrons dans la station.

— Et là, vous êtes en apesanteur ? s'enquit Annie.

— Oui. C'est très amusant, mais problématique quand il s'agit de manger ou de boire. Nous buvons à l'aide de pailles, et la nourriture est présentée en sachets. On les ouvre, on plonge notre fourchette dedans en espérant que les aliments s'y accrocheront et ne voleront pas partout.

— Vous avez déjà fait des batailles de petits pois ? demanda Georges. Ça doit être cool.

— Comment allez-vous aux toilettes ? l'interrogea Emmett, méditatif. Ça doit être compliqué en microgravité.

— Emmett ! s'offusqua Annie. Je suis désolée, madame. Emmett, c'est embarrassant !

L'astronaute éclata de rire.

— Pas du tout ! Ne sois pas gênée par la question de ton frère.

Annie afficha une horrible grimace à l'idée qu'on la prenne pour la grande sœur d'Emmett.

— Tout le monde pose cette question, affirma l'astronaute. Eh oui, c'est un souci. Nous suivons des séances d'entraînement spéciales dans ce but.

— Des cours de toilettes pour devenir astronaute ! s'exclama Emmett, les joues rosies par le ravissement.

— C'est une des nombreuses choses qu'on nous enseigne avant de partir. Nous nous entraînons pendant plusieurs années afin d'apprendre les tâches à effectuer lors de nos missions de deux semaines dans l'espace : comment gérer l'apesanteur, manipuler le bras robotisé de la navette, se servir de tous les équipements électroniques et mécaniques compliqués. Aimeriez-vous devenir astronautes, plus tard ?

— Peut-être, répondit Annie. Cela dépend. Je voudrais être physicienne et footballeuse, alors je n'aurai sûrement pas le temps de suivre vos entraînements.

— Et vous deux ? Ça vous plairait d'aller dans l'espace ?

— Oh oui ! s'écria Georges. Plus que tout au monde !

Emmett secoua la tête.

— J'ai le mal des transports.

— On sait… soupira Annie.

À l'aller, il avait failli vomir dans son sac à dos – celui qui contenait Cosmos. Elle avait dû le lui arracher des mains et lui maintenir la

tête hors de la voiture pour éviter un désastre. Rien de réjouissant.

À leurs côtés, Éric paraissait plutôt inquiet. Il salua l'astronaute.

— Bonjour ! Je m'appelle Éric, Éric Bellis, du Labo Science Mars.

— Le célèbre Éric ! s'exclama la jeune femme. Moi, c'est Jeanne. Je désespérais de vous rencontrer un jour. Les travaux que vous menez sur les formes de vie dans l'Univers, Homer, son exploration de Mars… Nous attendons avec impatience le résultat de ses découvertes.

Éric fronça les sourcils.

— Euh… oui… Eh bien… Nous aussi, mentit-il.

Tout en discutant, il triturait son bipeur, un petit appareil qui le tenait au courant des événements survenant sur Terre ou sur Mars.

— Ce sont vos enfants ? demanda Jeanne.

— Euh… Non. Juste Annie, la blondinette. J'ai loué les autres… ajouta-t-il en souriant. Ce sont ses amis, Georges et Emmett.

Soudain, son bipeur sonna dans sa main.

— Nom d'une comète ! marmonna-t-il avant de lever les yeux. Il y a urgence, je dois me rendre dans la salle de contrôle immédiatement.

— Laissez-moi les petits, proposa Jeanne. Il ne leur arrivera rien.

L'air coupable, les trois amis gigotèrent.

— Bipez-moi quand vous aurez terminé, continua-t-elle sur un ton enjoué. Je vous dirai où les récupérer.

— Merci ! lui lança Éric avant de disparaître en bas des marches.

Au mur, la pendule qui affichait l'heure du décollage était repartie. De temps en temps, elle s'arrêtait afin de permettre de nouvelles vérifications – des systèmes de lancement de la navette, des ordinateurs à bord de l'orbiteur, de la météo dans divers pays du monde, etc. L'horloge repartait une fois les inspections terminées et les ingénieurs rassurés. Là, le décollage aurait lieu dans quelques secondes à peine. Georges prit la main d'Annie tandis que tout le monde entamait le compte à rebours.

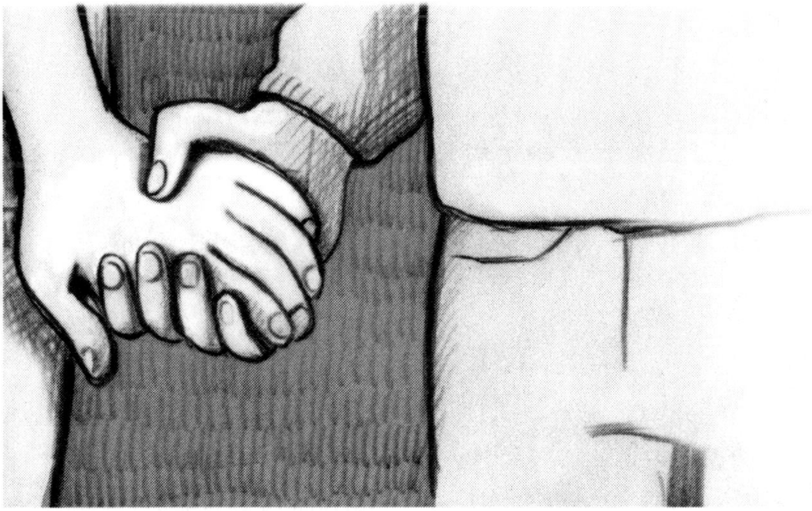

— Cinq… Quatre… Trois… Deux… Un !

Un gros nuage de poussière se forma à la base de la navette, s'éloigna lentement en volutes gris-blanc, légères et cotonneuses. Alors que la navette s'élevait dans le ciel, Georges et Annie aperçurent une lumière brillante à sa base. On aurait dit qu'elle était tirée par un fil invisible. La lumière brillait avec une telle intensité qu'ils n'auraient pas été étonnés si les cieux s'étaient écartés pour dévoiler un ange ou tout autre être céleste. La navette poursuivit son ascension grâce à la poussée incroyable des propulseurs.

– Quel calme, commenta Georges. On n'entend pas un bruit.

Jusqu'à présent, la navette avait entamé son voyage cosmique dans le silence le plus complet, comme s'ils regardaient la télévision sans le son. Mais, quelques secondes plus tard, le bruit déferla sur eux. Ils entendirent d'abord un craquement étrange, puis le boum les frappa de plein fouet, les engloutit telle une vague impétueuse. Le fracas fut si fort qu'il étouffa tout le reste, et le battement dans leur poitrine fut si intense qu'ils faillirent tomber à la renverse.

COMMENT LES SONS VOYAGENT-ILS DANS L'ESPACE ?

Sur Terre, il existe beaucoup d'atomes rapprochés qui se cognent les uns aux autres. Quand l'un d'eux est bousculé, il bouscule ses voisins qui bousculent les leurs, etc., jusqu'à ce que la masse des atomes soit agitée. De nombreux petits coups créent une série de vibrations qui voyagent au travers d'un matériau. L'air qui enveloppe la surface de la Terre est constitué d'un très grand nombre d'atomes et de molécules gazeux qui se percutent. Ils transportent les vibrations, tout comme la mer, les pierres sous nos pieds et aussi les objets de tous les jours. Les vibrations susceptibles de stimuler nos oreilles s'appellent des sons.

Il faut du temps pour que le son traverse un matériau parce qu'un atome doit transmettre chaque coup à ses voisins. La durée dépend de la force avec laquelle les atomes se bousculent entre eux, force qui dépend de la nature du matériau et d'autres facteurs comme la température. Dans l'air, le son parcourt 1,7 kilomètre toutes les 5 secondes. Comme cette vitesse est environ 1 million de fois plus lente que celle de la lumière, la lumière d'une navette spatiale sera immédiatement vue par les spectateurs alors que le bruit se produira plus tard. Le phénomène est le même pour l'éclair qui arrive avant le tonnerre (le coup donné aux molécules d'air par la décharge électrique soudaine et intense). Au fond de la mer, le son voyage environ 5 fois plus vite que dans l'air.

Tout est différent dans l'espace. Vu que les atomes sont très rares entre les étoiles, ils n'ont rien à bousculer. Bien sûr, si nous avons de l'air dans notre navette spatiale, le son voyagera normalement à l'intérieur. Une petite roche qui heurte le vaisseau fera vibrer ses parois, puis l'air qu'il contient, et nous l'entendrons. Mais les sons créés sur une planète ou une autre navette spatiale ne nous parviendront pas, à moins que quelqu'un les ait convertis en ondes radio (qui sont comme la lumière et n'ont pas besoin d'un matériau pour les transporter) et que nous possédions un récepteur radio pour les convertir en son dans notre vaisseau.

Il existe également des ondes radio naturelles dans l'espace; elles sont produites par des étoiles et des galaxies lointaines. Les radioastronomes les examinent de la même manière que les autres astronomes étudient les rayonnements visibles de l'espace. Comme les ondes radio ne sont pas visibles et que nous sommes habitués à les convertir en son à l'aide de récepteurs radio, on pense souvent que les radioastronomes écoutent et ne « regardent » pas. En vérité, les deux professions font la même chose : ils étudient des types de vagues électromagnétiques venues de l'espace. Il n'y a donc pas à proprement parler de son dans l'espace.

Le rugissement des moteurs vibra longuement en eux tandis que la navette amorçait sa courbe, laissant une traînée de fumée blanche derrière elle. Sous leurs yeux fascinés, les minces nuages blancs dessinèrent une forme dans le ciel bleu.

— Ça ressemble à un cœur, murmura Annie, rêveuse. Comme pour dire : « Bons baisers de la navette spatiale ».

Une seconde plus tard, Annie revint à la réalité. Autour d'elle, les adultes contemplaient tous le ciel. Vite, elle prit Georges et Emmett par le bras.

— O.K. Je commence le compte à rebours. Vous êtes prêts à courir ? Cinq, quatre, trois, deux, un…

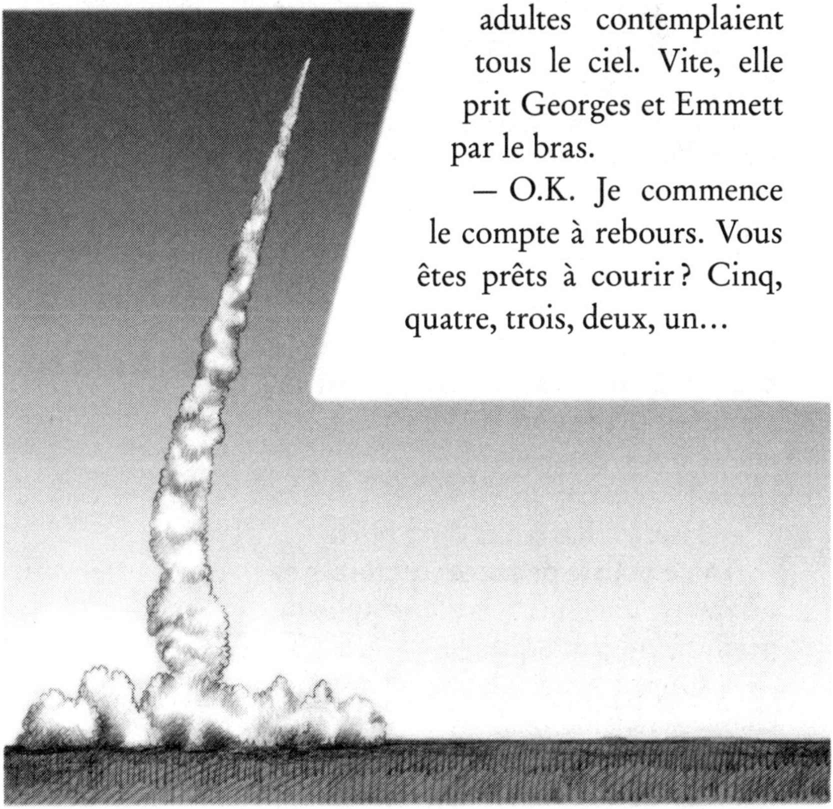

Chapitre 8

Tandis que la navette spatiale disparaissait dans le ciel, les enfants s'éclipsèrent par le même escalier que celui qu'Éric avait emprunté. Ils se retrouvèrent à l'intérieur d'un immense bâtiment dont les longs couloirs partaient dans toutes les directions.

— Par là, indiqua Annie, qui semblait cependant très peu sûre d'elle.

Ils coururent le long d'un couloir couvert de portraits encadrés d'astronautes et de dessins de leurs enfants, en mémoire de chacune de leurs missions.

— Hum… Essayons cette porte.

Annie poussa de toutes ses forces et découvrit une grande salle remplie de machines gigantesques.

— Oups… lâcha-t-elle. La prochaine sera la bonne.

Quand elle recula, elle marcha sur les pieds de Georges et d'Emmett.

— Tu sais où nous allons ? demanda Georges.

— Bien sûr ! répondit Annie d'un ton froissé. Je manque de repères dans ces couloirs qui se ressemblent tous... Nous cherchons la salle blanche. C'est là qu'ils rangent les combinaisons. Suivez-moi !

Georges sentit son cœur flancher à l'idée qu'Annie puisse le guider bientôt dans le Système solaire. Si elle ne trouvait pas son chemin dans l'Agence spatiale globale,

qu'elle prétendait avoir visitée à maintes reprises, pouvait-il lui faire confiance et la suivre sur Mars ?

Annie n'était pas du genre à baisser les bras. Elle les conduisit jusqu'à une autre porte, qu'elle entrouvrit. Dans la pièce sombre, devant un écran illuminé, un homme désignait une photographie de Saturne.

— Comme nous le constatons ici, les anneaux de Saturne sont composés de poussière et de roches qui gravitent autour de la géante gazeuse...

Georges repensa à la petite pierre qu'il avait ramassée sur Saturne quand Annie et lui avaient visité le Système solaire à cheval sur une comète. Malheureusement, le principal de son collège avait confondu son précieux trophée avec une vulgaire poignée de poussière et obligé Georges à la jeter à la poubelle. Si seulement il avait été capable de rapporter cette petite roche ici ! Quels renseignements sur l'Univers les scientifiques de l'Agence auraient-ils été capables de récolter à partir de ce fragment de Saturne ?

La porte sur laquelle était marqué COMÈTES était verrouillée.

— Ping pong ! fit le sac à dos d'Annie.

Apparemment, Cosmos s'était allumé sans l'aide de personne.

— Cosmos ! s'exclama Georges. Reste tranquille ! On essaie de trouver la salle blanche sans se faire remarquer.

— Oui, mais là je m'ennuie grave... râla le sac.

— Un ordinateur ne peut pas s'ennuyer ! répliqua Georges.

— Vas-y, qu'est-ce t'en sais ! grogna Cosmos d'une voix discordante.

— Emmett, demande-lui de se taire! ordonna Annie.

— En fait, déclara Emmett, il vaudrait mieux qu'il reste allumé. Si je l'éteins et que je suis obligé de le démarrer dans l'urgence, le problème risque d'être pire.

— Par ici! annonça Georges, qui avait repéré les mots SALLE BLANCHE sur une grande porte à deux battants.

— C'est là ! s'exclama Annie. Je m'en souviens, maintenant. Je ne suis jamais entrée, mais c'est dans cette pièce qu'ils gardent tous les équipements spatiaux. L'environnement y est hyper, super, propre, pour que les microbes et les bactéries ne circulent pas entre la Terre et l'espace.

— Elle a raison, ajouta Emmett. Il est très important que les microbes ne voyagent pas dans l'espace à bord d'un objet quelconque. En effet, comment saurions-nous si nous avons trouvé des preuves de vie dans l'espace ou de simples empreintes digitales laissées par n'importe qui à l'Agence ?

Annie se précipita vers la porte.
— Vite... pendant qu'ils sont tous là-haut en train de regarder le lancement !
Quand ils entrèrent, une surprise de taille les attendait : un tapis roulant ! Tandis qu'ils avançaient contre leur gré, des tuyaux leur soufflaient dessus. Tout à coup, des brosses surgirent du plafond, ils furent tous les trois aspergés d'eau et des peaux de chamois les lustrèrent.
— Que se passe-t-il ? cria Georges.
— On nous nettoie ! répondit Annie.
— Aaargggghhh ! hurla Cosmos. Ils vont me bousiller les ports !

Sous le regard affolé de Georges, des bras articulés s'emparèrent d'Annie. Ils la déposèrent dans une combinaison en plastique blanche, la coiffèrent d'une charlotte en papier, plaquèrent un masque sur son visage et lui enfilèrent des gants. Georges n'eut pas le temps de protester. Annie était déjà éjectée du tapis, évacuée derrière de nouvelles portes, et c'était son tour d'être habillé. Emmett eut droit lui aussi au même traitement, et ils se retrouvèrent tous trois dans un endroit inconnu, aveuglés par la blancheur incroyable qui les entourait.

Georges se serait cru à l'intérieur d'un dentier très blanc. Il y avait d'un côté un robot en construction,

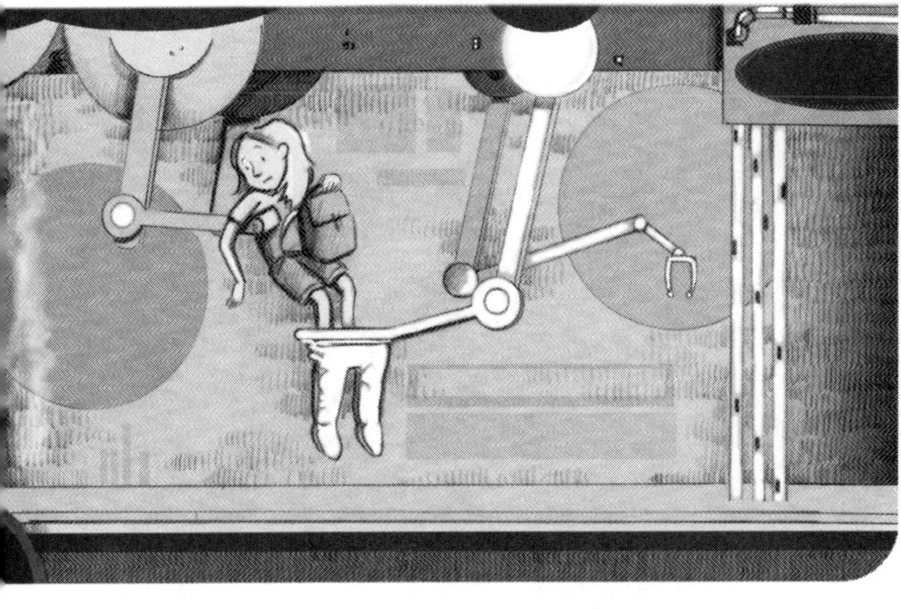

de l'autre une moitié de satellite. Tout brillait d'un éclat inhabituel. Même l'air semblait plus fluide, plus transparent. Sur un mur, un panneau affichait le nombre 100 000.

– C'est le nombre de particules que contient l'air, chuchota Emmett au travers de son masque. Ce n'est pas la plus propre des salles blanches – ici, ils ont un taux de 10 000. Cela signifie que dans chaque pied cube d'air, il n'y a pas plus de 10 000 particules plus grandes qu'un demi-micromètre ! Et un micromètre est égal à un millionième de mètre.

– Est-ce assez propre pour que nous décollions d'ici ? demanda Georges. C'est vrai ! Imaginez que nous déposions des preuves de vie sur Mars et que Homer les découvre par la suite ! On risque de compromettre le programme de recherche.

– En théorie, oui, répliqua Emmett, qui avait repris confiance en lui depuis que ses deux amis s'intéressaient à son domaine de compétence. Mais notre périple dépend de plusieurs choses : a) Cosmos fonctionnera-t-il ? b) Annie et toi, parviendrez-vous à vous rendre sur Mars ? et c) la Terre est-elle vraiment menacée de destruction ? Si le message dit vrai et si vous ne partez pas, la vie cessera d'exister sur cette Terre, et le problème des preuves ne se posera plus.

Dans un coin de la salle blanche, Annie avait mis la main sur des combinaisons spatiales de couleur orange vif, qui ne ressemblaient absolument pas à celles qu'ils avaient portées lors de leurs précédents voyages dans l'Univers.

– Ce ne sont pas les nôtres, annonça-t-elle, déçue.

Elle fouilla davantage.

— Papa m'avait dit qu'il les avait rangées là pour plus de précaution. C'est impossible que quelqu'un les ait prises par erreur. Papa avait bien marqué qu'il s'agissait de prototypes à ne pas utiliser lors de missions spatiales.

De son côté, Emmett déchirait le film plastique qui enveloppait le sac à dos d'Annie depuis leur traversée du sas de décontamination. Il en sortit Cosmos en même temps que le livre jaune fluo d'Éric : *Le Petit Guide de l'Univers.*

— O.K., à nous deux, mon vieux, marmonna-t-il tout en se dégourdissant les doigts. L'Opération E.T. continue. Et maintenant, commandant Georges ?

— Vois si tu peux ouvrir une porte. Nous devons aller sur Mars, dans la région polaire nord. Destination Homer.

— Bingo ! s'écria Annie. J'ai les combinaisons !

Elle tenait des combinaisons blanches et lourdes, recouvertes de plastique sur lequel étaient marqués les mots : PROTOTYPE – NE PAS UTILISER.

Elle en lança une à Georges.

— Enlève juste ton masque, lui ordonna-t-elle. Et enfile ça sur le reste.

Georges et elle arrachèrent l'emballage et, lentement, commencèrent à s'habiller.

Pendant ce temps, Emmett avait affiché des clichés de Mars sur l'écran de Cosmos et zoomait sur la planète rouge. L'ordinateur demeurait étrangement silencieux.

— Pourquoi est-il si calme ? s'inquiéta Georges.

— J'ai eu une idée de génie, expliqua simplement Emmett. J'ai coupé le son.

Il monta le volume : Cosmos grommelait.

— Personne ne m'aime, personne ne me comprend, personne ne s'intéresse à moi.

Emmett baissa le son.

— Nous communiquons souvent avec Cosmos quand nous sommes là-haut, le prévint Annie. Nous sommes déjà restés coincés dans l'espace. Une seule fois me suffit ! Tu sauras le gérer ?

Emmett monta le son.

— Fais ci, fais ça, j'en ai marre qu'on me donne des ordres, se lamenta Cosmos. J'ai besoin de m'exprimer, moi !

— Cosmos, intervint Annie. Je connais un moyen de t'exprimer !

— Laisse-moi parier: tu veux que je t'ouvre une porte sur l'espace, marmonna Cosmos, morose.

— Exact, le félicita Georges. Mais tu sais quoi ? Nous n'avons pas vraiment le droit d'aller sur Mars. Tu n'imagines même pas les ennuis qu'on aurait si on se faisait prendre.

— Cool ! s'exclama Cosmos, un peu plus enthousiaste. Défier l'autorité, ça c'est chanmé !

— Euh, oui, bon… bredouilla Georges. Tu nous aides alors ? On a besoin que tu veilles sur nous quand nous serons sur Mars. Et toi aussi, Emmett. En cas d'urgence, tu dois nous ramener ici immédiatement, O.K. ?

— Mais si vous me contactez, il y aura un sacré délai ! remarqua Emmett. Il faut quatre minutes et vingt secondes à la lumière pour venir de Mars. Si la planète rouge se trouve de l'autre côté du Soleil, il lui faut vingt-deux minutes. Le temps que votre appel me parvienne et que je réponde, il se sera écoulé huit minutes et quarante secondes supplémentaires ou bien quarante-quatre minutes. Ce sera peut-être trop tard…

— Non, Cosmos dispose d'une messagerie instantanée, rétorqua Annie. Tu nous entendras et nous répondras tout de suite.

— Waouh ! Voilà une application spéciale de la physique ! s'exclama Emmett, impressionné.

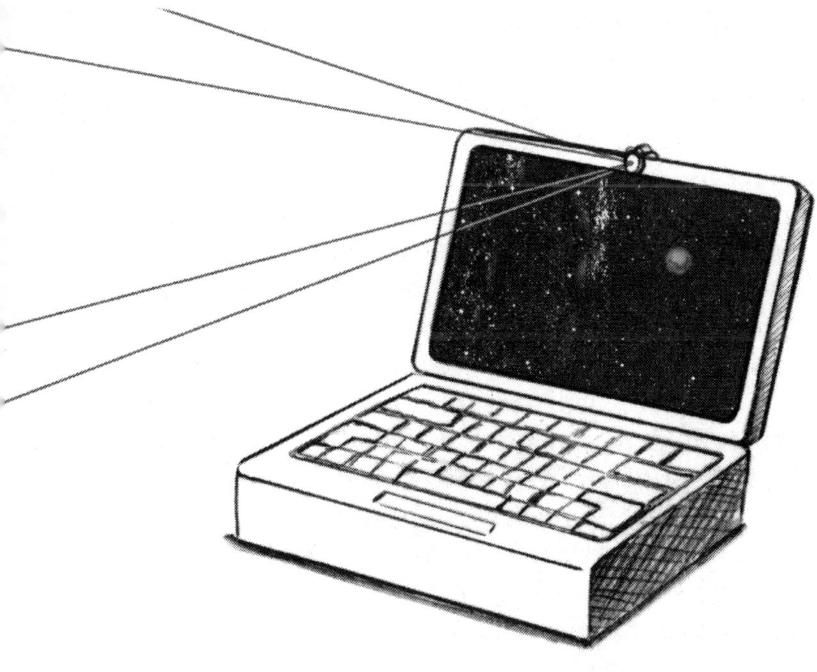

— À moins que Cosmos ne se dégonfle… ajouta Annie.

— Je suis avec vous à 200 %, affirma Cosmos.

Un rai lumineux jaillit de l'écran. Au milieu de la salle blanche, une forme rectangulaire émergea.

La porte s'ouvrit. Derrière elle, les enfants aperçurent la planète rouge. Il y avait une grande tache sombre au milieu, à gauche.

— Mars en approche, déclara Emmett tandis que la planète avançait, entourée d'étoiles étincelantes dans le ciel noir. Vous voyez ce point sombre ? C'est Syrtis Major, une grande plaine volcanique balayée par les vents. Elle est si étendue que les scientifiques connaissaient déjà son existence dans les années 1600, grâce au premier télescope. Sa calotte polaire sud est large et visible, à cette époque de l'année. En bas, au centre, il s'agit du bassin d'Hellas, le plus grand cratère d'impact de la planète, dû à un astéroïde ou à une comète. Il mesure 2 200 kilomètres. Ces quatre points que vous apercevez dans la zone équatoriale ? Ce sont des nuages de cristaux de glace qui évoluent au-dessus des quatre plus grands volcans du dôme de Tharsis.

— Où as-tu appris tout cela ? demanda Georges, dont la voix était déformée par le transmetteur de son casque.

— En vérité, je lis ces infos sur l'écran de Cosmos, admit Emmett, penaud. Il me donne un compte rendu de la situation sur Mars, au cas où ce serait trop dangereux de vous y rendre. Au passage, il nous communique quelques conseils touristiques. Il est écrit que les visiteurs doivent se souvenir que les conditions gravitationnelles martiennes sont quelque peu différentes de celles auxquelles ils sont habitués. Vous pèserez la

moitié de votre poids sur Terre, alors attendez-vous à bondir !

— Quel temps fait-il, là-bas ? l'interrogea Annie au travers de son transmetteur.

Elle paraissait un peu nerveuse.

— Voyons cela… La météo du jour pour la région polaire nord de Mars : « Aujourd'hui le temps sera dégagé, et les températures moyennes avoisineront les moins soixante degrés Celsius. Risque minime de tempête de glace. Cependant, des tempêtes de poussière pourraient naître dans la zone centrale et déferler sur la planète. » Je ferais mieux de garder un œil là-dessus. Cosmos dit que les tempêtes de poussière sont assez fréquentes à cette époque de l'année et qu'elles se propagent très vite.

La porte s'approchait de plus en plus de Mars. Elle transperça la fine atmosphère et se dirigea droit vers la surface rocheuse.

Vêtus de leurs grosses combinaisons, Georges et Annie se tenaient sur le seuil, main dans la main, réservoir à oxygène branché et appareil de transmission allumé. Tandis qu'ils flottaient à quelques mètres du sol, Annie déclara :

– Tu es prêt ? Cinq, quatre, trois, deux, un... On saute !

Ils disparurent par la porte et se retrouvèrent sur Mars – une planète sur laquelle aucun être humain n'avait posé le pied avant eux.

Emmett les regarda se volatiliser. Quelques grains de poussière rouge martienne flottèrent à travers la porte avant qu'elle se referme dans un claquement.

Il essaya de capturer un peu de poussière qui volait dans l'air quasiment pur, mais les nombreux filtres de la salle blanche se dépêchèrent d'avaler ces horribles particules polluantes. Comme Annie et Georges, la poussière martienne disparut complètement, laissant Emmett seul avec Cosmos au milieu de l'immense salle. Il regarda autour de lui, puis il s'intéressa de plus près au *Petit Guide de l'Univers.*

Il chercha la planète rouge dans l'index et se rendit à la page indiquée.

La vie vient-elle de Mars ? lut-il.

LA VIE VIENT-ELLE DE MARS ?

Où et quand la vie telle que nous la connaissons a-t-elle commencé ? Est-elle née sur Terre ? Vient-elle de Mars ?

Il y a deux cents ans, la plupart des gens pensaient que les hommes et les autres espèces étaient présents sur la Terre depuis sa création. Pour l'essentiel, la Terre comprenait tout le monde matériel et la création était décrite comme un événement plutôt soudain : pour les uns le Big Bang, théorie en laquelle croit la majorité des scientifiques actuels, pour les autres la Genèse, le premier livre de la Bible, et pour d'autres cultures à travers le monde des histoires transmises de génération en génération.

Même si certains astronomes envisageaient l'existence d'un espace vaste, son étude n'a réellement débuté qu'après l'invention du télescope par Galilée (1564-1642). Ses découvertes ont montré que l'Univers contenait plusieurs mondes, dont certains pouvaient, comme notre planète, être habités. L'immensité de l'Univers et la preuve que sa création a eu lieu bien avant l'arrivée sur scène des êtres vivants n'ont commencé à être reconnues que beaucoup plus tard, au siècle des Lumières. Au XVIIIe siècle, les inventions ont surabondé, tels le ballon à hydrogène, le moteur à vapeur... Ces inventions ont mis en route la révolution industrielle et technologique du XIXe siècle. Pendant cette période novatrice, l'étude de la formation des roches par sédimentation dans les mers peu profondes a permis aux géologues de comprendre que de tels processus se déroulaient depuis des milliers de millions d'années (soit des giga-années).

Les géophysiciens modernes affirment que notre planète Terre et notre Système solaire se sont formés il y a environ 4,6 giga-années, quand l'Univers (aujourd'hui âgé de 14 giga-années environ) n'avait que 9 giga-années.

L'homme moderne semble être parti d'Afrique et avoir peuplé le reste du monde il y a 50000 ans, mais l'archéologie moderne montre très clairement que les premières sociétés humaines ont commencé à développer ce que nous appelons des civilisations – des systèmes économiques échangeant différentes sortes de biens – il y a 6000 ans seulement. Dans toute civilisation, un des facteurs importants est dans l'échange non seulement de denrées mais aussi d'information. Comment cette dernière a-t-elle pu être conservée et transmise ? Des mécanismes adéquats d'enregistrement ont dû être créés à cet effet.

Avant l'invention du papier et de l'encre, l'une des premières méthodes consistait à graver des marques sur des tablettes en argile – l'ancêtre lointain de nos puces électroniques. Le partage et la collecte de connaissances (scientifiques en particulier) sont devenus un objectif à part entière.

Le développement (relativement récent) de la civilisation dépend bien entendu de l'émergence de ce qu'on appelle la « vie intelligente », c'est-à-dire des êtres ayant une conscience d'eux-mêmes suffisante pour se reconnaître dans un miroir. Il existe plusieurs exemples célèbres sur notre planète : les éléphants, les dauphins et bien sûr les anthropoïdes, ce groupe qui inclut les chimpanzés et d'autres singes, les hommes de Neandertal et les êtres humains modernes comme nous. Pour l'instant, aucun signe de vie intelligente n'a été détecté autre part dans l'Univers.

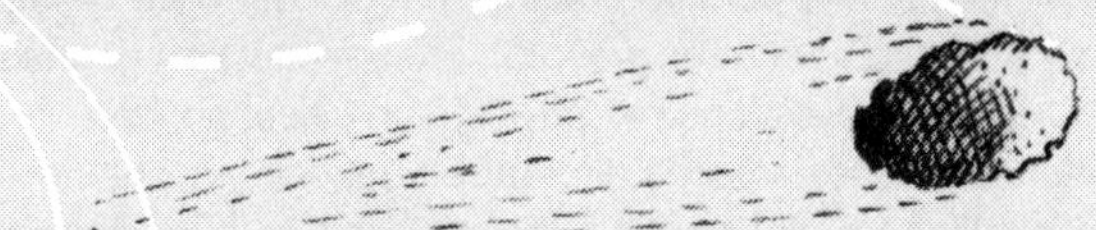

Comment ces formes de vie intelligente sont-elles apparues sur Terre ? Des restes de fossiles suggéraient l'idée que les plantes et les animaux actuels pourraient résulter d'autres formes de vie présentes sur Terre à une époque reculée, mais les gens ne comprenaient pas comment les diverses espèces pouvaient être si bien adaptées si elles n'avaient pas été conçues à l'avance. L'idée d'une évolution continuelle n'a été largement acceptée qu'après Darwin. En 1859, le naturiste britannique a expliqué le principe d'adaptation par « sélection naturelle ». Mais une parfaite compréhension de sa thèse n'est devenue possible que très récemment, à la fin des années 1950, quand Watson et Crick ont découvert l'ADN.

La connaissance du processus de l'évolution basée sur l'ADN est étayée par l'archive fossile – dans certaines limites. Seul problème, elle ne remonte pas très loin, à moins de 1 giga-année, ce qui ne représente qu'une fraction de l'âge total de la Terre.

Des formes simples de vie se sont développées avant le cambrien. Aujourd'hui, nous voyons assez clairement comment (sans savoir avec précision pourquoi) des formes de vie intelligente ont évolué à partir d'elles ces 500 derniers millions d'années. Seulement il n'y a pas d'archives à proprement parler sur la manière dont les formes de vie précambrienne ont évolué au départ.

En effet, la présence d'animaux osseux, qui se transforment facilement en fossiles, n'a été constatée qu'à partir du cambrien. Leurs prédécesseurs de grande taille devaient être des créatures à corps souple (à l'image de nos méduses) et, auparavant, les seules formes de vie consistaient en de microscopiques créatures unicellulaires ne laissant pas d'archive fossile exploitable.

Quand on remonte encore dans le temps, on comprend que l'évolution s'est produite très lentement… et non sans encombre. Même si les planètes à l'environnement favorable étaient assez fréquentes dans l'Univers, les chances d'évolution d'une vie avancée sur une planète donnée étaient très minces, voire nulles. La Terre fait partie des rares exceptions. Et ce n'était pas gagné d'avance. Des astrophysiciens ont effectué un calcul appelé la « coïncidence de l'ère solaire ». Il montre que, dans le laps de temps qu'il a fallu à l'évolution sur Terre pour aboutir à une forme de vie intelligente, une grande partie des réserves de combustible à base d'hydrogène qui alimentent notre Soleil était épuisée. Dans une coquille de noix, si notre évolution avait été un peu plus lente, nous n'aurions jamais vu le jour avant la mort du Soleil.

Quelles étapes essentielles ont été les plus difficiles à franchir lors de notre évolution ?

La première a dû survenir au début de ce que nous nommons la « vie eucaryote », où les cellules ont une structure élaborée avec un noyau atomique et des ribosomes. Les eucaryotes comprennent les grands animaux multicellulaires comme nous, mais aussi les espèces unicellulaires comme les amibes. L'archive fossile montre que la première vie eucaryote est apparue sur Terre au début du protérozoïque, il y a environ 2 giga-années, quand la Terre n'avait que la moitié de son âge actuel. Avant cet éon (très longue période), des formes de vie procaryotes plus primitives, comme les bactéries (dont les cellules sont trop petites pour contenir un noyau), devaient être répandues. Cela se déroulait pendant l'archéen, qui a commencé quand la Terre avait moins de 1 giga-année.

Étant donné qu'il existe des preuves de l'existence de ce type de vie primitive au tout début de cet éon, nous sommes face à une énigme impliquant que tout ce processus qui est à l'origine de la vie a dû survenir durant la période précédente, soit l'hadéen, le premier éon de l'histoire terrestre !

Pourquoi serait-ce un problème ? Eh bien… l'hadéen a duré très longtemps – quasiment 1 giga-année – mais les conditions sur Terre à cette époque devaient être littéralement infernales, comme son nom le suggère (dans la Grèce antique, Hadès était le dieu des Enfers). Des débris consécutifs à la formation du Système solaire s'écrasaient sur la Lune où ils creusaient des cratères. Et la Terre, dont la masse et l'attraction gravitationnelle sont plus grandes, devait être sujette à de très violentes pluies de débris. Ce bombardement constant a dû provoquer de fréquents réchauffements de notre environnement planétaire. Des formes de vie naissantes ne pouvaient donc pas survivre dans des conditions si peu propices.

En revanche, la planète Mars a une masse plus légère et elle est plus éloignée du Soleil. Par conséquent, on a récemment suggéré que le bombardement de Mars a cessé plus tôt que celui de la Terre. Des morceaux de débris ont également dû être éjectés de Mars et, dans certains cas, happés par la Terre.

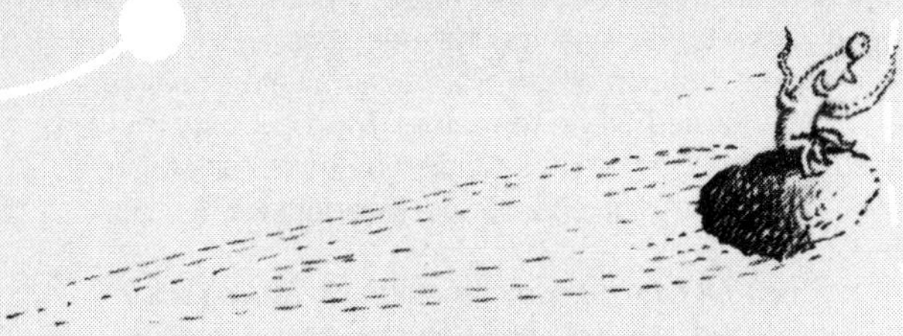

Cette théorie impliquerait que la vie est originaire de Mars, mais n'a pas pu y survivre.

Des analyses au microscope électronique d'une météorite qui a voyagé entre Mars et la Terre (ALH8400) ont montré des structures ressemblant à des microbes fossiles. Cela prouve que des organismes fossiles venus de Mars ont peut-être atteint la Terre mais n'explique pas que la vie soit apparue ici, à moins que des organismes vivants (et non fossiles) aient survécu à la migration nécessaire *via* un météore. Voilà une question qui suscite régulièrement des débats passionnés.

Question encore plus intéressante : l'environnement sur Mars à cette période (le phyllosien, qui coïncide à peu près avec l'hadéen sur Terre) était-il susceptible d'accueillir une vie primitive ?

Les conditions actuelles sur Mars sont clairement défavorables, du moins à sa surface (un désert froid et sec sans atmosphère mis à part un peu de dioxyde de carbone). Les sondes qui s'y sont posées ont néanmoins confirmé qu'il existe une quantité considérable d'eau glacée au niveau des pôles, ainsi que de nombreuses caractéristiques observables d'une érosion provoquée par des rivières ou des vagues déferlant sur une plage. À une certaine époque dans le passé martien, il y aurait donc eu une grande quantité d'eau liquide, l'élément idéal pour l'émergence de notre forme de vie. Pendant cette période primitive, l'eau devait former un océan de plusieurs milliers de mètres de profondeur, dont le centre devait se trouver vers le pôle Nord de Mars.

Ainsi, la vie serait apparue au bord de cet océan, il y a très longtemps dans l'histoire martienne.

Deux objections s'élèvent contre cette théorie. Premièrement, l'atmosphère ne contenait pas d'oxygène. Cependant, on pense que les formes de vie primitive sur Terre ont été capables de survivre dans une atmosphère qui était également très insuffisante en oxygène. Cet argument ne tiendrait donc pas.

Deuxièmement, l'ancien océan martien aurait été trop salé pour abriter des formes de vie terrestres. Mais qui sait si la vie martienne n'était pas, à l'origine, adaptée à des conditions très salines ? À moins qu'elle ne se soit développée dans des lacs d'eau douce ?

La vie a donc très bien pu commencer sur Mars, au bord d'un immense océan, puis être prise en stop par un météore qui l'aurait déposée sur Terre. Nos ancêtres ultimes seraient donc… martiens ?!

Brandon

Chapitre 9

Tandis qu'Annie et lui sautaient par la porte, Georges se tordit le cou pour jeter un coup d'œil derrière lui. Pendant un millième de seconde, il vit la salle blanche sur la planète Terre et le visage anxieux d'Emmett. Puis le portail se ferma et disparut totalement, ne laissant aucune trace dans le ciel martien poussiéreux où il s'était matérialisé.

Propulsés par la force de leur bond, Georges et Annie voyagèrent sur plusieurs mètres dans l'atmosphère martienne sans se poser. La main cramponnée à celle de l'autre, ils ne furent heureusement pas séparés. Georges finit par toucher le sol de cette étrange planète déserte, mais l'impact de ses pieds sur la surface les projeta loin en l'air.

— Où sont les montagnes ? demanda-t-il à Annie au travers du transmetteur quand ils réussirent à se poser.

Vite, ils se lâchèrent la main. Ils avaient atterri sur une grande plaine rouge, couverte de gravats. Tout autour, ils ne voyaient rien d'autre que des roches rouges éparpillées à perte de vue sur une planète désertique. Dans le ciel, le Soleil – la même étoile qui brillait avec tant d'ardeur sur Terre – leur parut petit et froid, et sa lumière et sa chaleur leur semblèrent distantes. À cause

de la poussière rouge qui flottait, la lumière se teintait de rose, mais pas de cette belle couleur qui apparaissait à l'aube, sur Terre. En vérité, cette luminosité extraterrestre et peu accueillante déplut aux deux premiers humains à poser les pieds sur Mars.

— Pas de montagnes ici, déclara Annie. Nous sommes au pôle Nord de Mars. Les volcans et les vallées se situent au milieu de la planète.

— Nous avons combien de temps avant le crépuscule ? s'enquit Georges.

Il venait de réaliser qu'ils ne verraient absolument rien une fois que le Soleil serait couché. Le néant absolu de cette planète lui donnait la chair de poule, et il n'avait pas du tout l'intention de traîner ici à la nuit tombée.

— Un bon bout de temps ! Le soleil ne se couche pas au pôle Nord, en été, expliqua Annie. Mais nous serons partis avant, je n'aime pas cet endroit.

Alors que sa combinaison la protégeait des conditions extrêmes sur Mars, elle frissonnait.

Finalement, ce n'était pas drôle d'être aussi seul. Une planète avec des gens, des maisons, du mouvement, du bruit et de la vie manquait à Annie comme à Georges. Même si, parfois, ils auraient adoré vivre sur un astre où on les laisserait tranquilles, où personne ne leur donnerait des ordres, la réalité se révélait bien différente. Sur une planète vide, il n'y avait rien à faire et personne avec qui s'amuser. Ils rêvaient peut-être de devenir les maîtres de leur propre monde, mais à bien y réfléchir, Georges et Annie regrettaient leur maison.

Georges s'amusa à bondir, histoire de voir à quelle hauteur il pouvait aller. Il s'éleva de quelques mètres et atterrit, une seconde plus tard, non loin de l'endroit où se tenait Annie.

— Génial ! s'exclama-t-il.

Ensemble, ils s'éloignèrent de la surface martienne, mais, dès qu'ils se posaient, ils rebondissaient de nouveau.

— Ne laissons pas trop d'empreintes, lui recommanda Annie tout en désignant les traces que Georges avait imprimées sur le sol. Ou bien les scientifiques les verront quand *Mars Orbiter* passera au-dessus d'ici et prendra des photos. Ils penseront détenir la preuve de l'existence de vrais Martiens !

— Homer est là-bas ! s'écria George en pointant du doigt une petite silhouette solitaire au loin.

À présent séparés, ils se rapprochèrent en quelques bonds.

— Mais qu'est-ce qu'il fabrique ? ajouta Georges, médusé.

Le robot paraissait très occupé. Il zigzaguait, lançait des morceaux de roche en l'air.

— C'est ce que nous sommes venus découvrir, répondit Annie. Je vais appeler Emmett. Emmett ! lâcha-t-elle dans son transmetteur vocal. Emmett ? Mince ! Il ne répond pas.

Ils firent quelques longs pas en direction de Homer, qui roulait de manière mystérieuse mais déterminée.

— Baisse-toi ! lui recommanda Annie. Sinon, la caméra de Homer nous prendra en photo et mon père nous apercevra sur Mars. Ce serait une catastrophe !

— Il ne nous verra pas avant quelques minutes, répliqua Georges. Pas avant que le signal atteigne la

Terre. Donc, même si Homer nous immortalise, nous aurons le temps de nous en aller.

— Ouais ! Tu risques quoi, toi ? Si mon père nous surprend, il te renverra direct en Angleterre, mais moi, je suis coincée ici. Enfin, pas ici, ici… sur Terre, avec des parents fous de rage qui me donneront les pires punitions.

— Par exemple ?

— Oh ! Je ne sais pas. Je serai privée de foot, j'aurai des dizaines d'exercices de maths en plus, je devrai laver les combinaisons spatiales, je n'aurai plus jamais jamais jamais d'argent de poche de ma vie. Honnêtement, la planète Terre me paraîtra trop petite.

— On doit parler à voix basse ? Homer peut nous entendre ? s'enquit Georges.

— Hum… Je ne pense pas. Mars n'a pas l'atmosphère qu'il faut pour que les bruits voyagent. Je ne crois pas qu'il enregistre des sons, uniquement des images.

Elle se tut une seconde puis hurla dans le transmetteur :

— PAR CONTRE J'AIMERAIS QU'EMMETT NOUS ENTENDE, LUI !

— Eh ! Oh ! Ça va pas, la tête ? répliqua Georges, dont le casque manqua d'exploser à cause des cris d'Annie.

— Qui ? Quoi ? Hein ? Où ? fit enfin la voix du garçon resté sur Terre.

— Emmett ! Triple idiot ! s'emporta Annie. Pourquoi tu ne répondais pas ?

— Désolé… Je… lisais… quelque chose. Vous allez bien ?

— Oui, mais ce n'est pas grâce à toi, contrôleur au sol. Nous nous sommes posés sur Mars et nous approchons de Homer. As-tu des informations à nous communiquer ?

— Je vérifie, murmura Emmett. Et je reviens vers vous.

— Dis, je peux sauter encore ? demanda Georges.

Amusé par la microgravité sur Mars, il mourait d'envie de bondir de plus en plus haut.

— Je pourrais voir ce que fait Homer comme ça, ajouta-t-il.

Sa combinaison blanche se couvrait de poussière martienne rouge foncé.

— Non ! Tu risques de t'écraser sur lui. Tu peux t'élever deux fois et demie plus haut sur Mars que sur Terre, mais il faut rester prudent. Nous devons nous approcher de Homer par le côté pour qu'il ne nous repère pas.

Ils firent quelques pas de géant bizarres. Le robot ne bougeait plus maintenant, comme s'il avait besoin de repos.

— Il ne gigote plus ! Approchons-nous de lui discrètement, décida Annie.

Ce n'était pas facile d'avancer sur la pointe des pieds avec leurs lourdes bottes, mais ils firent de leur mieux pour s'approcher du robot sans qu'il les remarque. Celui-ci avait les jambes fermement ancrées sur le sol martien. Les panneaux solaires, qui lui permettaient de collecter les radiations du Soleil et de les transformer en énergie, étaient poussiéreux. Il était muni de roues épaisses en caoutchouc et d'une caméra aux yeux étin-

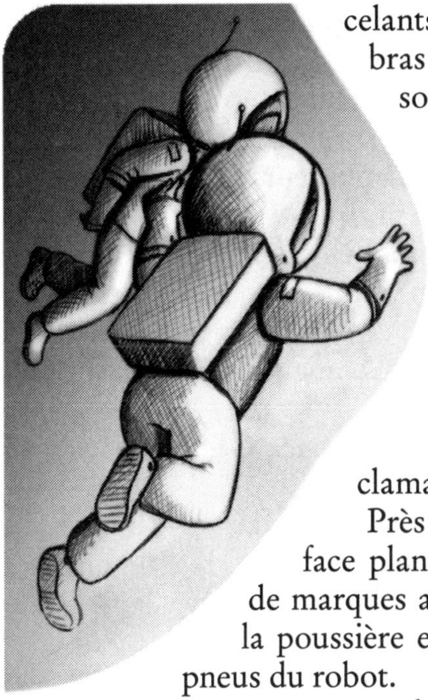

celants et globuleux, ses longs bras articulés pendant sur son flanc.

Arrivés plus près, Annie et Georges remarquèrent autre chose, un détail qu'ils n'avaient pas vu sur les clichés de Mars que Homer avait envoyés.

— Là ! Regarde ! s'exclama Annie.

Près de Homer, sur la surface plane martienne, une série de marques avaient été tracées dans la poussière et les gravillons par les pneus du robot.

— Un message ! hurla Georges, oubliant qu'il ne fallait pas crier dans le transmetteur vocal. Identique à celui que Cosmos a reçu ! Quelqu'un nous a laissé un message sur Mars !

Annie lui donna un coup de botte spatiale.

— Moins fort ! chuchota-t-elle.

Au même moment leur parvint la voix excitée d'Emmett depuis la Terre.

— Un message ? Sur Mars ? Qu'est-ce qu'il dit ?

— On travaille dessus, déclara Annie. Et si Homer n'avait pas de problème de comportement ? Et s'il gesticulait pour nous écrire ?

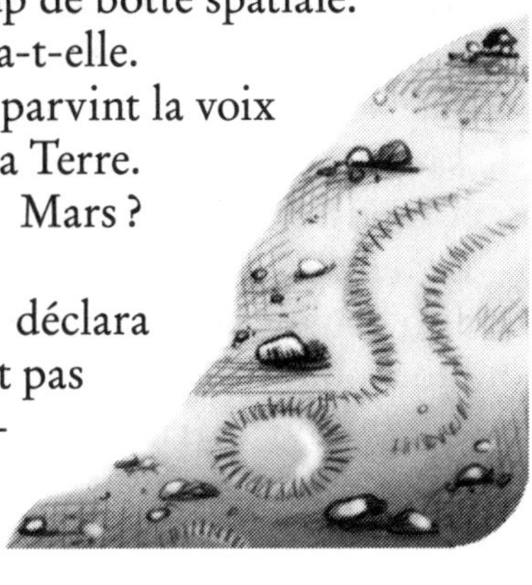

En un bond précis, ils se posèrent près des gribouillages que Homer avait dessinés dans la poussière.

— Il va nous falloir un moment avant de tout lire, dit Georges.

Annie et lui bondirent à plusieurs reprises au-dessus du message afin de le déchiffrer.

— Décrivez-moi les marques, demanda Emmett sur un ton pressé. Des données que je pourrais entrer dans Cosmos…

Par chance, Georges et Annie volaient à cet instant au-dessus des gribouillis.

— Euh… Eh bien… commença Georges. Il y a un cercle entouré d'autres cercles.

— Une planète avec des anneaux, suggéra Annie. Saturne peut-être. Et toutes ces pierres alignées, ça pourrait être le Système solaire, comme dans l'autre message…

— Plus loin, on voit une autre planète avec des anneaux, mais elle est entourée de petits morceaux de roche.

— Les lunes de Saturne ? proposa Emmett. Vous croyez qu'on veut vous envoyer là-bas ? Je suis en train d'entrer les informations dans Cosmos, histoire de voir s'il peut nous donner un autre indice. Combien de pierres comptez-vous ? Parce que Saturne a pas mal de satellites, une soixantaine environ. Mais seulement sept ronds.

Le vent, une simple brise jusqu'à présent, se mit à souffler un peu plus fort, soulevant de la poussière rocheuse qui tourbillonnait autour de Georges et d'Annie.

— Oh non ! Sérieuse alerte météo, lut Emmett sur l'écran de Cosmos. Rafales de vent venant du sud. Évacuation des lieux potentielle.

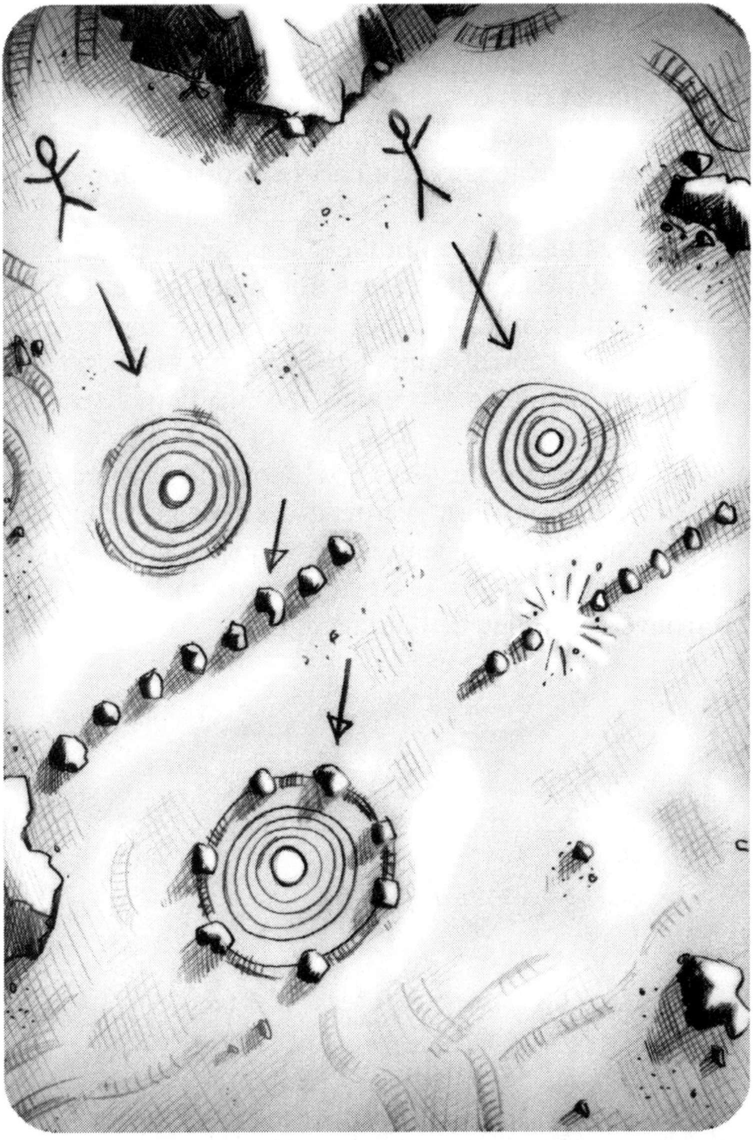

— Nous avons besoin de plus de temps, réclama Georges. Nous ne connaissons pas encore la signification du message ! Nous essayons de compter les lunes autour de la planète aux anneaux.

— En tout cas, la fin est identique, remarqua Annie dont le sang s'était glacé quand elle avait vu le dernier croquis. Elle annonce encore la disparition de la Terre.

Ils firent un nouveau bond et se posèrent pile à côté de Homer. Déséquilibrée par une bourrasque, Annie agrippa une jambe du robot pour ne pas tomber à la renverse. De l'autre main, elle s'accrocha à Georges.

La voix paniquée d'Emmett résonna dans le transmetteur.

— Vous n'avez plus le temps ! Cosmos a repéré une tempête de poussière géante qui se dirige droit sur vous ! Nous devons vous évacuer avant qu'elle vous engloutisse. D'après Cosmos, il sera incapable de vous retrouver au milieu de l'ouragan. Oh…

— Emmett, que se passe-t-il ?

Annie et Georges apercevaient de gros nuages au loin qui roulaient sur le sol désertique.

— Cosmos est bloqué ! avoua Emmett, désespéré. Il est écrit sur son écran : *Portail de retour indisponible, le temps d'une mise à jour urgente.* Tant qu'il n'aura pas terminé sa mise à jour, il ne peut pas vous ramener ! Par contre, il peut vous envoyer plus loin.

— Emmett, sors-nous d'ici ! hurla Annie, qui se moquait de faire trop de bruit à présent. Expédie-nous quelque part ! N'importe où ! Loin de cet ouragan. Je ne tiendrai pas très longtemps !

Le vent soulevait des tourbillons de poussière autour d'eux. Les panneaux solaires de Homer ne brillaient plus du tout. Georges et Annie s'entrevoyaient à peine entre deux rafales. Annie était toujours accrochée à la jambe de Homer, tandis que Georges, giflé par les bourrasques, flottait derrière elle. Il serrait fort le bras de son amie, mais tous deux savaient que, d'une seconde à l'autre, ils seraient emportés dans des directions différentes et se perdraient à jamais sur Mars.

— Les lunes de Saturne ! cria Georges. Si tu ne peux pas nous ramener sur Terre, envoie-nous là-bas, vers le prochain indice !

Au travers du nuage sablonneux qui grossissait à vue d'œil, ils entraperçurent une porte à leur droite. Quand elle lui parut solide, Georges lâcha une main et s'empara de l'encadrement. Toujours accroché à Annie, il plaqua les pieds contre la porte et ordonna à Emmett de l'ouvrir.

— Annie, continua-t-il. Je compte jusqu'à trois et je te jette par la porte. Lâche Homer.

— Je ne peux pas ! hurla Annie plusieurs fois, pétrifiée par la peur de s'envoler si elle desserrait la main.

— Tu n'as pas le choix ! Je ne peux pas vous tirer, toi et Homer, au travers de la porte ! Je ne suis pas assez fort !

Tout à coup, la porte s'ouvrit. Un mystérieux tourbillon orange apparut.

— À trois, tu lâches ! lui ordonna Georges. Un, deux, trois !

Il eut beau tirer sur son bras, elle restait accrochée à Homer.

— Ferme les yeux et imagine la Terre. Je serai juste derrière toi, Annie. Je te suis. Essaie encore, tu peux y arriver. Un. Deux. TROIS !

Annie finit par céder et fut aussitôt aspirée par la porte. Georges se jeta à sa suite et culbuta la tête la première dans un autre monde dont il n'avait jamais rêvé auparavant.

La porte claqua derrière eux, tandis que le nuage de poussière engloutissait Mars, effaçait le message de Homer et les traces de pas de Georges et d'Annie, et recouvrait le petit robot d'une couche de poussière rougeâtre. Il ne resta plus que la minuscule lumière rouge de l'appareil photo de Homer, qui clignotait chaque fois qu'il prenait un cliché de la tempête martienne avant de l'envoyer à Éric, à des millions de kilomètres, sur notre bienveillante planète Terre.

Chapitre 10

Loin de l'Agence spatiale globale, mais très près en termes de distance spatiale, Rosemarie, la mère de Georges, contemplait le soleil qui s'élevait au-dessus de l'océan Pacifique. Le ciel se teintait de bleu tandis que les étoiles faiblissaient, et la brume effleurait les eaux cristallines. Rosemarie n'avait pas fermé l'œil de la nuit.

La veille, au crépuscule, elle avait aperçu Mercure et Vénus au-dessus de l'horizon, avant qu'ils disparaissent au lever de la Lune. Dans l'obscurité, un million d'étoiles étincelantes parsemaient le ciel. Parmi elles, Alpha et Bêta Centauri, des étoiles brillantes qui désignaient la Croix du Sud, la seule grande constellation visible dans l'hémisphère Sud. Allongée sur le sable, elle avait admiré la constellation de la Balance et celle du Scorpion, remarquable par sa superbe étoile Antarès.

Elle pensait à Georges en train d'assister au lancement de la navette spatiale et imaginait sa joie de voir enfin un vrai vaisseau décoller. Rosemarie était loin d'imaginer que Georges voyageait là-haut, dans le Système solaire, entre Mars et sa prochaine destination.

Heureusement que la pauvre Rosemarie ignorait tout de la chasse au trésor cosmique de son fils car au même moment, Daniel, le père de Georges, avait disparu. Voilà pourquoi Rosemarie attendait sur la plage. Daniel s'était rendu en bateau dans l'archipel de Tuvalu, un groupe d'îles paradisiaques au cœur du

Pacifique, léchées par une mer bleue et calme, et n'était pas revenu. Le sable était blanc, les palmiers ondulaient, d'énormes papillons et des oiseaux exotiques voletaient au-dessus de la végétation dense.

Loin de jouer les vacanciers, ils s'étaient joints à des amis écologistes qui avaient pour mission de répertorier les changements qui affectaient ces îles, îlots et atolls.

La mer, pourtant si chaude et si belle, montait et menaçait d'engloutir les îles les plus petites ainsi que toute trace de vie. Bientôt, les habitants perdraient leurs maisons au fur et à mesure que le niveau de la mer augmenterait. Ce phénomène était dû à la fonte des glaces dans l'Antarctique, au Groenland et des glaciers en haute montagne, mais aussi à l'élévation de la température de l'eau de mer : quand l'eau se réchauffe, elle prend plus de place, ce qui équivaut à plus d'eau et moins de terre. Certains atolls étaient si peu élevés que le moindre changement de niveau provoquait l'inondation des maisons et la disparition des plages. Souvent submergée, la route principale de la capitale était inutilisable une bonne partie de l'année.

Bien qu'ayant la possibilité de

quitter ces lieux merveilleux, les insulaires refusaient de tout perdre. Quant aux oiseaux, papillons et insectes qui vivaient là, ils n'avaient nulle part ailleurs où aller.

Les habitants du Pacifique avaient tenté de prévenir le reste du monde que leurs maisons n'existeraient plus dans quelques années si le réchauffement climatique continuait ainsi. Malgré de nombreuses conférences et manifestations d'importance, certains prétendaient qu'il s'agissait du cycle normal météorologique, qui provoquait de grandes tempêtes et d'immenses marées détruisant tout sur leur passage. D'autres étaient convaincus que c'était là le signe d'un événement plus inquiétant qu'on ne pouvait expliquer aussi facilement.

Dans un sens, le fait que les cinq atolls de Tuvalu s'enfoncent dans la mer n'était pas nouveau. Lors de sa traversée du Pacifique en 1835, le célèbre explorateur et naturaliste Charles Darwin avait expliqué comment les atolls, qui, vus du ciel, ressemblaient à des cercles de sable plats entourant un lagon, s'étaient formés. De nouvelles îles se créaient dans les eaux tropicales à cause de l'activité volcanique. Durant des millions d'années, les coraux (des organismes

qui vivent dans les eaux chaudes et peu profondes) s'étaient développés le long du littoral de ces nouvelles îles volcaniques, tandis qu'elles s'enfonçaient dans la mer. Au final, l'atoll disparaissait, mais les coraux continuaient de croître. Quand ils atteignaient la surface, ils formaient alors des récifs et des plages.

Ce processus avait dû prendre au moins trente millions d'années. Mais c'était les dix dernières années et les cinq à venir qui inquiétaient les habitants de Tuvalu.

Afin de consigner ces changements rapides et récents, le père de Georges et deux amis étaient partis explorer

en bateau les îles éloignées de l'atoll principal. Seulement ils n'étaient pas revenus à l'heure prévue. Uniquement équipés de cartes (ils avaient refusé d'emporter un GPS ou un téléphone portable), ils comptaient s'aider des étoiles pour naviguer, comme cet autre explorateur, le capitaine Cook, qui avait traversé les mers du Sud au XVIIIe siècle afin d'observer le transit de Vénus entre la Terre et le Soleil.

Malheureusement pour Daniel, ils s'étaient perdus et ne retrouvaient plus le chemin de l'île où Rosemarie mourait d'inquiétude. Les autres écologistes avaient sillonné l'archipel sans succès. Le danger était réel : Daniel et ses amis épuiseraient vite leurs réserves d'eau potable et, la journée, un soleil éblouissant brillait au-dessus du Pacifique. Au milieu de cette longue nuit, Rosemarie avait téléphoné en Floride pour demander de l'aide...

Dans une autre région du Système solaire, tandis que Georges se propulsait par la porte qui séparait Mars d'un monde orange foncé tourbillonnant, il entendit Annie s'écrier :

— De l'eau noire !

Georges se posa près d'elle sur une pente apparemment gelée. Sur le point de perdre l'équilibre, il se rattrapa *in extremis* au chambranle de la porte. De son côté, Annie, que Georges avait poussée dans le vide, semblait voler au ralenti. Elle finit par se poser au bord d'un canal rempli d'un liquide sombre, qui se déversait dans un énorme lac noir. Pendant une seconde, Georges craignit qu'elle ne bascule dans la rivière noire. Par chance, elle eut le réflexe de plier les genoux et, dans un mouvement de bras, elle décolla puis atterrit avec grâce sur l'autre rive de la rivière impétueuse.

Georges demeurait accroché au chambranle qui miroitait dans la faible lumière, alors que la porte donnant sur Mars s'était refermée. Il testa le sol du bout

de sa botte. « De la glace solide », pensa-t-il. Il tenta d'en décrocher un morceau avec son talon mais le sol était aussi dur que du granit. Il fallait absolument qu'il trouve quelque chose à quoi s'accrocher quand le portail disparaîtrait... Il examina les alentours : derrière lui, les roches étaient trop loin pour qu'il les agrippe et, devant lui, la pente glacée menait directement à la mystérieuse rivière sombre.

— Quoi que tu décides, évite de tomber dans ce liquide bizarre ! lui conseilla Annie sur l'autre berge.

Au-dessus d'eux, le ciel était bas et lourd, zébré de nuages noirs et orange. La lumière faible donnait l'impression de provenir d'une étoile située à plusieurs millions de kilomètres. Et comme si cela ne suffisait pas, elle devait se battre avec l'épaisse couche de nuages avant d'éclairer la surface de ce monde étrange.

— Où sommes-nous ? demanda Georges.

— Je l'ignore, répondit Annie.

— On dirait la Terre avant l'apparition de la vie. Cosmos ne nous aurait pas envoyés dans le passé par erreur ? Et s'il nous avait transportés au commencement pour assouvir sa curiosité ?

Le vent soufflait doucement mais avec assez de force, néanmoins, pour malmener Georges, accroché à son portail.

— Ici contrôle sol, résonna la voix d'Emmett dans son casque. C'est sérieux : Cosmos ne pourra pas maintenir la porte en place très longtemps. Il a besoin de fermer cette application, sinon il risque un dysfonctionnement.

— Annie, je fais quoi ? l'interrogea Georges, soudain terrifié à l'idée de basculer dans la rivière et d'être emporté vers le lac.

— Saute ! Comme moi.

Annie se tenait à présent sur une sorte de minuscule plage glacée, sur l'autre rive, en bordure du lac.

— C'est plat, ici. Tu pourras te poser en toute sécurité.

Au-delà de la petite plage, une falaise escarpée surplombait le mystérieux lac noir. Ses pics se dessinaient sur le ciel luisant et tigré, telle une rangée d'aiguilles géantes.

— Il y a trop d'applications ouvertes, déclara Cosmos. Le portail va se refermer automatiquement. Dans ce cas, cliquez sur la fenêtre pour envoyer le rapport d'erreur. Votre geste nous sera très utile.

Quand le portail s'évapora, Georges et Annie se retrouvèrent seuls sur la planète mystérieuse. Aussitôt, Georges dévala la pente et, prenant exemple sur Annie, il donna un coup de talon qui l'expédia de l'autre côté de la rivière…

— Ce vent est drôlement costaud ! s'exclama Georges, qui détestait se déplacer ainsi au ralenti. On dirait qu'il essaie de me renverser ! Et pourtant il ne semble pas souffler très fort.

— L'atmosphère est peut-être plus épaisse que sur Terre, suggéra Annie. Cela expliquerait cette impression d'avancer dans de la soupe. Comme il n'y a pas beaucoup de gravité, nous ne tombons pas très vite. Oh ! Qu'est-ce que c'est ?

Les nuages s'étaient écartés pour laisser apparaître un monde extraordinaire. De l'autre côté du lac se dressait une immense montagne creuse.

— Waouh ! On dirait un volcan éteint ! fit Georges.

Soudain, le cratère au sommet cracha de grosses gouttes bleutées.

— Éteint ? s'écria Annie.

Le liquide retombait lentement à travers l'atmosphère, avant de ramper et de serpenter le long des pentes volcaniques, tels de gros vers de terre gluants.

— C'est dégoûtant ! s'exclama Annie. Qu'est-ce que c'est ? Et où sommes-nous ? Sur quelle planète avons-nous atterri ?

— Vous ne vous trouvez pas sur une planète, intervint enfin Emmett. Mais sur Titan, la plus grande lune de Saturne. Vous êtes à environ 1,5 milliard de kilomètres de la Terre, près d'un cryovolcan, Ganesa Macula, qui est actuellement en éruption.

— Est-ce dangereux ? s'enquit Georges.

Une étrange lave épaisse s'écoulait le long de canaux sculptés dans le paysage rocheux.

— Difficile à dire, répliqua Emmett sur un ton joyeux. Étant donné qu'aucune forme de vie connue ne s'est jamais posée sur Titan avant vous.

— Très drôle, Emmett, grommela Georges.

— Les cryovolcans crachent de l'eau glacée mélangée à de l'ammoniaque. Cela signifie qu'elle peut descendre à –100 °C sans geler. En tout cas, ça ne doit pas sentir très bon, mais vous vous en fichez, vu que vous portez vos combinaisons.

— Emmett, il y a des lacs autour de nous. Et des rivières ! remarqua Annie. Mais ils sont bizarres et sombres, et ce n'est pas de l'eau qui coule.

TITAN

- Titan est le plus grand satellite de Saturne et la deuxième plus grande lune du Système solaire. Seul Ganymède, un des satellites de Jupiter, est plus gros.

- Titan a été découvert le 25 mars 1655 par Christiaan Huygens, un astronome hollandais. Huygens a tiré son inspiration de Galilée qui avait découvert quatre lunes autour de Jupiter. La découverte de satellites en gravitation autour de Saturne a apporté aux astronomes du XVIIe siècle une preuve supplémentaire que tous les objets du Système solaire ne voyageaient pas autour de la Terre, comme on le croyait précédemment.

- On pensait que Saturne avait 7 lunes. Aujourd'hui, on sait que la géante gazeuse en possède au moins 60.

- Il faut 15 jours et 22 heures à Titan pour graviter autour de Saturne. Titan met aussi longtemps pour tourner autour de son axe, ce qui signifie qu'une année sur Titan dure aussi longtemps qu'une journée !

- À notre connaissance, Titan est la seule lune du Système solaire qui ait une atmosphère dense. Auparavant, les astronomes pensaient que sa masse était beaucoup plus importante. Son atmosphère est principalement composée d'azote plus quelques traces de méthane. D'après les scientifiques, elle serait similaire à celle de la Terre primitive et Titan pourrait disposer d'assez de matériaux pour que la vie se développe. Comme cette lune très froide est dépourvue de dioxyde de carbone, il y a très peu de chances d'y trouver des traces de vie.

- Titan est susceptible de nous montrer à quoi ressemblait la situation sur Terre dans un très lointain passé et de nous aider à comprendre comment la vie a pu commencer.

- Titan est l'endroit le plus éloigné sur lequel une sonde spatiale s'est posée. Le 1er juillet 2004, la mission *Cassini-Huygens* a atteint Saturne. Elle a volé près de Titan le 26 octobre 2004, puis la sonde *Huygens* s'est détachée du vaisseau *Cassini* et s'est posée sur Titan le 14 janvier 2005.

Huygens a pris des photographies de la surface de Titan et a découvert qu'il pleuvait là-bas !

La sonde a aussi observé des lits de rivière asséchés – « des traces de liquide qui coulait autrefois » – à sa surface. Les clichés ont aussi permis de détecter la présence d'hydrocarbures.

Dans quelques milliards d'années, quand notre Soleil sera devenu une géante rouge, Titan pourrait se réchauffer au point de voir apparaître la vie !

© NASA/SCIENCE PHOTO LIBRARY

Vue d'artiste de Cassini *s'approchant de Saturne.*

— Pourquoi Cosmos nous a-t-il envoyés ici ? demanda Georges.

— Quand Annie et toi avez deviné que l'indice parlait d'une des lunes, Cosmos a calculé qu'il y avait une très forte probabilité pour que Titan ait hébergé une forme de vie, à cause de la composition chimique de sa structure et de son atmosphère. Cosmos pense que vous découvrirez le prochain indice sur Titan. Même si, je dois l'admettre, il ignore où exactement. Monsieur joue les rabat-joie, en ce moment. Une minute, il coopère, la suivante, il boude.

— Eh, oh ! Je vais porter plainte pour harcèlement ! menaça Cosmos.

— Georges, regarde le lac ! s'écria Annie. C'est quoi, ce truc qui flotte ?

Un objet étrange dérivait devant eux.

— On dirait une machine venue de la Terre.

— À moins que… commença Annie. À moins que quelqu'un ne vive ici et ne l'ait perdue… Emmett ? Cette lune est-elle habitée ? Et, dans ce cas, sommes-nous obligés de rencontrer ces êtres ?

— Euh… marmonna Emmett. J'essaie de vérifier dans les archives de Cosmos si Titan est susceptible d'abriter des formes de vie.

— Stop ! aboya Cosmos. Je suis claqué. Je pose une RTT.

— Sa mémoire est presque saturée, expliqua Emmett. Et nous allons avoir besoin de lui pour ouvrir un portail et vous ramener le plus tôt possible. Je cherche dans *Le Petit Guide de l'Univers*. Là, chapitre intitulé « Sommes-nous seuls dans l'Univers ? ». Je devrais trouver la solution.

« Sommes-nous seuls dans l'Univers ? répéta Emmett. Je le pense. Du moins, il n'y a personne à part vous sur Titan. Pour l'instant, vous êtes seuls au milieu de lacs de méthane.

SOMMES-NOUS SEULS DANS L'UNIVERS ?

Certains lecteurs du *Petit Guide* se rendront-ils un jour sur Mars ? Je l'espère. À vrai dire, c'est tout à fait probable. Ce sera un voyage dangereux mais aussi l'exploration la plus excitante de tous les temps. Ces derniers siècles, des pionniers ont découvert de nouveaux continents, pénétré dans les jungles d'Afrique et d'Amérique du Sud, atteint les pôles Nord et Sud, escaladé le sommet des plus hautes montagnes. Ceux qui iront sur Mars posséderont le même esprit d'aventure.

Ce doit être merveilleux de traverser les montagnes, les canyons et les cratères martiens, ou même de les survoler en ballon. Mais il ne faut pas compter se rendre sur Mars pour mener une vie paisible. Les conditions y sont plus rudes qu'en haut de l'Everest ou dans le pôle Sud.

À mon avis, ces explorateurs auront l'espoir d'être les premiers à découvrir des traces de vie passée sur la planète rouge.

Ici, sur Terre, il existe littéralement des millions d'espèces vivantes – bactéries, moisissures, champignons, arbres, grenouilles, singes et hommes évidemment. La vie subsiste dans les coins les plus reculés de notre planète, depuis les grottes sombres où la lumière n'a pas pénétré pendant des milliers d'années, jusqu'aux déserts arides, autour des sources bouillonnantes, dans les sous-sols les plus profonds, très haut dans l'atmosphère…

Notre Terre accueille une gamme extraordinaire de formes de vie qui subissent des contraintes de taille et de forme. Les grands animaux ont de grosses pattes mais ne peuvent pas bondir comme certains insectes. Les plus imposants flottent dans l'eau. Une plus grande variété pourrait exister sur d'autres planètes. Par exemple, si la gravité était plus faible, les animaux pourraient être plus gros et les créatures

de notre taille auraient les pattes aussi fines que celles des insectes.

Partout où vous trouvez la vie sur Terre, vous trouvez de l'eau.

Il y a de l'eau sur Mars et une forme de vie aurait pu apparaître là-bas. La planète rouge est plus froide que la Terre et a une atmosphère plus fine. Personne ne croit plus en cette image des Martiens verts aux yeux globuleux présente dans de si nombreux dessins animés. Si des extraterrestres intelligents vivaient sur Mars, nous en aurions eu connaissance et ils nous auraient déjà rendu visite !

Mercure et Vénus sont plus proches du Soleil que la Terre. Ces deux planètes sont donc beaucoup plus chaudes. La Terre est une planète galactique habitable – ni trop chaude, ni trop froide. Sur un territoire trop chaud, la plus tenace des formes de vie frirait. Sur Mars règne un froid pas totalement polaire. Quant aux planètes plus éloignées, elles sont encore plus glaciales.

Intéressons-nous à Jupiter, la plus grosse planète de notre Système solaire. Si la vie avait évolué sur cette immense boule, où la force gravitationnelle est bien plus importante que sur Terre, les créatures auraient l'air de ballons flottant dans l'atmosphère dense.

Jupiter a quatre grosses lunes susceptibles d'abriter une forme de vie. Europe est recouverte d'une épaisse couche de glace qui dissimule un océan. Afin de découvrir si des créatures nagent dans cet océan, des scientifiques prévoient d'y envoyer un robot sous-marin.

Le deuxième plus grand satellite du Système solaire se nomme Titan, l'une des nombreuses lunes de Saturne. Une sonde a déjà été envoyée à sa surface ; elle a révélé la présence de rivières, de lacs et de rochers. Par contre, la température avoisine les –170 °C, si bien que la moindre eau est à l'état solide. En vérité, ce n'est pas de l'eau mais du méthane liquide qui coule dans ces rivières et ces lacs – rien de bien accueillant !

Examinons à présent ce qu'il se passe au-delà de notre Système solaire, sur d'autres étoiles. Il existe des dizaines de milliards de soleils dans notre galaxie. La plus proche est si lointaine qu'à la vitesse d'une de nos fusées actuelles il faudrait plusieurs millions d'années pour l'atteindre. De même, si des extraterrestres intelligents vivaient sur une planète gravitant autour d'une autre étoile, il leur serait plus facile de nous envoyer un signal radio ou laser que de parcourir des distances hallucinantes pour nous rendre visite.

Les extraterrestres susceptibles de nous envoyer un signal seraient très différents de nous. Les machines utilisées auraient été inventées par des êtres depuis longtemps éteints. Bien entendu, il se peut que des aliens à gros « cerveaux » vivent quelque part dans l'espace interstellaire, mais ils doivent être tellement différents de nous que nous ne les reconnaîtrions pas ou serions incapables de communiquer avec eux. Certains ne veulent peut-être pas révéler leur existence (même s'ils nous observent !). Peut-être y a-t-il des dauphins super intelligents qui réfléchissent joyeusement au fond d'un océan extraterrestre et qui préfèrent ne pas dévoiler leur présence ? D'autres « cerveaux » peuvent être regroupés dans des colonies d'insectes qui agissent ensemble, tel un seul être intelligent. Sans compter tout ce que nous ne pourrons jamais détecter ! L'absence de preuve n'équivaut pas à une preuve d'absence.

Notre galaxie comprend des milliards de planètes et n'est qu'une parmi des milliards. La plupart des gens imaginent que le cosmos fourmille de vie, mais ce n'est qu'une supposition. Nous ignorons quasiment tout de la manière dont la vie est apparue et évolue, aussi sommes-nous incapables de dire si des formes simples de vie sont fréquentes. Nous ne pouvons pas même calculer la probabilité qu'une forme de vie simple puisse évoluer sur une autre planète comme elle a déjà évolué sur Terre. Je parie (pour ce que vaut mon avis) que les formes de vie simple sont très fréquentes, mais que les formes de vie intelligente le sont beaucoup moins.

Il se peut en effet qu'il n'y ait absolument pas de forme de vie intelligente là-haut. La biosphère complexe de la Terre est sûrement unique. Peut-être sommes-nous bel et bien seuls. Dans ce cas, quelle déception pour ceux qui recherchent des signaux extraterrestres, ou espèrent qu'un jour « ils » nous rendront visite. Mais l'échec de ces recherches ne doit pas nous déprimer. Au contraire, nous avons là une raison de nous réjouir : plus besoin de mésestimer la place de notre planète dans le grand ordre de l'Univers ! Notre Terre devient ainsi l'endroit le plus intéressant de tout le cosmos.

Si la vie est la spécificité de la Terre, on pourrait la considérer comme un diaporama cosmique, ce qu'elle n'est pas. La raison ? L'évolution n'est pas terminée. À vrai dire, nous sommes plus près du début que de la fin. Notre Système solaire est à peine au milieu de sa vie : il aura 6 milliards d'années avant que le Soleil enfle, engouffre les planètes inférieures et vaporise toute vie demeurant sur Terre. Dans un futur très lointain, la vie et l'intelligence seront peut-être très différentes des nôtres, comme nous sommes différents des insectes. La vie se sera alors répandue dans toute la Galaxie, aura évolué au point d'atteindre une complexité dont nous n'avons même pas idée. Si tel est le cas, notre petite planète – ce point bleu pâle qui flotte dans l'espace – pourrait être l'endroit le plus important de tout le cosmos.

Martin

— Beurk ! Il pleut ! dit Annie.

Elle tendit la main pour attraper une goutte de liquide trois fois plus grosse qu'une goutte sur Terre. À la différence de la pluie terrestre, elle ne tombait ni vite ni droit. Les gouttes traînassaient dans l'atmosphère, ondoyaient, tournoyaient tels des flocons de neige.

— Oh non ! s'écria Emmett, affolé. Ce doit être une averse de méthane. J'ignore quelle quantité de méthane pur supporteront vos combinaisons avant de commencer à se détériorer.

— Attendez une minute…

Georges avait remarqué quelque chose sur la machine qui dérivait le long de la berge.

— De toute façon, on n'a pas le choix, constata Annie sur un ton sec. À part attendre, qu'est-ce qu'on peut faire d'autre, ici ?

— On distingue des signes sur son flanc.

— Georges, tu me fais peur…

Tandis que de grosses gouttes de pluie s'écrasaient doucement sur son casque, Annie se pencha en avant pour mieux voir l'objet rond à présent échoué sur la rive.

— Tu as raison ! Bingo ! Regarde, cet objet vient de la Terre ! C'est une écriture humaine…

Ils purent lire en grandes lettres sur le côté de l'objet congelé le mot « HUYGENS ».

— Emmett, c'est écrit « Huygens », rapporta Annie. Qu'est-ce que cela signifie ? Ce n'est pas une bombe, hein ?

— Non ! répliqua Emmett. Vous avez trouvé la sonde *Huygens*, celle qu'on a envoyée sur Titan. Je ne pense pas qu'elle fonctionne encore mais c'est plutôt cool, comme nouvelle. Enfin, pas si nouvelle que ça : la sonde date de 2005.

— Ce n'est pas tout, s'enthousiasma Annie. Je vois des symboles extraterrestres !

À côté d'elle, Georges avait une meilleure vue.

— Comme une bouteille à la mer ! s'écria-t-il. Sauf que c'est un message sur une sonde !

En effet, des dessins étaient peints sur la sonde…

Chapitre 11

Assis par terre dans la salle blanche de l'Agence spatiale globale, Cosmos et *Le Petit Guide de l'Univers* tous deux ouverts devant lui, Emmett entendit un bruit. Soudain, les machines à aseptiser s'animèrent à l'entrée, le mot « Décontamination » se mit à clignoter en rouge au-dessus de la porte, tandis qu'un bip strident retentissait. Trop occupé à être brossé, poli, harnaché dans sa combinaison blanche, Emmett n'avait pas remarqué le panneau à son arrivée. Mais là, impossible de l'ignorer : quelqu'un venait !

Le cœur battant à cent à l'heure, Emmett se leva aussitôt. Il n'avait pas envie de déplacer Cosmos, qui était sur le point de transférer Annie et Georges de Titan à un autre endroit dans l'Univers susceptible de leur fournir un indice. Il ne souhaitait pas non plus être interrompu par un inconnu qui lui poserait des milliers de questions, pendant qu'il effectuerait une opération aussi importante que difficile.

C'est alors qu'Emmett repéra une sorte de papier d'aluminium jaune et brillant : une couverture servant à protéger les sondes des rayons trop chauds du Soleil quand elles voyageaient dans l'espace. En douceur, il recouvrit Cosmos puis, posté devant l'ordinateur, il essaya de prendre une pose nonchalante, comme s'il avait l'habitude de se promener dans les salles blanches et de contempler les grosses machines destinées à accompagner les fusées spatiales. Il rajusta son masque en espérant que le visiteur ne le reconnaîtrait pas et le prendrait pour un technicien de petite taille.

La machine à décontaminer éjecta une silhouette dans la salle blanche. L'homme vacilla un peu, se contorsionna dans sa combinaison blanche, jusqu'à ce qu'il trouve ses pieds. Il était impossible de deviner son identité, d'autant plus que la machine à décontaminer semblait lui avoir mis le masque et la charlotte à l'envers. À la place des yeux et du menton, Emmett ne voyait que des cheveux châtains.

— Hé ! s'écria l'homme quand il trébucha sur le satellite à moitié assemblé. Par tous les hadrons exotiques !

Il sautillait d'un pied sur l'autre.

— Je me suis cassé un orteil ! Aïe aïe aïe !

Emmett eut soudain très mal au ventre, comme s'il avait mangé un aliment auquel il était allergique. Une seule personne pouvait se trouver sous cette combinaison blanche, et c'était exactement la dernière qu'Emmett souhaitait voir à cet instant précis…

La silhouette bondissante s'arrêta de danser puis arracha son masque. Il s'agissait bien entendu… d'Éric.

— Ahhh ! s'exclama-t-il quand il aperçut Emmett dans le même déguisement. Travaillez-vous ici, par hasard ?

— Euh… Oui, oui, c'est ça, répondit Emmett de sa voix la plus grave. Absolument. Depuis des années. De nombreuses, nombreuses, nombreuses, nombreuses années. Je suis le plus ancien, en fait. Comme j'ai mon masque, on ne peut pas s'en rendre compte.

— Vous paraissez juste un peu… eh bien, comment dire…

— J'étais plus grand avant, continua Emmett avec sa voix d'adulte. Mais plus je vieillis, plus je rapetisse.

— Ah oui ! Intéressant… poursuivit calmement Éric. Voilà, je vous explique, monsieur…

— Hum… Hum…

Emmett se racla la gorge.
— Professeur, si je puis me permettre.
— Bien sûr, professeur…
Là, Emmett paniqua.
— Professeur Spock ! s'exclama-t-il.
— Professeur… Spock, répéta Éric.
— Euh… Oui… Professeur Spock de l'université de… Enterprise.
— Eh bien, professeur Spock, pourriez-vous m'aider ? Je cherche des enfants qui se sont apparemment perdus. Peut-être les avez-vous aperçus dans les parages ? Comme vous êtes si sage et aussi très âgé, vous auriez peut-être une idée de l'endroit où ils sont allés… Une caméra de sécurité les a filmés en train d'entrer ici.

— Des enfants ? grommela Emmett. Je déteste les enfants. Il n'y en a pas dans ma salle blanche, je vous l'assure. Pas vu d'enfants, moi. Jamais.
— Pour tout vous dire, continua Éric tout aussi calmement, il faut absolument que je les retrouve. Je m'inquiète à leur sujet et j'aimerais savoir s'ils vont bien. Et puis il y a une sorte d'urgence, et cela concerne un des enfants disparus.
— Vraiment ? lâcha Emmett, oubliant sa voix adulte.
— C'est son père…
— Son père ?
Emmett ôta en vitesse son masque.

— Mon père va bien ? s'enquit-il. Quelque chose lui est arrivé ?

Il avait les larmes aux yeux.

— Non, Emmett, répondit Éric, qui passa un bras autour de ses épaules et le tapota dans le dos. Le père de Georges a disparu.

Éric racontait l'histoire des parents de Georges – où ils s'étaient rendus et pourquoi, la disparition de Daniel dans le Pacifique Sud... – quand il fut interrompu par le bruit de la machine à décontaminer qui redémarrait.

— Bip ! Bip !

Au-dessus de la porte, la lumière rouge clignota alors qu'une autre personne avançait sur le tapis roulant.

Un cri scandalisé retentit :

— Ôtez vos sales pattes de robot de là ! Je suis une vieille dame ! Vous devez me montrer du respect !

Crunch...

Dans un grincement, la machine s'arrêta, puis un bruit de piétinement précéda l'ouverture de la porte. Une vieille dame très en colère, armée d'une canne et d'un sac à main (tous deux emballés dans du plastique blanc), arriva en trombe.

Le bip avait cessé, la lumière rouge s'était figée.

— J'exige une explication ! s'écria la vieille dame, qui ne portait pas de combinaison blanche mais son habituel tailleur-pantalon en tweed. Je refuse d'être malmenée par une espèce de robot dégénéré. Ah ! Éric ! Je te trouve enfin. Tu ne me sèmeras pas comme ça, tu sais !

— Je m'en étais aperçu, marmonna Éric.

— Pardon ? Tu oublies que je suis sourde. Prends mon carnet !

Aussitôt, elle arracha le plastique qui enveloppait son sac et fouilla dedans.

— Emmett, poursuivit Éric sur un ton résigné, je te présente Louise, la grand-mère de Georges. Elle est venue spécialement à l'Agence pour me demander de localiser le père de Georges. L'alerte a été déclenchée par Rosemarie, la maman de Georges.

Éric s'empara du carnet et gribouilla :

Louise, voici Emmett. C'est un ami de Georges, et il s'apprêtait à me dire où sont Annie et votre petit-fils.

Louise dévisagea Emmett puis lui décocha un vrai sourire, tendre et chaleureux.

— Oh ! Éric ! Tu n'as pas de mémoire ! Emmett et moi, nous nous sommes rencontrés à l'aéroport. Nous sommes de vieux amis, n'est-ce pas ? Tu te souviens, Emmett, je suis très sourde, alors si tu veux me parler, mieux vaut écrire dans ce petit carnet !

— Longue vie et prospérité, déclara Emmett en exécutant le salut vulcain de *Star Trek* et en écrivant sa citation dans son carnet.

— Merci, Emmett. J'ai effectivement vécu très longtemps et bien prospéré.

Elle lui rendit son salut.

— Mais je ne comprends pas. Comment allez-vous secourir le père de Georges depuis l'Agence ? demanda Emmett à Éric. Vous comptez envoyer une fusée à sa rescousse ?

— Aurais-tu oublié que je... que l'Agence spatiale globale possède des satellites en orbite autour de la Terre ? répondit Éric. Les missions spatiales ne se contentent pas de scruter le cosmos, elles étudient la Terre pour nous aider à mieux comprendre ce qui s'y passe. J'ai donc demandé au département satellite d'examiner cette partie de l'océan Pacifique, au cas où ils repéreraient Daniel. Dès que nous l'aurons localisé, nous préviendrons Rosemarie, et ils enverront quelqu'un à son secours. On n'a plus qu'à croiser les doigts en espérant que Daniel va bien.

LES SATELLITES DANS L'ESPACE

Un satellite est un objet qui gravite (qui est en orbite) autour d'un autre objet, comme la Lune autour de la Terre, elle-même satellite du Soleil. Mais nous utilisons aussi le mot « satellite » pour parler des objets fabriqués par l'homme que l'on envoie dans l'espace à l'aide d'une fusée afin d'effectuer certaines tâches comme la navigation, la surveillance météorologique ou la communication.

Les fusées ont été inventées par les Chinois autour de 1000 apr. J.-C. Des siècles plus tard, le 4 octobre 1957, l'ère spatiale débutait réellement avec la mise en orbite autour de la Terre par les Russes du premier satellite artificiel, *Spoutnik*, une petite sphère capable d'envoyer un faible signal radio vers la Terre. Ce lancement à l'aide d'une fusée a fait sensation à l'époque. Le monde entier a réglé sa radio afin de capter le signal de « Lune rouge ». Le télescope *Mark I* de l'observatoire anglais Jodrell Bank a été le premier grand radiotélescope servant d'antenne de poursuite du trajet d'un satellite. *Spoutnik* a rapidement été suivi de *Spoutnik II*, surnommé « Pupnik » (*pup* signifie « chiot » en anglais) parce qu'il transportait une passagère : Laïka, une chienne russe, a été le premier être vivant à voyager dans l'espace.

Les Américains ont essayé de lancer leur propre satellite le 6 décembre 1957, mais alors qu'il se trouvait à 1,20 mètre du sol, la fusée a explosé. Le 1er février 1958, *Explorer I* a eu plus de succès, et bientôt les deux superpuissances de la Terre – l'URSS et les États-Unis – se disputaient pour devenir les plus importantes dans l'espace. À cette époque, tout le monde se méfiait de tout le monde et, bientôt, les deux nations se sont aperçues que les satellites étaient d'excellents espions. Grâce aux clichés pris au-dessus de la Terre, elles espéraient en apprendre davantage sur les activités de leur adversaire. Le satellite ? Une petite révolution !

Au départ, la technologie des satellites a été développée dans un objectif militaire et de renseignement. Dans les années 1970, le gouvernement américain a lancé 24 satellites qui lui ont renvoyé des signaux et des informations orbitales. Ainsi est né le premier GPS (système de positionnement mondial). Cette technologie, qui permet aux armées de traverser des déserts la nuit et aux missiles longue portée d'atteindre leur cible avec une extrême précision, est aujourd'hui utilisée par des millions de conducteurs de voiture qui ne veulent pas se perdre. La navigation par satellite permet aussi aux ambulances de rejoindre les blessés plus rapidement et aux gardes-côtes de lancer des recherches et des missions de secours efficaces.

LES SATELLITES DANS L'ESPACE (SUITE)

Les communications à travers le monde ont été changées à jamais par les satellites. En 1962, une compagnie de téléphone américaine a lancé *Telstar*, un satellite qui a transmis pour la première fois une émission de télévision en direct des États-Unis à l'Angleterre et à la France. Les Britanniques ont vu des images floues pendant quelques minutes quand les Français recevaient des images claires et du son. Ils sont même parvenus à envoyer leur propre transmission d'Yves Montand chantant : « La chansonnette ». Avant les satellites, les événements devaient être filmés et les pellicules envoyées par avion aux chaînes de télévision des autres pays. Après *Telstar*, des événements majeurs – comme les funérailles du président américain John F. Kennedy ou la Coupe du Monde de football en 1966 – ont pu être retransmis en direct aux quatre coins de la planète pour la première fois. Les téléphones portables et Internet font aujourd'hui partie des nombreuses manières d'utiliser un satellite.

Les images-satellites ne sont pas uniquement destinées aux espions ! Être capable de regarder la Terre depuis l'espace nous a permis de découvrir des formations terrestres et atmosphériques. Nous pouvons mesurer l'utilisation des terres, estimer l'expansion des villes, le changement de forme des déserts et des forêts. Certains agriculteurs se servent des images-satellites pour surveiller leurs cultures et décider quels champs ont besoin d'engrais.

Les satellites ont également transformé notre vision de la météorologie. Depuis leur apparition, les prévisions sont plus précises. Ils montrent l'émergence de formations nuageuses et leur déplacement au-dessus du monde. Les satellites ne changent pas le temps qu'il fait, mais ils suivent à la trace les ouragans, les tornades et les cyclones, et permettent l'émission d'alertes maximales suffisamment à l'avance.

À la fin des années 1990, le satellite *TOPEX/Poseidon* de la NASA, qui mesure le relief des océans, a fourni assez d'informations aux météorologues pour les prévenir de l'arrivée du phénomène El Niño. *Jason*, une nouvelle série de satellites de la NASA, a récemment été lancé afin de récolter des données sur l'influence de l'océan sur le climat terrestre. Cela nous permettra de mieux comprendre les changements climatiques, d'obtenir des images détaillées des calottes glaciaires qui fondent aux pôles, des mers intérieures qui disparaissent et des niveaux des océans qui montent – le genre d'information dont nous avons besoin de toute urgence !

Comme les satellites observent la Terre et transforment notre compréhension de notre propre planète, ils ont aussi changé notre perception de l'Univers qui nous entoure. Le télescope spatial *Hubble* a été le premier observatoire spatial à très large échelle. En orbite autour de la Terre, *Hubble* a permis aux astronomes de calculer l'âge de l'Univers et a montré qu'il se dilate à une vitesse accélérée.

Trois mille satellites gravitent autour de la Terre, couvrant au total chaque centimètre carré de notre planète. Ce nombre élevé peut être dangereux. Les satellites en orbite basse se déplacent très vite, à environ 28800 km/h. Les collisions sont rares, mais quand elles surviennent, elles provoquent de gros dégâts. Une simple écaille de peinture heurtant un vaisseau à cette vitesse produit un impact énorme. Il y a peut-être un million de fragments en orbite autour de la Terre; seuls 9000 d'entre eux sont plus gros qu'une balle de tennis.

— Les satellites ne peuvent pas mesurer la hausse du niveau des mers à leur place ? s'enquit Emmett.

— Si, bien sûr. Et je les aurais aidés avec joie s'ils me l'avaient demandé. Néanmoins, l'exploration humaine et l'expérience sur le terrain demeurent très importantes. Pendant leur séjour, ils découvriront de nombreuses choses que les satellites ne peuvent pas percevoir. Je regrette que nous n'ayons pas collaboré sur ce projet, mais c'est peut-être l'occasion ou jamais. Rosemarie a appelé Louise pour lui signaler la disparition de Daniel. Louise est venue directement me trouver, ce qui était la meilleure chose à faire ! Nous devrions le repérer d'une minute à l'autre, conclut-il, assez satisfait de lui. Bon, maintenant, dis-moi où sont Georges et Annie. Vous jouez à cache-cache ?

Son sourire fit paniquer Emmett.

— Nous avons inventé une sorte de jeu, bégaya-t-il.

— Très bien ! s'exclama Éric. LOUISE, LES ENFANTS SONT EN TRAIN DE JOUER ! Explique-moi les règles. On peut se joindre à vous ? J'ai grand besoin de me changer les idées, en ce moment, vu que j'ai raté le lancement.

— Eh bien… c'est comme une chasse au trésor.

— Oui… fit Éric en l'encourageant à continuer.

— Un jeu ? intervint Louise. Comme c'est excitant !

— On… On vous donne des indices, et vous devez découvrir quelle sera la prochaine étape, ajouta Emmett qui, à cet instant précis, aurait aimé se propulser dans l'espace et ne pas avoir à finir son explication.

Éric gribouilla quelques mots dans le carnet de Louise.

— Une chasse au trésor ! Splendide ! s'exclama-t-elle après avoir lu. Mon petit Éric, tu n'as pas seulement un problème de mémoire : ton écriture est illisible ! Comment as-tu pu aller aussi loin dans la vie ?

— O.K. Je demande un indice. Où sont-ils allés ?

Éric souriait encore quand Cosmos, dissimulé sous sa couverture en aluminium, annonça à voix haute :

— Ping ! Envoi terminé ! Étape trois de la mission en cours.

Le sourire d'Éric se figea dès qu'il entendit la voix de Cosmos. Il se précipita vers la pile de papier froissé, la souleva et découvrit le super portable au-dessous.

— MAIS C'EST MON ORDINATEUR ! cria-t-il si fort que Louise l'entendit sans problème. Je complète ma question : où sont Georges et Annie… dans l'Univers ?

Chapitre 12

Éric paraissait si en colère que, pendant un moment affreux, Emmett eut peur qu'il n'explose, telle une supernova dont la luminosité embraserait toute une galaxie. La force de sa fureur flamboyait dans ses yeux.

— Si vous avez fait ce que je pense… hurla-t-il.

Emmett se contenta d'ouvrir et de fermer la bouche comme un poisson rouge. Mis à part des gargouillis, aucun son ne parvenait à sortir.

— Où sont Annie et Georges ? répéta Éric, au bord de la crise de nerfs.

— I… i… i… fut la seule lettre qu'Emmett fut capable de prononcer.

Le regard brillant de Louise se posait tour à tour sur Éric et sur Emmett, tandis qu'elle tentait de comprendre le fond du problème.

— Dis-moi, insista Éric. Je dois savoir.

Emmett bougea les lèvres, mais la voix lui manqua.

Il déglutit bruyamment, et les larmes lui brouillèrent la vue.

— O.K. Si tu refuses de me parler, je vais m'adresser à Cosmos.

Éric s'agenouilla devant son super-ordinateur et tapa sur les touches à toute vitesse.

— Comment avez-vous pu… marmonnait-il entre ses dents… comment avez-vous pu faire ça ?

Louise clopina jusqu'à Emmett et lui tendit son carnet et son crayon.

— Si c'est aussi difficile à dire, lui chuchota-t-elle, pourquoi tu ne l'écrirais pas ? Comme ça, je te servirai d'interprète auprès d'Éric !

L'air reconnaissant, Emmett s'empara du carnet. Il mâchouilla l'extrémité du crayon tout en réfléchissant.

— Et si je te posais des questions ? proposa gentiment Louise. Cela nous aiderait peut-être à avancer. Pourquoi Éric est-il si contrarié ?

Parce que nous avons utilisé son ordinateur spécial, Cosmos, écrivit Emmett avec soin.

— Qu'a-t-il de si spécial ?

Il envoie les gens dans l'Univers.

— Annie et Georges sont partis en voyage ?

La peur brillant dans ses gros yeux, Emmett hocha la tête. Louise se contenta de lui sourire et le poussa à écrire. Emmett obéit à contrecœur.

Ils étaient sur Titan avant de traverser le portail. Maintenant, ils sont dans le système solaire le plus proche de nous, Alpha du Centaure. Ils croient pouvoir trouver le prochain indice là-bas. Le premier indice leur est parvenu sur Terre, ils ont trouvé le deuxième sur Mars et le troisième sur Titan.

— Ah, je comprends ! La fameuse chasse au trésor !

De son côté, Éric s'acharnait sur Cosmos, qui refusait apparemment de coopérer.

— Eh ! M'embête pas ! Accès refusé ! s'énerva le super-ordinateur.

Emmett leur décocha un regard nerveux.

— Qui leur laisse des indices ? demanda Louise.

Nous l'ignorons. Mais chaque message se termine de la même façon : il menace de détruire la planète si nous ne les suivons pas.

— D'autres indices sur ces indices ?

Eh bien… griffonna Emmett. *J'ai découvert quelque chose. Je me trompe peut-être…* Il dessina une série de points.

— Continue, l'encouragea Louise, tandis qu'Éric poussait un grognement de frustration.

Elle posa une main sur l'épaule d'Emmett pour l'apaiser.

— Nous nous occuperons de lui dans une minute.

Le premier indice leur est parvenu sur Terre, où il y a déjà la vie. Le deuxième se trouvait sur Mars, où il y aurait eu une forme de vie dans le passé. Le troisième les attendait sur Titan, une lune de Saturne. Titan ressemblerait à la Terre peu avant l'apparition de la vie. Nous nous sommes donc dit que le quatrième indice les conduirait dans le système d'étoiles le plus proche de nous, en dehors du Système solaire, Alpha du Centaure. Ils doivent trouver une planète dans un système d'étoiles binaires. Voilà ce que l'indice disait.

— Tu penses qu'ils suivent la piste de la vie dans l'Univers afin d'empêcher l'anéantissement de la Terre, résuma Louise. Tu es un garçon très intelligent, Emmett. Éric !

Elle le tapota dans le dos avec sa canne.

— Laissez. Moi. Tranquille. Je. Suis. Occupé, répondit Éric pendant que Cosmos le sifflait copieusement.

— Pas de chance ! répondit Louise. J'ai quelque chose à te dire. Et quand tu auras mon âge, tu auras le droit de parler, que les autres le veuillent ou pas. Éric, tu as terrorisé ce pauvre garçon au point qu'il ne peut pas articuler un seul mot. Si tu voulais te montrer un peu plus gentil avec lui, il se calmerait et t'aiderait à résoudre ce problème.

Ce garçon, écrivit Éric dans le carnet de Louise, *a exposé Annie et Georges à un grave danger. J'ai le droit d'être furax !*

— Bon, d'accord, mais on perd un temps très précieux. Maintenant, tu vas m'écouter. Ah oui ! J'oubliais : arrête d'accuser Emmett.

Cette fois-ci, Éric explosa réellement.

— Il a réussi à réparer mon ordinateur je ne sais trop comment et sans me le dire ! fulmina-t-il. Ensuite, il a laissé Annie et Georges vagabonder dans l'Univers, après un message bizarre qu'Annie a cru recevoir sur un ordinateur qui ne fonctionnait pas.

Message envoyé par des extraterrestres qui n'existent pas ! Et maintenant, Cosmos marche de travers, et j'ignore si je pourrai les faire revenir !

Louise entendit avec clarté chacun de ses mots.

— Mais ça suffit ! Ce n'est pas la faute d'Emmett mais celle de ta fille et de mon petit-fils. Cette mésaventure porte leur empreinte ! Georges m'a confié qu'il venait en Floride parce que Annie avait une mission importante à lui proposer. Ce doit être ça. Ils sont partis car ils croyaient la Terre en danger. C'était de leur devoir d'agir. Ils ont reçu le premier indice sur Terre, et le message les a conduits sur Mars. D'après Emmett, l'autre indice qui les attendait là-bas les a expédiés sur Titan. Ils viennent d'en partir. Direction une planète autour...

Louise vérifia le nom exact sur son carnet.

— ... d'Alpha du Centaure, compléta-t-elle.

— Quoi ? s'écria Éric. Cette chasse au trésor n'est pas un jeu de leur invention pour passer le temps et me contrarier ? Ils ont choisi une destination, découvert un indice et poursuivi leurs recherches dans l'espace ?

Les yeux fermés, Emmett hocha la tête.

— Au nom d'Einstein, comment cela a-t-il pu se produire ? demanda Éric, incrédule.

— Euh... J'ai créé une application qui ouvre un portail éloigné quand j'ai mis Cosmos à jour, chuchota enfin Emmett. Je suis vraiment désolé.

Éric ôta ses lunettes et se frotta les yeux.

— Tu dis qu'ils sont allés sur Mars et qu'un autre indice les attendait ?

— Oui, marmonna Emmett. Il avait été dessiné sur le sol par les roues de Homer.

Éric remit ses lunettes et bondit sur ses pieds. Puis il prit le garçon par les épaules.

— Emmett ! Je suis désolé d'avoir crié ainsi. Vraiment. Mais je dois rejoindre Annie et Georges immédiatement. Peux-tu m'envoyer vers Alpha du Centaure ?

Les épaules avachies, Emmett répondit sur un ton nerveux :

— Je peux essayer… Mais Cosmos ne marche pas très bien, et j'ai peur qu'il utilise trop de mémoire, en ce

moment. J'ignore ce qui arrivera si j'envoie quelqu'un d'autre par le portail.

Mais Éric avait déjà déballé sa combinaison spatiale.

Emmett s'accroupit lourdement devant Cosmos. Louise scrutait l'écran par-dessus son épaule.

— Mes pauvres vieux genoux ne me permettront pas de descendre aussi bas, affirma-t-elle, déçue.

Aussitôt, Emmett se leva, s'empara de Cosmos et le posa en équilibre sur le satellite à moitié assemblé, afin que la grand-mère de Georges puisse voir l'écran. Il rassembla des morceaux de machine éparpillés et fabriqua une sorte de chaise pour Louise.

— Merci, Emmett, déclara celle-ci. C'est très gentil de ta part.

— De rien !

Quand il voulut lui couvrir les jambes avec le papier aluminium doré, elle le repoussa.

— Emmett, le gronda-t-elle gentiment, occupe-toi de l'ordinateur plutôt que de ma vieille carcasse.

Les doigts tremblotants, Emmett entra son mot de passe et attendit de voir si Cosmos réagissait aussi violemment avec lui qu'avec Éric.

— Accès autorisé, annonça Cosmos sur un ton poli.

Emmett lui demanda alors de localiser la dernière activité du portail afin qu'il en crée un autre à partir de la Terre et expédie Éric auprès d'Annie et de Georges.

Cette fois-ci, ce n'était pas l'attitude de Cosmos qui inquiétait Emmett, mais sa capacité à accomplir des tâches indispensables à la réussite de son entreprise.

— Planète... orbite... Alpha du Centaure... articula Cosmos. Recherche coordonnées dernière activité portail système stellaire Alpha du Centaure... recherche... planète en orbite... recherche informations... recherche dernier portail...

Un petit sablier apparut sur l'écran. Emmett appuya sur quelques touches sans obtenir de réponse. Seul le sablier clignotait pour rappeler à Emmett que Cosmos était occupé.

Je crois qu'il manque de mémoire, écrivit Emmett dans le carnet de Louise pendant qu'ils patientaient. *Il en utilise trop pour faire fonctionner ces portails dans de bonnes conditions à l'autre bout de l'Univers. Il est très important de ne pas trop lui poser de questions pour l'instant.*

— Quel genre de questions ? s'enquit Louise.

Nous devons savoir où Cosmos a envoyé Annie et Georges. Ils lui ont demandé de trouver une planète dans le système stellaire d'Alpha du Centaure.

— Et comment trouve-t-on une planète dans l'espace... ?

LE PETIT GUIDE DE L'UNIVERS

COMMENT TROUVER UNE PLANÈTE DANS L'ESPACE ?

Les planètes ne générant pas leur propre énergie, elles sont très ternes par rapport à leur étoile mère, qui tire son énergie de réactions de fusions nucléaires. Si l'on se sert d'un télescope puissant pour prendre en photo une planète, sa faible luminosité sera perdue dans l'éclat de l'étoile autour de laquelle elle gravite.

On peut néanmoins détecter les planètes par la force gravitationnelle qu'elles exercent sur leur étoile. Les planètes attirent en effet les pommes, les lunes et les satellites vers elles à cause de leur gravité. Elles attirent également leur étoile mère. Tel un chien en laisse qui tire d'un coup sec son maître, une planète peut tirer son étoile – la laisse étant la gravité.

Les astronomes sont capables d'observer une étoile proche (comme Alpha Centauri A ou B), pour vérifier si elle ne serait pas tractée par une planète passée inaperçue. Le mouvement consécutif d'une étoile, révélateur de la présence d'une planète, peut être détecté de deux manières.

Premièrement, les ondes lumineuses émanant de l'étoile sont soit comprimées soit étirées selon qu'elle s'approche ou qu'elle s'éloigne de la Terre (c'est l'effet Doppler).

Deuxièmement, deux télescopes réunis en un peuvent combiner les ondes lumineuses d'une étoile afin d'en détecter le mouvement.

Des planètes aussi petites que la Terre ou aussi grosses que Jupiter peuvent être détectées à l'aide de ces techniques. Peut-être qu'un jour ce sera votre tour de découvrir une planète que personne n'aura remarquée auparavant !

Geoff

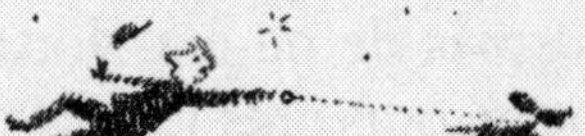

Chapitre 13

— Ouh ! Oh ! s'exclama Annie, qui se cacha les yeux derrière son bras quand ils émergèrent du portail entre Titan et la planète que Cosmos leur avait trouvée en orbite autour de l'étoile Alpha Centauri B.

Heureusement pour elle, le verre spécial de sa visière spatiale se teinta, ct sa vision redevint normale.

— Waouh, quelle lumière ! s'écria Georges en arrivant derrière elle.

Dire que, cette fois-ci, ils pensaient avoir mieux préparé leur atterrissage ! Sur Mars et Titan, ils n'avaient pas sorti leur corde d'urgence ni les pitons métalliques dont disposait leur combinaison spatiale. Là, ils étaient prêts à s'attacher à la surface de leur nouvelle planète. Mais, à leur arrivée, ils furent très surpris de ne pas flotter. Au contraire, ils se sentaient beaucoup plus lourds que sur Terre. Ils parvenaient à marcher, cependant cela représentait un énorme effort de soulever une jambe après l'autre pour avancer.

– J'ai l'impression de peser trois tonnes ! déclara Annie, qui fit tomber sa corde et ses pitons.

On aurait dit que quelqu'un la poussait vers le sol blanc.

– Davantage de pesanteur, expliqua Georges. Nous devons être sur une planète qui ressemble à la Terre, mais dont la masse est plus grande. Voilà pourquoi nous nous sentons oppressés par cette gravité. Si elle était plus forte, nous serions écrabouillés à l'heure qu'il est.

– Je m'assois, soupira Annie. Je suis épuisée !

– Non, non ! Tu risques de ne jamais te relever. Ne t'assois pas, Annie, ou nous ne repartirons jamais d'ici.

Dans un grognement, Annie s'appuya contre lui. Georges chancela afin de rester debout et de s'accrocher à elle en même temps.

– Annie, nous devons trouver le prochain indice et partir. La gravité est trop forte. Nous n'avons pas été conçus pour survivre à de telles conditions. Si nous étions des fourmis, cela ne poserait pas de problèmes, mais nous sommes trop grands pour des endroits comme celui-ci. Et il y a trop de lumière. Je commence à avoir mal aux yeux.

Alors qu'il faisait plus sombre sur Mars et sur Titan que sur Terre, cette nouvelle planète les aveuglait. Bien que leurs visières soient censées leur protéger les yeux comme des lunettes de soleil superpuissantes, ils avaient du mal à voir.

– Ne regarde pas directement le soleil, lui recommanda Georges. Il est encore plus brillant que le nôtre.

De toute manière, il n'y avait pas grand-chose à contempler. Autour d'eux, sur des kilomètres, s'étendaient des roches nues qui cuisaient sous la lumière éclatante de cette planète lourde et brûlante. Inquiet, Georges examina les alentours, chercha un signe qui les conduirait au quatrième indice.

— C'est… quoi… là-bas… ? bredouilla Annie.

Avachie contre lui, elle agita lentement le bras. Georges la secoua.

— Annie ! Réveille-toi ! Réveille-toi !

La lumière et la pesanteur de cette étrange planète

semblaient la droguer. Il tenta d'appeler Cosmos puis Emmett. Au premier essai, cela sonnait occupé. Au deuxième, un message enregistré lui dit : « Nous accordons beaucoup d'importance à votre appel. Tapez dièse pour être mis en relation avec... » Puis il fut coupé.

Annie s'effondra sur lui. Elle était si lourde sur cette planète qu'il avait l'impression de porter un éléphanteau. Elle posa la tête sur son épaule. Alors qu'il la tenait dans ses bras, Georges commença à avoir vraiment peur. Dans les années à venir, pensa-t-il, quand les premiers voyageurs interstellaires atterriraient sur

cette planète sans nom, en orbite autour d'une des étoiles les plus proches de la Terre, ils découvriraient peut-être les restes roussis de deux enfants humains, les organes calcinés et bouillis sur le sol desséché. Hébété, Georges les imagina en train de bondir de leur vaisseau spatial. Au moment de baptiser leur trouvaille, ils s'apercevraient que deux enfants avaient déjà effectué le voyage de quatre années-lumière vers cet enfer, avant de périr sous ce soleil incandescent.

Alors qu'il abandonnait tout espoir et chancelait, la lumière dans le ciel s'assombrit quelque peu. D'un blanc brillant, elle vira au jaune.

— Regarde, Annie ! s'écria-t-il tout en la secouant dans ses bras. Le soleil se couche ! Tu vas te sentir mieux dans quelques minutes. Tiens le coup, je t'en prie ! Il traverse le ciel assez vite – enfin, plus vite que notre Soleil sur Terre. Dès qu'il aura disparu, nous aurons moins chaud et nous pourrons chercher l'indice.

— Hein ? marmonna Annie.

Elle leva la tête et scruta l'horizon.

— Il ne se couche pas ! Il se lève… Ce soleil est vraiment joli… Beau soleil luisant dans les cieux…

— Annie, il ne se lève pas ! répliqua Georges, croyant qu'elle hallucinait. Concentre-toi ! Le soleil se couche !

Autour d'eux, la lumière déclinait doucement.

— Ne sois pas idiot, grommela Annie un peu plus fort.

Georges ressentit un certain soulagement : son énervement signifiait qu'elle allait mieux.

— Je sais faire la différence entre l'aube et le crépuscule ! Et là, je te dis que c'est l'aube.

Ils s'écartèrent un peu et regardèrent par-dessus l'épaule de l'autre.

— L'aube ! décréta Annie, le pouce en l'air.

— Le crépuscule, affirma Georges, le pouce en bas.

— Retourne-toi, lui ordonna Annie.

Georges pivota très lentement – il était impossible de se mouvoir plus vite sur cette planète à forte gravité.

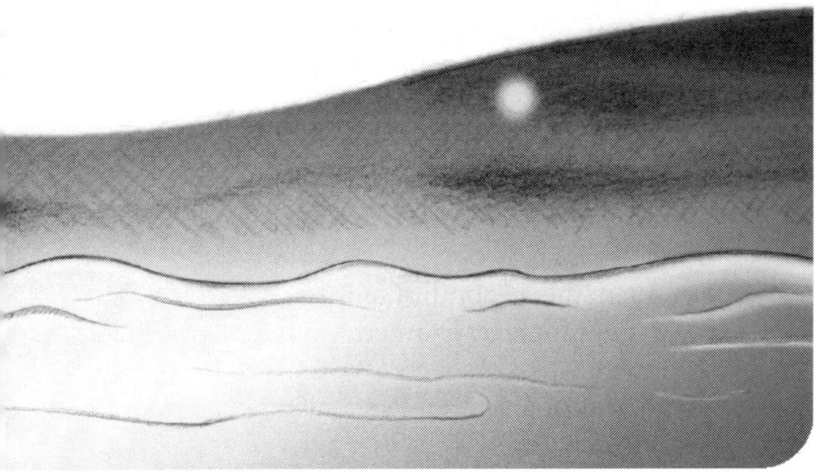

Derrière lui, un petit soleil brillant s'élevait dans le ciel, au-dessus des terres rocheuses. Il ne projetait pas une lumière aveuglante comme celui qui se couchait à l'autre extrémité, mais les baignait d'une douce clarté, si bien que la nuit noire enveloppait rarement la planète nue.

— Évidemment ! Nous sommes dans un système stellaire binaire ! Souviens-toi de l'indice : cette planète possède deux soleils ! s'enthousiasma Georges. Je suis sûr d'avoir lu un article concernant ce système sur Internet. Un des soleils est plus gros que l'autre. Celui qui se couche doit être Alpha B, l'étoile autour de laquelle cette planète gravite. Il a l'air plus gros parce que nous sommes plus près de lui. Et l'autre doit être Alpha A, la deuxième étoile du système du Centaure. En vérité, c'est elle, la plus grosse.

Grâce à la lumière plus tamisée, Georges et Annie purent un peu mieux examiner le paysage. Non loin, ils aperçurent un immense trou dans le sol.

— Allons jeter un coup d'œil, décréta Annie.

— Pourquoi ?

— Parce qu'il n'y a rien d'autre à regarder ! s'emporta Annie. Et un autre indice nous attend peut-être au fond ! Sur Mars et sur Titan, Cosmos nous a envoyés vraiment près de chaque nouvel indice. À moins que monsieur n'ait une meilleure idée ?

Elle semblait avoir retrouvé son caractère de cochon.

— Non, madame, répondit Georges.

Il essaya de rappeler Emmett, mais cela sonnait encore occupé.

— Viens ! ordonna Annie. Par contre, je ne marche pas.

Elle tomba à quatre pattes et se mit à ramper en direction du cratère.

Georges préférait marcher, mais sa progression lente et pénible lui faisait penser au bûcheron en fer-blanc dans *Le Magicien d'Oz*, qui devait jeter une jambe en avant puis l'autre pour avancer. À son tour, il s'agenouilla et suivit Annie, qui était parvenue au bord du précipice et scrutait le cratère vide, issu d'une collision avec une comète ou un astéroïde.

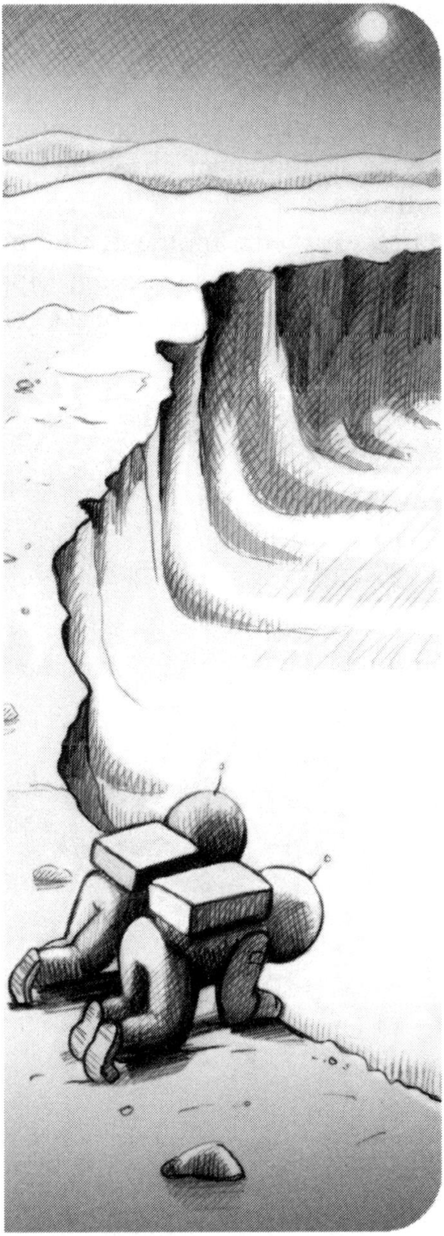

— Il n'y a rien, déclara-t-elle, déçue.

Georges se contorsionna à côté d'elle.

— Où trouverons-nous le prochain ind... ? commença-t-il.

Il se tut car, à cet instant précis, tout au fond de l'immense cratère, ils aperçurent une chose à laquelle ils ne s'attendaient absolument pas. D'abord floue, la silhouette se solidifia de seconde en seconde : un portail ! Au même moment, une botte spatiale puis une autre franchirent le seuil, et l'appareil de transmission intégré au casque de Georges grésilla.

— Georges ! Ici ta grand-mère ! Tu m'entends ?

Chapitre 14

Au fond du cratère, Éric sortit d'un pas leste du portail et tomba à plat ventre. Il avait préparé une remontée de bretelles historique en attendant que Cosmos ouvre la porte. Mais, une fois qu'il eut atteint la planète lointaine, « Nrrggghh » fut tout ce qui sortit de sa bouche.

— Papa ! s'écria Annie en haut du cratère.

Elle éclata en sanglots sous son masque spatial. Tant pis s'il se mettait en colère contre elle ! Elle était si contente de le voir ! Elle glissa en bas de la pente et le rejoignit en se tortillant sur le ventre. Tandis qu'Éric se retournait sur le dos, Annie s'écrasa sur lui et le serra très fort dans ses bras.

— Papa ! sanglota-t-elle. C'est trop bizarre ici ! Je n'aime pas cette planète !

Éric poussa un gros soupir, qu'Emmett et Louise entendirent des millions de kilomètres plus loin, sur Terre. Il décida de reporter à une autre fois son discours sur les enfants qui voyagent sans permission dans l'espace.

La grand-mère de Georges ne se priva pas, elle, de dire le fond de sa pensée.

— Georges ! aboya-t-elle. Je n'arrive pas à croire que tu m'aies embarquée dans une histoire aussi dangereuse sans m'en parler avant ! Je suis folle de rage ! Tu aurais dû m'informer des vraies raisons qui te poussaient à venir en Amérique…

Son sermon n'en finissait pas. Georges rêvait de baisser le son à la manière d'Emmett qui avait coupé le sifflet à Cosmos. En bas dans le cratère, Éric lui fit signe de descendre.

— Désolé, mamie. Je dois y aller. On en reparlera plus tard, O.K. ?

Et, après une longue glissade sur le flanc du cratère, il rejoignit Éric et Annie. Ils scellèrent leurs retrouvailles par de grandes embrassades en combinaison spatiale sur une planète sans nom, en orbite autour d'Alpha B, dans le système stellaire d'Alpha du Centaure.

— Je suis obligé de fermer le portail quelques minutes, annonça Emmett. Je ne peux pas le maintenir ouvert et effectuer d'autres opérations sur Cosmos. Donc, ne paniquez pas quand la porte se volatilisera. Je reviens tout de suite vers vous.

Le portail devint translucide puis s'estompa. Georges, Annie et Éric s'allongèrent contre la paroi incurvée du cratère et contemplèrent Alpha A, qui se déplaçait dans le ciel bleu foncé et dégagé.

— Bien. Georges… Annie… commença Éric, qui se trouvait au centre. Nous voilà de nouveau dans l'espace, tous les trois. Et une fois de plus, nous sommes perdus.

Le portail avait totalement disparu.

— On peut rentrer à la maison ? demanda Annie en reniflant. J'en ai assez de cette histoire.

— Bientôt, très bientôt, la rassura Éric. Dès qu'Emmett parviendra à activer le portail du retour.

— Quoi ? s'exclama Georges, qui tenta de se redresser mais n'eut pas la force de lutter contre la pesanteur. Nous ne pouvons pas retourner sur Terre tout de suite ?

— J'ai bien peur que non, répondit Éric. Cosmos rencontre quelques problèmes, mais Emmett va les résoudre. Je ne lui aurais pas confié une telle responsabilité s'il n'était pas la personne la mieux qualifiée pour cela. Il a déjà effectué des réparations dont je n'aurais jamais été capable.

— Attends, papa ! Tu nous as rejoints sans savoir si nous pourrions rentrer un jour ? On est coincés ici à jamais ? paniqua Annie.

— Voyons, je ne pouvais pas vous abandonner sur cette planète !

— Oh ! Papa ! s'écria Annie. Je suis tellement désolée ! À cause de moi, nous allons finir en chips grillées dans cet horrible endroit.

— Annie, ressaisis-toi ! Ce n'est pas ta faute, et tout va bien se passer. Nous serons partis bien avant d'être transformés en chips ! affirma Éric. Par contre, il faut qu'on s'en aille avant le lever d'Alpha B. Nos combinaisons spatiales ne supporteront pas longtemps la chaleur de cette planète, parce qu'elle est trop proche de son étoile. Voilà pourquoi il n'y a ni eau ni vie, ici. Rendons-nous autre part. Dans un endroit plus agréable.

— Cosmos peut nous expédier plus loin ? s'enquit Georges, plein d'espoir.

Il n'était pas question qu'il revoie de sa vie la lumière aveuglante d'Alpha B.

— Oui, répliqua Éric, l'air confiant. Parfois, nous devons partir loin, très loin, pour mieux revenir. Ne vous inquiétez pas si vous avez l'impression que nous nous dirigeons dans la mauvaise direction. Dites-vous que c'est normal !

— Dans combien de temps Alpha B doit-il se lever ? demanda Georges.

— Je ne sais pas trop… En tout cas, nous devons avoir quitté les lieux avant l'aube.

— Où allons-nous ? interrogea Annie.

— Sur une autre planète, lui répondit son père. Cosmos cherche laquelle conviendrait le mieux. Emmett m'a raconté que vous suiviez les indices à travers l'Univers, que vous vous étiez lancés dans une sorte de chasse au trésor cosmique.

— Euh… Oui… avoua Georges. On continue notre périple parce que chaque fois nous trouvons un autre indice qui nous emmène plus loin.

— Si je comprends bien, celui que vous avez trouvé sur Titan vous incitait à vous rendre dans un système stellaire binaire, où une planète graviterait autour d'une étoile.

— Cela nous paraissait le plus intelligent, marmonna Annie.

— Oh ! Je ne vous traitais pas d'idiots ! Au contraire. Emmett croit que les indices vous poussent à chercher des signes de vie dans l'Univers. S'il a raison, nous devons trouver une planète dans ce qu'on appelle la zone habitable galactique de son étoile. Une planète qui ne serait ni trop chaude ni trop froide.

— Je comprends ! s'exclama Georges. Celle-ci est trop chaude, donc ce n'est pas la bonne planète.

— Une autre preuve me dit que vous vous êtes trompés d'endroit... Combien d'étoiles montrait l'indice ? demanda Éric.

— Deux, répondit Georges.

— Ici, il y en a trois. Vous voyez cette étoile moins lumineuse, là-bas ? Il s'agit de Proxima Centauri. Elle se nomme ainsi parce que c'est l'étoile la plus proche de la Terre. Nous sommes donc dans un système triple !

— Oh non ! Mauvaise planète, mauvais système stellaire, gémit Georges. Qu'est-ce qu'on fait, maintenant ?

— Papa ? l'interrompit Annie. Cela veut dire que tu nous crois ?

— Oui, mon cœur, admit Éric. Et je suis vraiment désolé. Je suis persuadé que ces indices et ces messages ont été laissés à mon intention, pas à la vôtre. Si je pouvais vous renvoyer sur Terre en un claquement de doigts, je n'hésiterais pas une seconde. Mais ce serait une erreur. Nous devons poursuivre cette chasse au trésor cosmique ensemble ! Vous êtes partants ?

Annie s'approcha de lui.

— Oui, affirma-t-elle.

ALPHA DU CENTAURE

À « seulement » 4 années-lumière de la Terre, Alpha du Centaure est le système stellaire le plus proche de notre Soleil. La nuit, il ressemble à une étoile parmi d'autres, mais en fait c'est un système triple. Il comporte deux étoiles semblables à notre Soleil, Alpha Centauri A et Alpha Centauri B. La distance qui les sépare équivaut à 23 fois celle qui sépare la Terre et le Soleil. Elles gravitent autour d'un centre commun en 80 ans. Il existe une troisième étoile, plus pâle, Proxima Centauri, qui gravite autour des deux autres mais à une très lointaine distance. Comme son nom l'indique, Proxima est la plus proche de nous.

Alpha Centauri A est une étoile jaune assez semblable à notre Soleil mais plus lumineuse et un peu plus massive.

Alpha Centauri B est une étoile orange, un peu plus froide que notre Soleil et un peu moins massive. On pense qu'Alpha du Centaure s'est formé il y a environ 1 000 millions d'années avant notre Système solaire. Alpha Centauri A et Alpha Centauri B sont des étoiles stables, comme notre Soleil, et, comme lui, elles étaient peut-être entourées de disques de poussière protoplanétaires à leur naissance.

En 2008, des scientifiques ont suggéré que des planètes se seraient formées autour d'une étoile, voire des deux. Depuis un télescope situé au Chili, ils suivent de très près Alpha du Centaure pour voir si de petits vacillements dans la lumière des étoiles peuvent démontrer l'existence de planètes en orbite autour du système stellaire le plus proche de nous. Les astronomes scrutent Alpha Centauri B au cas où cette étoile calme et lumineuse révélerait la présence de mondes semblables à la Terre en orbite autour d'elle.

Alpha du Centaure est visible depuis l'hémisphère Sud de la Terre, dans la constellation du Centaure. Son nom exact ? Rigel Kentaurus, qui signifie « le pied du Centaure ». Alpha du Centaure est sa désignation de Bayer (un système d'appellation des étoiles introduit par l'astronome Johann Bayer en 1603).

Alpha Centauri A et Alpha Centauri B sont des étoiles binaires. Si on vivait sur une planète en orbite autour de l'une d'elles, on verrait à certains moments deux soleils dans le ciel !

— Oui ! s'exclama Georges. Continuons et découvrons qui nous envoie ces messages !

— J'appelle le portail, décréta Éric.

De l'autre côté du cratère, l'aube se dessinait dans le ciel, tandis qu'Alpha B flottait au-dessous de l'horizon.

— Emmett ! Une chance qu'on revienne sur Terre ?

— Pas encore, répondit celui-ci. Mais j'ai plutôt de bonnes nouvelles…

— Tu nous as trouvé la planète idéale, de la taille de la Terre, dans la zone habitable galactique ?

— Affirmatif, répondit Emmett d'une voix assez faible. Enfin… nous avons trouvé quelque chose qui correspondrait. C'est une lune…

— Cosmos s'en sort ? demanda Éric.

— Mon petit, intervint Louise, n'oublie pas que j'ai promis aux parents de Georges qu'il ne lui arriverait rien pendant ces vacances. Je vais avoir beaucoup de mal à expliquer à Rosemarie et à Daniel que leur fils…

— Cosmos fonctionne, l'interrompit Emmett, nerveux. J'ai presque fini de mettre à jour le portail de retour. Je vous ramènerai dès que j'aurai terminé. Pouvez-vous attendre ?

Des rayons lumineux éblouissants survolaient le cratère et chassaient les ombres ténébreuses.

— Non, nous ne pouvons pas rester ici plus longtemps. Envoie-nous plus loin, Emmett. Et ne vous inquiétez pas, Louise. Nous serons vite de retour.

LA ZONE HABITABLE GALACTIQUE

Notre galaxie, la Voie lactée, contient au moins 100 milliards de planètes rocheuses. Notre Système solaire en compte quatre – Mercure, Vénus, la Terre et Mars – mais seule la Terre accueille la vie.

Qu'est-ce qui rend la Terre si spéciale ?

La réponse est l'eau, surtout sous sa forme liquide. L'eau est LE mixeur à produits chimiques. Sa spécialité est de les briser, les éparpiller et les rassembler à nouveau sous forme de nouvelles briques biologiques : protéines, ADN, etc. Sans eau, la vie semble improbable.

Le maintien de la vie dépend de la température de la planète, qui doit se situer entre 0 °C et 100 °C afin de conserver l'eau sous sa forme liquide.

Une planète qui gravite trop près de son étoile reçoit tellement d'énergie solaire qu'elle atteint des tempé-

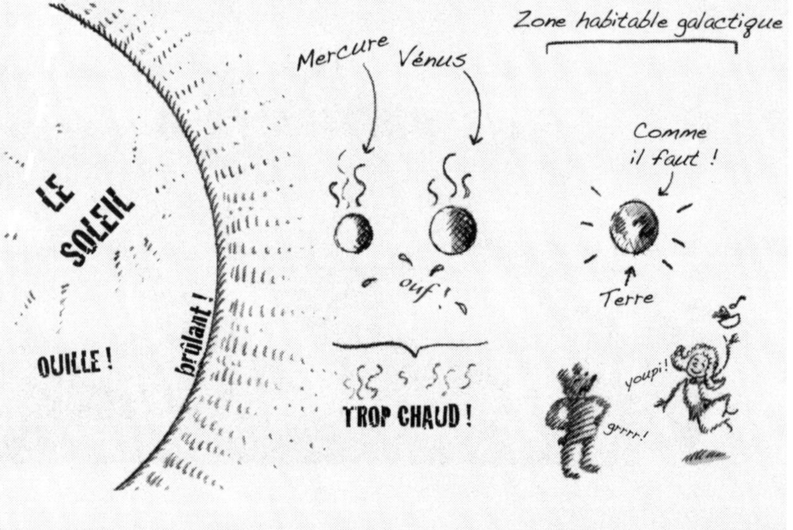

ratures caniculaires. Toute eau se transforme alors en vapeur.

Les planètes trop éloignées de leur soleil reçoivent, elles, très peu d'énergie lumineuse et sont par conséquent trop froides pour que la glace fonde. Les pôles Nord et Sud de Mars, par exemple, sont piégés dans la glace.

À une certaine distance de toute étoile, une planète reçoit autant de lumière qu'elle émet de chaleur. Cet équilibre énergétique sert de thermostat. Il préserve une certaine tiédeur qui permet aux eaux des lacs et des océans de demeurer liquides. Dans cette « zone habitable galactique » autour d'une étoile, n'importe quelle planète peut rester chaude et baignée d'eau pendant des millions d'années, offrant ainsi les conditions de l'épanouissement de la chimie de la vie.

Geoff

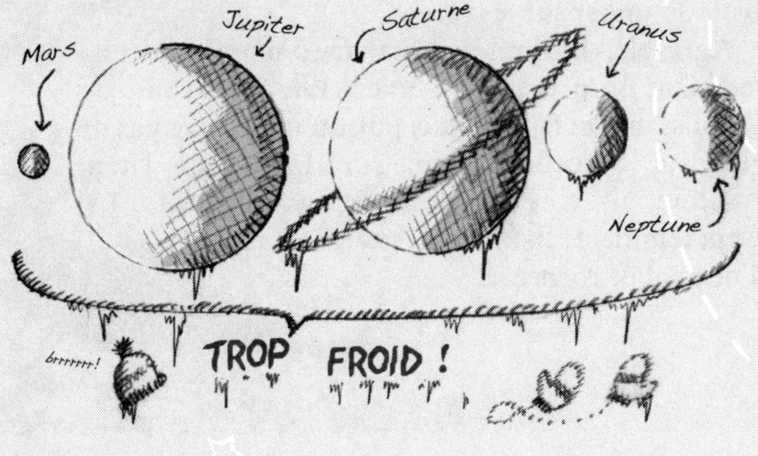

Chapitre 15

Quand Georges, Annie et Éric traversèrent le portail, l'éblouissante étoile Alpha B se levait au-dessus de la lourde et chaude planète. Écrasés par la gravité, ils passèrent les pieds en avant. Éric se redressa au dernier moment pour entraîner les enfants à sa suite.

De l'autre côté du portail, ils furent soulagés de découvrir qu'ils pouvaient se mettre debout sur ce nouvel endroit rocailleux. Ils ne flottaient pas et n'étaient pas écrasés. Ils se sentaient juste normaux, capables de se mouvoir aisément, sans cordes, sans avoir à ramper sur le sol.

Agréable, la lumière émanait d'une étoile ressemblant un peu à notre Soleil. Elle n'était ni trop éblouissante ni trop froide, puisqu'il n'y avait pas de glace sur les roches, comme sur Mars ou sur Titan. Au loin, ils entendirent un gargouillement. Apparemment, ils avaient atterri au fond d'une vallée rocheuse.

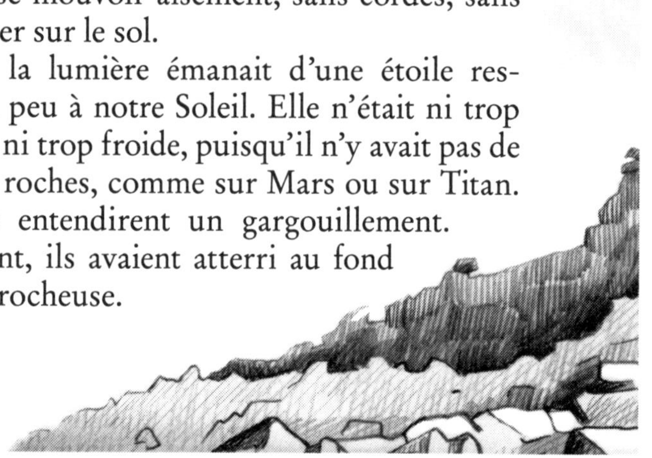

— Quel est ce bruit ? demanda Annie. Et où sommes-nous ? Sur Terre ?

— On dirait de l'eau, suggéra Georges. Par contre, je n'en vois nulle part.

— Nous sommes dans le système stellaire 55 Cancri, leur apprit Éric. C'est un système binaire. L'étoile qui brille dans le ciel est une naine jaune, comme notre Soleil. Plus loin, il existe une naine rouge.

Emmett s'adressa à eux depuis la Terre :

— Vous vous trouvez sur une lune de la cinquième planète autour de 55 Cancri A, dans la zone galactique habitable de son étoile. La planète est une géante gazeuse qui mesure environ la moitié de Saturne. Je me suis dit que vous n'aimeriez pas vous poser là-bas.

— Bon travail, Emmett, le complimenta Éric. Je n'avais pas spécialement envie de traverser des couches de gaz. Pas aujourd'hui, en tout cas. Bien choisi.

55 CANCRI

- 55 Cancri est un système stellaire situé à 41 années-lumière de nous dans la direction de la constellation du Cancer. C'est un système binaire : 55 Cancri A est une étoile jaune ; 55 Cancri B est une étoile naine rouge, plus petite. Ces deux étoiles sont en orbite l'une autour de l'autre à 1 000 fois la distance entre la Terre et le Soleil.

- Le 6 novembre 2007, des astronomes ont découvert une cinquième planète en orbite autour de 55 Cancri A – un record ! C'est la seule étoile, à part notre Soleil, qui en possède autant !

- La première planète en orbite autour de 55 Cancri A a été découverte en 1996. Nommée Cancri B, elle mesure la taille de Jupiter et gravite près de l'étoile. En 2002, c'était au tour de deux autres planètes (Cancri C et Cancri D), puis il y a eu Cancri E en 2004. De la même taille que Neptune, elle met 3 petits jours pour graviter autour de Cancri A. La température à la surface de cette planète avoisine les 1 500 °C : un peu chaud, non ?

- La cinquième planète, Cancri F, possède une masse équivalente à la moitié de celle de Saturne et se trouve dans la zone habitable de son étoile. Cette planète est une boule de gaz géante, composée d'hélium et d'hydrogène, comme Saturne dans notre Système solaire. Il se peut qu'il y ait d'autres lunes en orbite autour de Cancri F ou des planètes rocheuses à l'intérieur de la zone habitable galactique de Cancri dont la surface accueille de l'eau liquide.

- Cancri F gravite autour de son étoile à une distance de 0,781 UA, ou unités astronomiques. L'unité astronomique est la mesure de la distance utilisée par les astronomes pour parler d'orbites et de distances depuis les étoiles. Une UA = 150 millions de kilomètres, ce qui est la distance moyenne entre la Terre et le Soleil. Étant donné qu'il y a de la vie sur Terre et de l'eau liquide à la surface de notre planète, nous pouvons affirmer que 1 UA ou 150 millions de kilomètres de notre Soleil se trouve à l'intérieur de la zone habitable de notre Système solaire. Ainsi, pour des étoiles de la masse, de l'âge et de la luminosité de notre Soleil, on peut supposer qu'une planète en orbite autour de son étoile à environ 1 UA se situe dans la zone habitable galactique. Cancri A est une étoile plus vieille et plus terne que notre Soleil. Les astronomes ont calculé que sa zone habitable se trouve entre 0,5 UA et 2 UA de distance, ce qui place Cancri F en bonne position !

Il est très difficile de repérer des planètes multiples autour d'une étoile parce que chaque planète produit ses propres oscillations stellaires. Pour découvrir plus d'une planète, les astronomes doivent repérer des oscillations à l'intérieur des oscillations ! Les astronomes de Californie ont surveillé 55 Cancri pendant plus de 20 ans avant d'effectuer ces découvertes !

Vue d'artiste comparant la taille du système 55 Cancri (à gauche) avec celle d'un petit système stellaire nain et brun dans la constellation du Caméléon (en haut à droite).

Ravis de pouvoir de nouveau bouger sans difficulté, les enfants étirèrent bras et jambes.

— On peut enlever notre casque ? demanda Annie.

— Absolument pas ! s'écria Éric. Nous n'avons aucune idée de la composition de l'atmosphère. Laisse-moi vérifier ta jauge d'oxygène.

Il examina son réservoir d'air, qui s'approchait de la zone rouge de manière inquiétante. Puis il se tourna vers celui de Georges, qui demeurait dans la zone verte. Sans leur dire un mot, il interpella Emmett :

— Tu sais dans combien de temps nous pourrons retourner sur Terre ?

— J'ai faim, gémit Annie. Tu crois qu'il y a quelque chose à manger ici ?

— À mon avis, personne n'a encore ouvert de restaurant à l'autre bout de l'Univers, plaisanta Georges.

— Nous ne sommes pas encore au bout de l'Univers, rectifia Éric, qui attendait la réponse d'Emmett. Loin de là. En vérité, la Terre est assez proche, à juste quarante et une années-lumière d'ici ! Nous n'avons même pas quitté notre galaxie. En termes d'Univers, cela équivaut au voyage qu'a fait Georges pour nous rejoindre aux États-Unis. Un voyage un peu long, mais pas épique du tout.

— Et l'indice ? lui rappela Georges. Nous devrions peut-être nous mettre à la recherche d'un nouvel indice ? C'est vrai, ne sommes-nous pas censés sauver la planète Terre d'un extraterrestre hostile ?

— Hum... marmonna Éric, que le silence d'Emmett angoissait. Si tu veux mon avis, celui qui nous a envoyé ces messages a voulu nous effrayer. Je ne vois pas ce qui pourrait actuellement détruire une planète entière. Il faudrait une énergie supérieure à ce que nous avons généré depuis la nuit des temps pour faire exploser la Terre. Ce n'était qu'une menace destinée à s'assurer que nous n'ignorions pas les messages.

— Mais s'ils provenaient d'extraterrestres hyper puissants ? intervint Annie. Qui sait si une super espèce ne vit pas dans le cosmos ? Ces messages n'ont pas pu être envoyés par des bactéries !

— C'est ce que nous essayons de découvrir ! Annie...

Le ton d'Éric avait changé.

— Si tu t'asseyais pour te reposer ? Ne parle pas pendant quelques minutes, histoire de récupérer un peu de forces.

— Mais je ne veux pas me taire ! J'aime parler ! C'est ce que je préfère... Avec le football. Je suis douée au foot. Et en astronomie, je suis calée, pas vrai, papa ?

— Je sais, chuchota Éric. Mais ta jauge d'oxygène est un peu basse. Alors je veux que tu te tiennes tranquille, jusqu'à ce qu'Emmett nous donne le feu vert pour rentrer.

Pendant ce temps, Georges examinait les alentours, scrutait les ravins et les montagnes de cette planète rocailleuse afin de découvrir d'où provenait le bruit qu'ils avaient entendu. Soudain, à l'autre extrémité de la vallée, quelque chose remua.

— Là-bas, indiqua-t-il à Éric dans un souffle, pendant qu'Annie s'asseyait.

— Ça bouge, marmonna Éric. Qu'est-ce que c'est ?

Comme la chose avançait dans l'ombre, ils distinguaient à peine ses contours. On aurait dit une tache noire qui glissait lentement vers eux.

— Georges... Appelle Emmett tout de suite ! le pressa Éric. Dis-lui que nous avons un extraterrestre dans notre champ de vision. Qu'il ouvre le portail et vous rapatrie, Annie et toi, immédiatement !

— Emmett... Emmett... répéta Georges. Nous avons besoin de toi...

La silhouette se dessinait sur le côté sombre du ravin, ombrée par les rayons de Cancri A, l'étoile naine jaune.

Au bout de quelques secondes, Georges et Éric remarquèrent deux petits points rouge vif qui brillaient en son centre, telle une paire d'yeux très en colère.

— Annie, lève-toi et mets-toi derrière moi ! ordonna Éric. Nous avons un extraterrestre en approche.

Annie ne se le fit pas dire deux fois ! Tandis que la silhouette progressait, les deux lumières rouges étincelaient d'une fureur démoniaque. La créature ressemblait à un être humain vêtu de noir, aux yeux écarlates en incandescence dans son ventre.

— Reculez ! cria Éric. Qui que vous soyez, n'avancez pas davantage !

La chose continua néanmoins à se rapprocher. Elle sortit de l'ombre et apparut dans la lumière.

— Tiens donc, Éric, gronda une voix rauque dans leurs trois transmetteurs. Comme on se retrouve !

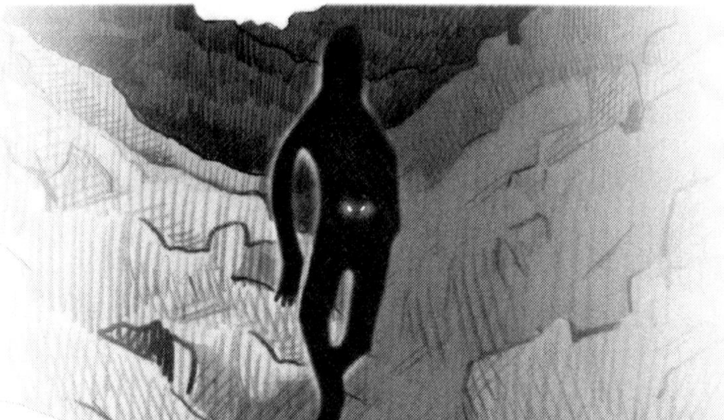

Chapitre 16

— Non ! Pas T-Rex ! hurlèrent en chœur Annie et Georges.

Devant eux, vêtu d'une combinaison spatiale noire et d'un casque avec une visière de la même couleur, les narguait l'adversaire redoutable d'Éric, le professeur Tiburce Rex, l'ami et collègue d'autrefois qui était devenu son pire ennemi.

Un an plus tôt, le professeur Rex avait endossé l'identité d'un enseignant dans le collège de Georges, puis Éric lui avait donné l'occasion de recommencer sa vie ailleurs. Alors que cet homme avait essayé de le jeter au fond d'un trou noir et de lui voler son fascinant ordinateur, Éric était convaincu qu'il ne fallait pas punir Rex.

Il semblait à présent qu'Éric avait commis une terrible erreur. Dans cette combinaison noire sur une lune lointaine, Rex paraissait mille fois plus dangereux que lors de leur dernière rencontre.

Rex n'était pas seul. Dans ses mains, il tenait une sorte de petit animal aux yeux rouge vif et luisants. Ses pattes grattaient les gants spatiaux brillants de Rex.

— Oh ! Regardez ! s'exclama Annie. Il a trouvé une jolie petite peluche, sur cette planète !

La fillette fit un pas en avant, mais Éric posa le bras sur son épaule pour l'empêcher de s'approcher. Tandis que la créature sifflait et montrait les crocs, Rex lui caressa la tête d'une main.

— Là, là, la rassura-t-il. Ne t'inquiète pas, Pooky. Nous nous débarrasserons d'eux bien assez vite.

— Jamais tu ne nous détruiras, Rex, le défia Éric.

Derrière lui, Georges tentait désespérément de joindre Emmett.

— Georges ! se rappela Rex avec nonchalance. C'est toi qui as ruiné mes plans, la dernière fois ! Comme c'est gentil à toi, Éric, de l'avoir conduit ici. Quelle bonne idée !

L'animal exprima son approbation par un feulement.

— Et voici ta fille. Charmante, à ce que je vois.

— Rex, tu peux te venger sur moi autant que tu le voudras, dit Éric. Mais ne touche pas aux enfants. Laisse-les partir.

— Les laisser partir ? répéta Rex, comme s'il envisageait cette possibilité. Qu'en penses-tu, Pooky ?

Il gratta la tête de l'animal.

— Devrions-nous laisser partir les enfants ?

Pooky siffla longuement.

— Le problème, continua Rex, c'est qu'ils n'ont nulle part où aller. Et aucun moyen de s'y rendre. Je sais que vous tentez d'appeler votre cher ami Cosmos, et c'est très touchant de voir à quel point vous lui faites confiance. Si vous voulez un conseil, économisez votre oxygène parce que Pooky, ici présent, envoie un signal de blocage très fort.

— Pardon ? s'écria Éric. C'est quoi, Pooky ?

— Mon cher petit Pooky, expliqua Rex, est mon meilleur ami. Cette mignonne bestiole est aussi deux fois plus puissante que Cosmos, et beaucoup plus petite. Un nano-Cosmos, en quelque sorte. Je l'ai déguisé en hamster. Qui chercherait un super-ordinateur dans la cage d'un hamster ?

— Tu es parvenu à construire une nouvelle version de Cosmos ?

— À quoi croyais-tu que je jouais pendant tout ce temps ? Tu pensais que je pourrais tirer un trait sur le passé ? Te pardonner ?

Il prononça ce dernier mot sur un ton plutôt inquiétant.

— Le pardon est une invention des gens heureux, Éric. Des gens comme toi, qui ont toujours tout ce qu'ils veulent. C'est facile pour toi de pardonner, avec ta superbe carrière, ta merveilleuse famille, ta jolie maison et ton super-ordinateur si dévoué. La vie t'a gâté, Éric. Mais, aujourd'hui, la roue tourne.

— Rex, pourquoi nous as-tu conduits jusqu'ici ? Pourquoi as-tu disséminé ces indices ?

— Tu as enfin deviné que j'en étais l'auteur ! soupira Rex. Tu as mis le temps ! Nous envoyons des messages à Cosmos depuis des semaines ! On commençait à croire que tu ne mordrais jamais à l'hameçon. Je t'ai connu moins lent ! Et, avant que tu le demandes, oui : je me suis bien amusé avec ton joli petit robot, Homer. Pooky l'a intercepté pendant sa descente et est parvenu à modifier sa programmation. J'étais persuadé que tu remarquerais l'étrange comportement de Homer, mais non, tu as mis des siècles à réagir. Quel amateur, cet Éric ! J'attendais mieux de ta part.

— Ce n'était pas Éric ! s'écria Georges en faisant un pas en avant. Mais nous. Nous avons déchiffré les indices. Nous vous avons suivi.

— Merveilleux : un mini-Éric ! ironisa Rex. Un autre disciple ! Quel gâchis…

— Recule, Georges, dit Éric. Et continue d'appeler Cosmos. J'ai peur que ce nano-ordinateur ne soit aussi puissant que Rex le prétend.

Ce dernier éclata d'un horrible rire.

— Tu te crois toujours le plus intelligent ? aboya-t-il. Monsieur cherche des signes de vie dans l'Univers. Mais tu ne m'arrives pas à la cheville. Voilà pourquoi je t'ai fait venir ici : pour te le prouver.

— Prouver quoi ? grogna Éric. Tu ne prouves rien du

tout, Rex. Excepté que nous avions raison de t'éloigner de Cosmos pendant toutes ces années.

— Saint Éric, priez pour nous. Les connaissances scientifiques au service de l'humanité, laisse-moi rire ! En quoi as-tu rendu service à l'humanité, hein ? Ta précieuse espèce humaine est en train de détruire la planète sur laquelle elle vit. Pourquoi n'aiderais-tu pas les hommes à atteindre leur objectif plus rapidement ? Débarrassons-nous de la Terre et de ces abrutis pour mieux recommencer de zéro. Dans un endroit tel que celui-ci. Une nouvelle planète. Voilà pourquoi je t'ai attiré ici, Éric. J'ai accompli ta mission. J'ai découvert un endroit où la vie pourrait démarrer, où des êtres intelligents pourraient prospérer, où il existe peut-être déjà des formes de vie.

Il leur montra une fiole de liquide transparent.

— J'ai découvert ceci : l'élixir de la vie.

— Comment peux-tu savoir que c'est de l'eau ?

— En tout cas, quoi que ce soit, je l'ai trouvé avant toi. Moi, Éric. Pas toi ! J'ai découvert la nouvelle planète Terre. Elle m'appartient, et je contrôle son accès. Quand la Terre finira par exploser – boum ! –, je serai également responsable de l'espèce humaine.

À présent, les yeux du hamster cosmique brillaient tel un brasier. Plus Rex parlait, plus ses pattes remuaient d'impatience.

Éric secoua la tête.

— Rex, tu n'es qu'un loser.

— Non, c'est faux ! s'énerva-t-il. Je suis un vainqueur !

— Tiburce… Tu n'aimes pas l'humanité. Tu penses que nous détériorons la planète. Tu préfères garder tes connaissances scientifiques pour toi et tu comptes les partager en échange de grosses sommes d'argent. Pour toutes ces raisons, tu es un loser fini. Tu t'es coupé de tout ce qui est bon, utile, intéressant, beau… de tout ce qui est humain, en résumé. Regarde ta version de Cosmos. Cette chose est répugnante ! En plus, je crois qu'elle perd ses poils.

Pooky n'apprécia pas le compliment. Rex, lui, se balançait d'avant en arrière dans ses bottes spatiales tellement il était furieux.

Dans le dos d'Éric, Annie fit signe à Georges avec ses doigts. Lentement, en silence, elle commença le compte à rebours : *Cinq, quatre, trois, deux, un, ZÉRO !* Là, les deux enfants chargèrent, tête baissée, et donnèrent à Rex un coup au torse avec leurs casques ronds.

Georges s'empara de Pooky et s'éloigna en courant pendant qu'Annie donnait au professeur un coup de pied dans le ventre. L'attaque soudaine le déséquilibra, et Rex tomba en arrière en grommelant. La fiole lui échappa des mains et se brisa sur une pierre. Le liquide s'infiltra dans le sol. Éric se précipita vers sa fille et posa sa botte sur la poitrine de Rex.

— Tiburce, nous n'avons pas choisi la science dans ce but. Nous l'avons choisie parce que nous étions fascinés et enthousiastes, parce que nous voulions explorer l'Univers et découvrir ses secrets. Nous voulions comprendre et écrire un nouveau chapitre dans l'Histoire de l'humanité. Nous faisons partie d'une grande tradition, nous utilisons le savoir de nos prédécesseurs afin de progresser encore et toujours dans cet étonnant Univers qui nous accueille, afin de comprendre pourquoi nous sommes ici et comment tout a commencé. C'est notre travail, Tiburce. Nous avançons en partageant nos connaissances. Nous ne les gardons pas, nous. Nous expliquons, nous enseignons, nous cherchons. Nous faisons avancer l'humanité chaque fois que nous divulguons nos secrets. Notre but est de créer un monde meilleur, peu importe la planète; pas de découvrir un monde nouveau et de le conserver pour nous.

Rex ne semblait pas l'écouter.

– Rends-moi Pooky ! ordonna-t-il à Georges. Il est à moi. Tu m'as déjà volé Cosmos. Ne me prends pas mon hamster, je ne peux pas vivre sans lui.

– Pooky n'est qu'un outil, lui rappela Éric. Comme Cosmos.

– Non ! Ce n'est pas vrai ! Tu dis ça parce que tu possèdes Cosmos alors que tu n'en as même pas besoin ! Toi, tu peux comprendre l'Univers. Pas moi !

Voilà pourquoi je voulais tant Cosmos, Éric. Tu ne sauras jamais à quoi ressemble ma vie, toi, le génie ! Tu ignores tout de l'existence des gens ordinaires. Comme moi.

Il se mit à sangloter.

De son côté, Georges bataillait pour retenir Pooky.

— Annie, comment on l'éteint ?

— Caresse-lui la tête, proposa Annie. Rex avait la main sur son front, tout à l'heure. Son tableau de commande doit se trouver là.

— Impossible ! Il va m'échapper ! Vas-y, toi !

— Si tu insistes…

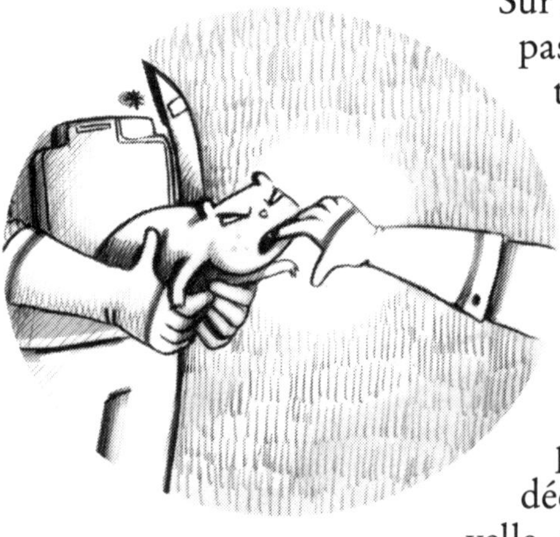

Sur ses gardes, Annie fit un pas en avant. Quand elle tendit la main, Pooky lui mordit le doigt. La fillette se dépêcha de vérifier son gant spatial. Par chance, l'horrible créature ne l'avait pas transpercé – sa combinaison la protégeait encore. Annie décida de tenter une nouvelle approche. Elle agita sa main droite devant le hamster pour détourner son attention et, de la gauche, elle lui toucha la tête, frotta avec énergie…

La seconde suivante, la voix d'Emmett leur parvenait avec limpidité :

— Annie ! Georges ! Éric ! Je n'arrivais pas à vous joindre !

— Ouvre vite le portail ! lui commanda Georges. Nous revenons sur Terre.

Emmett s'affola.

— Cosmos ne dispose pas d'assez de mémoire. Il a besoin de l'aide d'un autre ordinateur pour vous ramener.

— Un autre ordinateur ? répéta Georges. Où crois-tu que nous en trouverons un ? Nous sommes sur une lune qui gravite autour d'une planète, à quarante et une années-lumière de toi ! Les magasins ne courent pas les rues, ici !

Soudain, Georges, Annie et Éric eurent la même idée.

— Pooky !

Chapitre 17

Sur la planète rocailleuse, Éric plaquait toujours Rex au sol sous sa botte.

— Tiburce, nous avons besoin de ton aide. Connecte Pooky à Cosmos pour qu'il ouvre un portail et que nous puissions tous rentrer à la maison.

— Vous renvoyer sur Terre ? s'écria Rex. Jamais ! Je refuse de vous aider ! Et puis, mon réservoir d'oxygène est plus grand que le vôtre. Quand vos réserves seront épuisées, je reprendrai Pooky, et vous serez coincés ici à jamais. Le jour où je reviendrai, je doute que vous vous mettrez à nouveau en travers de mon chemin !

Alors qu'il ne lui restait presque plus d'air, la courageuse petite Annie prit la parole :

— Pourquoi haïssez-vous autant les gens ? Pourquoi souhaitez-vous tout détruire ?

— Fillette, répondit Rex, je déteste mes semblables parce qu'ils me détestent. Depuis que j'ai été exclu de l'Ordre de la quête scientifique pour le bien de l'humanité, ma vie est un enfer. Tout ce temps, j'ai vécu dans

les ténèbres et le désespoir. Aujourd'hui enfin, le vent tourne.

— Faux, déclara Georges.

Pooky avait cessé de se contorsionner. Blotti dans les mains de Georges, il donnait l'impression de s'endormir. Apaisés, ses yeux rouges viraient au jaune.

— Vous serez toujours triste et aigri, continua Georges. Même si vous nous abandonnez ici sans possibilité de retour, vous ne serez pas heureux. Ce geste ne vous apportera aucun ami et ne vous rendra pas plus intelligent. Vous resterez seul avec votre stupide hamster.

Pooky poussa un cri d'indignation.

— Désolé, Pooky… ajouta Georges, qui commençait à s'attacher au petit ordinateur à fourrure. Revenons à votre histoire : vous saviez que vous aviez enfreint les règles de l'Ordre et violé son Serment.

— Ah oui… Le Serment… répéta Rex, l'air rêveur.

Cela fait tellement longtemps. Comment ai-je pu oublier de telles sottises ? *Je jure d'utiliser...*

Annie s'apprêtait à compléter quand Georges l'obligea à se taire.

— Non, Annie. Économise ton oxygène.

Georges récita le Serment qu'il avait prononcé afin de rejoindre l'Ordre, le jour de sa rencontre avec Éric.

— Je jure d'utiliser mes connaissances scientifiques pour le bien de l'humanité. Je promets de ne jamais faire de mal à un être humain ou à un animal dans ma quête de savoir. Je devrai me montrer courageux et prudent dans mes recherches sur les mystères qui nous entourent. Je ne devrai pas utiliser mes connaissances scientifiques pour mon profit personnel ni les transmettre à ceux qui cherchent à détruire la merveilleuse planète sur laquelle nous vivons. Si je trahis ce Serment, que la beauté et les prodiges de l'Univers me soient à jamais cachés. Vous avez trahi le Serment. Voilà pourquoi vous menez une vie misérable.

— Ah oui ? s'exclama Rex. Et comment en suis-je arrivé là ? Vous êtes-vous posé la question ? Pourquoi ai-je agi ainsi en sachant que j'avais tout à perdre ?

— Je ne sais pas, chuchota Annie.

— Pourquoi ne demandes-tu pas à ton père ? suggéra Rex en s'agenouillant.

Éric ne le plaquait plus au sol, mais lui tournait à présent le dos.

— Papa ?

— Cela remonte à si longtemps, marmonna Éric. Nous étions si jeunes, à cette époque…

— Raconte, papa, insista Annie, malgré ses vertiges.

— Oui, raconte ! répéta Rex en se relevant. À moins que tu ne préfères m'écouter. Personne ne partira d'ici sans avoir entendu notre histoire.

— Tiburce et moi étudiions ensemble, commença lentement Éric. Notre directeur de labo était le plus grand cosmologiste qui ait jamais existé. Il voulait

découvrir comment l'Univers était né. Tiburce, lui et moi avons construit le premier Cosmos, qui était très différent de l'actuel. À l'époque, il fallait le sous-sol d'un bâtiment universitaire pour le contenir.

— Continue, lui ordonna Rex, ou personne ne rentre à la maison. Jamais.

— Ceux d'entre nous qui utilisaient Cosmos ou qui travaillaient sur lui formaient la première branche de l'Ordre de la quête scientifique. Sachant que nous

détenions un outil très puissant, nous devions nous montrer prudents. Tiburce a prêté serment et, au début, lui et moi faisions équipe. Puis il a adopté un comportement étrange…

– N'importe quoi ! s'énerva T-Rex. C'est faux ! Tu ne me laissais jamais seul. Tu me suivais partout, tu regardais mes notes pour mieux les copier et te les accaparer. Tu voulais t'approprier mon travail et t'en attribuer toute la gloire !

— Non, Tiburce, intervint Éric. Je souhaitais travailler avec toi, ce que tu n'as jamais voulu. Nous savions que tu effectuais des recherches en cachette. Notre directeur de labo m'avait demandé de garder un œil sur toi.

— Ohhhh ! s'écria Rex, surpris. Je l'ignorais.

— Voilà pourquoi je t'ai suivi ce fameux soir où tu as utilisé seul Cosmos. Nous avions une règle, alors : personne ne devait se servir seul de Cosmos. Tiburce a désobéi. Une nuit, il est entré dans l'université, et je l'ai pris sur le fait.

— Que faisait-il ? demanda Georges.

— Il voulait se servir de Cosmos pour assister au Big Bang. Vous comprenez le danger. Nous ignorions les conséquences qu'aurait eues la vue d'une telle explosion, même *via* un portail créé par Cosmos. Nous avions déjà tenté de convaincre notre directeur de labo. Sa réponse avait été non. Tant que nous n'en saurions pas davantage sur les débuts de l'Univers et sur Cosmos, nous ne devions pas l'utiliser pour enquêter sur le Big Bang.

— Les imbéciles ! hurla Rex. Vous n'êtes que des imbéciles ! Nous aurions pu découvrir ce qui a créé l'Univers ! C'était la seule manière ! Il fallait que je sache ce qui s'était passé au début de tout.

— Le risque était trop grand. Souviens-toi, nous avions juré de ne blesser personne dans notre quête de savoir. J'avais deviné que tu désirais voir les premières secondes du temps. Quand je t'ai suivi, ce soir-là…

Chapitre 18

Il faisait froid, cette fameuse nuit, dans la ville universitaire où étudiaient Tiburce et Éric. L'air était gelé, et le vent traverçait les manteaux les plus épais. Ils vivaient dans la même université, qui disposait de chambres au-dessus de la cour. Les pavés étaient si anciens qu'au fil des siècles, les pas de générations d'étudiants les avaient usés. Un grand silence régnait, cette nuit-là. Les gazons d'un vert parfait prenaient une teinte indigo sous le clair de lune qui étincelait dans le ciel sans nuages. L'horloge de la tour sonnait onze heures quand Éric pénétra dans le bâtiment, qui ressemblait plus à un château fort qu'à une faculté.

— Bonsoir, professeur Bellis, le salua le concierge, coiffé d'un chapeau melon, quand le jeune homme passa devant sa loge pour aller prendre son courrier.

Tandis qu'il examinait les enveloppes dans sa case, Éric surprit le regard du concierge. Il leva les yeux et sourit.

— Cela fait un moment que vous n'avez pas dîné ici, professeur Bellis, remarqua l'homme.

Les membres de cette vénérable institution avaient le

droit de manger tous les soirs dans le grand réfectoire en chêne, orné des portraits d'élèves des siècles passés.

— J'étais très occupé, répondit Éric.

Il fourra ses lettres dans son vieux cartable tout avachi et resserra son écharpe autour du cou. Il faisait toujours très froid à l'intérieur des bâtiments, parfois plus qu'en ville, si bien qu'Éric quittait rarement son écharpe en hiver. Dans sa chambre glacée, il était obligé, pour dormir, de mettre sa veste en tweed par-dessus son pyjama, et d'enfiler deux paires de chaussettes et un bonnet en laine.

— Je n'ai pas beaucoup vu non plus le professeur Rex, ajouta le concierge.

Éric se rappela alors qu'un concierge sait, voit et entend tout. Il ne fréquentait plus trop l'université, ces derniers temps, parce qu'il pistait Rex, qui, de toute évidence, cherchait à lui fausser compagnie.

— Le professeur Rex est-il là, ce soir ? demanda-t-il sur le ton de la conversation.

— Oui, et c'est bizarre, il a insisté pour que vous en soyez averti. Un problème, professeur Bellis ?

Éric ôta ses lunettes et se frotta les yeux. Il était épuisé. À force de suivre Rex d'une part et de travailler d'autre part, la fatigue prenait le dessus.

— Non, tout va bien, affirma-t-il.

— Vous ne serez pas les premiers, déclara le concierge. On est amis au début, et puis la compétition s'installe. En général, ça ne se termine jamais bien.

— Merci, soupira Éric avant de traverser la cour principale.

À pas lents, il monta l'escalier qui menait à sa chambre. Après avoir allumé le minuscule radiateur électrique, il s'approcha de la fenêtre.

De l'autre côté de la cour, la lumière était allumée chez Rex. Éric se demanda si enfin il dormirait une nuit complète ou s'il devrait se réveiller toutes les heures, au cas où Rex sortirait sans lui. Il tira les rideaux et s'assit dans un fauteuil. À cet instant, l'ampoule claqua, plongeant la pièce dans l'obscurité. Éric resta assis là quelques minutes, peu pressé d'aller se laver les dents dans sa salle de bains glaciale. Il finit par se lever et, instinctivement, jeta un coup d'œil entre les rideaux. Une silhouette traversait la cour à pas de loup, suivie par sa longue ombre sous le clair de lune.

Las, Éric enfila une veste en tweed supplémentaire et sortit de sa chambre. Il se mit une nouvelle fois à la poursuite de Tiburce Rex, qui faisait le mur.

Éric n'avait pas besoin de talonner Rex pour savoir où il se rendait. Cependant, il fallait l'empêcher de faire trop de dégâts. Le guidon de son vélo était gelé, et pédaler sur les routes verglacées représentait un exercice lent et périlleux. Le temps qu'il arrive au bâtiment qui abritait Cosmos, ses doigts étaient bleus et engourdis par le froid, si bien qu'il peinait à les remuer.

Après avoir soufflé sur ses mains, il palpa son trousseau de clés et entra.

— Qu'avez-vous trouvé ? l'interrompit Georges, impatient de savoir la fin.

— Moi, répondit Rex, sur le point d'effectuer la plus grande découverte dans l'histoire universelle des connaissances ! Et il a tout gâché… pour mieux m'accuser ensuite.

Les soupçons d'Éric étaient donc vrais. Après avoir dévalé l'escalier menant au sous-sol, Éric était tombé sur Rex, qui essayait d'utiliser Cosmos pour assister au Big Bang. Le portail était apparu, mais la porte demeurait close.

— Il fallait que je l'arrête, poursuivit Éric. Les conditions étaient si extrêmes au commencement de l'Univers – il faisait tellement chaud que l'hydrogène ne se formait même pas ! Rex ne mesurait pas la dangerosité de son geste. J'ignorais ce qui se trouvait de l'autre côté de la porte mais, d'une manière ou d'une autre, il fallait que j'empêche Tiburce de l'ouvrir.

— La curiosité ne vous titillait pas ? lui demanda Georges. Vous n'auriez pas aimé jeter un petit coup d'œil ? À une certaine distance, bien sûr.

— On ne peut pas voir le Big Bang de loin, répliqua Éric. Parce qu'il se produit partout. Il aurait mieux fait de le regarder avec un grand décalage vers le rouge.

— Un décalage vers le rouge ? répéta Georges. Comme lors de votre fête ?

— Exactement ! Tandis que la radiation émise peu après le Big Bang voyage jusqu'à nous et la Terre, elle devient plus rouge et moins puissante, expliqua Éric.

— Mais c'est justement ce que j'essayais de faire ! s'exclama Rex. Si tu avais pris le temps de me demander, au lieu de surgir au milieu de la pièce et de me plaquer au sol, je te l'aurais dit.

— Oh ! lâcha Éric.

En fait, il n'avait pas laissé à Rex l'occasion d'expliquer sa présence en ces lieux. Éric avait couru dans la pièce où était conservé Cosmos et s'était jeté sur Rex, qui se tenait près du portail. Au cours de la bagarre qui avait suivie, Éric avait tapé au hasard sur le clavier de Cosmos dans l'espoir de fermer le portail. Mais Rex s'était échappé puis précipité vers la porte, qu'il avait ouverte de force. Là, il avait découvert que le geste d'Éric avait accidentellement donné l'ordre à Cosmos de déplacer le portail vers un endroit totalement différent.

Rex avait ouvert la porte… sur le Soleil ! Alors qu'il avait placé ses mains sur son visage pour le protéger de son éclat, la chaleur l'avait brûlé au troisième degré. Gémissant, en larmes, il avait reculé pendant qu'Éric ordonnait à Cosmos de fermer le portail.

Éric avait tenté d'aider son collègue, mais celui-ci était sorti du bâtiment seul, en titubant, et avait disparu dans l'obscurité. Cette nuit-là, Rex avait, semblait-il, quitté la ville universitaire sans laisser d'autre choix à Éric que de demander à leur directeur de labo de le bannir à jamais de l'Ordre de la quête scientifique.

— Tu as ruiné mon existence ! cracha Rex. Oui, toi, Éric Bellis : tu as tout pris et tu ne m'as rien laissé. J'étais très gêné que tu m'aies surpris en train d'utiliser Cosmos en secret et je souffrais tellement, cette nuit-là, que je ne savais plus quoi faire. J'ai erré jusqu'à la route, puis j'ai couru aussi loin que mes jambes le pouvaient. J'ai dû m'évanouir parce que à mon réveil, je me trouvais à l'hôpital, à moitié aveugle et les mains affreusement brûlées. Au début, je ne me souvenais plus de mon nom. Puis, au fil des jours, la mémoire m'est revenue. J'ai insisté pour quitter l'hôpital et retourner à l'université afin de présenter mes excuses, mais à mon arrivée, j'ai appris mon bannissement, sans que je puisse donner ma version des faits. Tu avais veillé à ce que je ne remette jamais plus les pieds à la fac.

— Je cherchais à te protéger ! gronda Éric.

— De quoi ? aboya Rex.

— De toi !

— Eh bien, papa, on dirait que ton plan a échoué, intervint Annie, dans les vapes. Même s'il n'aurait jamais dû se servir de Cosmos seul – et nous n'en avons pas le droit non plus, professeur Rex, au cas où vous penseriez bénéficier d'un tarif préférentiel –, il a eu un grave accident, tu ne lui as pas accordé une seconde chance et tu as mis un point final à sa carrière dans la science.

— Il le méritait ! s'emporta Éric. Il connaissait les règles !

— Vite dit, murmura Annie. En définitive, il n'a pas vu le Big Bang. Tu croyais que c'était son intention, mais as-tu pris la peine de le lui demander ? C'est toi qui lui as fait courir un grand danger en changeant l'emplacement du portail. Il a eu cet accident un peu par ta faute.

— Par ma faute ? s'étonna Éric.

— Oui, enchaîna Annie. Il s'agit d'un malentendu depuis le début, et si tu lui avais présenté tes excuses dès le départ, nous ne serions pas coincés ici.

— Tu veux que je lui présente mes excuses ? répéta Éric, incrédule.

— Oui, répondit Annie avec beaucoup de fermeté. Et Rex le souhaite aussi. En signe de paix. Et nous pourrons peut-être retourner sur la Terre ensuite.

Éric marmonna dans sa barbe.

— Nous n'avons rien entendu ! s'exclama Georges.

— D'accord, d'accord, bougonna Éric. Rex… Je veux dire : Tiburce. Je suis… Je suis…

— Allez ! insista Annie. Avec gentillesse !

— Je suis dé… Je suis dé…

Éric butait sur le mot.

— Tu es quoi, exactement ? fit Rex.

— Je suis déso...

— Éric ! Dépêchez-vous ! s'écria Georges. Annie doit partir d'ici.

— Tiburce, commença Éric sur un ton décidé. Je suis... désolé. Je suis désolé pour ton accident et le rôle que j'ai joué. Je suis désolé de t'avoir banni sans te donner l'occasion de t'expliquer. Je suis désolé d'avoir agi aussi précipitamment.

— Ainsi, tu t'excuses... dit Rex, déboussolé.

— Oui, oui et oui. Tu étais mon meilleur ami, mon collègue préféré. Ensemble, nous serions devenus des scientifiques hors pair. Nous aurions effectué de fascinantes recherches, si seulement tu avais cessé de tirer la couverture à toi. Sache une chose, Tiburce : tu n'es pas le seul à avoir été blessé ce soir-là. Tu m'as manqué, la personne que tu étais avant de comploter dans mon dos m'a manqué. J'ai dû vivre avec un gros sentiment de culpabilité. Tu n'es pas le seul à avoir souffert. Alors arrête le mélodrame et évacue-nous d'ici tant qu'il nous reste un peu d'oxygène.

— J'ai perdu un ami, ajouta Rex, l'air triste. J'ai perdu mon métier de scientifique. Seules la haine et la vengeance me poussaient à agir. Si aujourd'hui tu n'es plus mon ennemi, que me reste-t-il ?

— Bon, ça suffit, intervint Georges. Éric s'est excusé. C'est à votre tour de dire quelque chose.

— D'accord, répondit Rex. Éric Bellis, j'accepte tes excuses.

Il fit une petite révérence.

— À votre tour maintenant, chuchota Annie.

— Pardon ? s'exclama Rex.

— Oui, à votre tour de vous excuser. Ça fonctionne

de cette manière. Papa a dit qu'il était désolé, maintenant c'est à vous.

— Pourquoi ?

L'ignorance de Rex paraissait sincère. Georges décida d'ajouter son grain de sel :

— Oh, je ne sais pas... Pour avoir volé Cosmos, jeté Éric dans un trou noir, promis de faire sauter la planète Terre si nous ne sillonnions pas l'Univers. J'en passe et des meilleures. Choisissez votre réponse préférée et présentez vos excuses.

— Dépêche-toi, Tiburce, grommela Éric.

— Bon... oui, dit Rex. Je suis désolé, moi aussi. Je regrette ma méchanceté. Je regrette d'avoir perdu tout ce temps. J'aimerais revenir à la science, la vraie science...

Il termina sur une note d'espoir et de mélancolie.

— Écoute, Tiburce. Le temps presse, mais tu veux retourner à la science ? D'accord. Tu as changé ? D'accord. Finissons-en : renvoie ma fille et Georges sur Terre avant qu'ils manquent d'air. Car, si cela se produit, je te jure que jamais je ne te pardonnerai et, où que tu sois dans l'Univers, je te retrouverai.

— Tu es sérieux ? demanda Rex. Je peux reprendre mes activités scientifiques ?

— Rentrons d'abord sur Terre. Après, nous en discuterons.

— Georges, ordonna Rex, caresse Pooky sur la tête pour le réveiller : tu l'as endormi.

Quand Georges lui ébouriffa doucement le sommet du crâne, le hamster remua dans ses mains.

— Pooky, poursuivit Rex, je veux que tu te connectes à un ordinateur sur Terre, celui que je t'ai demandé de bloquer. Tu vas travailler avec lui et créer un portail qui nous ramènera tous aux États-Unis.

Le hamster se réveilla complètement pendant que Georges appelait Emmett.

— Emmett ! Mamie ! Nous avons trouvé un autre ordinateur ! Nous avons besoin que Cosmos collabore avec

ce super-ordinateur et qu'ensemble ils nous créent un portail assez puissant pour nous rapatrier.

— Un autre ordi ! s'écria Emmett. Où ? Et puis vous fabriquiez quoi, là-haut ? J'ai remué ciel et terre pour vous récupérer.

— Tu ne crois pas si bien dire, remarqua Georges. La Terre était le dernier indice de la chasse au trésor cosmique. Il nous ramène à notre point de départ. Tiens-toi prêt : nous rentrons à la maison.

Pooky se redressa. Deux rayons lumineux jaillirent de ses yeux et dessinèrent une porte à la manière de Cosmos.

Pendant que se formait le portail qui les transporterait à travers l'Univers, Georges posa une dernière question :

— Professeur... À la fin de vos messages, vous disiez que vous détruiriez la planète Terre si nous ne les suivions pas à la lettre. Vous étiez sérieux ? Êtes-vous réellement capable de détruire une planète ?

— Ne sois pas idiot, se moqua Éric, qui tenait Annie aussi près que possible de la porte scintillante pour la pousser de l'autre côté dès qu'elle s'ouvrirait. Tiburce ne peut pas détruire la Terre. Il faudrait une explosion d'une puissance inimaginable. C'étaient des paroles en l'air. N'est-ce pas, Tiburce ?

Rex jouait avec ses gants spatiaux.

— Tiburce ? insista Éric.

— Cela pourrait arriver, marmonna-t-il. Mais ce ne serait pas ma faute. J'en ai entendu parler au cours de mes voyages...

À cet instant précis, les yeux de Pooky étincelèrent et ouvrirent une porte donnant sur la salle blanche, dans l'Agence spatiale globale, aux États-Unis, sur la planète Terre !

Cette fois-ci, ses yeux jaunes comportaient des veines bleues et vertes ainsi que des paillettes blanches.

Ils reflétaient la plus belle planète de l'Univers, une planète ni trop chaude ni trop froide, disposant d'eau liquide à sa surface, où la gravité et l'atmosphère convenaient à merveille aux êtres humains, où prospéraient montagnes et déserts, océans, îles, forêts et arbres, oiseaux et plantes, animaux, insectes et hommes – beaucoup, beaucoup d'hommes.

Où il y avait la vie.

Parfois, si possible, intelligente.

Épilogue

— Longue vie et prospérité ! s'exclama Emmett en exécutant le salut vulcain.

Puis il monta dans la voiture de son père. Les vacances étaient terminées, il retournait chez lui. Un grand sourire aux lèvres, son père – la copie conforme d'Emmett en plus grand – leva la main de son volant et les salua de la même manière.

Annie et ses parents, Georges et sa grand-mère agitaient la main devant la véranda.

— On se voit l'été prochain ! lui cria Georges.

— Emmett, tu es le meilleur ! lança Annie. Ne nous oublie pas !

— Vous êtes à jamais stockés dans ma banque de mémoire, répondit Emmett tout en attachant sa ceinture. J'ai passé des vacances géniales. Vous allez me manquer.

Il renifla.

— Papa, je me suis fait des amis, et maintenant je vais les perdre, gémit-il.

— Impossible ! répliqua Annie. Je compte saturer ta messagerie. Georges aussi !

— Tes amis aimeraient peut-être venir quelques jours chez nous ? suggéra le père d'Emmett. Ta maman serait tellement contente de les rencontrer.

— À moins que j'aille en Angleterre... Annie m'accompagnerait... Nous verrions Georges... On parlerait science...

Éric s'approcha de la portière.

— Bien joué, Emmett. Tu nous as sauvés.

— Pardon ? demanda son père. Qu'est-ce que tu as fait ?

— Nous jouions... commença Emmett.

— Et tu as gagné ? compléta son père.

— Personne n'a vraiment ni gagné ni perdu, rectifia Emmett. Nous avons juste atteint le niveau supérieur.

Son père démarra la voiture.

— Merci, Éric. Je ne sais pas ce que tu as fait à mon fils, mais on dirait que la magie a opéré, ici !

— Il n'y a rien de magique ! s'indigna Emmett, l'air dégoûté. C'est une question de science et d'amitié. Les deux ensemble.

Louise agitait sa canne.

— Rendez-vous à l'ultime frontière, Emmett ! lui cria-t-elle.

La voiture s'éloigna. Alors que chacun retournait vaquer à ses occupations, le bipeur d'Éric sonna. Le laboratoire lui envoyait des nouvelles de Mars. Éric sourit jusqu'aux oreilles quand il les lut.

– C'est Homer ! s'écria-t-il. Il fonctionne de nouveau correctement. Il a découvert des preuves visuelles de la présence d'eau sur Mars. À mon avis, les preuves chimiques ne vont plus tarder.

– Qu'est-ce que cela signifie ? demanda Georges.

– Qu'une autre fête s'impose !

– Comptez-vous inviter Rex ? Je parie qu'il n'a pas participé à une fête depuis des années.

Après être revenus du système 55 Cancri, grâce à Cosmos et à Pooky, le nano-ordinateur spécial de Rex, les deux hommes avaient longuement discuté sous la véranda. Postés dans leur arbre, Georges, Emmett et Annie avaient eu beau tendre l'oreille, ils n'avaient perçu que des marmonnements de la part des deux anciens collègues. Néanmoins, la conversation s'était terminée en bons termes. Rex leur avait souri quand il était venu leur dire au revoir. Éric lui avait trouvé une place dans un institut où il pouvait reprendre ses études. Un endroit sympathique et calme, avait dit Éric, où Rex pourrait rattraper son retard et s'investir à nouveau dans la vraie science.

Éric aidait Rex à une condition : qu'il lui laisse Pooky. Ainsi, il pourrait superviser une remise en état complète des deux machines et chercher s'il était possible de les mettre toutes les deux en réseau. Pour l'instant, Pooky et Cosmos gisaient en pièces détachées pendant qu'Éric réfléchissait à la meilleure tactique. Il ne serait donc pas question de voyage cosmique d'ici un bon bout de temps.

Éric ne fut pas le seul à recevoir des signes de vie. Quand le téléphone sonna dans la journée, Suzanne décrocha et passa le combiné à Georges. Ses parents appelaient depuis le Pacifique Sud.

Les satellites avaient repéré le père de Georges, si bien qu'une équipe de secours avait été dépêchée sur place et l'avait ramené.

— Georges ! s'exclama Rosemarie sur la ligne qui grésillait. Nous sommes sains et saufs. Nous vous retrouvons, toi et mamie, bientôt. On passe par la Floride. Et…

Elle fit une pause, comme si elle hésitait à poursuivre. Puis elle lâcha en toute hâte :

— Nous avons une grande nouvelle à t'annoncer ! Nous pensions attendre de te voir pour t'en parler, mais je ne peux pas me retenir plus longtemps. Tu vas avoir un petit frère ou une petite sœur ! N'est-ce pas merveilleux ? Tu ne seras plus seul, désormais. Tu es content ?

Content ? Abasourdi, oui. Pendant tout ce temps, ils avaient cherché des formes de vie dans l'Univers, et une toute nouvelle grandissait dans le ventre de sa mère !

— On se voit dans deux jours, poursuivit sa maman.

— Waouh ! lâcha Georges après avoir raccroché. Ma maman est enceinte ! annonça-t-il aux autres.

— Oh ! C'est trop génial ! s'exclama Annie.

— Grumpf, marmonna Georges, qui se demandait comment elle réagirait si ses parents lui jouaient un tour pareil.

— Non, c'est cool, insista Annie. Nous aurons un nouveau compagnon d'aventures cosmiques !

— C'est hors de question ! proclama Éric. Pas de bébé dans l'espace, Annie. C'est une règle. En fait, la règle dit : plus d'enfants dans l'espace.

— Mais, papa… gémit Annie. Qu'allons-nous faire ? On va drôlement s'ennuyer.

— Tu retournes bientôt à l'école, Annie. Tu n'auras pas le temps de t'ennuyer, crois-moi.

Annie grimaça.

— Beuh… Les parents de Georges ne pourraient pas m'accueillir ?

— Tiens, c'est amusant que tu en parles ! remarqua Éric. J'envisageais de te ramener en Angleterre. Maintenant que Homer fonctionne et qu'il a trouvé de l'eau sur Mars, il est peut-être temps que je prenne part à une autre expérience qui a cours en Europe, en Suisse plus exactement. Nous pourrions rentrer tous les trois en Angleterre – les trajets seront moins longs pour moi.

— Hip hip hip ! hourra ! hurlèrent Georges et Annie à l'unisson.

Jamais plus ils ne seraient séparés.

Les deux amis s'assirent sur la terrasse. Que pouvaient-ils bien faire, maintenant que leurs défis étaient relevés et qu'Emmett était parti ?

Georges s'empara du *Petit Guide de l'Univers* posé sur la table de jardin.

— Éric ? Je voulais vous demander quelque chose…

— Oui ?

— Quand nous étions… (Georges baissa d'un ton)… là-haut, Rex a dit que vous compreniez l'Univers. C'est vrai ?

— Eh bien, oui, répondit Éric en toute modestie.

— Comment est-ce possible ?

Éric lui sourit.

— Tourne les dernières pages du livre, Georges. Et tu découvriras la réponse à ta question…

POUR COMPRENDRE L'UNIVERS

L'Univers est gouverné par des lois scientifiques. Elles déterminent la manière dont il a commencé et dont il évolue dans le temps. Le but de la science consiste à découvrir les lois et leur signification. Il s'agit là de la plus fabuleuse chasse au trésor parce que dans le coffre se trouve la compréhension de l'Univers et de son contenu. Comme nous n'avons pas encore découvert toutes les lois, la chasse continue, mais nous en avons déjà un très bon aperçu, excepté dans les conditions les plus extrêmes.

Les lois les plus importantes sont celles qui décrivent les forces.

Pour l'instant, nous connaissons quatre forces fondamentales :

La force électromagnétique (EM)

Elle assure la cohésion des atomes et régit les ondes lumineuses, les ondes radio, et les appareils électroniques comme les ordinateurs et les téléviseurs.

La force ou interaction faible (W)

Elle est responsable de la radioactivité et joue un rôle vital dans le fonctionnement du Soleil et dans la formation d'éléments au sein des étoiles et de l'Univers à son commencement.

La force ou interaction forte (S)

Elle est responsable de la cohésion du noyau d'un atome et fournit leur puissance aux armes nucléaires et au Soleil.

La force gravitationnelle

C'est la plus faible des interactions mais elle maintient les hommes sur Terre, la Terre et les planètes en orbite autour du Soleil, le Soleil en orbite autour du centre de la Galaxie, etc.

Nous disposons de lois qui décrivent chacune de ces forces. Mais les scientifiques pensent qu'il existe une clé unique de l'Univers et non quatre. Nous croyons que cette division en quatre forces est artificielle et que nous devons être capables d'unifier en une seule théorie les lois qui décrivent ces forces. Pour l'instant, nous sommes parvenus à combiner les forces électromagnétique et faible. Il doit être possible de combiner ces deux-là avec la force forte, mais il est encore plus difficile d'unifier les trois avec la gravitation parce que cela courbe l'espace et le temps.

Néanmoins, nous avons un candidat sérieux pour la théorie unifiée de toutes les forces, qui serait la clé de la compréhension de l'Univers. Il s'agit de la théorie M. Comme elle vient d'être élaborée, certaines personnes affirment que le M signifie « mystère ». Grâce à cette théorie, nous allons enfin comprendre l'Univers depuis le Big Bang jusqu'à un futur très lointain.

Éric

INDEX DES ENCADRÉS SCIENTIFIQUES

Il y a beaucoup de données scientifiques dans ce livre, mais on trouve aussi un certain nombre d'encadrés, où des faits et des informations sont fournis sur des sujets bien spécifiques. Certains lecteurs auront peut-être envie de les consulter séparément.

LES TOUTES DERNIÈRES THÉORIES SCIENTIFIQUES !
Retrouvez dans cet ouvrage quelques explications rédigées par d'éminents chercheurs, qui donnent un compte rendu fascinant des dernières théories scientifiques.

Remerciements

pour Georges et les secrets de l'Univers

Toute ma reconnaissance envers les nombreuses personnes qui ont eu la gentillesse de soutenir le projet *Georges*. Tif Loehnis, chez Janklow & Nesbit, a été si merveilleuse durant cette entreprise, à l'image de son équipe de Janklow UK. Eric Simonoff, chez Janklow & Nesbit USA, nous a apporté de vrais conseils stellaires. À Cambridge, Christophe Galfard a magnifiquement contribué à la créativité scientifique de l'intrigue, des images et des détails. De bon conseil, Judith Croasdell, chez DAMTP, nous a aidés à nous organiser avec patience, prévenance et gentillesse. Pour son endurance et sa générosité, Joan Godwin mérite des remerciements particuliers. Tout comme Sam Blackburn pour son soutien technique et son travail sur la version audio. Merci à la fantastique équipe médicale qui entoure mon père, pour le dévouement, la bienveillance et la bonne humeur avec lesquels ils effectuent leur travail.

À Random House, j'aimerais remercier Philippa Dickinson, Larry Finlay et Annie Eaton, qui ont accueilli *Georges* avec beaucoup d'enthousiasme ; Shannon Park et Sue Cook, avec qui ç'a été un vrai plaisir de travailler ; Garry Parsons dont les adorables illustrations ont donné vie au projet. J'ai une grande dette à l'égard de James Fraser, qui a créé une couverture à la fois magnifique et accrocheuse. Merci à Sophie Nelson et Julia Bruce, qui ont révisé et corrigé le texte avec soin, Markus Poessel qui a vérifié les faits scientifiques, Clare Hall-Craggs et Nina Douglas, Barry O'Donovan, Gavin Hilzbrich, Dan Edwards, Bronwen Bennie, Catherine Tomlinson, Juliette Clark et Maeve Banham, pour leur travail minutieux, leurs encouragements et leur bonne volonté.

Plus que jamais, un énorme merci à Maman et à Jonathan, pour tout, pour leur bonté sans faille et leur soutien indéfectible. Mais par-dessus tout, merci à mon papa cosmique. Quelle aventure extraordinaire nous avons vécue ensemble ! Merci beaucoup de m'avoir donné la chance de travailler avec toi. *Georges* a changé mon Univers.

Lucy Hawking

Remerciements

pour Georges et les trésors du cosmos

Cet ouvrage s'accompagne de nos remerciements sincères à :

Jane et Jonathan ; sans leur gentillesse et leur soutien, ce livre n'existerait pas. William pour sa douceur et sa bonne humeur avec sa mère et son grand-père qui écrivaient un autre roman.

Garry Parsons pour ses dessins qui illustrent à la perfection l'intrigue, l'aventure et les personnages.

Geoff Marcy pour sa conférence fascinante à l'Institut d'astronomie de Cambridge, qui a inspiré le thème de ce livre.

Les éminents scientifiques qui ont rendu ce livre accessible à un jeune public, au travers des essais qui composent *Le Petit Guide de l'Univers*. Ils se nomment Bernard Carr, Seth Shostak, Brandon Carter, Martin Rees et Geoff Marcy. Leurs connaissances, leur expertise et leur enthousiasme nous ont encouragés tout au long du projet.

Stuart Rankin de l'université de Cambridge pour avoir écrit aussi brillamment sur la manière dont voyagent la lumière et les sons.

Nos amis de la NASA et toutes les personnes des différents départements qui ont pris le temps et la peine de nous parler du travail de la NASA et de son fonctionnement. Nous aimerions remercier en particulier : Michael Griffin, Michael O'Brien, Michael Curie et Bob Jacobs.

Kimberly Lievense et Marc Rayman du laboratoire Jet Propulsion en Californie pour nous avoir expliqué les vols spatiaux inhabités.

Kip Thorne et Leonard Mlodinow de Caltech pour leurs conseils et leur amitié.

Richard Garriott et Peter Diamandis de Space Adventures pour leur énergie et leur enthousiasme. Merci à Richard de nous avoir inclus – ainsi que le premier *Georges* – dans son aventure spatiale réelle ! Grâce à lui, *Georges et les secrets de l'Univers* a visité la Station spatiale internationale !

Markus Poessel pour son attention aux détails et ses commentaires toujours utiles.

George Becker et Daniel Stark de l'Institut d'astronomie de Cambridge pour leurs commentaires inestimables.

Sam Blackburn et Tom Kendall pour avoir répondu avec une grande patience à des questions interminables et étranges sur la science, l'ingénierie et l'informatique.

Tif Loehnis et tous ceux de Janklow and Nesbit, UK, pour leur gentillesse et leur travail de fond sur la série des *Georges.* Merci à Eric Simonoff du bureau de New York d'avoir envoyé une nouvelle fois Georges aux États-Unis.

Chez Random House : notre merveilleuse éditrice Sue Cook pour son énorme travail qui a permis l'achèvement de *Georges et les trésors du cosmos* et en a fait un livre magnifique. Lauren Buckland pour son travail de fourmi sur le texte et les images ; Sophie Nelson pour sa soigneuse révision et James Fraser pour sa merveilleuse couverture. Maeve Banham aussi et son équipe du service des droits, pour s'être assurées que *Georges* touche un public international. Et un merci particulier à Annie Eaton pour son dévouement et sa passion pour *Georges.*

Keso Kendall pour nous avoir fourni le vocabulaire d'un super-ordinateur adolescent.

Toute « l'équipe », à la maison et à l'université, pour leur patience et leur générosité envers le deuxième *Georges.*

Les derniers, mais non les moindres : nos jeunes lecteurs Melissa Ball, Poppy et Oscar Wallington, Anthony Redford et Joanna Fox pour leurs intéressantes critiques et leurs remarques très utiles sur *Georges et les trésors du cosmos.* Et nous aimerions aussi remercier tous les enfants qui ont posé des questions, qui ont écrit, envoyé des e-mails, ou sont venus aux conférences et ont eu le courage de se lever et de nous interroger à la fin. Nous espérons que ce livre vous apportera quelques réponses, et, surtout, ne vous arrêtez jamais de demander : « Pourquoi ? »

Lucy et Stephen Hawking

LUCY HAWKING est l'auteur de deux romans, a collaboré avec de nombreux journaux britanniques, la télévision et la radio. Lucy a donné des conférences sur l'astronomie et les voyages dans l'espace aux enfants du monde entier, y compris lors des célébrations du cinquantième anniversaire de la NASA aux États-Unis. Sa participation à « Project Immortality » a eu pour conséquence l'envoi de son ADN dans l'espace. Il est désormais conservé à bord de la Station spatiale internationale au cas où les hommes périraient accidentellement. Lucy a remporté le prix Sapio pour la vulgarisation de la science en 2008. Elle vit à Cambridge avec son fils.

STEPHEN HAWKING était professeur lucasien de mathématiques à l'université de Cambridge. Son ouvrage pour le grand public, *Une brève histoire du temps*, s'est imposé comme un énorme best-seller et a été traduit en plus de trente langues. Son dernier ouvrage, *Dernières nouvelles des trous noirs,* est paru en 2016. Stephen Hawking est mort en mars 2018. Il est considéré comme l'un des physiciens théoriques les plus brillants au monde depuis Einstein.

GARRY PARSONS a étudié les beaux-arts à Canterbury puis l'illustration à l'université de Brighton. Son travail lui a valu plusieurs prix, comme le Red House Children's Book Award en 2004 pour *Billy's Bucket*. Garry vit à Londres.

CHRISTOPHE GALFARD, docteur en physique théorique, ancien étudiant de Stephen Hawking, a collaboré à l'intrigue, aux détails et aux images scientifiques de ce livre. Il vit aujourd'hui en France et donne des conférences grand public sur la science, l'Univers et l'espace.

Ouvrage composé par
PCA – 44400 REZÉ

Imprimé en France
par Normandie Roto Impression s.a.s.
61250 Lonrai
N° d'impression : 1802500
S29024/01

www.pocketjeunesse.fr
• POCKET JEUNESSE

MIXTE
Papier issu de
sources responsables
FSC® C003309

Pocket Jeunesse, une marque d'Univers Poche,
est un éditeur qui s'engage pour
la préservation de son environnement
et qui utilise du papier fabriqué à partir
de bois provenant de forêts gérées
de manière responsable.